老子思想域外传播研究

武志勇　甘莅豪　著

创于1897
商务印书馆
The Commercial Press

本书为华东师范大学“幸福之花”先导研究基金项目
“老子思想域外传播与接受研究”（43800-20104-222008）成果，
由华东师范大学传播学院资助出版

商务印书馆（上海）有限公司
The Commercial Press (Shanghai) Co. Ltd. 出品

作者简介

武志勇

华东师范大学教授、博士生导师，学位评定委员会委员，新闻传播与戏剧影视学位分委员会主席，中国传媒政策研究中心主任；中国新闻史学会广告与传媒发展研究会副会长，中国人民大学新闻与社会发展中心研究员，南开大学哲学院全球老学研究中心学术委员会委员，世新大学舍我纪念馆协同研究员。世新大学、英国剑桥大学和美国密苏里大学访问学者。研究方向为中华文明与域外文明交流互鉴、新闻传播史。

甘莅豪

华东师范大学教授、博士生导师，上海市浦江人才；国家话语生态研究中心副主任；中国修辞学会常务理事，上海语文学会理事，中国新闻史学会视听传播专业委员会理事；美国加州伯克利大学语言学系访问学者。“生命修辞学”“行为戏剧主义理论”提出者，研究方向为全球数字社群知识传播研究。在《新闻与传播研究》《国际新闻界》《新闻大学》《现代传播》等期刊发表论文数十篇。主要著作有《空间动因作用下的对举结构》《传播修辞学：理论、方法与案例》等。

序

老子思想是中国优秀传统文化的内核、精华和典范，是华夏文明对于全人类文明的卓越贡献。老子思想具有跨越时代、国界、地域、宗教、政治、文化的魅力，现当代获得了全球各界，包括科技界的青睐。

司马迁在《史记·老子韩非列传》中记载孔子对老子的评价："至于龙，吾不能知，其乘风云而上天。吾今日见老子，其犹龙耶！"《史记·太史公自序》中引司马谈《论六家要旨》曰："道家无为，又曰无不为，其实易行，其辞难知。其术以虚无为本，以因循为用。无成势，无常形，故能究万物之情。不为物先，不为物后，故能为万物主。有法无法，因时为业；有度无度，因物与合。"老子的神韵和睿智在《史记》中得到生动的呈现。

凝练在《道德经》中的老子思想，以"道""德""善""自然""无为"为核心概念，论述宇宙的形成、万物的本源、自然的规律、人生的智慧、治军的策略和治国的方略，文意深奥，包涵广博，对中国哲学、科学、政治、宗教等领域影响深远。自唐代玄奘译《道德经》为梵文始，由中国周边而渐远，老子思想的传布和积极作用遍及世界。尤其19世纪东西方文化交往深化和大众传媒媒介迅猛发展以后，更是出现一个高涨时期。人文、社会科学领域，德国哲学家康德、黑格尔，俄国大文豪托尔斯泰，美国哲学家威尔·杜兰特等；自然科学领域，英国生物化学和科学史家李约瑟，耗散结构理论创始人比利时学者、诺贝尔奖获得者普利高津，美国化学家、诺贝尔奖获得者夏普莱斯，日本物理学家、诺贝尔奖获得者汤川秀树，丹麦物理学家、诺贝尔奖获得者玻尔等，都对老子思想做过积极的评价。

武志勇教授是新闻传播学领域的杰出资深学者，数十年来，在中国传媒政策、中国共产党新闻事业发展等方向辛勤耕耘，成果丰硕。近几年致力于中华优秀传统文化的域外传播和世界文明交流互鉴研究。他和他所带领的"老子思想域外传播与接受研究"团队，历经三年，完成了这本著作。从大众传媒的视角，以"媒介空间"为中心，系统化、立体化和全球化地探讨了老子思想在域外书籍、新闻报刊、新闻网站、影视、社交和知识网络等大众传播媒介中的传布流变状况，探讨老子思想域外传播的历史与现状、媒介与动力、影响与启示。研究是传播学、历史学、文化学、信息学、地理学等学科交叉的成果，是老子研究的创新和拓展。

唐玄宗李隆基在《御制道德真经·序》中说："昔在元圣，强著玄言，权舆真宗，启迪来裔。"在人类文明交流互鉴的浪潮中，"启迪来裔"是对整个世界范围内人们幸福人生、和谐社会、创造至善和美好自然的启发和引导。老子思想的广泛传播，与域外文明的"美美与共"，可以为人类命运共同体知识谱系的建构，为人与自然的和谐共生，为国与国之间的互利共存，为现代人个体精神世界的平衡与安宁，为不同文明、不同意识形态、不同宗教、不同文化人群的友好交往，提供弥足珍贵的智慧资源。因而，促进老子思想的域外传播是中国传播学者的使命和责任。

老子强调"无为无不为，无为无不治，为无为""善行无迹""无有入无间"，如此的思想和行为轨迹，同样体现在老子思想的域外传播之中，虽然几千年来，少有人有目的、有组织地推动《道德经》的对外传播，可是年深日久，不知不觉地越来越受到全世界人民发自内心的喜爱。这很可能与老子价值观中突出人的地位与大道天地近乎平等的观点有关。老子不仅强调"人法地，地法天，天法道，道法自然"，更强调"道大、天大、地大、人亦大"。

期待武志勇教授的研究团队，在目前基本理清老子思想域外传播历史轨迹和现状的基础上，与哲学及历史领域的学者合作，进一步深入探讨作为中华传统文化优秀代表的老子思想，遴选出具有人类共通价值和现实意义的核心理念；其次，与传播领域、艺术领域及互联网技术领域的学者合作，发现上述理念域外传播的文化路径和新技术形式，特别是老子思想艺术化和生活化传播的策略和方式，进而大力促进老子思想和智慧的普世化传播和现代化应用。

是为序。

钱旭红

2022年8月13日

（钱旭红：中国工程院院士、华东师范大学校长）

目　录

壹 域外书籍媒介空间中老子著作与思想的传播

本研究立足不同国家或地区的历史文化环境，运用文献研究法、比较历史研究法等多种研究方法，梳理分析了老子著作与思想在西方世界、阿拉伯世界、日本、印度、泰国、越南的翻译出版情况，探讨老子思想在书籍媒介空间与域外文明交流互鉴的历史状况与历史经验。

第一章　老子著作与思想在西方世界的传播

作为中华传统文化的代表性典籍，《道德经》[①]进入西方世界，与西方传教士来华密切相关。据英国科学家李约瑟（Joseph Needham）考证，《道德经》最早的西方文字译本是17世纪末比利时传教士卫方济（François Noël）的拉丁文译本。此后，翻译、研究《道德经》的外语语种与文献数量逐渐增多，在西方社会的传播广度和深度也逐渐加大。

时至今日，《道德经》已被翻译成多种语言。国内学者，如丁巍、苏丽湘等人于21世纪初曾对《道德经》的海外翻译情况进行统计分析。[②]美国学者郜谧侠（Misha Tadd）于2019年发表《〈老子〉译本总目》。总目涉及73种语言，1,576种译本。我们进一步搜集完善了译本信息，同时汇集了世界主要语种研究老子及其思想的著作论文和学术机构信息。经过梳理与统计，截止到2020年5月，《道德经》英语译本553种，法语译本91种，俄语译本69种，德语译本298种，西班牙语译本95种。我们拟以上述资料为基础，探寻和理清老子著作与思想在西方主要语种，包括英语、法语、俄语、德语、西班牙语世界中传播的历史。

---

① 《道德经》，又称《老子》。共81章，5,000余言，分上下篇。老子著。

② 参见河南省社科院丁巍副研究员主持的国家社会科学基金项目《老学典籍考》（批号为97BTQ004），其最终成果是工具书《老学典籍考：二千五百年来世界老学文献总目》。

第一节 《道德经》在英语世界的传播

《道德经》自1868年开始进入英语世界，距今已有150多年。一个半世纪里，《道德经》的英译版本种类繁多，流传广泛。

一、1868年至20世纪初，老子思想与基督教义的相遇

第一次鸦片战争结束之后，以英国为代表的英语国家愈来愈多地派传教士入华。起初，西方传教士一心想把《圣经》介绍到中国，对中国本土文化并无太多重视。文化的隔膜导致其传教过程障碍重重。为了更好地履行在中国传教的使命，传教士开始研读中国传统文化典籍。他们期望通过对中华文明的认知和了解，洞察中国精英阶层和普通民众的精神世界，走近中国人，为教义传播做铺垫。在此期间，传教士发现老子的思想具有一定的普适性，在某些方面能够与基督教思想相契合。因此，《道德经》便成为其嫁接中华文化和基督教义的一个连接点。传教士经常将《道德经》与《圣经》相比照，有选择地对《道德经》进行解读，以求找到"类同性的话语支持"。据王剑凡对英语世界《老子》早期译本的考证，自1868年到1905年的37年间，英语世界共有14个译本问世。这些译本中有8个从基督教立场解读《老子》，其余6个译本虽然基督教倾向不太明显，但某些章节依然会看到基督教思想的影子。可以发现，这一时期《道德经》英译工作的宗教特色十分明显。为了实现传教目的，译者大多根据自身理解对《道德经》进行翻译，缺乏对《道德经》文本以及背后所蕴含的深厚中国文化内涵的观照与探究。

1868年，英国布道会传教士湛约翰（John Chalmers）出版第一本《道德经》英译本《老子玄学、政治与道德律之思辨》（*The Speculations on Metaphysics, Polity, and Morality, of "The Old Philosopher", Lao-Tsze*）。他对于《道德经》的翻译与解读具有强烈的基督教色彩，直接将《老子》中的"帝"翻译为基督教的"God"，将《老子》中的"神"翻译为基督教的众神"Spirit"，以基督教词汇对译《老子》。

英国汉学家詹姆斯·理雅格（James Legge）的英译本于1891年出版。他的翻译工作虽然没有完全脱离传教的目的，但是比较尊重中华传统文化典籍

的思想与哲学内涵，详细阐述了老子之“道”与基督教“上帝”的本质区别。

1895年，由亚历山大（George Gardiner Alexander）翻译的《道德经》英译本《老子，伟大的思想家：关于上帝的本质和表现的思想》（*Lao Tsze, the Great Thinker, with a Translation of His Thoughts on the Nature and Manifestations of God*）出版。他丝毫不掩盖自己的观点在译作中的架构作用，直接将原文的“道”翻译成了“God”或“Creator”，还以“his”这个第三人称代词来做翻译指涉。这样一来，《道德经》被翻译成了与基督教义相关的文本，语言更为通俗易懂，深受西方国家读者的欢迎。

保罗·卡鲁斯（Paul Carus）翻译的译本《老子〈道德经〉》（*Lao-Tsze's Tao Teh King*）1898年出版。这是第一个由美国人翻译的《道德经》译本。该书详细介绍了老子以及《道德经》，并将中文原文与英文译文逐字对照，还对每个汉字做了注音。保罗·卡鲁斯的译本在美国产生了较大影响，成为众多美国学者研究老学和翻译《道德经》的参照范本。

除此之外，1884年，巴尔福（Frederic Henry Balfour）翻译的《道德经》英译本《道书：伦理的、政治的、思辨的文本》（*Taoist Texts, Ethical, Political and Speculative*）出版。1886年，翟理斯（Herbert Allen Giles）发表了《老子遗集》（*The Remains of Lao Tzu*）。1903年，海森格（I. W. Heysinger）出版《中国之光：老子之道》（*The Light of China: The Tao Teh King of Lao Tsze*）。

二、1919—1972年，寻求老子思想对于西方现代文明的启示意义

第一次世界大战和第二次世界大战的爆发，在一定意义上标志着上帝和理性文化的终结。面对战争，学术机构、宗教组织瘫痪，学者和宗教领袖根本无力把人们从战争的阴云中拯救出来。西方文化和价值观受到了巨大的冲击与挑战。战争过后，西方学者开始反思西方文明的缺陷。另一方面，西方第一、二次工业革命完成，社会生产力实现了跨越式发展，整个社会的物质生活水平得到提高。然而，在享受到科技进步带来的益处之后，人们面对的是资本剥削所带来的失业、贫困等一系列问题，社会思潮因此而复杂多变。英国“愤怒的青年”文学运动①、美国以“垮掉的一代”文学为代表的反正统

① “愤怒的青年”文学运动在创作上多采用现实主义手法，批判揭露资本主义社会，同情中下层人民，想要改变社会但又对社会弊病的根源认识不清。

文化潮流[①]，正是这一时期的代表。在对自身文化和价值观感到失望与迷茫的同时，西方一些学者开始接受非理性和存在主义，肯定人的直觉能力，主张用人的存在来解释现实世界，关注个人的生存境遇，追求人性的复归。这种思潮本质上和老子“不出户知天下”“少私寡欲”“为天下谷，常德乃足，复归于朴”的思想存在一定的相通之处。老子所主张的“万物和谐”“无为而治”“以德治国”思想与两次世界大战所引发的西方社会的反战情绪产生共鸣。老子著作与思想对于现代文明的启示意义，被发掘和凸显出来。

反思、批判西方现代文明的思潮，以及社会思想的多元化，为老子学说在英语世界的传播提供了契机，第二次英译高潮由此出现。这一时期《道德经》英译本的数量达到54种。比如1934年，亚瑟·韦利（Arthur Waley）出版了《道德经》的英译本《道与德:〈道德经〉及其在中国思潮中的地位研究》（*The Way and Its Power, A Study of the Tao Te Ching and Its Place in Chinese Thought*）。此译本注重对《道德经》原文、原意的探讨，致力于传递文本中的思想内核。他指出译介《老子》的目的就是为了“用细节的准确性给出源文本的意思”。

值得关注的是，这一时期，中国学者也开始了《道德经》的英译工作。1936年，胡子霖英译的《道德经》出版。这是中国人英译的第一个《道德经》译本。1937年，初大告的《道德经》英译本在伦敦出版。1939年，吴经熊的《老子〈道德经〉》（*Lao Tzu. Tao Teh King*）问世。1948年，林语堂的《老子的智慧》（*The Wisdom of Lao Tzu*）出版，并在英语世界影响广泛。中国学者在翻译中尽可能地保留文化特性、语言特征和表达方式，以源文化为底蕴，向英语读者呈现中国古代的智慧和哲学。他们的加入，为《道德经》英译注入了新的活力。

三、1973年至今，强调学术性的老子著作和思想传播

经由考古发现和改革开放，中西方文化交流进入到一个全新的阶段。这一时期，能源短缺、生态环境恶化等问题威胁着世界。垄断资本主义拉大了

① 反正统文化以非理性主义哲学为思想基础，主张“恢复人的自然本性的纯洁，发展内省经验，崇拜下意识，寻求宗教神秘意识”，“把对真理的追求诉诸于盲目的、本能的欲望和情绪发泄”（杨生茂、陆镜生. 美国史新编［M］. 北京：中国人民大学出版社，1990:503）。

贫富差距，社会矛盾不断激化。英语世界学者对自身所处的国家、社会所信奉的价值观产生怀疑，并发起批评。越来越多的学者重视《道德经》与老子思想，期望从中寻找到解困的途径。

1973年，湖南长沙马王堆出土汉墓帛书《道德经》，掀起了全世界对老学的研究热潮。从此，《道德经》进入第三次英译高潮，并一直延续至今。据统计，此时期《道德经》英译本的数量和质量均有显著提升，译本的数量高达485本。

韩禄伯（Robert G. Henricks）的《老子道德经：新出马王堆本的注译与评论》（*Tao Te Ching, Annotations and Comments on the New Ma Wang Dui Ben*）、刘殿爵（D. C. Lau）的《老子:〈道德经〉》（*Lao Tzu: Tao Te Ching*）、《老子〈道德经〉导言：据马王堆本翻译》（*Introduction of Lao Tzu "Tao Te Ching": Translation according to Ma Wangdui*），以及梅维恒（Victor H. Mair）的《〈道德经〉：德与道之经典》（*Tao Te Ching: The Classic of Virtue and Tao*），均是这一时期马王堆出土的汉墓帛书《道德经》的重要英译本。

20世纪80年代以来，越来越多的西方学者出于学术研究的目的，深入探析《道德经》文本中所富含的哲学智慧。在研究方法上，他们也不再用单纯的文献考证、文本解读等方法，而是采用西方哲学的概念、范畴和分析方法对《老子》进行解析。

这一阶段，英语世界研究老子思想的著作不断涌现。1985年，约瑟夫（Joseph Q. Hai-Nguyen）在《老子哲学中"无"的作用》（*The Function of Non-being in the Philosophy of Lao Tzu*）中论述了老子"无名""无为""无欲"的思想。1989年，葛瑞汉（A. C. Graham）在《道家之争：中国古代的哲学论证》（*Disputers of the Tao: Philosophical Argument in Ancient China*）中以"天人关系"为主线，视"道"为中国哲学的中心范畴，对老子思想进行了评述。安乐哲（Roger T. Ames）的译本《道不远人——比较哲学视域中的〈老子〉》（*The Tao Is Not Far Away—"Lao Zi" in the Field of Comparative Philosophy*）在比较哲学的视域下对《老子》进行解读，尝试依照中国思想文化原有的框架来理解中国哲学，诠释中国哲学经典。他的成果，在英语世界老学发展史上具有划时代的意义。

总之，《道德经》在英语世界的传播，出现过三次高潮，与历史环境密切相关。传教士在第一次英译高潮中起到了至关重要的作用。出于传教的目的，以基督教义解读《道德经》，是这一时期英译本的典型特征。两次世界大战促使《道德经》第二次英译高潮出现。英语世界的学者开始发掘老子思想对于现代文明的启示意义。随着东西方文化交流的深化，第三次英译高潮中的学者，运用西方哲学研究范式，对老子著作及其思想进行深入的理论探索。

第二节 《道德经》在法语世界的传播

法国作为中华文化向欧洲传播的桥头堡，相较于其他西方国家，《道德经》的翻译与研究起步较早。

1838年，由耶稣会传教士波迪（Podi）翻译的《道德经》法译本出版。这是法语世界首个《道德经》法文全译本，也是《道德经》在欧洲的第一个译本。老子著作与思想在法语世界的传播历程大致可划分为两个阶段，即19世纪至20世纪中期、第二次世界大战后至今。

一、19世纪至20世纪中期，“东学西渐”中《道德经》在法国的传播

17世纪，法国传教士进入中国，接触到了儒家文化。在宗教与儒家文化交流过程中，以《论语》为代表的中国传统文化开启了“东学西渐”的路程。18世纪以后，法国的耶稣会传教团在中国更加活跃，为中国传统文化传入法国创造了良好条件。与此同时，法国专业汉学机构的创立与发展，也促进了《道德经》的法译。1814年，法兰西学院创建汉语与满语语言文学教席，学院制汉学诞生。对于汉学家来讲，翻译中国典籍是一项重要工作。

雷慕沙（Jean Pierre Abel Rémusat）、鲍狄埃（Guillaume Pauthier）、儒莲（Stanislas Julien）是这一时期的代表性译者。雷慕沙是法兰西学院汉语与满语语言文学教席的首任教授。1823年，雷慕沙在论文“论老子生平及其观点”（Sur la vie de Laozi et ses points de vue）中翻译了《道德经》的部分章节，开启了法语世界对《道德经》的翻译和研读工作。鲍狄埃在1831—1842年间所写的7篇文章，如“论道教源流与传播”（Mémoire sur l’origine et la propagation de la doctrine du Tao）（1831）、“论印度哲学”（Sur la philosophie indienne）（1833），均或多或少地涉及《道德经》不同章节。1842年，儒莲的《老子道德经：道路与道德之书》（*LAO TSEU TAO TE KING Le livre de la voie et de la vertu*）出版，该版本是目前为止在法国影响最广、再版次数最多的译本。

这一时期，法国一批著名学人和作家受到老子思想的影响。谢阁兰（Victor Segalen）在学习老子思想的过程中发现了一种“醉态视觉”，即与物相溶的原始本质目光。他在《致克娄岱尔书》（*Lettre à Cledale*）中提到，“透过沉重和繁杂，它使人看到事物的正反面，在稍纵即逝的表象中妙不可言地品美”。诗人亨利·米修（Henri Michaux）十分崇拜老子，他的诗歌中经常会引用或转译《道德经》中的诗句，例如，《趋于宁静》（*Tendance à la tranquillité*）（1934）便对《道德经》第四十七章中提及的“不出户知天下”进行了转译。

二、第二次世界大战后至今，戴高乐主义对老子思想在法语世界传播的推进

20世纪中叶，法国在外交上推行戴高乐主义，重视发展同中国的友好关系。这一外交政策为法国汉学的发展带来了蓬勃生机，法国汉学进入快速发展阶段。在法国汉学家的努力下，中国传统文化的生命力与魅力被充分挖掘，《道德经》的译介和研究空前活跃。

1967年，刘家槐的译本《道家哲学，第一辑：老子、庄子、列子》（*Philosophie taoïste, partie I, Lao-Tseu, Tchouang-Tseu, Lie-Tseu*）出版。之后，其所译的《老子：道德经》（*Laozi: Tao Te Ching*）分别于1985年、2010年、2015年多次出版。2016年，吉·马萨（Guy Massat）、亚瑟·席瓦斯（Arthur Rivas）合译《道德经》，对其中的核心概念进行全新的翻译。

学者克丽斯蒂娃（Kristeva）注重研究“道生一，一生二，二生三，三生万物”的道家思想。1967年，图尔尼耶（Michel Tournier）的长篇小说《礼拜五：太平洋的飘渺之境》（*Vendredi ou les limbes du Pacifique*）发表，其中体现了老子“小国寡民”“使有什伯之器而不用”的思想。帕梅拉·J.鲍尔（Pamela Ball）《“道”之本》（*L'essence du Tao*）（2007）、迈克尔·普

埃特（Michael Puett）与克里斯蒂娜（Christine）合著的《“道”：中国哲学如何帮助我们重新思考》（*“Tao”: Comment la philosophie chinoise nous aide à repenser*）等著作也相继出版。

总之，法语世界对《道德经》的翻译工作从最初选取部分章节进行节译，到逐渐扩大为全文翻译，并对法国的哲学和文学活动产生影响。“东学西渐”浪潮和戴高乐主义的外交政策都对老子著作与思想在法语世界的传播产生了推动作用。

第三节 《道德经》在俄语世界的传播

《道德经》是俄罗斯众多文化典籍中复译本最多的经典。《道德经》在俄语世界的传播可划分为三个阶段，即18世纪初至20世纪初、20世纪初至70年代以及20世纪70年代至今。

一、18世纪初至20世纪初，东正教布道团推动《道德经》俄译工作起步

16世纪起，中西方交流逐渐频繁。俄国出于商业利益的考量，利用自身特殊的地缘优势，积极参与到这一浪潮之中。1608年，沙皇下令寻找通往中国的道路。1618年，俄国向明王朝派遣使者，中俄两国进入交往的初级阶段。

俄国东正教布道团对《道德经》在俄语世界的传播起到了重要作用。俄国早期的汉学研究属于官方控制下的学术行为。东正教布道团的主要任务是传教，同时对中国的经济、政治等情况进行了解，搜集信息和情报。因而，沙俄的汉学家起初并不重视老子的著作与思想。直到1818年，亚历山大二世发出谕令，要求驳斥道家学说，《道德经》才开始受到重视。1823年，宗教使团的司祭西维洛夫（Д. П. Сивиллов）完成了《道德经》首个俄译本《道中之德抑或老子之道德哲学》（*Добродетель в Дао или Моральная Философия Лаоцзы*）。

伟大作家列夫·托尔斯泰（Лев Николаевич Толстой）在《道德经》俄译的起步阶段做出了贡献。1878年，托尔斯泰开始着手《道德经》的翻译工

作。1913年，其从法语转译的《老子道德经或道德之书》(*Laozi Daodejing или Книга Морали*) 出版。托尔斯泰深入研究道家哲学，以“道”和“无为”为探讨重点，写作了《中国圣贤老子撰写的道和真理之书》(*Книга Дао и Истины, написанная китайским святым*)(1884)、《中国圣贤老子的名言》(*Изречения китайского мудреца Лао-Тзе, избранные Л. Н. Толстым*)(1910)。

二、20世纪初至70年代，马克思列宁主义语境下的《道德经》传播

作为人类历史上第一次取得胜利的社会主义革命，十月革命推动了国际社会主义运动的兴起。反法西斯战争的胜利和中华人民共和国的成立促成中苏两国站在社会主义同一阵营，两国的文化交流愈加广泛密切。

十月革命重新塑造了俄国的人文社会科学。汉学家按照马克思列宁主义理论改造俄国汉学，致力于建设全新的苏联汉学。1948年，学者杨顺兴完成了《道德经》的俄译本。他在《道德经》的俄译工作中以马克思主义基本原理为出发点，将中国传统文化以及典籍中所包含的哲学思想传达给读者。

三、20世纪70年代至今，译介视角丰富多元

随着中国改革开放政策的实施、苏联的解体，中俄两国政治互信逐渐提高，经济联系日益紧密，双方的交流更为深入。俄罗斯民众学习汉语的热情高涨，对中国传统文化表现出强烈的兴趣。此一时期，俄罗斯汉学家从更加丰富多元的视角来译介、审视老子思想。

1990年，俄国诗人佩列列申（В. Ф. Перелешин）翻译的《道德经》发表在《远东问题》上。卢基扬诺夫（А. Е. Лукьянов）撰写的《道之本源：中国古代世界》(*Происхождение Дао: древний китайский мир*) 于1992年出版。2009年，马良文（Vladimir V. Maliavin）与李英男共同翻译的《大中华文库·老子》(*LAO ZI*)，采取归异化结合的翻译策略，让读者在最大程度上感受原文的语言特色与哲理内涵。还有一些译者，如萨夫卢辛（Savlusin）、鲍鲁什科（О. Барушк）等则尝试采用诗歌体对《道德经》进行翻译。

《道德经》在俄语世界的传播历程，是中俄两国文化交流历史的重要组成部分。18世纪初，俄国东正教布道团启动了《道德经》俄译工作。苏联时

期的学者则致力于以马克思主义基本原理为出发点，对《道德经》进行翻译与研究。苏联解体后，俄罗斯汉学界试图从更加丰富多元的视角来介绍、研析老子思想。《道德经》俄译本数量虽远不及英译本，但对东欧国家影响深远，推动了匈牙利、罗马尼亚、波兰等国的《道德经》翻译和研究事业的开展。

第四节 《道德经》在德语世界的传播

《道德经》是德语世界中传播最广和影响最大的中国典籍之一。《道德经》在德语世界的传播大致可以分为18世纪初至20世纪初、20世纪上半叶以及1945年以后三个发展阶段。

一、18世纪初至20世纪初，宗教色彩浓厚的《道德经》德译本

18世纪初，以白晋（Joachim Bouvet）和马若瑟（Joseph de Prémare）为代表的耶稣会传教士入华。白晋等人运用《旧约》的索隐式注释方法来研究包括《道德经》在内的中国典籍，《道德经》由此在德语世界现身。

首个《道德经》德译本《〈道德经〉——美德之路》（*Táo-tĕ-king—Der Weg zur Tugend*）于1870年出版，译者为波莱恩克那教士（Reinhold von Plaenckner）。同年，史陶斯（Victor von Strauss）的德译本《老子的道德经》（*LAO TSE'S TAO TE KING*）出版。他认为“道”与《约翰福音》中所说的“太初有道，道与上帝同在，道就是神”十分接近。1910年，由朱利叶斯·葛理渥（Julius Grill）主笔的译本《最高本质和最善的老子之书〈道德经〉》（*Lao-tszes Buch vom höchsten Wesen und vom höchsten Gut*）出版。他希望在《道德经》和《新约》之间，找到老子的哲学思想与耶稣的宗教思想之间的联系。

18世纪，老子思想深刻地影响了德国哲学家。最早接触老子学说的是戈特弗里德·威廉·莱布尼茨（Gottfried Wilhelm Leibniz），他通过学习《道德经》中所阐述的阴阳学说，提出了二进制思想。康德认为老子思想和学说堪称“自我意识下的哲学”。黑格尔肯定了《道德经》中的哲学内涵，并赞同老子所说的“三生万物”的观点。

二、20世纪上半叶，《道德经》深度影响德语文学

第一次世界大战的失败给德国带来了沉痛打击，社会出现剧烈动荡，浓重的悲伤与消极情绪蔓延。人民饱受战争折磨，精神上受到严重摧残。作为战败国，德国损失惨重并且面临价值观与文化危机。一些德国学者希望在东方文化中找寻解决方法。《道德经》中“顺应天道与自然”等思想引起了德国学者的共鸣。据统计，此阶段《道德经》德译本数量多达46本。其中，卫礼贤（Richard Wilhelm）翻译的《老子，道德经——老子的“道”与“德”之书》（*Laotse, Tao Te King, Das Buch des Alten vom Sinn und Leben*）一直被奉为《道德经》德译本的典范。

这一时期，老子思想深度地影响到德国文学界。1915年，德布林发表小说《王伦三跃》（*Die drei Sprünge des Wang-lun*），成为首位以文学方式诠释《道德经》的德国学者。该小说的出版推动了《道德经》在德语文学界的传播进程。布莱希特（Bertolt Brecht）将老子“无为”“国家昏乱，有忠臣”的思想融入《伽利略传》（*Leben des Galilei*）和《大胆妈妈和她的孩子们》（*Mutter Courage und ihre Kinder*）中。黑塞（Hermann Hesse）的作品《在轮下》（*Unterm Rad*）（1906）、《荒原狼》（*Der Steppenwolf*）（1927）也体现着老子的“两极”思想，通篇充满刚与柔、阴与阳、实与虚的张力。

1933年，希特勒上台，汉学研究在第三帝国时期成为政治的工具，《道德经》德译本的数量和质量均有所下降。

三、1945年至今，返璞归真的《道德经》译介

第二次世界大战后，德国面临更为严重的精神危机。东方的“道”和“禅宗”引发“垮掉的一代”“披头士一代”和“后现代主义一代”的深切呼应。此时，汉学在德国重新发展与兴盛。汉学杂志、书籍的增加和学术机构的建立，也带动了汉语典籍翻译和研究质量的提升。

这一时期的译者立足源文本，开始关注“道”的内涵。1961年，施密特（Karl Otto Schmidt）的《老子道德经：走向现实的道路指南》（*Lao-Tse Tao-Teh-King: Weg-Weisung zur Wirklichkeit*）出版。他赞成采用“零翻译”手法在译本中保留“道”，把释“道”的空间留给读者。君特·德博（Günther Debon）的《老子道德经》（*Lao-Tse Tao-Te-King*）（1961）、扬·菲

利普·雷姆茨玛（Jan Philipp Reemtsma）的《道德经：智慧与美德之道》（*Daodejing: Der Weg der Weisheit und der Tugend*）（2017）等译本也丰富了德语世界的老学研究。

哲学界与文学界有关老子思想的著作也日渐多样。哲学家海德格尔在其著作中多次直接引用老子名言，他的哲学思想与老子思想在一定程度上产生共振。在《形而上学的基本概念》（*Die Grundbegriffe der Metaphysik*）中其对于“无”的论述与老子思想不谋而合。文学性书籍《老子的思想世界》（*Laotses Gedankenwelt*）（1957）、《给道德经的信》（*Brief an Daodejing*）（2005）等的相继出版进一步扩大了老子思想在德语世界的影响。

总之，18世纪初，《道德经》德译本中包含有大量的神学和宗教元素。20世纪上半叶，《道德经》深度影响了德国文学，第一次德译热潮出现。人们对《道德经》的关注不仅仅局限于文本翻译，相关的文学性书籍更是层出不穷。1945年以来，德国学者对《道德经》的译介返璞归真，也更加哲学化。

第五节 《道德经》在西班牙语世界的传播

与西方世界其他语种相比，西班牙语（简称“西语”）世界对《道德经》的翻译起步较晚。1916年，首个《道德经》西语译本在阿根廷出版，这是目前能够考证到的最早的西语译本。《道德经》在西语世界的传播，可分为两个发展阶段，即20世纪初至70年代、20世纪70年代至今。

一、20世纪初至70年代，建立在间接译本基础上的《道德经》传播

《道德经》在西语世界的传播，很大程度上受到法国的影响。20世纪的前70年，《道德经》西语译本数量是11本。《道德经》西语翻译都建立在间接译本的基础上。也就是说，其翻译的源语言并不是汉语，而是法语和英语。

1916年，由乌拉圭作家艾蒙多·蒙特雷（Edmundo Montagne）翻译的《道德经》（*El libro del sendero y de la línea-recta*）在阿根廷出版。此译本是由法国汉学家亚历山大·乌拉（Alexander Ula）的法语译本转译而来。1951年，根据林语堂的英译本转译而来的西语译本《老子的智慧》（*La sabiduría de Laotsé*）在阿根廷出版。1961年，在马德里出版了由初大告的英译本（1937）转译而来的《道德经》。值得关注的是，《道德经的真知》（*La gnosis taoísta del Tao Te Ching*）成为西语世界的首个直译本。该书由西班牙汉学家、传教士杜善牧（Carmelo Elorduy）翻译，1961年出版。

二、20世纪70年代至今，《道德经》在西语世界的国民认知度提高

长沙马王堆汉墓出土的帛书《道德经》，将西语世界的老学研究引至一个新层面。这一阶段《道德经》西语译本的数量达到84本，不论从数量还是从质量上来讲，都较前一时期有明显进步。

1978年，由伊纳基·普雷西亚多·伊多埃（Iñaki Preciado Idoeta）翻译的《道之书》（*El Libro del Tao*）出版。此译本在翻译的专业性与准确度上均有所提高。曾若镜和安赫尔·费尔南德斯·德卡斯特罗（Ángel Fernández de Castro）合作翻译的《老子的道德经：道与美德评论之书》（*El Tao Te Ching de Lao-Tze: El libro del Tao y la Virtud, comentado*）于2003年出版。该书的出版意味着《道德经》的西译群体已逐渐从汉学家、东方学研究者等“内行”延伸到了中国文化爱好者等“外行”，《道德经》在西语世界的“国民认知度”达到了一个较高的水平。《道德经：在永远有可能的道路上》（*Taotejing: En el camino de lo siempre posible*）（1987）、《道德经：道之书》（*Tao Te King: El libro del Tao*）（1997）、《道之书：伟大的思想》（*El libro del Tao: Great Ideas*）（2012）等译本也是这一时期的主要译著。

在此期间，研究老子思想的著作也趋向多样化。1994年，格雷格·约翰逊（Greg Johanson）、荣·柯兹（Ron Kurtz）的《恩典的启示：道德经精神的心理治疗》（*Revelación de la gracia: Psicoterapia en el espíritu del tao-te king*）出版。此书把《道德经》与当代心理治疗的实践联系在一起。1998年，由伊纳基·普雷西亚多·伊多埃主笔的《老子的教导》（*Las enseñanzas de Lao Zi*）出版。该书揭示了道家圣贤生活的奥秘，并且清晰地阐述了道家智慧。此外，《老子与道》（*Lao zi y el Tao*）（1999）、《智慧的典范：从老子和佛陀到蒙田和尼采》（*El ideal de la sabiduría: De Lao-zi y el Buddha a Montaigney Nietzsche*）（2011）等均对老子思想以及《道德经》的内容进行了深入研究与详细阐发。

除杜善牧所翻译的《道德经的真知》外，早期的西语译本皆为转译本，这在很大程度上影响了译本的准确性。此后数十年，西语世界对老子著作与思想表现出较高的热情，中国典籍在西语世界中的国民认知度升高。

第六节　结　语

综上所述，两百年来，老子著作与思想在西方世界的传播，呈现如下特点：

第一，中华传统文化典籍的西传，具有强烈宗教热情和执着布道精神的传教士是重要的传播媒介。英语世界、法语世界、俄语世界、德语世界等最早的《道德经》译本和相关研究著作，皆出于传教士之手。致力于基督教“东渐”的宗教人士，对于中华文化经典和思想向西方传播，起着重要的启动和推进作用。

第二，西方民众的精神创痛或疑惑，无法被西方宗教和哲学思想抚慰指引时，具有道德价值、崇尚自然的中华文明，就拥有了西传的良好历史窗口。第一次世界大战、第二次世界大战之后，老子著作和思想出现西传的高潮，就是明证。

第三，强势语种的译介，可以间接推动其他语种对于中华传统文化的传播。比如，早期西班牙语的老子著作，皆间接从法语、英语文本译出，法语、英语文化对于西班牙语的影响，助力了中华文化在西班牙语世界的流传。

第四，中国学者的参与，可以为中华传统文化的对外传播增添活力。在《道德经》的英译和俄译过程中，中国学者的贡献功不可没。

第五，国家之间的友好关系，是中华传统文化向西方传播的重要纽带。中华人民共和国成立以后，相当长时期内与苏联之间关系亲密，极大地促进了老子著作与思想在俄语世界的传播。这是一个很好的例证。法国奉行戴高乐主义政策时期，也是如此。

第六，中国的强大是中华文化向西方传播的物质和精神基础。国家和民族强盛是文化魅力的体现。改革开放以来老子著作与思想在西方更受关注，中国的开放、文明、繁荣、强盛，是重要的凭借和依靠。

第二章　老子著作与思想在阿拉伯世界的传播

西汉时期，史学家司马迁在《史记·大宛列传》中载，“条枝在安息西数千里，临西海”。此处，“条枝”即是阿拉伯世界的一部分。中阿文化交流历史悠久、基础深厚。中华民族和阿拉伯人民真诚相待、守望相助，共同谱写出和合共生的人类文明交往辉煌篇章。作为中华文明灿烂明珠的老子著作《道德经》及其思想，在阿拉伯世界的传播，是中阿文明美美与共的重要内容。老子著作与思想传入阿拉伯世界的时间较短。据统计，自1966年第一本阿拉伯语《道德经》译本出版，截至2020年底，阿拉伯语的《道德经》译本达到15种，相关研究论文16篇，研究著作19部。[①]历经近60年的流传与积累，其译本数量和研究成果逐年攀升。

第一节　老子著作与思想在阿拉伯世界传播的历史交流基础

中阿文明交往始于汉武帝时期，迄今已有2,000余年的历史。在古代，“丝绸之路”和“香料之路”搭建起了中阿友谊的桥梁，推动了中阿间接或直接的经贸交流。伊斯兰教创始人穆罕默德曾对他的弟子说：“学问虽远在中国，亦当求之。”这句至今仍在中东地区广为流传的阿拉伯古训，表达了阿拉伯人民对中华文明和中国智慧的倾慕与向往，激励着中阿文化交流。阿

① “老子思想域外传播与接受”课题组统计了2020年4月以前，世界主要语种包括阿拉伯语、英语、俄语、法语、德语、日语的《老子》译本、研究著作情况。

拉伯史地学家麦斯欧迪曾在《黄金草原》中提到:“中国船只早在5世纪时,就曾航行至幼发拉底河畔的希拉城,并与阿拉伯人进行贸易。”依靠这两条交通大动脉,中阿双方通过络绎不绝的骆驼商队与远洋海船,实现了陶瓷、蚕丝、棉布、香料等器物的交换,开启了以贡赐贸易、市舶贸易、互市贸易为主的密切频繁的经济往来活动。

唐朝时期,阿拉伯致力于开疆拓域与开展对外联络,中阿关系步入新阶段。唐高宗李治永徽二年(651年),阿拉伯第三任正统哈里发奥斯曼正式遣使长安,开启了中阿商贸交易、政治互信、文化交流的黄金时代。据《旧唐书》《册府元龟》《资治通鉴》等典籍记载,自永徽二年至贞元十四年(798年)的148年间,阿拉伯遣使来华达40次之多。其间,怛罗斯之战与安史之乱的爆发也未能阻止阿拉伯向中国遣使通好。在唐代中国与阿拉伯如火如荼的往来互动中,双方文化也如明亮的灯塔,在丝绸之路两端交相辉映。被誉为中国四大发明的造纸术、印刷术均于唐朝时期远播至阿拉伯。751年,唐朝军队在怛罗斯之战中战败,部分擅长造纸的中国士兵被俘虏至阿拉伯,客观上推动了造纸技术的传播。与造纸术密切相关的印刷术,经由西域传入当时阿拉伯帝国所辖的波斯和埃及,随后逐渐深入至欧洲各国。对此,史学家拉希德·丁(Rashid al-Din, 1247—1318)在《史集》中做了详细记载。

在宋代先进的航海技术与发达的造船事业推动下,中阿关系持续深入发展。据历史记载,自开宝元年(968年)到乾道四年(1168年)的200年间,阿拉伯帝国的商人、使节入华交流次数高达48次。这一时期,指南针与火药成为中阿文化交流的物质载体与具体表现。12世纪末至13世纪初,指南针传入阿拉伯,阿拉伯人将其称作“针房”或“针匣”。约在8—9世纪,火药的主要原料——硝便已传入当时阿拉伯大帝国所辖的波斯。1230年左右,用硝制造火药的技术经波斯传至阿拉伯广泛区域。哈桑·莱马哈的《马术与兵器》就曾谈及硝及制造火药的配方。与此同时,阿拉伯天文学与医学传入中国,有力地推动了中阿文明的交流与对话。据考证,宋朝时期,名叫马伊泽的阿拉伯人在出使中国的过程中,将伊斯兰的星期制度、黄道十二宫的方位及太阳入宫日期的推算方法首次引进中国。作为中古时期较先进的医学,阿拉伯—伊斯兰医学在中国广为流传。9—10世纪,阿拉伯—伊斯兰的医药知识进入中国。随着中阿贸易的高度繁荣，阿拉伯香药也开始大量输入中国，在扩大阿拉伯—伊斯兰医药学影响力的同时，丰富了中国的医药学宝库。

元代，广州、泉州等市舶司的设立以及“官本船”政策的实行，中阿贸易臻于极盛。随着阿拉伯阿拔斯王朝的覆灭、帝国的解体，大批阿拉伯人来华。其中，建筑家也黑迭儿丁集汉式、波斯建筑艺术之大成设计修筑元大都，旅行家伊本·白图泰深入中国各地考察，著写《伊本·白图泰游记》，均是中阿文化交流与交融的友好见证。

明清时期，“禁濒海民不得私出海”的海禁政策、有限的“勘合贸易”与“闭关锁国”政策，致使中阿贸易由盛转衰，甚至一度陷入萧条。在文化交流方面，中国的穆斯林转而注重伊斯兰文化的介绍、发展、融汇，开始了中国伊斯兰史上学理的建设。这集中表现在明末清初开始的经堂教育和翻译有关伊斯兰教的著作。

近代，面对西方殖民主义和帝国主义的入侵，中阿正常的经贸关系虽难以维系，但双方的文化交流仍然延续。此时期，中国穆斯林的新文化运动，建立宗教或学术社团，创办新式学校，创办学术刊物，开展伊斯兰学术研究活动，推进了阿拉伯—伊斯兰文化在中国的传播。

1949年中华人民共和国成立，揭开了中阿文明交往的新篇章。1955年4月，万隆会议的成功召开推动了亚非国家的联合互助，曾经有着相似历史命运的两个伟大民族再次坚定地站在了一起。1956年，中埃正式建交。中华人民共和国与阿拉伯世界友好交往的大门开启，中阿关系进入“蜜月期”。这期间，中国同也门、摩洛哥、索马里等全部22个阿拉伯国家陆续建立了外交关系，中阿情谊日渐深厚。进入21世纪，中阿交往开始向正规化、制度化、纵深化方向迈进。中阿合作论坛、中阿经贸论坛、中阿文化部长论坛、中阿城市文化和旅游论坛、中阿青年汉学论坛、中阿文明对话研讨会的顺利举行，极大地推动了双方政治、经贸、文化等诸多领域的多边合作，提升了双方文化交流与文明对话的成效。

时间长河中，中阿文明相互尊重，相互借鉴，成就辉煌。两千余载的交往历史所沉淀的成就经验，为以老子思想为代表的中华传统文化向阿拉伯世界的传播提供了良好基础。

第二节 60年来老子著作与思想在阿拉伯世界的传播

相较于英、法、德等地区,《道德经》在阿拉伯世界的翻译起步较晚。1966年，首部阿拉伯语译本《道路与美德》出版，拉开了阿拉伯世界《道德经》翻译与研究的帷幕。《道德经》在阿拉伯世界的传播，可划分为两个阶段，即1966—2000年、2000年至今。

一、1966—2000年，建立在间接译本基础上的《道德经》传播

此时期《道德经》在阿拉伯世界的传播，很大程度上受到了德国、法国与英国的影响。阿拉伯语翻译建立在间接译本的基础上，翻译的源语言并不是汉语，而是德语、英语和法语。1966—2000年的34年间，共有5本《道德经》阿拉伯语译本问世。1966年，由阿卜杜·格法尔·麦卡维（رافغلا دبع يواكم）翻译的《道路与美德》，在埃及阿拉伯人档案出版社出版。此译本译自德语，由德博的德文译本转译而来。

1980年，哈迪·阿莱维（يولعلا يداه）在黎巴嫩翻译并出版了《道之书》，由英语文本译来。1992年，根据冯家福的英译本转译而来的阿拉伯语译本《通往道德之路》在科威特出版。其译者阿拉欧·迪布（بيدأ ءالع）说:“我所选择的英文译本是一部浅显、精彩、生动的译本，一位专业评论家说它是一部将原文的文言文转换成浅显易懂话语版本的译本，它非常生动而又易懂。”阿拉欧·迪布只是在译文前附上简短的导读，然后是译文，没有任何注释。他在阅读《道德经》后连连赞叹，称老子思想是一套惊人且完美的哲学体系。

1995年，贝鲁特文学宝库出版社推出由华裔学者冯家福的英译本转译而来的《道之书：老子与庄子》，受到阿拉伯学者和读者广泛且热烈的欢迎。书中，译者哈迪·阿莱维撰写了50多页介绍老子思想的序言，详细阐述了老子思想的本体论、人生论和政治观。与此同时，该书比较分析了老子思想与伊斯兰哲学中苏菲思想的异同。哈迪·阿莱维的译本，据他自己所说，是根

据源语言中文并参考了英文译本翻译的，他说："我的这部《道德经》译本，参照了华裔美国学者冯家福（1919—1985）翻译的英译本，在某些内容中，优先参照英国著名汉学家尼德汉的译文。"

1998年，叙利亚文化学者费拉斯·萨瓦赫（فراس السواح）在刘殿爵英译本的基础上，对照冯家福、张中元、刘楠祺的英、法译本，对所译文本进行修正与润色，最终翻译了《道德经：中国道家智慧的圣经》。翻译完该译本后，他说："在我完成了我的译本后，我就将它与刘家槐翻译的法文译本进行对比，在第三版出版时，薛庆国博士参照中文对我的阿拉伯语译本进行校对。"萨瓦赫强调他的译本的可靠性时说道："在我的《道德经》阿拉伯语译本中，没有其他语种译本中那些没有根据的内容。"相较于此前的几部《道德经》阿文译本，此书具有很高的学术价值。译者在译本前后附上了篇幅详尽、内容翔实的导读和阐释，对老子思想与伊斯兰思想、西方思想的异同做出比较，并用现代科学理论解读老子思想，多有精辟独到洞见。除此之外，此书同样具有较强的现实意义。译者坚信，翻译《道德经》能够让尽可能多的人感知到老子广博深远的思想，现代文明的诸多问题也能从中寻找到解决之道。

二、2000年至今，《道德经》在阿拉伯世界的传播呈现高潮，出现汉语直译本

自2000年以来，阿拉伯世界出现了《道德经》翻译与研究高潮，译本数量与质量均实现了明显进步。此阶段，《道德经》阿拉伯语译本的数量达到10本，并出现了第一个由汉语直译而来的阿拉伯语译本。

2001年，拉尼亚·梅什拉布（Rania Meshleb）翻译的《道》在黎巴嫩出版，由英语译本译来。2002年，黎巴嫩文学作家尤哈娜·库马耶（Yuhanna Qumayr）基于法语译本翻译出《道路及其能量》。2005年4月，埃及国家翻译中心出版了汉学家穆赫辛·法尔贾尼的《道德经》。该书是首部从汉语直接翻译而来的阿拉伯语译本，曾经被埃及《文学消息报》连载。作家、学者哲迈勒·黑托尼对此译本评价极高："只有穆赫辛博士的译本才赢得了埃

及文艺界的欢迎，才真实地向阿拉伯世界介绍了中华文化的精髓与老子的智慧。穆赫辛的译本为中华文化与文学名著介绍到阿拉伯世界敞开了大门。”穆赫辛·法尔贾尼是汉学教授，所以直接将中文翻译成阿拉伯文。对此他这样说道：“我搜集了三个不同版本的中文原稿，以求对原文含义（的理解与翻译）更加精准。”译本含有简短、准确，而且富有学术价值的注解。

2009年，阿玛尔·波特（Amal Porter）的译本《老子诗选》在约旦出版。在翻译过程中，她参照了不同语言和地区的《道德经》版本，吸纳了许多中国友人的建议，历经15年的修改与调整，最终翻译出这部作品。同年，中国外语教学与研究出版社推出了由薛庆国与费拉斯·萨瓦赫合作完成的《道德经》阿拉伯语新译本。此译本以1998年出版的费拉斯·萨瓦赫译本为蓝本，经过薛庆国的修改与费拉斯·萨瓦赫的润色，向读者展现了一个忠于原文原意、言语流畅典雅、译文阐释详尽的理想译本。这一中阿学者的联袂之作，在《道德经》阿拉伯文翻译史上尚属首次尝试。2017年，穆萨拉姆·萨卡·阿明（Musallam Saka Amini）以日语为源本的译本《道德经：中国道家智慧的圣经》在叙利亚问世。他认为《道德经》是中国非常重要的宗教经典，并对老子思想进行了宗教性的思考。该译本直接从日译版转译而来，译者说：“我的译文依据了四个权威英译本，有时还参考中文原文和日文译本，同时还依据三个不同版本的英文注解，并参考数十部研究该书的书籍。”

2020年12月，巴勒斯坦诗人和小说家穆罕默德·阿萨德，基于美国罗兰伯纳德·布莱克尼的英文译本翻译出《真理道路与指导的美德》。除此之外，阿拉欧·迪布《道路与美德》、穆罕默德·萨法（Mohamed Safa）《直道》以及易卜拉欣·本·赛义德（Ibrahim Bin Said）《无名的（老子与庄子）》均是这一时期的译作。

《道德经》在阿拉伯世界的传播，使得“道”这个纯属中国古代哲学范畴的概念，开始频繁出现在阿拉伯各国的书籍、报刊及学术论坛上，老子思想被越来越多的阿拉伯民众所了解、接受。此时期，《道德经》在阿拉伯世界的传播主要集中在埃及、黎巴嫩、叙利亚、科威特等地区。

第三节　老子著作与思想被接受与受欢迎的原因及其对于阿拉伯文化的影响

一、老子著作与思想在阿拉伯世界被接受与受欢迎的原因

老子思想在阿拉伯世界被接纳和受欢迎的原因主要有两个。首先是对读者心理的积极影响，《道德经》触动了阿拉伯译者和读者的心灵，对他们来说，老子思想是有心理抚慰性和"治愈性"的智慧。他们特别重视老子"道法自然"思想对现代人心灵世界建构的价值。

《道德经》的阿拉伯文译者之一阿拉欧·迪布说："本书（《道德经》）更接近我的精神而不是我的大脑，也许这本书揭示的是人类的一个基本矛盾之一。'道'呼吁整合，而不是矛盾。在中东和欧洲盛行的哲学是一种文化的矛盾，善与恶，和平与反战，夜与昼。"叙利亚著名文化学者费拉斯·萨瓦赫说明翻译《道德经》的动机："我想让尽可能多的人们也能享受到这样的平和，于是把《道德经》译介给了阿拉伯读者。译作甫一问世就得到了广泛回应，读者告诉我：'读了《道德经》，整个人都变了'，'《道德经》改变了我的生活'。我坚信，面临诸多问题的现代文明，能够从这位中国先贤的思想中得到诸多裨益。"哲迈勒·黑托尼是当代埃及最重要的作家之一，他也十分喜爱《道德经》。他曾经表示："我读完中华文化经典《道德经》之后发现，这部作品很像阿拉伯苏菲派哲学的诸多名著，其核心都是寻找真理。无论是中华文化经典《道德经》，还是苏菲经典，它们都是我的灵魂之家。"

其次，在阿拉伯文化中有与"道"相似甚至相通的理念。道家思想在阿拉伯世界受到接纳和欢迎，其实并非偶然。正如哲迈勒·黑托尼所言，道家思想与阿拉伯伊斯兰文化中的精神奇葩——苏菲思想，确有不少相似和相通之处。两者均强调通过非理性的、直接体悟的方式去把握世界，均主张摆脱繁文缛节、回归自然、追求自由，都推崇含蓄神秘的审美情趣。伊拉克思想家哈迪·阿莱维是一位在阿拉伯世界有影响力的思想家，曾于20世纪80年代

和90年代两度来到中国，在华期间学习过汉语。哈迪·阿莱维在1994年出版的《中国拾珍》一书的序言里写道："中国哲学以辩证法见长，这尤其体现在道家思想中。"他的这种观点在阿拉伯世界的学者中具有一定的代表性。他还谈到中国哲学对人的关注胜过对自然的关注，这与伊斯兰世界的苏菲思想有异曲同工之处。

可以说，中华文化和阿拉伯文化既相似又互补的独特魅力，是两个古老文明彼此吸引、彼此接近的根本原因。

二、老子著作与思想对于阿拉伯文化的影响

20世纪初，早于《道德经》阿文译本的出版，阿拉伯学者通过其他语种的译本认识和传播老子思想。据叙利亚学者费拉斯·萨瓦赫考证，最早撰文向阿拉伯读者介绍《道德经》的是黎巴嫩著名作家米哈伊勒·努埃曼。20世纪30年代，米哈伊勒·努埃曼在美国接触到了《道德经》。1932年，他在散文集《阶段》中发表了一篇题为"老子的面孔"的文章，其中引述了《道德经》中的许多章节，阐释了老子的哲学思想，并表达了对老子的敬仰与喜爱。米哈伊勒·努埃曼认为老子是"和平的天使，安详的使者，美德的圣徒，知足的典范，是万灵之灵'道'的传播者"。他将老子的"道"称为母亲，并赞颂它"拥有一切却不以君王自居，恩泽普惠却不以美德自诩，蓄养万物却不加以主宰"。他充分肯定了老子的无为思想对于当今世界的现实意义："啊，老子！但愿人间的立法者、教法学家也能像你一样，认识到永恒的'道'的秩序与人为的一时秩序之间的巨大不同。"在其另一部长篇小说《米尔达德》中，米哈伊勒·努埃曼以《圣经》中大洪水的故事作为背景，记述了一位自告奋勇到诺亚方舟上当仆人的人物米尔达德的言行，这些言行具有浓厚的启示特征，与中国的道家思想有颇多契合之处。有学者指出："《米尔达德》主人公的故事，在很大程度上就像这位中国的师尊、哲学家的故事。"

阿拉伯诗人纪伯伦受老子思想影响至深。他将孔子、老子置于世界哲人智士之前列，并在《你们有你们的思想，我有我的思想》的散文里大加赞赏："你们的思想认为各民族的光荣是靠他们征讨的英雄，像尼禄、尼布甲尼撒、拉美西斯、亚历山大、恺撒、汉尼拔、拿破仑等，而我的思想认定的

英雄则是孔子、老子、苏格拉底、柏拉图。”

当代埃及小说家哲迈勒·黑托尼自称“十分钦佩中国的众多人之一”，他十分推崇老子的哲学思想。在其担任《文学消息报》主编期间，该报发表了《道德经》《孙子兵法》《诗经》等多部中华文化经典的全译本、节译本。此外，突尼斯小说家马哈茂德·麦斯阿迪在短篇小说《旅行者》中，也塑造了一个与中华文化中道家形象很类似的东方哲人形象。

第四节　结　语

《道德经》在阿拉伯世界的译介，起步较晚，也产生了一定的影响。通过审视老子著作与思想在阿拉伯世界传播的历史轨迹，探寻其被接受和受欢迎的原因，可以发现其传播活动呈现出以下两个特点：

首先，立足于中阿两千余载的友好交往历史，回望中阿文明交流，和平友善、兼容并包、互学互鉴、互利共赢始终占据着核心地位。20世纪下半叶至今，两种古老文明更多相知相交、平等对话、和合共生，推动了老子思想在阿拉伯世界的传播进程。

其次，英、法等强势语种的译介，开启并助力阿拉伯世界老子著作与思想的传播。纵观《道德经》在阿拉伯世界的译介历史，可以发现其译本大多由英语、法语、德语、日语等译本转译而来。英、法、德、日等语种，对于老子著作与思想的翻译与研究，为老子思想在阿拉伯世界的传布起到了重要的桥梁作用。

值得关注的是，《道德经》的传播范围较为集中，埃及、黎巴嫩、叙利亚、科威特是主要的传入国家。但是，阿拉伯学界关于老子思想的梳理与专题性研究起步较晚，在数量与质量上均有进一步提升的空间。

当今世界正处于百年未有之大变局。作为超越国界和民族的力量，经济全球化已成为不可逆转的趋势。伴随全球经济一体化的拓宽与深入，世界各国文明间的交往、互鉴也在逐步增强。秉持“尊重文明的多样性”“文明因交流而多彩，文明因互鉴而丰富”的理念，中阿开展了更为频繁、深入的文化交流与交融。近年来，“汉语热”在阿拉伯国家持续升温，艾因夏姆斯大学、开罗大学、爱资哈尔大学、苏伊士运河大学等各大院校竞相开办或计划开办中文系，将汉语纳入其教育阶段的课程体系之中。中阿文明对话研讨会、中阿艺术节、中阿新闻合作论坛、中阿广播电视合作论坛以及中阿典籍互译出版工程的成功举办和顺利启动，均是两族人民为应对全球化趋势之下的文化发展潮流做出的具体回应。萨义德在《文化与帝国主义》中认为："在我们这个时代……我们将会看到帝国主义像过去一样，在具体的政治、意识形态、经济和社会活动中，也在一般的文化领域中继续存在。"在全球化的文化交往中，西方文化一定程度上与全球化的文化表达呈现出一致性态势，并逐渐在全球化时代的文化交流和融合中占据主导地位。面对西方文化的强势姿态，如何保持自身文化的独立性和完整性、有效避免西方国家的文化殖民与霸权，成为中阿当下共同面临的艰巨任务与文化发展要求。中阿双方应继续秉持文明交流互鉴的传统精神，着力于两大民族伟大文明的互相学习与借鉴，培育出造福现代世界的文明成果。

第三章　老子著作与思想在日本的传播

1世纪，班固在《汉书·地理志·燕地》中载，“乐浪海中有倭人，分为百余国，以岁时来献见”。中国和日本源远流长的文化交流史，其层面之广阔深厚，其内涵之丰富多彩，其影响之深刻全面，是东亚乃至世界文化交流史上极为重要的篇章。日本与中国是一衣带水的邻邦，地缘上的接近与文化上的深度交融，促进了中日两国间密切的交流往来。老子思想与著作在日本的传播历史悠久。据统计，截至2020年4月，日文的《老子》译本达到74种，相关研究论文349篇，研究著作93部。[①]经过1,400多年的流传与积累，其译本数量与著作成果颇丰。本章试图梳理老子思想与著作在日本的历史性传播轨迹，并对不同时期的传播特点进行归纳总结。

第一节　地缘的接近和文化的深度交融是传播的有利条件

一、地域的接近

日本作为一个岛国，国土面积狭小，陆地资源稀缺。四面环海的地理环境以及地处环太平洋地震带的独特位置，导致海啸、台风、火山、地震等自然灾害频发。复杂、特殊的地理位置致使其族群的危机意识十分强烈，基本的生存问题成为其关注重心。

---

① “老子思想域外传播与接受”课题组统计了2020年4月以前，世界主要语种包括日语、英语、俄语、法语、德语、阿拉伯语的《老子》译本、研究著作情况。

国力的强盛，可以促使文化更好地向外传播。中日是一衣带水的邻邦，地理上的接近，为老子思想在日本的传播提供了便利。古代中国，不论在经济、政治还是文化的发展上，一直领先于日本。中国唐代，政策的开放、经济的繁荣、社会的开明，吸引着万邦来朝。这一时期，日本对唐朝文化的学习达到了近乎痴迷的程度。宋元时期，随着航海技术的提高以及京杭大运河的重修，我国的海外贸易迅速发展，中日两国交往更为频繁密切。在两国长期的经济往来与政治互动中，华夏文明与道家典籍逐渐传入日本，并产生了较强的辐射作用。

二、文化的深度交融

作为东亚文化圈的一个重要组成部分，日本文化长期以来深受中华文化熏染与滋养，对中华文化兼收并蓄。从一定意义上讲，现代以前日本的文化发展，得益于对古代中华文化多方面的吸收与融合。其中，汉字的传入、禅宗的兴盛以及遣唐使的助力，推动了老子思想与著作在日本的传播进程。

（一）汉字的文化联结

汉字在日本的传播与日本汉文教育的普及，一定程度上消解了日本社会阅读中华典籍，包括《老子》原文的文字障碍。中日文化的深度交融体现在对汉字的共同使用上。文字作为一种抽象媒介，是文本世界建构与表达的核心元素。受众往往通过阅读文本，在脑海中形成文字符号所描摹的意义载体，进而完成对于陌生事物的概念认知。正如摩尔根所说，文字的使用是文明伊始的一个最准确的标志。作为中华文明的重要载体，汉字凭借古代中国的强盛国力、文化魅力，在东亚地区被广泛接纳和使用。《日本国志》曾记载："日本古无文字，而有歌谣，上古以来，口耳相传。汉籍东来后，乃假汉字之音而填以国语，如古《万叶集》所载和歌，悉以汉字填之。"汉字填补了日语书写方式的空白，在相当长的时间里被作为官方文字使用。随着时间的推移，汉字在普通民众中也普及开来。汉字传入日本，成为中日在文化上的联结纽带，促成两国十分密切的文化交往。

日本的汉文教育历史悠久，在整个东亚地区的汉文教育史上占有绝对优势地位。1世纪中叶，日本列岛已经出现并有人使用汉字。6世纪至12世纪，是日本汉文教育的萌芽阶段，日本皇室与贵族成为学习主体，圣德太子是这一时期的代表人物，他自幼习内教、学外典。在广泛吸纳中华文化的过程中，他对道家思想也有了一定的认知和研究。《上宫圣德法王帝说》评赞圣德太子："亦知三玄五经之旨，并照天文地理之道。"在这里，"三玄"指的就是《老子》《庄子》《周易》。由此可以证明，圣德太子曾研习老庄之学。江户时代，汉文教育延展至日本民间，汉文教科书应运而生。明治时代，汉文成为初中教授的科目之一。日本社会努力学习汉字、接受汉文教育，为老子思想及其著作在日本的传播建立了良好的文字媒介基础。

（二）佛教东传的纽带作用

在精神文化层面，日本的佛教文化被深深打上了古代中国的文化烙印。早在奈良、平安时期，中国禅宗就已传入日本。镰仓时代，先是荣西两次入宋，嗣法虚庵怀敞禅师，归国后创立日本临济宗，后又有道元入宋，嗣法长翁如净禅师，归国后创立日本曹洞宗。自此，禅宗开始作为独立宗派在日本发挥影响。禅宗由于适应了武士阶级和幕府政治上的需要，受到政府的大力扶持。作为高度中国化的佛教宗派，禅宗原本就与道家多有相通之处。日本中世的禅僧对待道家典籍怀有开放的态度和高涨的研究热情，一批关注老学的禅僧由此出现，入宋僧圆尔辨圆、吉田兼好便是代表。圆尔辨圆撰写的《普门院经论章疏语录儒书等目录》（1353）记载了有关《老子》的内容。吉田兼好在《徒然草》（成书于1336—1392年间）中提到"与人无争，枉己从人""书籍如令人赞叹的《文选》《白氏文集》、老子的篇章和《南华经》等"，表明当时日本僧侣的精神生活甚至价值观念受到老子思想影响。佛教的东传成为老子思想与著作顺势向日本传播的纽带。

（三）日本遣唐使的助力

跨文化传播的过程中，存在着"中介人"这一特殊群体。他们与"自我叙述者"分别来自不同的文化背景，但却与其有着类似的观察视点，是构成中华文化海外传播不可或缺的重要元素。日本遣唐使便是活跃的"中介人"。他们将大量的中华典籍包括道家典籍带回日本，扩大了老子思想与著作在日本传播的广度与深度。自汉朝起，日本便和中国开始遣使交往。57年，中国与日本进行了第一次官方交流活动。盛唐时期，日本以朝圣者的心态向唐朝学习先进文明。自舒明天皇二年（630年，唐太宗贞观四年）六月派遣犬上三田耜出使唐朝起，到宇多天皇宽平六年（894年，唐昭宗乾宁元年）九月止，日本共派出了19次遣唐使，跨域飞鸟、奈良、平安三个时代。唐朝盛行的“崇道”之风深刻影响着日本使节。奈良时代，吉备真备曾两次跟随遣唐使团入唐，将大量的道家典籍带回日本。平安时代，日本遣唐使来华愈加频繁，持续吸收中华传统文化典籍的内在思想精髓。“入唐八僧”之一的空海，在《三教指归》《文境秘府论》中便对《老子》《庄子》原文有所引用与论述。

此后，宋元时期中日民间密切的贸易往来，明清时期中日交往，均加强了华夏文明及道家思想对日本社会的影响。

第二节　老子思想在日本各个历史时期的传播特点

老子思想与著作在日本的传播经历了1,400多年，各个时期的传播特点各不相同。

一、7—17世纪：自上层社会开始的老子思想传播

日本飞鸟时代，老子思想的传播主要集中在上层社会，圣德太子成为该时期的主要代表人物。603年，圣德太子制定了《冠位十二阶》。其中所谓的“当色”，即指将紫、青、赤、黄、白、黑六色，分别配于德、仁、礼、信、义、智六阶。六字之首的“德”配以“紫”，这种以紫为上的观念是中国道家所崇尚的。604年，圣德太子制定与颁布了《宪法十七条》。其中第五条“绝餮弃欲，明辨诉讼”的说法，与老子所主张的“少私寡欲”“清净无欲”思想是相通的。而其“绝餮弃欲”的表达方式，则可能来源于老子的“绝圣弃智，民利百倍；绝仁弃义，民复孝慈；绝巧弃利，盗贼无有”。《冠位十二阶》与《宪法十七条》或多或少地浸染着道家思想。

奈良时代，日本士人对老子人生哲学的崇尚与道家词汇的广泛运用，表明老子思想已逐渐被日本知识分子接纳，渗入日本文化，产生社会影响。日本第一部历史和文学著作《古事记》，成书于712年。作者安万侣对混沌初开、天地形成之始的阐述，深受道家思想的启发。他将“无名”“无为”等

具有道家色彩的词语引入《古事记》，汲取并内化了老子“无为而治”的理念。

日本现存最早的汉诗集《怀风藻》，于751年完成。收录其中的116首诗作，频繁引用诸如“无为”“至德”等体现道家精神的词汇和典故。魏晋时期尊崇老庄的竹林七贤成为《怀风藻》中诗人们追捧的对象。竹林七贤以老庄思想为核心，秉持“弃经典而尚老庄，蔑礼法而崇放达”的生活态度与人生哲学，成为《怀风藻》中身在官场、厌倦名利的诗人向往的境界，并引领他们去追求无欲无求的超脱心境与自由适意的生活。古麻吕《望雪》诗句“无为圣德重寸阴”，山前王《侍宴》诗句“四海既无为，九域正清淳”，藤原总前《侍宴》诗句“无为自无事，垂拱勿劳尘”，越智直广江在《述怀》中所写“文藻我所难，庄老我所好。行年已过半，今更为何劳”，都表达了对老庄之学的崇尚与对自在生活的追求。留学僧释智藏在汉诗《秋日言志》中写道:“因兹竹林友，荣辱莫相惊。”其中，“竹林友”便指魏晋时期的竹林七贤。“荣辱莫相惊”的人生态度，明显来源于《老子》十三章中“宠辱若惊，贵大患若身。何谓宠辱若惊？宠为下，得之若惊，失之如惊，是谓宠辱若惊”。日本汉学家蜂屋邦夫指出，古代日本知识分子一方面直接阅读了老庄的著作，一方面以竹林七贤作为六朝时代中国知识分子的代表，通过他们的思想和行为理解六朝时代的思想。竹林七贤成为日本士人认知、理解老子思想的桥梁。上述史实表明老子思想被当时日本文士所推崇，并熏染其精神生活。

平安时代，藤原佐世的《日本国见在书目录》(891—897)、丹波康赖的《医心方》(984)、具平亲王注解的《弘决外典钞》(991)、藤原明衡的《本朝文粹》(1037—1046)等著作，直观地呈现出当时日本社会对于道家经典的阅读与借鉴热情。

镰仓时代，《老子》注释本增多，除了平安时代流行的《老子》河上公注本、《老子》王弼注本外，以贾大隐的《老子述义》、玄宗注《道德经》以及林希逸口义释本为代表的“口义”本，行文通俗易懂，逐渐在日本社会流行开来。

17世纪以前，老子思想与著作在日本呈现出自上而下的传播态势。飞鸟时代，老子著作与思想在日本上层社会传播，圣德太子是主要代表人物。

但是，由于圣德太子崇信儒佛，此时期日本社会对于道家思想的接受与理解较为零散与肤浅。自奈良时代开始，老子思想逐渐传布至知识分子阶层，构成其精神生活的一大侧面。平安、镰仓时期，“口义”本，因其明白晓畅，逐渐在日本社会流行。

二、17—19世纪中叶:《老子》注本在日本流传开来，诠释角度多元

17—19世纪，也就是日本的近世时期。江户时代中期，幕府的财政危机导致整个统治阶层在经济上陷入困境。为了缓解这一经济难题，统治者实行了诸多干涉农民生产生活的措施，加强征收农民的贡租。农民走投无路，奋起反抗，农民起义频发。政治环境的剧烈变动同样反映在思想领域中。随着德川体制的动摇和衰落，作为其官方意识形态的朱子学乃至整个儒学，也开始显露出弊端。思想文化领域逐渐呈现由一元到多元的变化趋势。提倡“无为而治”“无欲无求”的老子思想，突破儒学对人们意识形态的控制，成为这一时期人们的精神慰藉。

江户时代，从事老庄研究的各类学者和老庄注本有169家，其中研究《老子》者多达91人。林罗山日译的林希逸《老子鬳斋口义》(1868)，导致河上公注本几乎在日本绝迹，转而被林希逸注本所替代。此外，林罗山还著有日文注释本《老子抄解》，将老子思想作为一个独立思想体系进行研究。海保青陵与东条一堂分别著有《老子国字解》和《老子标注》。

江户时代日本知识界不再局限于对《老子》原文的简单复述，而是将老子思想与在地的文化相融合。这一时期老学的发展，离不开徂徕学派的倡导与推进。荻生徂徕重视对老子之“道”的研究，并善于阐释和运用老子“道”的哲学思想。其代表作《辩道》(1654—1911)开篇提到“道难知亦难言，为其大故也”，这来源于《老子》第一章“道可道，非常道”，第二十五章“吾不知其名，字之曰‘道’，强为之名曰‘大’”。在经世论上，荻生徂徕把《老子》的“无为而治”看作“圣人之道”的重要补充，认为“与其轻率地施以拙劣的治疗，不如行老子之道”。另外，荻生徂徕的安民观念是：“使民安稳，所谓安稳，就是无饥寒盗贼之患，邻里可信，其国显于世界，其家安居乐业，如此度过一生。”这与《老子》在第八十章所描述的“甘其

食，美其服，安其居，乐其俗”的理想社会具有相通之处。同时，太宰春台的《老子特解》、渡边蒙庵的《老子愚读》、服部南郭的《老子考》、广濑淡窗的《老子摘解》等，均为徂徕学派研究《老子》的代表著作。

近世时期，老子思想与著作以注本的形式在日本社会流传开来。这一时期，《老子》译本数量颇丰，诠释角度较为多元。

三、19世纪中叶以后：老子思想与著作影响学界和社会多个方面

（一）第二次世界大战之前

作为一场极具国家主义色彩的现代化变革，明治维新开启了日本全面现代化之路。20多年间，日本日渐强盛的国力与繁荣发展的经济，导致国内社会的物质主义和拜金主义思潮迅速蔓延，传统伦理道德渐失，社会精神生活危机日益凸显。为了着力恢复日本的道德意识，回归社会的淳风美俗，日本学者试图在《老子》中寻找思想的启迪和心灵的慰藉。

这一时期，涵盖明治时代、大正时代、昭和时代和平成时代，老子思想与著作传播广泛，日本哲学界、文学界均深受影响。

首先，老学研究成果丰富。1900年，远藤隆吉的《支那哲学史》出版。他运用思想史的方法，在序论、纯正哲学、实践哲学（伦理、政策、用兵、处世论）和结论四部分，对《老子》进行了较为深入的探究。1915年，宇野哲人在《支那哲学史讲话》中，对《老子》中的“本体论”“伦理学”和“政治论”进行了论述，讨论老子的宇宙观。1921年，京都大学创办了《支那学》学刊，标志着日本近代“中国学”的确立，也表明日本对中国思想的研究进入了一个新的阶段。作为日本中国学中的实证主义先驱和奠基者，武内义雄坚持考证学的研究方法，运用相关文献进行逐一考证。他的《老子原始》（1926）、《老子研究》（1927）行文措辞十分严谨，被公认为是具有划时代贡献的杰作，也是日本现代学人研究老子思想的奠基之作。小柳司气太的《老子讲话》（1927）、津田左右吉的《道家思想及其展开》（1927）、《关于〈老子〉研究法》（1933）、斋伯守的《支那哲学史概论》（1930）以及鹈泽总明的《老子的研究》（1937）等，都是日本现代研究老子思想的主要著

作。伊福部隆彦从宗教学视角，撰著了《老子精髓》(1941)、《老子眼藏》(1942)、《老子道讲话》(1943)等专著。狩野直喜将考证学与思想史相结合，从“老子传”“老庄学派的起源”“老子的学说”三方面展开老学研究。长谷川如是闲则采用“inside”和“outside”兼在的社会学方法，对《老子》进行研究。他认为《老子》是人类文明的瑰宝，是日本文化创新须借鉴的一种思想资源。

其次，是对文学的影响。日本文学巨匠夏目漱石将老子思想融入自己的文学作品中。《我是猫》(1904—1906)、《虞美人草》(1907)曾多次出现“无为而化”“老子曾说过”之类的语句。他在《三四郎》(1908)、《其后》(1909)等作品中，提出了“则天去私”，体现了老子“少私寡欲”“道法自然”“非以其无私邪，故能成其私”的观点。哲学家西周曾说：“物实为阳极，虚为阴极；其于色，白为阳极，黑为阴极；其于知觉，热为阳极，寒为阴极；其于光，明为阳极，暗为阴极；其于有机性体，生为阳，死为阴……”他关于宇宙进化与自然界发展的观点与老子阴阳学说存在相通之处。中江兆民吸收了老子辩证法的思想，坚信“大”“小”的差异不是绝对的，只要经过人们的努力和创造，身体之“小”必能转化为才能之“大”。他力图以此思想来提高日本民族的自信心，促成日本迅速走向现代化，赶上西方发达国家。

这一时期《老子》译本的数量也在增加。小柳司气太的《日译老子》于1920年出版之后，分别于1924年、1935年、1940年、1956年再版4次。山田爱剑的《新译老子谈话》(1925)、西田长左卫门的《老子》(1927)、广濑又一与清水起正共译的《英日双译：老子、大学、中庸》(1933)以及关仪一郎的《老子注集大成》(1942)，均是这一阶段的重要译本。

（二）第二次世界大战之后

日本在经历了第二次世界大战的惨痛教训之后，其经济、政治以及文化等方面均面临着反思与重建。老子所倡导的“利万物而不争”“自然无为”“无欲无求”“兵者不祥之器，非君子之器，不得已而用之，恬淡为上。胜而不美，而美之者，是乐杀人。夫乐杀人者，则不可以得志于天下矣”等思想，与当时日本民众强烈反战的情绪十分契合。

1972年9月29日，中日两国邦交正常化。改革开放后，中国对外开放的程度不断加深，中日两国在政治、经济、文化等方面的交流互鉴日渐频密。政治、经济与文化层面的热络互动，是老子思想与著作在日本传播的外在条件和内在动力。此阶段《老子》日语译本的数量增至49本。1954年，诸桥辙次的《老子讲义》出版。之后的50多年间，该书再版5次。奥平卓于1964年出版的《老子》也有4次再版。小川环树的《老子》（1978）、守屋洋的《新释老子》（1984）、深津胤房的《老子细读》（1994）、新井满的《老子：自由译》（2007）、加岛祥造的《老子新译：来自无名领域的声音》（2013）、田中佩刀的《〈老子〉全译》（2019），也是日本现代时期的主要译本。

与老子思想相关的研究著作也纷纷面世。1945年之后，日本所发行的研究老子思想的专著有91本，代表作有田所义行的《老子的探究》（1959）、大野实之助的《老子：人与思想》（1975）、大滨皓《老子的哲学》（1986）、志贺一郎《老子正解》（2000）和安富步《老子的教诲》（2017）等。

日本全面现代化以来，《老子》的日语译本与相关研究著作实现了量的提升与质的飞跃，老子思想与著作的影响进一步深化。

第三节　结　语

通过审视老子思想与著作在日本1,400多年的传播活动，可以发现其传播过程呈现出以下几个特点：

第一，良好的地域优势成为中华传统文化典籍东传日本的有利条件。作为中国一衣带水的邻邦，日本近水楼台先得月，凭借地理上的接近性，于飞鸟时代便早早接触老子思想。历经千余载的传播与沉淀，老子思想已渗入日本文化的多个层面。

第二，作为东亚汉文化圈的一员，日本的民众长期使用汉字、接受汉文教育，减少了其阅读《老子》原文的识读和理解困难。

第三，在老子思想与著作的东传过程中，禅僧和来华使节开放的文化态度发挥了关键作用。他们兼容并包地对待中国传统文化，加速了老子思想与著作在日本的传播进程，也促进了日本的老学研究。

第四，日本民众精神层面的需求推进了老子思想与著作的东传。具有普适价值、倡导“无为而治”的老子思想，成为剧烈变动时代和艰困时期日本民众的精神慰藉。

第五，中日两国之间的友好关系，是老子思想与著作以及整个中国传统文化在日本传播的重要保障。

第四章　老子著作与思想在印度的传播

老子是中国古代伟大的思想家、哲学家，他有着无与伦比的睿智。早在唐代，《老子》一书就被译成梵文流传国外，今天世界上已经有英文、法文、德文、俄文、阿拉伯文、日文等多种译本广泛流传。根据《集古今佛道论衡卷丙》第十篇《文帝诏令奘法师翻〈老子〉为梵文事》、《续高僧传》卷四《译经篇·玄奘传》、《旧唐书》、《新唐书》等多部史书，以及包括中印学者在内的国内外学者的研究，有历史记载的《道德经》译本最早起始于唐太宗时期。贞观二十一年（647年），唐太宗敕令玄奘主持翻译，同时佛家与道家三十余人参与到《道德经》的梵译工作中，道士蔡晃、成英二人也是主要的翻译人员，并经过争论后将"道"一词翻译为"末伽"（Mārga）。此外，印度学者认为，玄奘应迦摩缕波国国王婆什迦罗·跋摩（即玄奘笔下的"鸠摩罗王"）要求翻译的《道德经》，也是最早被译为梵文的中国作品。玄奘将《道德经》译为梵文一举，成为以官方渠道将中华文化向外传播的开创之举。

第一节　梵译的缘起与目的

唐太宗命玄奘主持翻译《道德经》，主要是中外文化交流的诉求。当时的丝绸之路十分繁荣，无论是商贸互通，还是文化交流都络绎不绝。早期在文化方面，印度和中亚诸国，先小乘后大乘，将佛教文化送入中国，中国也有大批僧人赴西天取经。在频繁交往的背后，不管是帝王、官员还是普通百姓，逐渐产生失衡心理。在精神文化方面，摩诃支那（伟大中华）应该把何种经典送往印度呢？从学术地位、学理特色和政治条件上讲，将老子的《道德经》翻汉为梵，送往印度，是不二的选择。

根据《集古今佛道论衡卷丙》第十篇《文帝诏令奘法师翻〈老子〉为梵文事》，贞观二十一年，唐朝出使天竺使臣李义表、王玄策归国，并向唐太宗提到向东印度迦摩缕波国童子王（Kumara）[①]介绍《老子》的事情，奏称："东天竺童子王所，未有佛法，外道宗盛。臣已告云：'支那大国未有佛教以前，旧有得圣人说经，在俗流布，但此文不来。若得闻者，必当信奉。'彼王言：'卿还本国，译为梵言，我欲见之。'"以此，向唐太宗提出建议将《道德经》翻译成为梵文："道：'越此徒传通，不晚。'登即下敕，令玄奘法师与诸道士对共译出。"

此外，《续高僧传》卷四《译经篇·玄奘传》、《旧唐书》、《新唐书》等文献中也有相似的记录。《续高僧传》卷四《译经篇·玄奘传》："寻又下敕，令翻老子五千文为梵言，以遣西域。奘乃召诸黄巾，述其玄奥，领叠词旨，方为翻述。"《旧唐书》："五天竺所属之国数十，风俗物产略同。有伽没路国，其俗开东门以向日。王玄策至，其王发使贡以奇珍异物及地图，因请老子像及《道德经》。"《新唐书》："东天竺王尸鸠摩送牛马三万馈军，及弓、刀、宝缨络。迦没路国献异物并上地图，请老子象（像）。"

综上可知，唐太宗下令玄奘翻译《道德经》，主要出于外交考量。500多年来，佛教徒们前赴后继参访印度，引进并翻译佛经，却很少翻译中国传统文化经典并向外引介。根据西域使李义表上奏，东天竺童子王希望能够看到翻译成为梵文的中国经典，唐太宗亦认为这是一个很好的契机，遂令玄奘梵译《道德经》。

同时，玄奘翻译《道德经》是在唐太宗崇道抑佛的大背景下发生的。考虑到西域对《老子》传播的接受度，唐太宗命佛学功底深厚的玄奘大师出面翻译《老子》，使《老子》配之以佛教义理，通过《老子》为实体媒介，实则以佛教义理为沟通，把中土文化传递到西域。此外也有学者认为，老子

① 迦摩缕波国即《新唐书》中的迦没路国，是梵文的音译，童子王为梵文的意译，即《新唐书》中的东天竺王尸鸠摩，亦即《西域记》中的拘摩罗（《慈恩传》中的鸠摩罗）。

在中国文化史上具有重要的地位，声名显赫。唐太宗下令译《道德经》为梵文，一方面是唐太宗尊奉老子，另一方面是想以此巩固李唐王室的政权。

第二节 翻译过程

首先，在翻译人员方面，佛家与道家30余人参与到了翻译《道德经》的工作当中。佛家玄奘主持翻译，道士蔡晃、成英2人也是主要翻译人员。《集古今佛道论衡卷丙》第十篇《文帝诏令奘法师翻〈老子〉为梵文事》记载道："于时道士蔡晃、成英二人，李宗之望，自余锋颖三十余人，并集五通观，日别参议，详研道德。奘乃句句披析，穷其义类，得其旨理。方为译之。"

此外，在翻译过程中，佛家与道家在二者语言能否共用的问题上产生了分歧。根据《集古今佛道论衡卷丙》第十篇《文帝诏令奘法师翻〈老子〉为梵文事》的记载，道家与佛家在翻译《道德经》的过程中，关于能否利用佛教的语言来解释与翻译《道德经》产生了争议。道家坚持认为《道德经》的翻译需要使用佛家语言；然而以玄奘为代表的佛家人士则坚决抵制，并认为，佛道二教理论内涵及其外延极少存在交集，因此不能够随意交叉互用。同时玄奘也以《道德经》为例具体地解释了道家与佛家的差异所在。①

此外，关于如何翻译"道"亦存在争议。以玄奘为代表的佛家主张将"道"翻译为"末伽"，而以道士蔡晃、成英为代表的道家则倾向于将"道"翻译为"菩提"（Bodhi）。最终佛家玄奘言胜，并以"末伽"一词用于"道"的翻译。②

第三节 翻译影响

太宗敕令玄奘等人将《道德经》译为梵文，主要目的是将其传往西域，以《道德经》为载体实现文化的互通与交流。但是现今已经无法找到《道德经》的梵文译本，且并无明文记载梵译版《道德经》是否得以传至西域。

---

① 详见《集古今佛道论衡卷丙》第十篇《文帝诏令奘法师翻〈老子〉为梵文事》。

② 详见《集古今佛道论衡卷丙》第十篇《文帝诏令奘法师翻〈老子〉为梵文事》。

学者郁龙余认为,《道德经》译成梵文之后传到印度，毋庸置疑。理由有三：其一，这是一项“皇帝工程”，推力强大。其二，当时中印人员交往不断，包括中国派遣使团。其三，印度迦摩缕波国童子王与玄奘交情深厚，而且玄奘归国后，与佛教最高学府那烂陀寺一直保持联系，传送渠道畅通。至于在印度不见传本，原因并不复杂。印度历来不重文本，气候炎热潮湿，纸质文本不易保存。更重要的原因是,《道德经》的译汉为梵，是当时政治和外交的需要，传到印度后作为外道的经文，是很难传之久远的。此外，1920年，印度历史学家巴达且里耶（Bhattacharya）在其论文中指出，印度密宗与中国的道教思想在天道观层面有一定相似。印度密教的中心为阿萨密地区，而该地区在7世纪曾出现《老子》梵译本。可以推测,《老子》梵译本在阿萨密地区流传过，并且其中之思想可能与印度密宗发生某种联系。

因此，我们可以大致推断,《老子》的梵译本的确传至印度，并在文化思想领域对印度造成了一定程度的影响。[①]

第四节　近现代老子著作与思想在印度的传播

根据学者薛克翘的调查研究：20世纪80年代，印度北方一些城市的书摊出售印地文和乌尔都文《道德经》，而且印地文的《道德经》还不止一种版本。其中，北方邦瓦拉纳西全面服务协会出版、1984年4月第三次印刷的译本，既非译自汉文，亦非译自英文，而是译自马拉提文。印度人至少在20世纪30年代末即已见到英文本的《道德经》。印度其他文种的本子虽未见到，但仅据已知的四种文本来看,《道德经》在印度的流传已相当广泛，而且已至少流传了近70年。从上可知,《道德经》在现代印度有几个不同译本流传。

① 对于玄奘是否奉召将《道德经》译汉为梵，历代也颇有争议。《佛祖统记》说：“上令翻《道德经》为梵文，以遣西竺。师曰：‘佛、老二教，其致大殊，安用佛言用通老义？且老子立意肤浅，五竺观之，适足见薄。’遂止。”（《佛祖统记》卷三十九）给人的结论是，玄奘停止了翻译，没有完成任务。现代学者也有认为：“翻译过程中，玄奘与道士的争论甚多。译《老子》事后来中辍。”季羡林也曾引《宋高僧传》卷二七《含光传》“系曰：……又唐西域求《易》《道经》。诏僧道译唐为梵。二教争菩提为道，纷拿不已，中辍”，认为《道德经》的翻译并未完成。

这种流传是学理的自发，不是政治和外交的需要，是基于它和印度教主流文化的相契。

“今天的印地文《道德经》会被意译作《道奥义书》。”《奥义书》是吠陀文献的重要组成，是印度哲学代名词。印度学者将《道德经》意译成《道奥义书》，表达了他们对老子思想的深度理解和由衷喜爱，是时代的进步。

同时，印度哲学家奥修（Osho）也对传播与弘扬老子思想起到了较大的作用。“奥修对老子和《道德经》兴趣浓厚，在他的学术生涯里，有关老子和道德经的著作不在少数……译成中文，我们能见到的就有以下多种：《〈道德经〉心释》（上下）、《老子心解》、《天下大道：道德经中的哲学与智慧》、《老子道德经》第一至四卷。而在奥修的其他著作中，论及老子的就更多了。”

过往在印度流行的《道德经》的几个译本，大多都是英语的转译，甚至是转译的转译，没有直接从中文进行翻译的版本。2017年8月1日，由印度学者舒明经（Shubhra Tripathi）翻译的《道德经（印地文版）》正式出版，《道德经》的翻译也被列入中印经典翻译计划。

第五章　老子著作与思想在泰国的传播

中泰两国为友好邻邦，历史往来关系始于西汉。据余定邦与陈树森的研究，自汉代至三国时期，中国人已了解湄南河边有个金邻国，而南北朝时期的罗斛、暹国，隋朝的赤土国与宋朝的真里福等已经遣使访问中国。上述所提及的金邻、罗斛、暹国、赤土、真里福等皆为泰国历史上的古王国，与中国保持长期的"朝贡贸易"关系。老子思想何时传入泰国，当前尚未有定论。有据可证的是1963年泰国学者沙田·菩提南塔翻译了《东方哲人》，首次译介老子部分言论与思想。至2020年，泰国有关老子思想及著作《道德经》的译介与传播已达半个世纪，出现译本30余部，相关著述、专著与论文超30篇/部。本章将阐述老子思想在泰国传播的历史语境，并试图梳理其思想与著作在泰国传播中不同时段的特点及原因，以期为老子思想域外传播研究提供参考借鉴。

第一节　老子思想在泰国传播的历史语境

首先，老子思想在泰国的传播得益于"中泰一家亲"的历史背景。"中泰一家亲"是两国历史关系的真实写照与印证。自西汉至清朝末年，中国历代王朝均与泰国保持着密切的友好往来关系，即"朝贡贸易"关系。它本是中国古代诸侯定期朝见天子、贡献方物以及表达诚敬的一种制度，但到明朝变成海外诸国与中国政府间进行政治交往的一种外交手段、经济互利的一种官方贸易形式，以及人员和文化交流的一个重要途径。[①]通过“朝贡贸易”，华人不断移居泰国并扎根立业，与泰国人通婚并繁衍后代，在19世纪中期形成明显的“华人社会”。[②]20世纪30年代华人人数多达36万，50年代华人人口总数为291万人，现今计700多万，为泰国人口的1/10。[③]伴随华人在泰国定居，中华文化无论饮食起居、节日习俗、文化教育，还是宗教信仰，都慢慢扎根泰国并融入泰国文化。中华传统思想文化重要代表之一——道家文化，自然随之进入泰国。当今，泰国华人信奉的关公、天地父母、三清、玄天上帝、龙尾爷、财神爷等神仙，以及诸多著名的庙堂如关帝庙、暹罗代天宫、天极灵宫等，是道家文化在泰国传播与留存的缩影。

其次，老子思想在泰国的传播得益于中国文学的“媒介”助推。文学的传播通常口头优先，中国文学在泰国的传播起初以古代小说为主，《三国演义》《水浒传》《西游记》《封神演义》《包龙图公案》等文学作品以口传形式与戏曲方式展开，不仅流传于华人社会，还成为泰国上至王室贵族、下至平民百姓都喜爱的文学。有据可证的译本始于曼谷王朝1802年的《三国》，距今已200多年。自《三国》之后，中国历史小说如《西汉》《东晋》《西晋》《水浒传》《武则天》《万花楼》等文学作品相继得到译介。20世纪30年代，泰国开始译介中国“旧派武侠小说”如《红莲寺》《梁红玉》等，50年代开始掀起“新派武侠小说”翻译热潮，金庸、梁羽生、古龙、卧龙生、诸葛青云、温瑞安、黄易等的作品近800部得到广泛传播。至此，以儒家、道家等为代表的中国传统文化思想伴随着文学的译介，慢慢获得泰国民众的了解与认知。有学者指出，中国早期古代小说文学品格的形成主要得益于道家文化的滋养和影响，表现出游心寓目的审美目的、玄言神怪的创作题材、贵异尚奇的文学特征。[④]明清的《西游记》《红楼梦》也少不了这些印记，而武侠

---

① 段立生. 泰国文化艺术史［M］. 北京：商务印书馆，2005:207.

② ［美］施坚雅著，许华等译. 泰国华人社会：历史的分析［M］. 厦门：厦门大学出版社，2010:144.

③ 李慧芬、康晓丽. 20世纪泰国闽籍华人社会变迁与族群认同［J］. 东南学术，2018（6）:227—232.

④ 向芃、郭岚. 道家文化与古代早期小说文学品格的形成［J］. 成都大学学报（社科版），2008（2）:72—81.

小说，更少不了道教文化的浸染，武侠小说的人物形象体现了道家文化“天人合一”的精神，其对“内功”的神化描写，深受道家文化强调人的主观精神的影响；其所描写的武功招式，体现了道家“无”与“有”的辩证关系；“侠”的生活空间，体现了道家的隐逸思想。[①]泰国民众正是通过中国文学的译介不断认知道家文化与老子思想的，这些认知也许是无意识的、不系统的，但有潜移默化的作用。

最后，老子思想在泰国的传播得益于泰国宗教上的“兼容并包”态度。泰国文化以“印度文化为母，中华文化为父”，具有民族与文化多元、相生相融的特征。泰国虽以小乘佛教为主，但其宗教却是集地方本土迷信、婆罗门教、大乘佛教于一体，并兼容了基督教、伊斯兰教、锡克教等信仰。泰国的“印度文化”影响，主要体现在传统文学与宫廷文化中，“中华文化”影响则体现在基层民众生活中。而基层民众却是构成文化传播的主体，因而中国的儒释道宗教文化就有了传播的根基。事实上，泰国佛教与中国的儒释道有不少相通之处，如讲究忠孝仁义、行善积德、慈悲向善、谦卑有序、和谐共处，等等。有学者指出：泰国佛使尊者提出的以“自然”为旨趣的经济政治观（经济上主张克制贪婪并以慈悲心分享，政治上强调伦理责任，将民主理论融入自然观念）与老子思想遥相呼应，道家的“忘世”与佛教的“出世”在终极超越层次上惺惺相惜。[②]正因为如此，老子思想自然而然有了传播的条件与通道。

第二节　老子思想在泰国传播的发展历程

老子思想代表典籍《道德经》在西方的译介始于17世纪末，在东方日本的传播始于7世纪。相比而言，相关老子思想的译介在泰国起步较晚，始于20世纪60年代。但这不意味着老子思想此前没有在泰国传播，如前面所述，老子思想伴随中华传统文化早已进入泰国，只是文本译作出现比较晚而已。

① 廖向东. 港台新派武侠小说与道家文化精神［J］. 浙江师范大学学报（社会科学版），1998（3）:38—41.

② 王玲. 自然政治观：泰国佛使尊者与老子的比较研究［J］. 政治思想史，2017，8（04）：36—56+198.

中国的第一本文化典籍译作《论语》，早在曼谷王朝三世王时期（1824—1851）得以译介，阿蒙·莫黎高僧于1826年翻译《孔子之言——论语》第1—5章，让泰国人第一次接触到了中华文化典籍中的哲学思想，具有开创性历史意义。[①]至2020年，《论语》仅有12个译本，而《道德经》及老子思想著作多达30个译本（中译泰14本，英译泰16本），是中华文化典籍泰译本中数量最多的。[②]相关老子思想及其代表作《道德经》的译介与研究，可分为三个阶段探讨。

一、1960—1980年，初始译介阶段

在泰国，第一部介绍老子思想的书籍是《东方哲人》。该书作者是泰国佛教哲学家沙田·菩提南塔，他"是泰国国内首批关注中华传统文化和诸子百家的学者之一，精通中文，是泰国汉学领域的重要人物，对中国宗教的研究颇有造诣"[③]。《东方哲人》是泰国最早介绍道家思想的书籍，书中译介有《道德经》四十章的内容，对老子思想在泰国的传播具有里程碑意义。这一阶段一共出现五本相关书籍，除《东方哲人》，还有陈壮1973年翻译的《道》、劳·萨田拉索1974年翻译的《老子经典》、珀扎纳·占塔腊汕迪1978年翻译的《道家之法》以及章依·冬布拉瑟1967年翻译的《中国传统习俗起源》。需要提及的是，劳·萨田拉索是"泰国资深的中国历史学家、汉学家，对中国历史和文化经典有着深入的研究，著有与中国历史相关的书籍四本，并翻译了孔子的《论语》"。陈壮的《道》与劳·萨田拉索的《老子经典》均译自中文，对老子思想的阐释相对明确到位，且《道》为第一本《道德经》的全译本；而后两本译自英文，但《道家之法》由于译文通顺流畅，除译介道家思想外，还补充阐述了道家、儒家、禅宗的联系，并写下个人的学习体会与翻译感悟，因而深受读者喜爱，为再版次数最多的版本，截止到2019年共有16版次。《中国传统习俗起源》虽为介绍中国传统文化的书籍，但书中专辟一章介绍老子思想及著作，也为读者提供了颇具价值的资料。此

① ［泰］林镜美．中国文化思想在泰国的传播与影响［D］．浙江大学，2017.

② 陈利．《道德经》泰译本对道家核心概念"道"的译介［J］．国际汉学，2018（2）：83—90+206.

③ 陈利．《道德经》泰译本研究［D］．北京外国语大学，2015.

外还出现了泰国学者萨坤·尼宛1980年撰写的《中国哲学》一书，全面详细介绍了中国的儒家、道家等思想。值得一提的是，该阶段还发现最早收录词条“道”的泰文工具书，即1962年萧元川主编的《汉泰字典》与1964年玛尼·玛尼加楞主编的《泰语词典》，这两部词典均首次对“道”的哲学范畴做出阐释。

整体上，老子思想在这一阶段的译介为起步阶段，译介成果少，内容以介绍道家思想为主，没有涉及研究领域。从译介环境看，泰国在60—80年代期间与中国关系波折起伏，60年代军人统治下的政府亲美排共，70年代出现两次历史性的民主革命流血事件，1975年中泰建交。泰国社会的动荡不安导致中泰交流受阻、文学领域萧条，这大大限制了中国文学与文化在泰国的传播。然而，这一局势也为老子思想传播提供了可能，现实的黯淡往往让文人学者们勤于思考人生的“无为”与生存之“道”，这也是老子思想能够得到译介的主要原因。

二、1981—2000年，快速传播阶段

老子思想及代表作《道德经》在这一阶段得到的译介最多，共计18本。其中，中译泰文本8本，英译泰文本10本。多数文本聚焦《道德经》的阐释与注解，旨在引领读者去领会老子的思想精髓，指导人们正确看待生活中的种种问题与困惑，如：莫塔亚功的《道家学说》（1983）、颂吉雅·素可的《道德经典》（1984）、查素曼·伽毕行的《道德经全译本及注释》（1986）、佟田·纳章侬的《老子说》（1987）、陈壮的《道之真谛》（1987）、卓创·纳东的《道德经》（1994）、冯裕灼的《〈道德经〉研究》（2000）等。值得关注的是查素曼·伽毕行的《道德经全译本及注释》，该译本参照了陈荣捷的《道德经》英译本转译成泰语，译者曾任泰国法政大学副教授，是泰国著名的佛教专家与翻译家，出版有宗教类著作20多部、译著14部。译本除对《道德经》八十一章内容进行翻译外，还附上个人撰写的相关论文三篇，提升了译作的学术价值。“卓创·纳东”是佟田·纳章侬的笔名，为华裔后代、泰国知名学者，曾留学中国并精通中文与中国文化，他的《道德经》译本为《老子说》（1987）译本的补充修订版，主要参照张松如的《老子说解》（齐鲁书社，1987）而译。译本不仅进行篇章的调

整，如将“德”篇置于“道”篇之前，还撰写个人的翻译感悟文章，并补充专有词汇释义，方便读者阅读与理解。事实上，多数学者对老子思想及其著作的译介，并不局限于源文本内容的简单介绍或阐释，或多或少会补充注入个人的思想感悟与翻译心得。这在一定程度上能拉近读者距离，增加读者的信任，增强文本的传播效果。

除了针对性的译本，还有针对中国哲学与宗教的书写或译本，其中也涉及老子思想，如佟娄・翁丹玛的《中国哲学》（1995）与阿占杉班诺的《三大宗教教义》（1998）等。

可以说，这一时期对老子思想译介的成果是最可观的。究其原因，一是中泰建交（1975），两国恢复友好关系，双方的文化交流日渐频繁，中国现当代文学作品及文化典籍得到进一步推介。泰国学者一方面对金庸、古龙等的武侠小说持续译介，对鲁迅、茅盾、老舍等现实主义作家的作品开始译介；另一方面也对中国古诗词与历史文化进行译介研究，其中包括孔子、孟子、老子等的哲学思想。二是泰国开始掀起了“汉语热”。泰国华人数量大，华文学校早在曼谷一世王时期（1782—1809）就已出现，到“1947年底，泰国共有华文学校426所，学生6万多人，达到泰国注册华校数量历史上最高纪录”[①]。但第二次世界大战后由于披汶政府的排华反共，华文学校多数被关闭，华文教育发展受限。中泰建交后，华文教育恢复，泰国各大中小学均开设有中文课程，各类中文补习机构遍地开花。语言与文化密不可分，泰国人在学习汉语的同时，自然而然地接受中国文化的滋养，从而对中国哲学思想家如孔子、老子有所了解，并提升兴趣。三是泰国社会进入了民主和平时代，政治相对稳定，经济复苏且发展迅猛，逐步成为“亚洲四小虎”之一。然而受西方资本主义的影响，物质主义与消费主义膨胀，泰国也出现贫富分化、阶级矛盾恶化、资源短缺、环境污染、黄赌毒泛滥等诸多问题。面对问题，宗教人士及学者们自然拿起各种宗教与哲学思想利器，帮助人们解疑答惑。于是佛教、儒家、道家等相关思想便得以广泛传播。相关的学说不仅针对平民百姓，也针对管理阶层，如布恩玛・颇龙佩与宋颇・洛扎纳番1986年编撰了《适应现代管理者的道家思想》一书，便是例子。

---

① 赵惠霞、秦娟. 泰国华文教育发展演变及影响［J］. 东南传播，2019（10）：66—69.

三、2001—2020年，融合发展阶段

这一阶段，老子思想及著作的译介仅为6部，但相关的介绍与研究成果却多达30篇/部以上，中泰道教文本交流活动日益增多。老子思想在泰国的传播进入新的阶段，即融合发展阶段。

译介方面，有格林素昆・阿利亚查昆的《道德经》（2003）、帕维・佟洛的《老子之道》（2004）、巴贡・林巴努颂的《老子经典》（2004）、布拉查・乎达努瓦的《真正的引领者：老子之道》（2005）、冯裕灼的《道家学说：自然、为人和心灵之法则》（2005）、佟娄・翁丹玛的《道：自然之路》（2006）等。需要提及的是巴贡・林巴努颂的《老子经典》，译本主要参考张松如的《老子说解》（齐鲁书社，1987）以及陈鼓应的《老子注释与评介》（中华书局，1999）；译者是泰国法政大学人文系教授，常年关注中华传统文化研究，尤其是道家思想，认为"泰国人性情一定程度上与老子思想相契合，泰国人可能很自然地喜欢并接受道家的思想"[①]；除译介老子思想外，巴贡・林巴努颂还对道家的《庄子》（内篇）和《列子》进行译介；他的译本语言朴实典雅、通顺流畅，富有学术价值。另一位是冯裕灼，为泰籍华人，精通中文；他的译本《道家学说：自然、为人和心灵之法则》为2000年《〈道德经〉研究》的修订版，译文语言口语化，通俗易懂；除译介老子思想外还著有《道的原理与修炼》《道家修炼之法》等健康养生指导书籍。

有关研究方面，涉及宗教比较、语言研究、哲学探讨、国家管理等层面。事实上，从上一阶段就出现了相关研究，1995年威室・阿占萨玛伯恩诺长老就佛教"缘起"论与道法的自然规律进行了比较研究。[②]宗教比较研究侧重道家思想对佛教的影响如颂布恩・乌蒂卡罗长老的研究[③]，侧重道教与禅宗相似思想观的比较如宛猜・党仁腊的研究[④]，侧重将道教与基督教进

---

① 陈利.《道德经》泰译本对道家核心概念"道"的译介［J］. 国际汉学，2018（2）:83—90+206.

② ［泰］威室・阿占萨玛伯恩诺长老. 佛教"缘起"论与道法的自然规律比较研究［D］. 泰国摩诃朱拉隆功大学，1995.

③ ［泰］颂布恩・乌蒂卡罗长老. 道家思想对佛教禅宗的影响［D］. 泰国摩诃朱拉隆功大学，2013.

④ ［泰］宛猜・党仁腊. 道教与禅宗相似思想观的比较研究［D］. 泰国农业大学，2013.

行对比如巴察·巴帕索长老的研究[①]。语言研究方面，学者们不仅试图从语言中挖掘道教文化，如微来宛·卡尼塔南的研究[②]，还试图挖掘老子与庄子思想中语言与“存在”的关系，如沙琳雅·阿伦卡淳萨的研究[③]。哲学思想方面的研究，成果较多，主要侧重对道家思想进行哲学层面的探索，如巴威·基拉查万维素对《道德经》教育哲学的探讨[④]，钟迪·洋恩针对《薄伽梵歌》和《道德经》中形而上学与伦理学概念的比较[⑤]，等等。国家管理层面的研究，用老子思想来管理国家成为学者们关注的热点，如尼蒂·马尼坎对《道德经》中“无为而治”的研究[⑥]，索拉猜·斯里尼桑萨库提出基于道家哲学的善治研究[⑦]，万蒂普·辛颂素认为老子思想下的管理才是真正的“领袖之道”[⑧]，等等。

此外，宗教交流也是中泰文化交流的重要组成部分，起初以佛教交流为主。1997年11月泰国文化部批准成立“泰国道德信息慈善会”，并于2011年更名为“世界老子道德慈善会”，2001年慈善会开始大规模建设“世界老子道德文化城”。[⑨]可见，泰国从政府层面对老子思想的传播给予很大支持。事实上，泰国福建籍华人早在1786年就建立了中式寺庙，海南人1842年建起“水尾圣娘庙”，如今在泰的华人庙堂达700多座（佛寺15座，庙堂688座），包括关圣庙、清水祖师庙、本头公庙等道家庙堂。[⑩]早期的道教交流多局限于民间组织的往来，泰国自从成立官方的道教组织后，与中国的宗教交

① ［泰］巴察·巴帕索长老. 基督教与道教宗教符号比较研究［D］. 泰国摩诃朱拉隆功大学，2020.

② ［泰］微来宛·卡尼塔南. 傣语—泰语中道教的踪迹［J］. 法政大学语言学期刊，2003.

③ ［泰］沙琳雅·阿伦卡淳萨.《道德经》与《庄子》中的语言与现实［D］. 泰国朱拉隆功大学，2009.

④ ［泰］巴威·基拉查万维素.《道德经》中教育哲学探析［D］. 泰国农业大学，2011.

⑤ ［泰］钟迪·洋恩.《薄伽梵歌》和《道德经》中形而上学与伦理学概念的比较研究［D］. 泰国朱拉隆功大学，2014.

⑥ ［泰］尼蒂·马尼坎.《道德经》中“无为而治”研究［D］. 泰国朱拉隆功大学，2006.

⑦ ［泰］索拉猜·斯里尼桑萨库. 基于道家哲学的善治研究［J］. 泰国东方大学期刊，2016.

⑧ ［泰］万蒂普·辛颂素. 领袖之道［M］. 曼谷：心灵出版社，2005.

⑨ 李慧. 老子道德文化在当代泰国的传播模式分析——以泰国道德慈善会为例［D］. 泰国华侨大学，2019.

⑩ 刘琪、许志惠. 华庙文化在泰国的传播［J］. 汕头大学学报，2018（9）:54—59.

流更加频繁，如2013年中国道教协会受邀到泰国访问，举办“道行天下”系列活动，向泰国各学术机构和宗教团体赠送道教经典如《中华藏》《老子集成》等书籍，并举办了数场道教讲座和演讲，积极推广道教和弘扬中华传统文化。无疑，官方也好民间也罢，道教的交流活动极大推动了老子思想的传播。

近20年来老子思想在泰国的融合发展，究其原因主要是：中泰关系进入了全面合作发展战略伙伴关系，两国在政治、经济、文化等层面的交流与合作深入全面，在宗教文化交流方面也日渐频繁，因而有关老子思想的传播不再局限书籍文本的译介，而是逐渐深入到学术研究领域以及文化考察层面。学者们对老子思想的阐释也不再局限于基本内容道义，而是深入挖掘其与本土文化、社会生活的关联；民众对老子的理解与接受也不再囿于对中式道观的认识，而是深入到对“道”“无为”“天地”等内涵的感悟，对人与自然和谐相处的感知。

第三节 结 语

老子思想在泰国的传播，从文本的译介角度看仅为60多年。但如前所述，中泰两千多年的友好往来与在泰华人社会的发展壮大，无疑早为老子思想的传播铺垫了扎实的基础，积淀了无形的成果。当前所收集到的30个译本与30多篇／部研究成果与著述，其实只是显形的部分，相信更多与老子思想相关的内容早已融入各种文化文本中或各类媒介中，并潜入泰国社会与人民生活中。整体上，老子思想在泰国的传播呈现以下特点：

第一，传播根基清楚明确。中泰地缘相近文化相通，两国交流历史久远且紧密，华人社会的形成与稳定促进中国文化在泰国的落地生根，为老子思想的传播铺垫基础。另外，泰国佛教文化包容并蓄且与中国的儒释道有诸多相融相通之处，为老子思想的传播提供便利。

第二，传播内容不断深化。相关老子的思想在各大译作中已全部得到释义，在各研究中得到哲学、宗教、语言、管理等层面的深化阐释，并在各文化交流活动中得到广泛践行。可以说，老子思想的传播内容融抽象与具象于一身，融理论与实践于一体。

第三，传播主体多样化。既有学识渊博高深的僧人长老，也有精通双语热爱中华传统文化的教授以及对老子与道教情有独钟的学者；既有自觉传播的民间团体，也有搭建交流关系的官方机构。无疑，僧人长老与学者是老子思想传播的重要力量，他们精通宗教哲学思想，擅长语言阐释，融贯不同宗教与哲学思想，便于读者理解与信服。

第四，传播方式多元化。既有译本的推介，也有专著的介绍；既有学术上的探讨，也有践行上的交流。传播媒体不局限于纸质媒介，而是走向网络时代的新媒介。

第五，传播效果清晰化。中式庙堂与道观的不断修缮与增建、相关译作与著述的反复再版、交流活动的日益增多，均证实了老子思想在泰国传播的实效。

当然，不可否认老子思想在泰国的传播还存在问题与障碍，如泰国根深蒂固的佛教信仰与宗教的多元化，一定程度上削弱老子思想的传播；文本的可译性对翻译与传播产生制约作用；译者断层严重，老一代译者与学者已歇笔，新一代译者对老子思想与著作缺乏译介兴趣；文学译介的网络小说转向，削弱中国传统文化典籍的译介；等等。因而，如何加大对老子思想在泰国乃至东南亚的传播，是值得进一步思考的话题。

第六章　老子著作与思想在越南的传播

中国和越南的文化交流历史积淀深厚。从2世纪到10世纪，越南曾长期作为中国的附属国（或直接被中国统治），中华传统文化以宗教或文学作品的形式，对越南产生影响。中国古典文学作品随着汉字传入越南，自3世纪至20世纪初，越南部分文人便可以阅读并灵活使用汉字，甚至会通过文学创作与中国文人“以文会友”[①]，例如，唐代诗人贾岛以诗作送别安南惟鉴法师：“讲经春殿里，花绕御床飞。南海几回渡，旧山临老归。潮摇蛮草落，月湿岛松微。空水既如彼，往来消息稀。”[②]唐代诗人杨巨源也曾以诗赠别越南友人：“故乡南越外，万里白云峰。经论辞天去，香花入海逢。”[③]唐代交趾[④]诗人廖有方所作的《题旅榇》亦是有力证据。1950年1月18日，中华人民共和国成立伊始，中越即正式建交，中国成为世界上第一个承认越南新政府，并与之建立外交关系的国家。继而，中越两国于20世纪50年代初，签署了有关文化交流的协议。[⑤]1991年11月5日至10日，越共中央书记杜梅、部长会议主席武文杰访问中国，10日发表《中越联合公报》，标志着两国邦交再

---

① 白玉洁. 浅析20世纪50年代以来中越文学互译的特点［J］. 红河学院学报，2022，20（03）：39—43. DOI:10.13963/j.cnki.hhuxb.2022.03.009.

② 参见唐代诗人贾岛所作五言律诗《送安南惟鉴法师》。

③ 参见唐代诗人杨巨源所作五言律诗《供奉定法师归安南》。

④ 又名“交阯”“交州”，古地名，中国古代（汉朝到唐朝初期）行政区划，位于今越南北部红河流域。

⑤ 阳阳、冯林. 中国—越南文化交流的历史与未来［J］. 广西社会主义学院学报，2022，33（01）:94—99.

次正常化。次年，中越签署文化协定，该协定成为指导中越文化交流的基本文件，中越文化交流开始形成多层次、多领域的交流机制。

文学作品互译是中越文化交流中最为常见的形式。其中，老子的《道德经》作为东方文化的经典代表，被认为是道家哲学思想必不可少的源头，其蕴含的智慧在形塑中华传统文化方面起着极为重要的作用。《道德经》的越南译本是中华文化在越南传播的重要组成部分，其在越南的传播受到中越历史关系的直接影响，大致可以划分为三个阶段：第一阶段，自2世纪末起，道教传入越南，逐渐渗透、发展，为《道德经》及老子思想的传播奠定宗教基础；第二阶段，10世纪末至20世纪中期，汉语版《道德经》作为科举考试研习书目在考生中传播；第三阶段，20世纪中期至今，拉丁化国语成为越南官方语言后，《道德经》被译介、传播，并广泛影响越南文人。

第一节　道教传入越南为《道德经》的译介奠定基础（2—10世纪）

经考证，道教在越南的传播可追溯至2世纪末，先于文字版《道德经》，并为《道德经》的译介及老子思想的在越传播奠定宗教基础。概括而言，道教在越南的传播大致历经三个阶段：北属时期（2世纪末至7世纪初），早期传入阶段；被唐朝统治时期（602—905），完全渗透阶段；封建独立时期（968—1407），繁荣鼎盛阶段。道教较早传入越南并能扎根，得益于两点：首先，宗教的散布多依赖口头传播，相较于文字传播，门槛更低，更易于接受，受众范围更广；其次，道教的核心思想与越南本土宗教极为相似，越南在"很久以来就存在类似的信仰"[①]，这也有助于越南人对道教的接受。自远古时期，越南人民就对法术产生了浓厚的崇拜情绪，相信法术可以驱除恶魔、治愈疾病、规避危险等，所以道教可以较轻松地与越南民间信仰融为一体，以至于许多越南人并没有意识到自己的诸多习俗与道教有关。

《正统道藏》一书中提及："汉灵帝（168—189）驾崩后，中国社会处于动荡之中，只有交州暂时稳定。北方的许多人都来此（交州）避难，其中

① 陈玉添. 越南文化基础［M］. 河内：教育出版社，1999:227.

大部分为道士。"[①]由此可见，中国的道教在2世纪末左右传入越南。在移居越南的士夫与道士中，有一太守名曰士燮（187—226）[②]，他是最早将四书五经等中华传统文化典籍引入越南的人，也是交州"三教同源"[③]精神的发起者。但现有史料还不足以证明，2世纪末道教在越南大范围盛行。北属时期（2世纪末至7世纪初），由于大部分交州人是文盲，因此，该时期道教在越南民间传播主要依靠口口相传，文字版《道德经》尚未传入越南。越南被唐朝统治时期（602—905），道教在越南的传播有更为明显的迹象。越南有历史传说，唐朝将军高骈在交州时常常坐风筝寻找龙脉阵奄[④]。高骈是否为道教信徒尚未可知，但可推断出，其与风水、方士、道士等有一定的联系。从唐朝时期的都护府痕迹可以看出，这一时期，道教才完全渗透到北越。封建独立时期（968—1407），即丁—黎—李—陈时期，被认为是道教在越南最为繁荣的时期，其地位与佛教、儒教相当，史书也记载了一些道官的信息。

现如今，道教在越南已不复存在，但历史上道教在越南的撒播，促进了越南人对道教经文《道德经》译介的需求。

第二节 千百年来《道德经》及老子思想在越南的传播和译介

一、汉语版《道德经》作为教育及科考书目（10—20世纪中期）

越南历史学副教授阮维馨曾指出，道教的官方经文在李太祖（974—1028）期间才传入越南，彼时越南的官方语言为汉语，汉语版《道德经》更多是作为教育及科考书目，进入越南应试者的生活。也是在这段时期，封建的越南教育开始蓬勃发展。[⑤]学校、培训系统的主要教科书是四书五经、

① 阮郎（即释一行禅师）. 越南佛教史（第一卷）[M]. 河内：文学出版社，1992:42.

② 士燮，汉末至三国时期割据交州一带的军阀，任职太守。据吴士连在《大越史记全书》中记载，士燮对传播汉文化和在三国动乱下稳定当地的经济社会颇有贡献。

③ "三教同源"指"儒—佛—老"思想传播到越南的过程中，相互竞争、接受和融合的现象。

④ 阵奄，风水的词汇。高骈骑云寻有龙脉的地点阵奄的故事，可参见1909年潘继炳所著的《南海异人列传》。

⑤ 阮维馨. 道教与越南人[M]. 河内：社会科学出版社，2003.

《北史》、《南史》以及诸子百家的书。但由于佛教和道教的强大影响，学校和学院也传授许多与佛教和道教相关的知识。彼时教育的官方文字是汉字，但识字的人极少。1195年，李高宗（Lý Cao Tông）开办了第一次三教科举，此后陈朝在1227年和1247年开办过两次。《大越史记全书》记载："1247年秋，八月，开通三角科举。吴秦（茶鲁人）考取甲科，陶衍、黄欢（清华人）和武为辅（红州人）考取乙科。"由此可见，尽管当时很少有人是道教某特定流派的追随者，但大部分的儒将不得不接触《道德经》《南华经》或其他中华古代诗文，参与科举考试的考生或直接或间接地受到老子及庄子等人的影响。

20世纪初，高台教①在越南创立，《道德经》是其主要教程之一。"高台"一词源自《道德经》第二十章："众人熙熙，如享太牢，如春登台。"高台教解释"如春登台"为"上祷高台"，"高台"意指神灵居住的最高的宫殿。高台教对于宇宙起源的观点，一定程度上借鉴了《道德经》，认为在高台神之前，无名、无形的道已经存在，在某一个时候，突然发生了大爆炸，高台神便出生了。

二、《道德经》越语译本的增多（20世纪中期至今）

同样是在20世纪初，越南开始推行拉丁化国语字。1945年，越南民主共和国成立后，正式宣布拉丁化国语字作为官方文字，汉字即退出了越南的历史舞台，中国文学则需要通过翻译的形式继续在越南传播。②

目前，《道德经》在越南有近10种不同版本，此外，还有许多有关老子思想的论解和研究。王弼和河上公的《道德经》注本是被翻译最多的两个版本，阮维勤、阮宪黎、人子阮文涛的越南语译本被搜索和被引用频率

① 高台教是越南三大宗教之一，在越南共有400多万信徒。高台教是各种宗教的一种综合体，它将在越南盛行的东西方各种宗教——佛教、基督宗教、伊斯兰教、道教、儒教——全部糅合在一起，主张"万教大同"，诸神共处。释迦牟尼、老子、孔子、耶稣、穆罕默德，甚至李白、关羽、牛顿、维克多·雨果、莎士比亚、丘吉尔、萨拉丁、孙中山等历代东西方知名人物，都被列为该教所供奉的对象。高台教承认有一位宇宙的最高"主宰者"——高台神。

② 白玉洁. 浅析20世纪50年代以来中越文学互译的特点［J］. 红河学院学报，2022，20（03）：39—43. DOI:10.13963/j.cnki.hhuxb.2022.03.009.

最高。阮维勤在他的译本中提到："依我所知，到目前为止，越南尚未出现一本老子著作的翻译，除了1959年严缵先生出版的，但也只是翻译了前37章。""我的翻译起草于1935年，并于1937年左右登载于《Nay（今）》杂志上。"[①]由此可以推测，第一位使用拉丁语翻译《道德经》的是越南的严缵教授，该译本由越南国家教育部出版社于1959年编印。1961年，开智出版社编印了阮维勤的译本，该版本是最完整的《道德经》译本。1981年，武世玉教授开始着手翻译《道德经》，并于2003年秋完成。该译本以汉—汉喃—越南语—英语的形式呈现，是越南唯一的汉喃版本《道德经》。此外，1942年，吴毕素和阮德静联合编写了一本介绍老子理论的书，由越南梅岭出版社编印。自2019年开始，越南河内国家大学的陈仁宗院启动了一项名为"东方经典"[②]的大型项目，该项目旨在促进150多种东方经典著作的传播，为实现越南文化的进一步发展做出贡献，而《道德经》是该项目重要的翻译及出版对象。

当下，上述《道德经》译本已被不同出版社多次重印，其中引用率最高、流传度最广的有如下三个版本。

（一）阮维勤的《老子道德经》

阮维勤（1907—1998），20世纪中叶越南资深作家、学者、编辑，主要研究道学、《易经》等，已出版《道德经》译本、《南华经》译本和笺注、《东方学精华》、《易经详解》等著作。阮维勤惯常在其作品中强调"柔弱胜刚""智慧生强势"等观点，希望向知识青年提供一种生活方式，即对时局保持平静，避免思想波动的困扰。

1961年，阮维勤翻译的第一版《老子道德经》由越南开智出版社出版，该书是王弼汉语版的翻译和评注，语言通俗易懂。该译著大致由三部分构成：首先，对老子本人做简要介绍；其次，指导读者如何阅读、理解该书；最后，对老子的相关理论进行翻译及注释。阮维勤认为："《道德经》宛若

① 阮维勤. 老子道德经（翻译和评注）[M]. 西贡：开智出版社，1961:11.

② "东方经典"项目预计10年分两期实施：一期是2019年3月至2024年2月，二期是2024年3月至2029年2月，项目预期成果为一系列东方经典的纸质与数字出版。这是一个由政府指导的国家科技专项项目，项目负责机构为越南河内国家大学的陈仁宗院。

格言诗，而又不像唐诗那般遵循严格的规则，是一种源于纯净自然灵魂的自由式的诗歌，有朗朗的押韵。”①因此，他在翻译过程中“努力保持原文气质”②，同时尽力使其易于阅读和理解。

（二）阮宪黎的《老子道德经》

阮宪黎（1912—1984），越南独立作家、翻译、语言学家、教育家、文化活动家，在文学、语言学、哲学、教育学、政治学、经济学等领域撰写、翻译、编辑了120多部作品。后世评价他的文风坦率，有着“富贵不能淫，贫贱不能移，威武不能屈”③的精神。他曾出版15本哲学领域书籍，涵盖了孟子、庄子、韩非子、荀子、老子、孔子等中国传统文人的思想遗产。

1994年，越南文化和信息出版社出版了阮宪黎编译的《老子道德经》。阮武英俊认为：“该书资料翔实，分析深入，编译客观。”④另一位越南学者潘玉也给予了阮宪黎及其编译作品较高评价：“阮宪黎、阮维勤等人的作品考究勤奋，显示出较高的汉学水平。与许多法语、英语、德语、俄语翻译作品相比，更易于理解。”⑤阮宪黎编译的《老子道德经》共分为三个部分：首先，介绍了老子的生活及《道德经》的由来；其次，对老子的宇宙观、人生观、政治观进行介绍；最后，是对汉译越的解说。

（三）人子阮文涛的《道德经》

人子阮文涛（1921—2014），生于河南，医生。1952年毕业于越南河内医科大学，1956年起致力于研究东方哲学，1967—1975年，担任越南文科大学东方哲学系教授。曾编译八本道教相关书籍，包括《修仙法》《老庄简略》《道德经》《黄庭经》《性命圭旨》《参同契》《悟真直指》《象言破疑》。

据考证⑥，1973年6月，人子阮文涛完成了《道德经》译本手稿，他编

---

①② 阮维勤. 老子道德经（翻译和评注）［M］. 西贡：开智出版社，1961:9.

③ 周海琪. 阮献黎——生活与作品［M］. 胡志明市：文学出版社，2007.

④ 阮武英俊. 雒越文明中的老子和道德经［EB/OL］. http://diendan.lyhocdongphuong.org.vn/chu-de/1510-lao-tzu-and-moral-ethical-Kinh-seeing-from-civil-minh-lac-viet/, 2008/2022-08-10.

⑤ 潘玉. 道德经易解［M］. 河内：文学出版社，2001.

⑥ 黄武. 与人子阮文寿一起进入道学—哲学［EB/OL］，https://nhantu.net/BienKhaoTongQuat/VaoDaohocTriethoc.htm, 2022-08-10.

写的《道德经考论与评译》后来以电子书的形式在“东方文化”网站出版。[①]他在书中提及：“笺注《道德经》既容易又困难。之所以容易，是因为此前已有众多中国、越南、欧美学者对其做出评论解释；之所以困难，是因为很难找到一种方法来宽阔地译解，而仍不离题。”因此，人子阮文涛选择从神秘主义的视角解读庄子、翻译《道德经》，尽量“让运笔挥霍，字句纯净，诗韵清秀美丽”[②]。这样的译作灵活生动，有利于进一步推动《道德经》在越南更广泛地传播。

第三节 《道德经》和老子思想对越南文化的影响

《道德经》是东方哲学的重要著作，其思想内核符合东方人的生活旨趣。老子思想以顺应自然、热爱自然、追求以自我为中心的自由生活方式为核心，从古至今，对许多国家的政治家、文人、艺术家等具有独特的吸引力。在越南，《道德经》及老子思想是人们培养心性的智慧指南，在政治、哲学、文学、艺术、音乐等诸多领域，给予越南文化启发与慰藉。

一、治国理政：“以正治国，以奇用兵，以无事取天下”

越南北部的独立和自治，始于938年南汉与交州的白藤江之战，吴权击败了南汉军，于939年建立吴朝并称王。吴权去世后，爆发十二使君之乱，越南历史进入十二使君时期。越南北部直到丁部领崛起后方统一，建立丁朝。《道德经》及老子思想的传播在此期间如何变化，缺乏相关历史记载，但从越南封建皇帝的治国理政之道中可以看出对《道德经》及老子思想的借鉴，即“以正治国，以奇用兵，以无事取天下”[③]。例如，971年，丁部领册封匡越大师吴真流为僧统（佛教），并册封邓玄光道士为崇真威仪（道教），一僧一道作为朝廷顾问的模式一直维持到李朝。一次，丁部领问道：“如何

① 参见越南“东方文化”网站，http://nhantu.net。

② 人子阮文寿. 道德经（考论和翻译）[EB/OL]. https://nhantu.net/TonGiao/DaoDucKinh/KhaoLuan.htm, 2022-08-10.

③ 出自《道德经·第五十七章》。

治国?”朝中学者回答:“安定在殿阁,处处息兵刀。”①所谓“处处息兵刀”与“以无事取天下”有异曲同工之妙。禅师杜法顺在皇帝黎大行询问国运时,就曾借用老子的“无为而治”理论,建议皇帝如何治国理政:“国祚如藤络,南天里太平。无为居殿阁,处处息刀兵。”②黎圣宗在其诗中也曾表达过老子“无为”的思想:“世上公名都是梦,壶中日月不胜闲。”③

二、人生观:“柔弱胜刚强”“知足不辱”

老子哲学一度影响了越南人民的思想及生活方式,促成了越南人民性格的形成、锻炼以及沉淀。老子坚信:“柔弱胜刚强”,“天下莫柔弱于水,而攻坚强者莫之能胜”。此观点某种程度上与儒家宣扬的谦卑、宽容和耐心相通。阮维勤在其《老子精华》中评价道:“它(老子思想)不仅抚慰了在苛刻礼教的过度拘束氛围中令人窒息的灵魂,而且帮助了艺术家和诗人在自然中找到愉悦生活的秘密。”“简言之,老子的书给人带来全面的解放,使人们摆脱虚假的社会、家庭以及制度的枷锁。”这一定程度上解释了,为何古代越南知识分子思想宽阔自由,少关心名望,享受安逸自得的生活。越南青壮年儒士用儒学治国安民,救困扶危,但当他们老了以后,便会接受老子的教训,安享自然清静的生活。阮文孑在关于儒家思想的演讲中也曾提到:“即使越南的人民追随儒家思想已有近两千年的历史,但很难找到真正的哲学家,除了少数几位著名的诗人,例如阮攸、阮嘉韶、阮公著等,因为他们深深地融入了佛教和老教的思想。”根据老子“知足不辱”的理论,阮朝的政治家、军事家和诗人阮公著曾写道:“知足,便足;歹足,何时足?知闲,便闲;歹闲,何时闲?”他曾在嘉隆、明命、绍治和嗣德时期任职,尽管一生忙于为越南北部、中部民众开垦,带兵争战高棉的作乱,但仍不懈追求老子思想中安然惬意的人生。

三、文学:“逍遥休闲”“功遂身退”

阮攸(Ruan bạn)是越南黎末和阮朝时期伟大的诗人和文化主义者,被越南人尊称为“国家大诗豪”。他的“逍遥休闲”“功遂身退”等观点,在诗

① 史学院. 钦定越史通鉴纲目[M]. 河内:教育出版社,1998:83.

② 佛学研究院(译). 禅苑集英语录[M]. 河内:文学出版社,1990:138.

③ 陈俊凯译. 大南一统志清化省卷(下)[M]. 西贡:国家教育部出版社,1960:9.

歌中时有体现："衣冠达者志青云，吾亦乐吾麋鹿群。解释闲情安在获，屏除异类不妨仁。麝眠浅草香犹湿，犬渡重山吠不闻。浮世为欢各有道，驱车拥盖是何人。"① "侧身不出有形外，千岁长忧未死前。浮利荣名终一散，何如及早学神仙。"②

阮廌在《国音诗集》和《白云国语诗集》中，赞美了清闲的乐趣，提倡在诗情画意的自然中逍遥自在，不争，不虚荣。阮廌的一些汉文诗歌体现了上述风格："世上黄粱一梦余，觉来万事总成虚。如今只爱山中住，结屋花边读旧书。"③ "何时结屋云峰下，汲涧烹茶枕石眠。"④

阮秉谦，自称白云居士。在朝任职八年，后来发现朝廷内部腐朽堕落，于是申请退休，被幕帝封为"程璇侯"⑤，越南人尊称他为"状程"。他的许多汉诗表达了老子"知足不辱"和"功遂身退"的思想，例如："名遂功成休矣休，等闲世故一虚舟。"⑥此外，他在《白云俺诗集》的序言中写道："有些人志在道德，有些人志在名望，有些人志在清闲安逸。我小时候被家庭监护，长大后进入了士大夫阶层，老的时候只喜欢休闲，欣赏天然的风景。"如下是他诗集中的几句赞美大自然的汉诗，可见他泰然自若的风格："云庵俺近小溪泉，买断初无费一钱。告洁谁为天下士，安闲我是地中仙。"⑦ "不于富贵理危机，做得闲中与老期。"⑧

阮廌的父亲阮飞卿是胡朝的一名翰林学士，后成为后黎朝的开国功臣，其诗歌亦可见老子思想的神韵："一筇山上柱云烟，回首尘埃路隔千。雨后线声流簌簌，天晴岚气静涓涓。百年浮世人皆梦，半日偷闲我亦仙。兴去欲来僧院宿，昏钟催月挂峰前。"⑨

---

① 越南诗《猎》，出自《清轩诗集》。
② 越南诗《暮春漫兴》，出自《清轩诗集》。
③ 越南诗《偶成》。
④ 越南诗《乱后到昆山感作》。
⑤ 寓意他的才德像中国的程颐、程颢。
⑥ 越南诗《寓意》，出自《白云俺诗集》。
⑦ 越南诗《寓兴·第十篇》。
⑧ 越南诗《寓兴·第三篇》。
⑨ 越南诗《游昆山》。

贰 老子思想在域外新闻报刊和新闻网络中的传播

本研究以美国、英国、新加坡等30余个国家的近300家报刊和海外网络媒体对老子思想的讨论作为研究对象，综合运用内容分析、文本分析、话语分析等研究方法，对1,134条主流报刊报道数据和19,658条网络数据进行深入分析，从而呈现出老子思想在域外媒体中的传播图景。同时，本研究还围绕世界不同地区主要报刊的老子思想传播情况展开，最终发现，数十年来，《纽约时报》《华盛顿邮报》《卫报》《联合早报》《悉尼先驱晨报》等域外新闻报刊对老子思想的关注度总体呈上升趋势；报道灵活运用通讯、评论等体裁和引述、预设、对比等表达策略，以肯定或中立的态度重点诠释了老子“无为而治”“道法自然”“少私寡欲”“柔弱不争”等思想。多数报道习惯将文本语境与当时的中国政治、经济、社会等现实问题交融，影响海外受众对老子思想乃至中国的认知。

第七章　老子思想在域外新闻报刊和网络媒体中的传播

中华传统文化源远流长，尤其老子、孔子作为中华传统文化的代表性人物，在国内外都受到世人敬仰。近年来，基于我国加强对外文化传播的战略要求，中华传统文化在域外的传播情况已成为重要研究课题。本研究以国外传统媒体和网络媒体对老子思想的报道为切入点，研究老子思想在域外传播的现状、特点，试图勾画出老子思想在全球传播的基本图谱，并进一步探讨如何发挥各类传播渠道的优势，在老子思想的域外传播中发挥最大效能，从而推动中华传统文化的对外传播，进一步提升国家软实力。

本研究基于Factiva、LexisNexis、Gale、全美近代报纸全文检索、澳大利亚晚清民国报纸等数据库，以及《纽约时报》《卫报》等各国新闻报刊的官方网站检索与老子思想相关的关键词，如“老子”“道德经”“道家”“道教”等，选定日期为所有时间，共获得有效数据1,134条，此外，本研究还运用网络爬虫采集了2010—2020年国外互联网上关于老子思想的数据，经初步筛选，获得数据54,537条，经过数据清洗、去重处理，共获得有效数据19,658条。

针对以上数据，本研究主要采用内容分析法针对现有报道进行数据梳理和类目建构，对报道体裁、关键词、年份、字数、主题、老子形象、作者身份、情感态度等要素逐一编码以分析老子思想域外报道现状，进而呈现出老子思想域外传播的图景。在此基础上，本研究主要使用Excel、Python、SPSS对样本数据进行处理和分析，将总体样本数据划分为新闻报刊和网络媒体两大类，分别对其进行描述性统计和相关性统计。其中，主要使用

Python对样本数据进行文本翻译处理、描述性分析，使用SPSS和Python对样本数据进行相关性分析。描述性统计分析维度涉及报道数量、报道主题、报道立场、老子思想、老子形象五大类，相关性统计分析维度涉及国家和报道主题相关性、国家和报道立场相关性、报道主题和报道立场相关性三大类。

第一节　域外新闻报刊老子思想报道研究

域外新闻报刊有关老子及其思想的报道样本共1,134条，涵盖美、英、日、韩、新加坡、澳大利亚等32个国家共近300家媒体的报道，涉及阿拉伯语、英语、法语、德语、意大利语、俄语、泰语共七大语种。

一、描述性统计

（一）报道数量

1. 全球维度：关注度逐年上升

目前，本研究所获取的域外新闻报刊有关老子及其思想报道的年份为1977—2021年，将这些报道样本进行时间分布统计，获得如图7.1所示的全球范围内新闻报刊报道数量随年份变化的折线图。

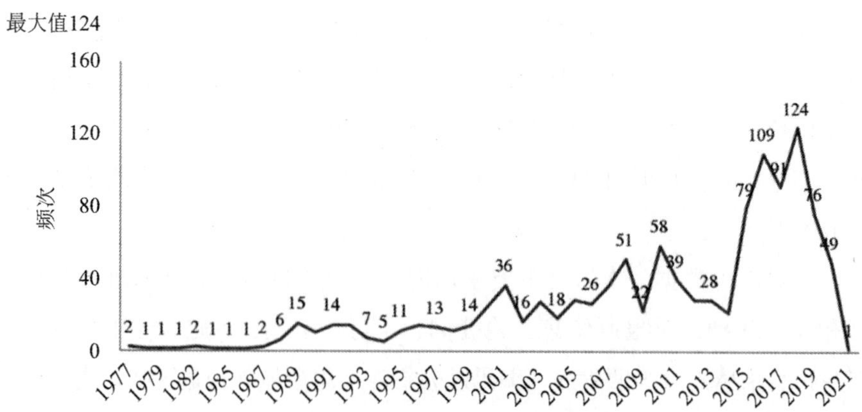

图7.1　新闻报刊报道数量随年份的变化折线图（全球）

由图7.1可以看出，1977—1987年间，新闻报刊关于老子及其思想的报道数量总体变化不大，普遍为1—2篇，1987年之后呈波动上升趋势，其中2008年和2010年报道数量较多，分别为51篇和58篇，2015年后报道数量激增，但在2017年后有下降趋势。

结合当时的历史语境分析可以发现，老子及其思想在域外所受关注呈逐年上升趋势，并受到重要事件、人物的影响。例如，2008年，中国举办了第29届夏季奥林匹克运动会，媒体关于老子及其思想的报道在这一年也达到了51篇，重大国际赛事的举行推动了中华传统文化的输出，同时这些文化的传播也进一步加深了各国人民对中国文化的了解。

表7.1　2016—2019年全球新闻报刊老子相关报道数量（篇）

2016年	2017年	2018年	2019年
109	91	124	76

2016—2019年，老子及其思想在域外新闻报刊上被提及的频率大大增加，针对这一现象，本研究对这四年的报道进行了深入分析，发现默多克、梅德韦杰夫、乌苏拉·K. 勒金（Ursula K. Le Guin）等具有广泛影响力的关键人物对老子及其思想的传播发挥了重要作用。

（1）2016年相关报道文章标题分析

首先，对2016年全球新闻报刊发表的老子及其思想相关报道的标题进行中文翻译，之后对其进行词频统计和词云制作，如图7.2所示。

图7.2　2016年新闻报刊老子相关报道标题词云图（全球）

如图7.2所示，这些文章样本标题中提到最多的是媒体大亨默多克，进一步分析报道内容可以发现，2016年报道量激增的原因与默多克在2016年再婚有关，婚礼上其子曾朗读老子《道德经》节选。此外，在样本报道中提到较多的还有“梅德韦杰夫”，梅德韦杰夫是“老子信徒”，曾在2016年接受了中央电视台的采访。故2016年有关老子文章激增也与此事件有关。

（2）2017年相关报道文章标题分析

对2017年全球新闻报刊发表的老子相关报道的标题进行中文翻译，之后对其进行词频统计和词云制作，如图7.3所示。

可以发现，提到较多的特殊词汇是“杰弗里韦斯”“癌症”。原因是2017年，备受喜爱的宗教专栏作家杰弗里·韦斯因患癌症而去世，其生前对《道德经》十分喜爱，并且在2017年发表文章赞扬《道德经》为其抗癌提供了动力。

图7.3　2017年新闻报刊老子相关报道标题词云图（全球）

（3）2018年相关报道文章标题分析

对2018年全球新闻报刊发表的老子相关报道的标题进行中文翻译，之后对其进行词频统计和词云制作，如图7.4所示。

可以发现，提到较多的特殊词汇是“乌苏拉·K. 勒金”“科幻”“作家”“讣告”等，原因是在2018年，美国著名科幻作家乌苏拉·K. 勒金去世，而其曾在1997年与人合译老子的《道德经》，多篇报道中均有提及。

图7.4　2018年新闻报刊老子相关报道标题词云图（全球）

（4）2019年相关报道文章标题分析

首先对2019年全球新闻报刊发表的老子相关报道的标题进行中文翻译，之后对其进行词频统计和词云制作，如图7.5所示。

可以发现，提到较多的特殊词

图7.5　2019年新闻报刊老子相关报道标题词云图（全球）

汇是“李学勤”。原因是2019年，中国著名历史学家李学勤去世，2019年的多篇相关报道中均有提到《道德经》。除此之外，提到较多的特殊词汇还有“中医”，这是因为2019年中国一位中医师出版了《道德经揭秘》一书，该书可在亚马逊平台购买，故有相关报道。

综上所述，2015年后，老子及其思想相关报刊报道数量激增的原因，除了与该年后互联网和社交媒体的进一步发展助力中国文化在全球范围内传播相关，同时也具有一定的特殊性，即与相应年份所发生的特殊事件和关键人物紧密联系。

2. 国家维度：不同国家的报道数量对比

新闻报刊样本共涉及32个国家，为探究不同国家对老子及其思想的关注与传播情况，以国家为分析维度，对不同国家的报道数量进行对比。从世界范围来看，对老子及其思想有相关报道的国家主要分布在中国周边，报道数量多在10篇以下。其中，新加坡、美国、英国的报道数量最多，分别为455篇、378篇和112篇。

对数据做进一步的统计分析，可得不同国家的具体报道数量直方图，如图7.6所示。

由图7.6可知，美国、新加坡、英国的报道数量最多，且与其他国家报道数量差距较大；印度、澳大利亚、韩国、加拿大、缅甸、泰国6个国家为第二梯队，报道数量为10篇及以上；新西兰、马来西亚、爱尔兰、菲律宾

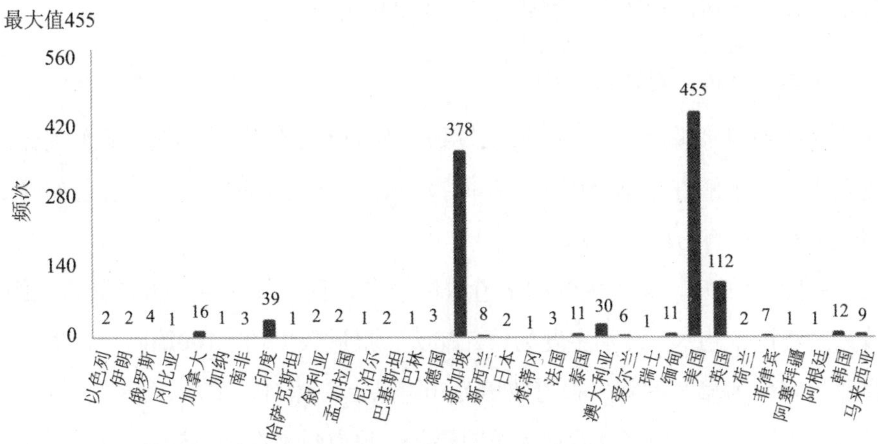

图7.6　不同国家新闻报刊老子相关报道数量统计（全球）

4个国家为第三梯队，报道数量为5—10篇；余下国家报道数量均较少，为5篇以下。

由于美国、新加坡、英国的报道数量最多，故对这三个国家的报道情况进行进一步的分析，以探究其原因。首先对三个国家历年的报道标题进行翻译，并统计词频制作为词云，可得图7.7。

美国　　新加坡　　英国

图7.7　新闻报刊老子相关报道标题词云图（美国、新加坡、英国）

由图7.7可知，新加坡和美国词云中，频率较高的词中并没有特殊词汇，故报道数量受特殊或者突发事件的影响较小，其对老子及其思想的关注主要源自文化上的吸引。其中，新加坡的宗教和谐政策和老子思想有着异曲同工之妙，且该国华族较多，因而老子思想在新加坡的认可度和传播度较高；对于美国来说，信奉自由主义的美国第40任总统里根曾引用老子“治大国若烹小鲜”来阐明自己的执政理念，对老子思想在美国的传播度的提高产生了深远影响；而英国报道中高频词汇中的“默多克”“乌苏拉・K. 勒金”等特殊词汇则较多，报道频次受特殊或突发事件的影响较大。

（二）报道主题与内容

此次统计收集到1,134份样本，共涉及21个报道主题，通过频次统计，可以进一步了解在全球范围内，新闻报刊对老子及其思想报道的主题偏好。报道主题频次直方图如图7.8。

由图7.8可知，文化主题的报道数量最多，且与其他主题报道数量差距较大。资讯、艺术、政治主题为第二梯队，报道数量均在100篇以上；哲学、商业、宗教为第三梯队，报道数量为50篇以上；体育、军事、医学、教育、环境、生活方式、经济、餐饮为第四梯队，报道数量在10—50篇。余下主题

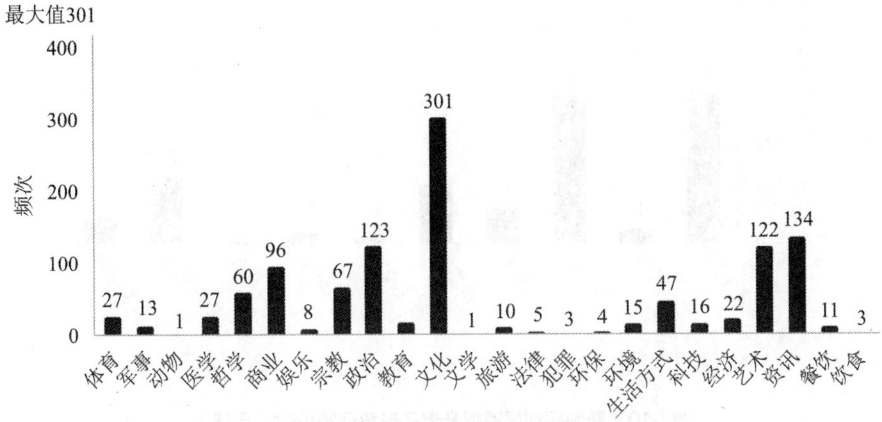

图7.8　新闻报刊老子相关报道主题统计图（全球）

报道数量均较少，为10篇以下。由此可见，域外新闻报道对老子及其思想的关注多集中在文化领域，同时也涉及艺术、政治、商业等主题。

从报道内容上来说，老子思想是老子文化中最为重要的一环，在本次收集到的1,134份样本中，共计544份样本对老子思想进行较为明确的阐述。对这些样本中涉及的老子思想语句进行词频统计与词云制作，发现“无为而治”“柔弱不争”“道生万物”“自然和谐”“道法自然”“对立统一”等是域外报道在报道中最常涉及的老子思想内容。详见图7.9。

图7.9　新闻报刊报道涉及老子思想词云图（全球）

在1,134份样本中，有12%的样本对老子形象做出了明确描述，对这部分样本提及的老子形象进行词频统计，如图7.10所示。

可以看出，这些新闻报刊明确提及的老子形象均为正面，其中以“《道德经》作者”和“哲学家”频次最高，达到38次和37次；“思想家”和“道家思想创始人”频次位于第二梯队，为10次以上；“圣人”“道教始祖太上老君”为第三梯队，为5—10次；“神秘主义者”“老祖宗”“诗人”频次较低，均为5次以内。

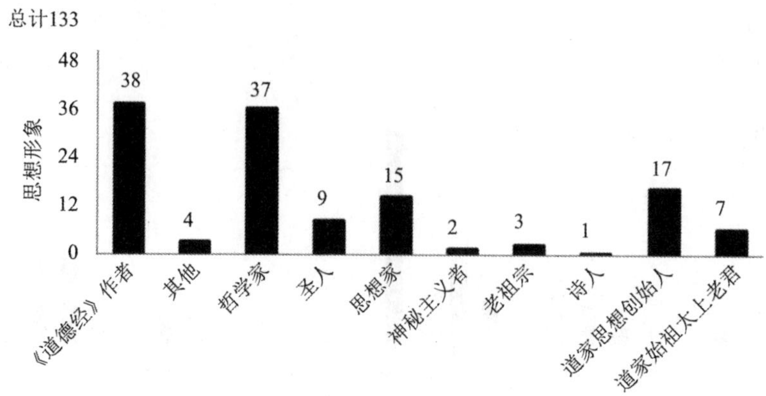

图7.10　新闻报刊报道提及老子形象词频统计（全球）

（三）报道立场

有关老子报道的立场大致可分为中性、正面和负面。其中，持中性态度的报道占比58.4%，持正面态度的报道占比35.1%，持负面态度的报道占比6.5%。

二、相关性统计

（一）国家和报道主题相关性

基于SPSS，利用卡方检验研究国家及其报刊报道主题的相关程度，可得表7.2所示结果。

表7.2　国家及其报刊报道主题相关性检验结果

卡方检验	值	自由度	渐进显著性（双侧）
皮尔逊卡方	767.422	608	<0.001
似然比	422.930	608	1.000
有效个案数	534		

以上卡方检验最终结果p=0.001<0.05，故国家及其报道主题的相关程度为显著相关。接下来对样本数量较大的美国、新加坡、英国三国新闻报刊的主题偏好做进一步分析，可以发现：在共同关注文化的基础上，美国对老子及其思想的报道与商业联系较多，新加坡则更侧重文化、政治和哲学。

首先，对美国报道涉及的主题进行统计显示，美国报道数量较多的主题类型为文化、资讯和商业，这三类的报道数量均在50篇以上，艺术、政治、宗教类则位于第二梯队，详见图7.11。

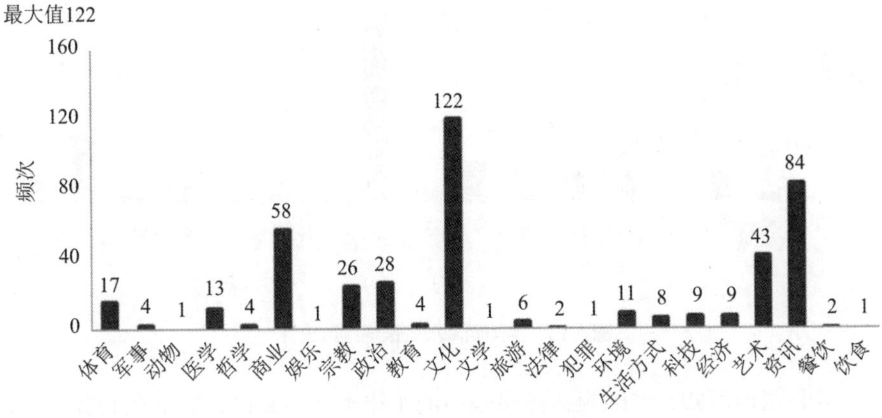

图7.11　美国新闻报刊报道主题频数统计

再者，对新加坡报道涉及的主题进行统计后可得图7.12。

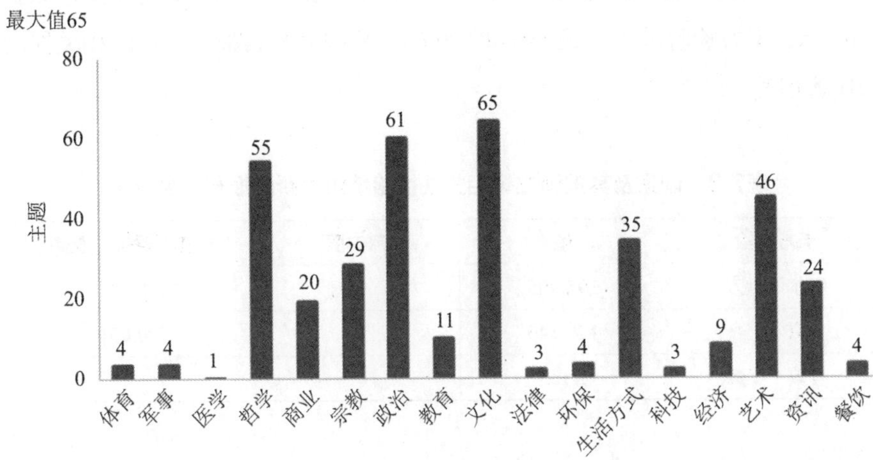

图7.12　新加坡新闻报刊报道主题频数统计

由图7.12可知，新加坡报道数量较多的主题类型为文化、政治和哲学，这三类的报道数量均在50篇以上，生活方式、艺术、资讯、商业、宗教类则位于第二梯队。

最后，对英国报道涉及的主题进行统计后可得图7.13。

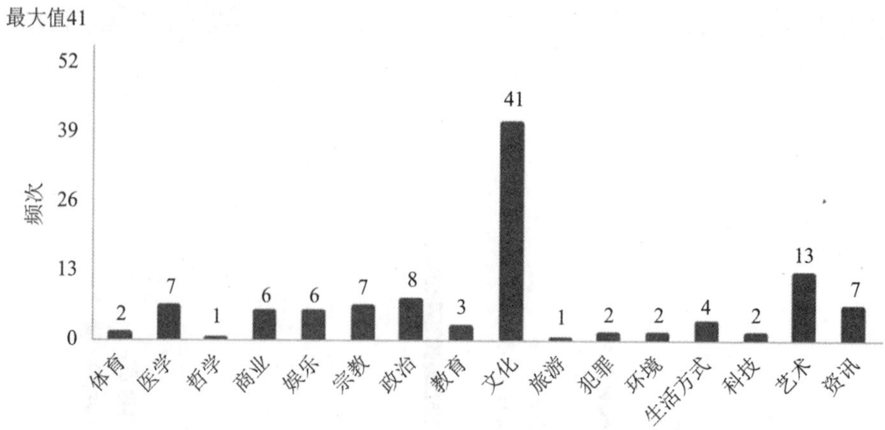

图7.13 英国新闻报刊报道频数统计

由图7.13可知，英国报道数量较多的主题类型为文化，数量在40篇以上，余下主题报道数量占比均较少。

（二）国家和报道立场相关性（显著相关）

基于SPSS，利用卡方检验去研究国家及其报道立场的相关程度，如表7.3所示，卡方检验最终结果p=0.001<0.05，故国家及其报道立场的相关程度为显著相关。

表7.3 国家及其报道立场相关性检验结果（新闻报刊、全球）

卡方检验	值	自由度	渐进显著性（双侧）
皮尔逊卡方	395.905	99	<0.001
似然比	179.540	99	<0.001
有效个案数	1,135		

对不同国家的报道立场偏好进行进一步分析，由卡方检验得相关性程度交叉表如下。

表7.4 国家及其报道立场相关性程度交叉表

国家	负面立场报道数目	中性立场报道数目	正面立场报道数目
阿根廷	0	0	1

续表

国家	负面立场报道数目	中性立场报道数目	正面立场报道数目
阿塞拜疆	0	0	1
爱尔兰	2	1	3
澳大利亚	3	9	18
巴基斯坦	0	1	1
巴林	0	0	1
德国	0	1	1
俄罗斯	0	3	1
法国	1	0	2
梵蒂冈	0	1	0
菲律宾	1	2	4
冈比亚	0	1	0
哈萨克斯坦	0	1	1
韩国	2	2	8
荷兰	0	2	0
加拿大	0	7	9
加纳	0	0	1
马来西亚	0	1	8
美国	42	99	314
孟加拉国	0	1	1
缅甸	4	0	7
南非	1	1	1
尼泊尔	0	0	1
日本	0	1	1
瑞士	0	0	1
泰国	1	4	6
新加坡	6	198	174
新西兰	0	2	6
叙利亚	0	0	1
伊朗	0	0	2
以色列	1	0	1
印度	3	16	20
英国	6	41	65

全球报道中，35.1%的报道持正面态度，6.5%的报道持负面态度，58.4%的报道持中性态度。根据交叉表进一步分析不同国家的报道立场偏好。由于部分国家样本数量过少，可能导致分析不具备普遍性，故这里只分析美国、新加坡、英国。

美国：负面占9.9%，正面占21.8%，中性占69.0%；新加坡：负面占1.6%，正面占52.4%，中性占46.0%；英国：负面占5.3%，正面占36.6%，中性占58.0%。可以看到这几个国家中，英国的报道立场与全球的立场占比几乎一致，而美国相对于全球平均值而言，老子相关报道的负面立场占比更高、正面立场占比更低；新加坡则相反，负面立场占比更低、正面立场占比更高。

（三）报道主题和报道立场相关性

基于SPSS，利用卡方检验研究全球新闻报刊的报道主题及其报道立场的相关程度，可得表7.5所示结果。

表7.5 报道主题及其报道立场相关性检验结果

卡方检验	值	自由度	渐进显著性（双侧）
皮尔逊卡方	1,442.232	72	<0.001
似然比	318.871	72	<0.001
有效个案数	1,135		

如表所示，卡方检验最终结果$p=0.001<0.05$，故报道主题及其报道立场的相关程度为显著相关。接下来根据交叉表对不同报道主题的报道立场偏好进行进一步分析，由卡方检验得相关性交叉表。

表7.6 报道主题及其报道立场相关性程度交叉表

主题	负面立场报道数目	中性立场报道数目	正面立场报道数目
餐饮	0	6	5
动物	0	1	0
法律	0	3	2
犯罪	1	0	2
环保	0	3	1

续表

主题	负面立场报道数目	中性立场报道数目	正面立场报道数目
环境	1	8	6
教育	0	10	8
经济	8	7	7
军事	5	3	5
科技	1	5	10
旅游	2	2	6
商业	4	35	57
生活方式	0	27	30
体育	0	11	16
文化	10	103	188
文学	0	1	0
医学	0	13	14
艺术	3	48	71
饮食	0	1	2
音乐	0	0	8
哲学	0	48	12
政治	28	38	57
资讯	2	2	130
宗教	9	23	35

由于部分主题样本数量较少，故本研究只对样本数超过100篇的主题，即文化、资讯、政治、艺术进行分析。研究发现，文化、资讯为主题的报道样本多为中性，艺术类主题偏向正面，而政治类主题的负面立场占比则比其他主题的负面立场占比更高。

1. 文化主题及其报道立场

提取样本中主题为文化的部分，对其报道标题进行翻译，并进行词频统计和词云制作，可得图7.14。

图7.14　新闻报刊文化主题报道标题词云图

结合相关性交叉表结果可知，文化主题的立场：负面占3.3%，正面占34.2%，中性占62.5%，即相对于全球报道立场比例平均值而言，在文化主题中，报道更多持中性态度，负面态度低于平均值。

2. 资讯主题及其报道立场

提取样本中主题为资讯的部分，对其报道标题进行翻译，并进行词频统计和词云制作，可得图7.15。

图7.15　新闻报刊资讯主题报道标题词云图

结合相关性交叉表结果可知，资讯主题的立场：负面占1.5%，正面占1.5%，中性占97.0%，即相对于全球报道立场比例平均值而言，在资讯主题中，报道更多持中性态度，远高于平均值，正面态度和负面态度都远低于平均值，这也与资讯本身偏信息传递的特点有关。

3. 政治主题及其报道立场

提取样本中主题为政治的部分，对其报道标题进行翻译，并进行词频统计和词云制作，可得图7.16。

图7.16　新闻报刊政治主题报道标题词云图

结合相关性交叉表结果可知，政治主题的立场：负面占22.8%，正面占30.9%，中性占46.3%，即相对于全球报道立场比例平均值而言，在政治主题中，负面态度占比则远高于平均值。

进一步对政治主题的28篇负面立场报道的标题进行词频统计并制作词云，可得图7.17。

图7.17　新闻报刊政治主题负面立场报道标题词云图

由词云图可知，这些立场负面的报道中，有相当比例的报道谈及中国，进一步对这些立场负面的报道的来源国家进行统计，可得图7.18。

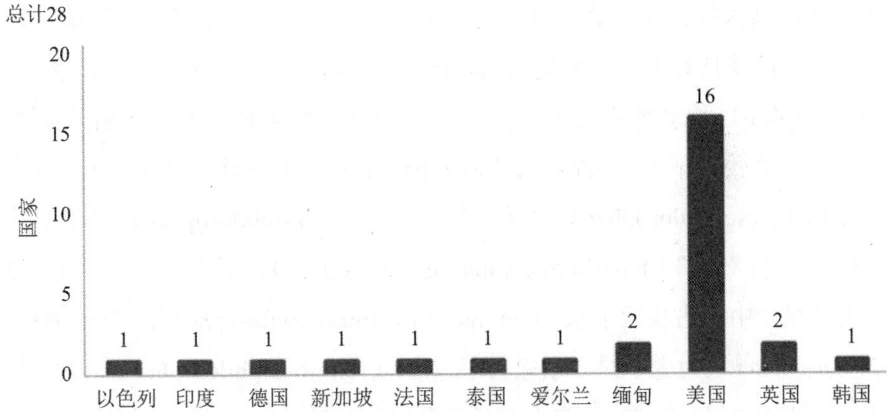

图7.18　政治类新闻报刊负面立场报道来源国家统计

由图7.18可知，这些立场负面的报道大部分来自美国、德国、英国、法国等西方国家（占比75%），这可能与中西方之间意识形态存在分歧有关。

4. 艺术主题及其报道立场

提取样本中主题为艺术的部分，对其报道标题进行翻译，并进行词频统计和词云制作，可得图7.19。

图7.19　新闻报刊艺术主题报道标题词云图

结合相关性交叉表结果可知，艺术主题的立场：负面占2.5%，正面占39.3%，中性占58.2%，即相对于全球报道立场比例平均值而言，在艺术主题中，报道的中性态度和平均值基本持平，但正面态度高于平均值，负面态度低于平均值。

三、域外新闻报刊中的老子形象

提及老子时所使用的指代词，能在很大程度上反映报道媒体所认同的老子身份及其形象。因此，本研究对1,134份新闻报刊样本进行了统计，从中反映域外主流媒体对老子形象的看法。

（一）中国道教哲学家

在样本报道中，老子被认为是“中国道教哲学家”这一形象次数最多。海外媒体报道通常会将老子与“东方文化”或“备受喜爱的作家”并提，以此体现其对中国传统文化的理解。新加坡的报纸提到老子“哲学家”（philosopher）形象次数最多。例如，新加坡《海峡时报》多次描绘老子为“中国道教哲学家”（Chinese Taoist philosopher）、“伟大的中国哲学家”（great Chinese philosopher）、“亚洲哲学家”（Asian philosopher）、“埋藏已久的中国哲学家”（long-buried Chinese philosopher）；新加坡《商业时报》称老子是“中国古代哲学家”（an ancient Chinese philosopher）；美国*Ethnic Entrepreneurs*认为老子是“宗教哲学家”（a religious philosopher）。除此之外，伊朗《德黑兰时报》，澳大利亚《悉尼先驱晨报》，泰国《国家报》，法国新闻社，印度的《经济时报》、印度报业托拉斯，韩国的《韩国先驱报》《韩国时报》、韩国联合通讯社，美国《盐湖城论坛报》《奥兰多前哨报》《纽约时报》，英国《观察家报》、英国广播公司，叙利亚阿拉伯通讯社，缅甸的掸邦先驱新闻社等媒体，在报道中都使用“哲学家”一词来描述老子。

究其原因，这主要是由于在第二次世界大战结束之后的一段时期内，西方对把科学视作社会发展核心力量的教条产生了怀疑，“西方人在发现自己的哲学发生了内在的困难和矛盾的时候，往往都是中国哲学给它一个适当的调和”[①]，此时老子思想作为调和剂，引起了西方社会的共鸣。

（二）圣贤/圣人

老子被认为是“圣人”（sage）的形象仅次于“哲学家”。例如，阿塞拜疆趋势通讯社、英国《星期日泰晤士报》、美国《南佛罗里达州太阳报》称老子为“中国古代圣贤”（the ancient Chinese sage）；缅甸的掸邦先驱新闻社，泰国《国家报》，英国《卫报》《泰晤士报》等媒体称老子为“道家的圣人”（the Taoist sage/ the sage of Taoism）；新加坡《海峡时报》认为老子是“中国历史上影响深远的圣人”（a profund sage of Chinese history）。

（三）《道德经》作者或道家思想的创始人

外媒报道中对于“创始人”（founder）一词有两种表述，一种是“《道德经》的作者”（the founder of *Dao De Jing*），另一种是“道家思想的创

① 成中英. 东学西渐的历史与未来［J］. 中国美术馆，2007（1）:91.

始人”（the founder of Taoism）。例如，英国《卫报》、新加坡《海峡时报》《商业时报》、德国《论坛报》、马来西亚《新海峡时报》、美国《华盛顿邮报》、印度《今日印度》等报刊，都多次提到老子是“道家思想的创始人”（the founder of Taoism）。

（四）思想家

新加坡《海峡时报》与《商业时报》有报道认为，老子的形象是“中国伟大的思想家”（a great Chinese thinker），还有报道认为孔子、老子、墨子是“时代伟大的思想家”（the great thinkers of the time）。美通社有报道认为老子和孙子是“富有智慧的东方思想家”（eastern thinkers with wisdom）。

（五）老师

叙利亚阿拉伯通讯社认为老子是“大师”（the old master）；缅甸的掸邦先驱新闻社称老子是“孙子的老师”（Master Sun's master）。新加坡《商业时报》认为老子是“道家的精神导师”（the spiritual mentor of Taoism）。

（六）上帝（与耶稣并提）

因为《道德经》早期是由传教士传入西方的，所以会带上宗教的色彩，很多新闻报道主题也都和宗教有关，西方人会自然而然地用基督教思想解读老子的《道德经》。在外媒新闻报道中，老子的地位相当于耶稣，所以常常将老子与耶稣并提。英国《星期日泰晤士报》中就有出现，且作者认为老子和耶稣都有着“无我”的思想。马来西亚《新海峡时报》在讨论思想和灵魂以及唯物主义的话题时，同时提到耶稣、老子。美国《纽约时报》一篇有关环境生态的报道称老子为“green god”，这里体现了老子和西方人眼中“上帝”“耶稣”之间的关系，又体现出环保的绿色理念。

（七）财富的象征

西方人相信道家思想中的“阴阳五行”和“风水”，认为它们可以帮助自己守住财富和好运，经商的人放置老子像就是一个例证。新加坡《海峡时报》提到，老子充满了智慧，所以他们通过学习《老子》的译本，来了解中国人如何工作和赚钱。东方并非像《马可·波罗游记》中描述的那样充满了财富，在外国人的眼中，中国人的形象一直是勤劳节俭的。

（八）智慧和经典的象征

在外媒报道中，老子是一个充满哲学智慧的人。德国《论坛报》描述老子具有“中国古代智慧”（with the ancient Chinese wisdom），Sarkaritel网站上描述老子具备了“经典的智慧”（classical wisdoms）；马来西亚*The Edge*称老子是“中国传统文化的象征”（the traditional icon of Chinese culture）、“道家的核心哲学人物”（the central philosophical figure in Taoism）；泰国《国家报》认为老子的《道德经》是“中国的经典作品”（the Chinese classics）。

第二节　域外网络新闻媒体老子思想报道研究

首先，对网络媒体有关老子报道的数据进行数据清洗和去重，得到样本19,658条，其中阿拉伯语87条、英语15,437条、法语153条、德语321条、意大利语512条、日语3,291条、俄语7条、泰语3条。在此基础上，对数据中的命中句、标题、命中段落进行文本翻译处理，并对数据进行描述性统计和相关性统计。

一、描述性统计

（一）报道数量

整体来看，样本中涉及老子报道的国家数量共137个，为探究不同国家对老子相关文化的关注与传播程度，本研究对不同国家的报道数量进行对比发现不同国家报道数量差距较大。第一梯队，报道数量1,000篇以上的国家有2个，分别为美国（8,954）和日本（3,319）；第二梯队，报道数量100—1,000篇的国家有15个；第三梯队，报道数量50—100篇的国家有7个；第四梯队，报道数量10—50篇的国家有31个；第五梯队，报道数量10篇以下的国家有82个。由研究可知，对老子相关内容进行报道的网络媒体分布较广，但非洲部分国家的网络媒体没有对老子相关内容进行报道，一方面这些国家网络媒体相对不发达，另一方面也与这些区域老子的传播度较低有关。

（二）报道立场

全球网络媒体有关老子报道的样本立场大致可分为三类：中性、负面和正面。对样本进行报道立场统计后发现，30.7%的报道持正面态度，15.3%

的报道持负面态度，53.9%的报道持中性态度。与新闻报刊报道数据相比，持负面态度的报道比例更大，这与网络媒体上的内容庞杂，且专业性、客观性的内容创作主体比例较低有较大关系。

（三）命中句的词云统计

对网络媒体报道样本中老子相关内容的命中句进行翻译，之后进行词频统计和词云制作，可得图7.20。

图7.20　网络媒体老子相关报道命中句词云图（全球）

由图7.20可知，网络媒体在涉及老子的报道中，大多提及了《道德经》，并且在涉及老子形象的时候，大多将老子描述为哲学家。有相当一部分的文章在讲到老子时提及了孔子，如果报道文章中直接提及了老子思想，较多引用的是“千里之行，始于足下”。

二、报道国家和报道立场相关性分析

基于SPSS，利用卡方检验去研究国家及其报道立场的相关程度，卡方检验最终结果$p=0.001<0.05$，故国家及其报道立场的相关程度为显著相关。详见表7.7。

表7.7　国家及其报道立场相关性检验结果

卡方检验	值	自由度	渐进显著性（双侧）
皮尔逊卡方	2,069.739	274	<0.001
似然比	2,458.063	274	<0.000
有效个案数	19,811		

对不同国家的报道立场偏好做进一步分析，由于网络媒体样本涉及的国家数量庞大，且国家间样本数量差距较大，较多国家样本数量非常少，故这里只分析主流报道模块分析过的新加坡、英国、美国和印度4个国家，以便

与新闻报刊报道的立场倾向形成对比。经过卡方检验，这4个国家与其报道立场的相关性交叉表如表7.8所示。

表7.8 国家及其报道立场相关性程度交叉表

国家	负面立场报道数目	中性立场报道数目	正面立场报道数目
新加坡	39	149	86
英国	87	346	186
美国	1,668	380	244
印度	133	380	244

由表7.8可知这4个国家的报道立场情况：新加坡的报道更倾向于持中立态度，这与新闻报刊样本分析的结论一致，但相较于专业主流媒体而言，其负面立场占比更大；英国的报道立场，负面占14.1%，正面占30.0%，中性占55.9%，可见英国的网络媒体报道更愿意持中性态度，这与主流报道的分析结果也基本一致；美国的报道立场，负面占18.6%，正面占29.6%，中性占51.8%，可以看到美国更愿意持中性态度，但相较于主流报道而言，其负面立场占比更大。美国的网络媒体报道的负面立场占比都比新闻报刊报道要大，且均有一定差距，对美国网络媒体负面立场报道的标题进行词频统计和词云制作，可得图7.21。

由图7.21可知，除了常规词汇之外，词云图中不乏“恐惧”“失败”“疯狂”“必须”“威胁”等负面色彩较为浓厚的词汇，故美国网络媒体报道中负面立场报道占比更大的原因，可能是与网络媒体在报道过程中的情感色彩更为强烈有关。

图7.21 网络媒体负面立场报道标题词云图（美国）

第八章　老子思想在《纽约时报》的传播

本章以美国新闻报刊《纽约时报》（*New York Times*）1979—2019年对老子及其思想相关的报道为对象，以话语理论为理论视角，运用内容分析和话语分析的方法，探究海外媒介对老子的表征与建构。研究发现，《纽约时报》对老子思想的关注度总体呈上升趋势，多用通讯体裁，以中立和正面报道为主，最为关注其“智者/思想家”的形象和“道法自然”“少私寡欲”“无为而治”的思想，出现在多种主题内容尤其是书籍文学/书评的报道评论中。从宏观视角上看，《纽约时报》肯定老子思想的正面价值，但也同时将中国呈现为与美国二元对立的“他者”。从微观话语上看，《纽约时报》通过运用预设、言外之意等话语风格与对比、引述等话语修辞策略，在叙述老子思想的同时将其视角下的中国社会矛盾、政治冲突等问题加入对老子的报道中，建构了美国大众对道家、道教乃至中国的社会认知模式。另外，值得关注的是，老子常被用于宗教化解读，这体现了对老子形象一定程度的误解与偏见。

第一节　绪　论

一、研究背景

改革开放以来，中国的经济愈发强大，在国际舞台上扮演的角色愈发重要，这推动了中华传统文化更快更好地走出国门。中华传统文化的重要组成部分之一就是老子思想，展现老子思想的《道德经》是一部闻名中外的经典名著，是中华文化的源头，也是中华民族和全世界的宝贵财富。1987年，美国《纽约时报》更是把老子列为古今中外十大作家之首。而仅有5,000字的《道德经》目前有近1,100种外文译本，包括30多个语种，译本及语种之多仅次于《圣经》。

随着中华传统文化对外传播，关注海外媒体对其的内容呈现和话语建构对于改进传播策略、提高传播效果极为重要。因此，本研究以国外权威媒体对老子及其思想的报道为切入点，选取美国《纽约时报》作为数据来源。《纽约时报》是美国严肃报纸、高级刊物的代表，代表着美国的新闻报刊和主流意识形态。作为世界上最权威最重要的报纸之一，《纽约时报》在近几十年间对老子思想进行了多主题、多视角的报道和评论。

探究老子及其思想的海外传播效果时，不仅可以从海外受众的认识和评价角度分析老子思想的接受状况，更可以考察海外媒体是如何报道与评论老子及其思想的。本文通过分析其表征及意义建构方式，探看其呈现的形象及思想是客观准确的，还是存在刻板偏见的。这不仅有助于我们理解国外媒体对老子思想和中国传统文化的看法，将其视为生动的国际传播镜像，同时也可以帮助我们深入发掘新闻话语背后的意识形态和权力关系，为未来中国传统文化海外传播提供相应的传播策略建议。

二、文献综述

老子思想是中华传统文化的一部分，有不少学者对海外媒介呈现的中华传统文化进行过文本研究和现象分析。目前国内外学界对中华传统文化的域外传播研究主要从海外媒体对中华传统文化的报道中进行实证分析和话语研究。

例如，门超元探讨中西方新闻媒体对孔子形象的构建，认为新闻报刊总体上构建了积极向上的孔子形象，但对孔子及儒家的报道仍然存在一定程度的误读。郑越和魏馨怡探究发现，中国进行了一系列软实力建设，例如宣扬孔子文化，但可能由于中美两国的政治立场和国家利益不同，这些宣传对西方的吸引力仍然不高。有研究关注《纽约时报》多年来报道针灸这一中医疗法的立场及内容组织方式，发现大多数人对针灸疗法持积极赞赏的态度。也有研究选择《纽约时报》对中国传统节日的相关报道作为研究样本，发现其表征下的中国传统节日是基于对中国社会现实的想象，以西方文化为视角重塑出来的。

另外，学者们也关注中华传统文化这一整体形象在跨文化传播中的呈现。一些学者通过对海外媒体对中华传统文化的报道和评论进行梳理分析，研究他者视角下的我国文化形象。例如，《美国媒体中的中国文化形象建构》一书对20世纪90年代《纽约时报》中的中国文化形象进行了研究，认为中华文化形象是想象与现实的混合体、是意识形态与乌托邦的双重书写，同时为美国提供观看的镜子。也有学者对中华文化形象进行历时分析，认为在18世纪以前的跨文化传播中，中国形象从社会文化想象的乌托邦变成停滞衰败、东方专制主义、野蛮或半野蛮的帝国；随着中国的改革开放和崛起，西方发起了“中国威胁论”来表现其话语中的同一化文化霸权。也有研究发现西方视角在对中国的饮食文化、体育文化等方面存在丑化特征，在人权、文化政策、环保等领域多是负面倾向。因此，中国形象始终是西方进步、自由与文明的主导性价值中被否定的“他者”，这既为西方自我认同提供想象，也为西方殖民扩张提供有效的意识形态。

除中国学者之外，西方学者也关注中华传统文化在西方的传播。其中对传统文化（如京剧）的研究承认中国是拥有几千年悠久文明、杰出艺术和文化历史的大国，学者认为，京剧在美国的演出能够促进美国民众对不同民族和人种的文化理解，建立中美两国民间友好关系，并从人文的视角看待“他者”，因而面对他者文化不再感到具有威胁和直接对抗性。同时，学者认为中国的传统文化走进美国有利于中华传统艺术文化产品的多样性发展，以及中国民众文化创造性的提升，也符合中美之间“加强互相理解”的文化外交政策。

在学界对老子及其思想的国际传播研究中，学者主要从老子形象的海外认知、老子思想的翻译传播、理论解读、国际传播现状与路径、传播效果与意义、传播策略进行分析。

其一，一些研究关注海外对老子形象的认知。尽管由于“文化全球化”现象的兴起，老子思想“走出去”的力度更大，但目前来看，学者对老子在海外媒体中的形象建构研究尚有不足。针对老子思想的海外媒介呈现研究方面，发现少有学者进行详尽的实证研究，多是运用文献分析法进行梳理与归纳。例如，唐雪在对德语世界的老子形象进行分析中，总结出作为“先知”的老子、作为中国智者的老子和作为《道德经》作者的老子三个方面来认识其形象呈现。可见老子的形象并非固定不变，而是表现为一种复杂的动态的变化过程。谭渊的研究指出：由于受到基督教神学的影响，老子长期被神圣化，被视为带有犹太教—基督教色彩的先知，一直到20世纪，老子才被普遍承认是伟大的哲学家、思想家和东方智慧的典范。而即使在中国，老子形象也历经了一个演变：从历史人物到民间神灵再到道教神仙，呈现出一个复杂而又程式化的形象。

其二，目前有关媒介呈现下的老子思想研究多从译介学的角度展开。研究发现，老子文化海外译介的主要方式是对《道德经》的翻译，海外读者对老子形成的印象几乎是由这些译介塑造出来的，其中最主要的是传统纸质媒体。而《道德经》译本在各方面也都体现了中西思维方式的差异。由于中国是形象性、整体性思维，而西方是逻辑性、分析性思维，《道德经》的译文与原文产生了一些差别。尤其是对老子思想最重要的“道”的翻译，通过与《道德经》“道”的本身含义相对照，可以看出部分译者没有认识到中西思想文化结构中存在的本质差异，而仅是单纯片面地用西方的思维方式来解释中国经典著作，这是造成经典误读的根本原因。

其三，传播学领域对老子思想的研究多以老子思想的传播学的理论解读为主。有学者从老子思想的批判性与媒介批判的批判性中找到逻辑的共性，提出观点：老子思想可以为原以西方思维进行的媒介批评提供思想资源。也有研究指出老子的辩证思考与西方传播思想不同，进一步指出其有“虚静无为”“谦下不争”“道莅天下”与“道法自然”的内向传播观、人际传播观、国家传播观与自然传播观。这些研究均认为，老子思想除了可以从哲学角度解读外，也可以从传播学方面解读，其中的传播思想在世界传播体系中具有独特价值，可以弥补本土传播学理论的缺失。

其四，有部分研究涉及老子思想的海外传播现状与传播路径。自从西方传教士把老子思想传播至海外，学者就开始以“全球化”的研究道路看待老子思想。赵志刚认为，日、法、德、英、美、加拿大等国家的学者对老子思想做出了多元化的阐释，其任何“话语形态”都是在特定社会历史文化语境下的产物。吴雪萌还追寻了英语世界老学研究的发展轨迹，提出：英语世界主要对老子思想进行基督教背景下的诠释、哲学阐发以及政治思想的诠释。总体来看，老子思想在海外的传播是一个与宗教相关，并“自觉、自发”的发展过程，也是一个被重新解读与再创造的、不断动态发展的、不断变异的过程。

其五，重视老子思想的海外传播效果和对世界人民的借鉴意义。作为全人类的共同精神财富的老子思想，学者的研究不只在对其追根溯源上，更是在回顾文本发展路径之后，注重老子思想对各领域发展的当代意义和启示。有学者概述了老子思想在美国、欧洲、苏联、日本等地的影响，尤其是在如今后工业社会种种弊端下，老子思想的价值更加凸显。也有研究从哲学、政治、教育、军事等各方面，逐一梳理了老子思想的现实意义。例如，国外学者将《道德经》与现代科学发展结合起来，认为老子思想有助于促进科学发展，同时能挽救日益严重的人文危机。

其六，为老子思想海外传播提供策略与方案。温军超认为，中国应在资金、人才、文化产业链等方面进行完善，扩大老子文化的海外影响力。要做到多主体参与，招揽专业人才研究，新旧媒体间多元互动，内容上有机融合，满足受众的多层次需求。因此，应有机融合与整合海内外传播老子文化的媒体资源。这样做更易于被西方受众理解接受，彰显老子思想的独特魅力。

尽管目前对老子及其思想的海外传播研究已经取得一些成果，但仍有一些不足：缺少海外媒体呈现中的老子及其思想的实证研究，尤其是宏观与微观相结合、系统性、历时性的研究。一方面，目前对老子在海外媒体表征下的报道主题内容、价值倾向和重点涉及思想研究较少，缺少对老子思想整体形象的镜像分析以及其折射出的中国文化形象的讨论。另一方面，对中国文化形象在西方媒体报道中的表征和建构研究不足，而且很少分析海外媒介呈现下的老子形象的传播话语。

因此，我们的研究问题主要包含以下三个层次：

（1）《纽约时报》呈现了“老子思想”怎样的基本面貌？是如何表征与诠释的？

（2）《纽约时报》如何运用宏观命题来完成对老子相关报道的多层语义的建构？

（3）《纽约时报》使用了怎样的微观话语策略来隐含对老子相关内容的价值倾向与意识形态立场？

此外，本研究也会涉及《纽约时报》采用以上方式呈现、建构老子及其思想的多种原因。

综上，从海外新闻报刊的报道视角来分析考察老子在美国的形象建构，以此探微海外新闻报刊和大众读者对老子及其思想的看法和认识情况，进而呈现出老子及其思想报道的图景是本研究旨在努力的重点。选择传统媒体这一传播主体作为研究视角，有效地互补了学者以往偏重的宏观研究视角，这将丰富学界对老子思想海外传播情况的了解，最终消除文化曲解和偏见，促进中国传统文化更好地走出去。

第二节　研究设计

一、理论基础

本研究主要采用话语理论作为理论基础。20世纪70年代，法国哲学家福柯揭示话语即权力，开创剖析社会权力现象的传统。之后，荷兰阿姆斯特丹大学教授梵·迪克（Van Dijk）提出了一套对新闻话语进行文本结构分析的基本模式。他认为新闻话语由宏观语义结构（semantic macrostructures）和微观语义结构（semantic microstructures）组成：宏观语义结构指新闻的命题和主题结构，这架构了整体内容；微观语义结构包括词汇、句法、风格、修辞等要素，这填充了细节信息。在他看来，新闻话语是一种意识形态的话语，不但呈现并传播信息，而且一定表达着媒介主体的态度立场，暗含着权力、歧视和控制关系。本研究借助话语理论旨在探讨《纽约时报》是如何对老子及其思想进行诠释的。通过探究相关报道与评论的话语叙述特点，以及新闻话语的措辞、暗示、倾向和态度等，观察《纽约时报》在特定范围内的意义构建和立场表达过程，揭示背后潜藏的社会权力与意识形态。

二、研究方法

（一）内容分析

对"内容分析法"最经典的定义是由美国传播学家伯纳德·贝雷尔森（Bernard Berelson）提出的："对传播的显性内容进行客观、系统和定量描述的研究方法。”本研究根据每篇报道中的文本建立内容编码表，对可见的、表面的内容编码，将其转化为标准化的格式。操作步骤如下：

第一步，明确研究问题：《纽约时报》呈现了老子思想怎样的概貌？老子以怎样的形象出现？主要出现在哪类报道中？是如何建构与诠释的？第二步，选择适当的样本：本研究在ProQuest Newspaper数据库中，搜集《纽约时报》1979—2019年这40年间与老子相关的报道共48篇作为样本。第三步，本研究将每一篇新闻报道作为一个分析单位。第四步，结合研究问题和目的阅读所有报道，设立6个类目——刊发年份、报道体裁、价值倾向、主题内容、涉及思想、提及形象，建立内容编码表进行编码分析。第五步，根据以上编码系统对48篇样本进行分析并收集数据。第六步，在SPSS数据处理软件导入数据，进行描述性统计与相关性分析，以量化的形式呈现出报道的主题框架及其诠释规则，呈现其对老子思想建构的基本面貌。表8.1是详细的内容编码表。

表8.1　内容编码表

序号	类目	编码
1	刊发年份	1=1979—1989；2=1989—1999；3=1999—2009；4=2009—2019
2	报道体裁	1=消息；2=通讯/深度报道；3=评论
3	价值倾向	1=正面；2=中立；3=负面
4	主题内容	1=政治；2=宗教；3=哲学；4=书籍文学/书评；5=军事；6=电影音乐；7=时尚艺术；8=体育；9=社会现状/趋势；10=个人发展
5	涉及思想	1=道法自然；2=无为而治；3=小国寡民；4=物极必反；5=柔弱不争；6=少私寡欲；7=致虚守静；8=没有涉及
6	提及形象	1=上帝先知；2=道教神仙/创始人；3=中国智者/思想家；4=《道德经》作者

（二）话语分析

本研究还需要通过话语分析深入探究《纽约时报》中的老子思想及其形象究竟是如何通过话语构建出来的。研究文本的方法之一为话语分析法，通过对使用语言的观察，发现其使用和组织特征，从中探究背后更深层的含义。20世纪80年代，荷兰阿姆斯特丹大学教授梵·迪克出版了《作为话语的新闻》(*News As Discourse*)，书中认为新闻可以被看作话语，新闻语言可以运用单位进行清晰的、系统的分析。这是“话语分析”首次被运用到大众传播领域，由此研究者开始用话语分析的方式来研究新闻。本研究运用话语分析法的具体操作步骤如下：第一步，选取典型的老子报道，本研究选取了相关程度最高的6篇文章。第二步，分析新闻的宏观命题和微观话语结构，拆分报道中的整体命题结构和组织方式，同时关注话语风格与话语修辞，主要分析老子报道中的主题、句法、语义内涵、修辞手法、暗示和态度等方面，研究其报道的话语叙述模式和建构方式，以及话语背后的意识形态偏见及固有的权力关系。第三步，归纳其对老子报道的建构方式，理解其语篇策略，解读其背后的社会语境。

三、样本选择

本研究选择1979年1月1日至2019年1月1日这40年间《纽约时报》对老子及其思想的新闻报道与评论作为分析样本。1979年1月1日，中美正式建交，且1979年中国实行了改革开放政策，对外传播活动日益活跃，因此，1979年是中国在国内继承传播老子思想、在海外推广老子思想及文化的重要时间节点。考察老子至今在《纽约时报》中的呈现特征和总体形象能够提供美国新闻报刊对老子认知的多方面信息，具有深刻意义。本研究选择《纽约时报》作为研究对象，源自其身为美国第一大报的极强影响力。《纽约时报》新闻生产的先进专业、消息来源的独家可靠、对热点事件的成功报道以及在不同时期优秀的经营模式，使得其被认为具有较高的公信力和权威性。因此，《纽约时报》对老子及其思想的报道能够在很大程度上代表美国新闻报刊的普遍认知，本研究选择《纽约时报》对老子及其思想的报道与评论作为研究样本利于研究结果更加真实客观。

本研究在ProQuest Newspaper数据库中找到《纽约时报》，输入关键词“lao tzu”（老子）or “lao zi”（老子）or “Tao Te Ching”（《道德经》）or “Dao De Jing”（《道德经》），对1979年1月1日至2019年1月1日的新闻报道进行检索，总共出现159篇报道。经排查剔除重复、不相关（仅提及并无实质性展开）的文章后，对涉及老子及其思想的报道与评论共48篇进行内容分析和话语分析。

第三节 《纽约时报》老子报道的内容分析

一、总体报道特点

样本在1979—2019年的分布情况如图8.1所示，数据变化的趋势呈现出美国媒体对老子思想的关注程度越来越高，体现出一个不断增进了解、加深认识的过程。但近40年间，《纽约时报》只有48篇相关报道，总数较少，且历年来数量均较低，所占篇幅也较小。老子作为传统文化符号，距今久远，媒体对其引用较多，专门的报道、评论较少。

分析样本的时间分布发现，中美两国的国际关系、经济事件、文化活动等均影响了《纽约时报》对老子及其思想的关注。1979年中美建交、中国改革开放，两国之间的关系开始缓和，文化交流也开始进行，所以直到20世纪末，《纽约时报》对于老子的报道日益增多。而在1999年，中国驻南联盟大使馆被炸，2000年总统竞选中，小布什宣称中国并非美国的建设性战略伙伴而是竞争对手，紧张的中美关系明显影响了美国媒体对老子的关注。2008年北京奥运会之后，中国与世界各国文化交流更加密切，《纽约时报》对老子的报道篇数也大幅度增加。

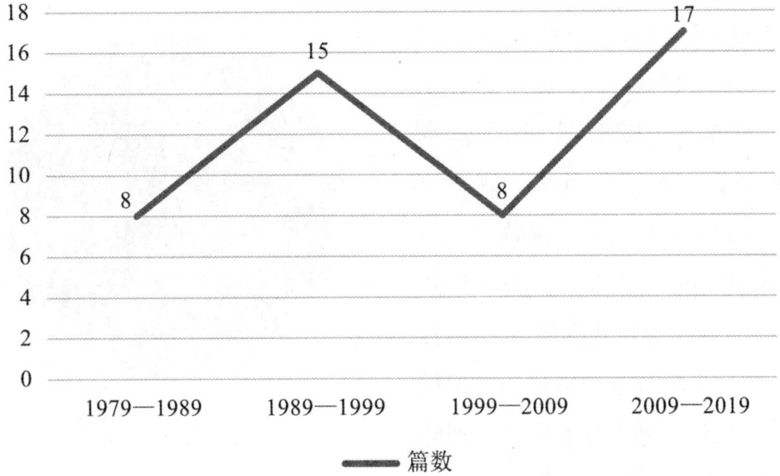

图8.1　样本的时间分布

图8.2可见，在《纽约时报》对老子相关的报道中，体裁出现最多的是通讯（38篇），评论（7篇）和消息（3篇）出现较少。总体来看，美国媒体倾向于以观点性较强的通讯与评论的形式对老子思想进行关注，在叙事中将老子名言融入具体新闻事件中。另外，《纽约时报》对老子相关的报道沿用了其一贯个体化、故事化的报道模式，运用多种报道手法，呈现事件的具体细节，使读者融入新闻情境中，从而达到情感共鸣。

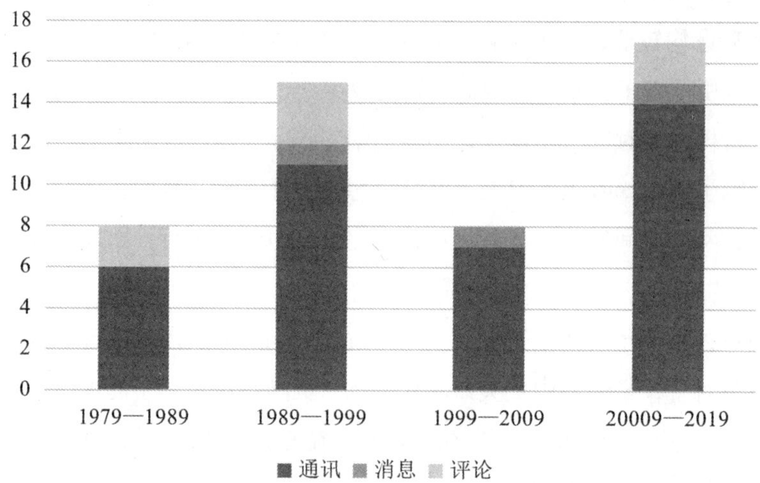

图8.2 样本的报道体裁分布

由图8.3可知，《纽约时报》对老子思想的价值倾向最主要的是中立（73%），其次是正面立场（27%），而负面立场并未出现，这符合美国新闻报刊一向宣称的“中立、客观”的报道方式。老子是西方人眼中的东方三大圣人之一，其《道德经》在西方世界被奉为“智慧之言”。另外，老子没有像孔子那样被美国认为是“政治宣传”的教化工具，因此中美两国的意识形态差异并未体现在美国对老子的呈现上。

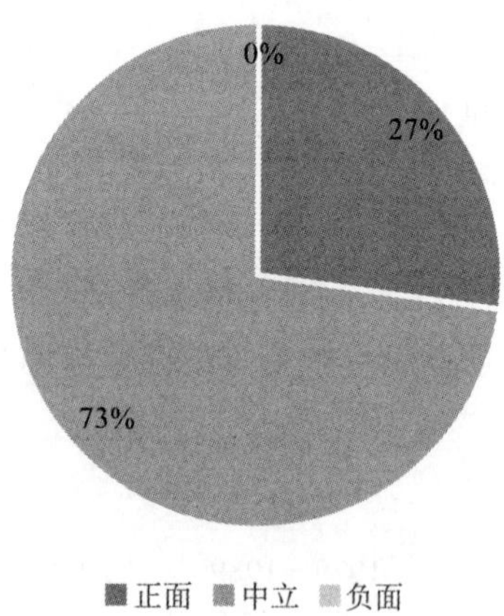

图8.3 样本的价值倾向分布

二、《纽约时报》对老子思想的媒体呈现

（一）描述性统计

老子思想涉及之广，宇宙人生无所不包，影响到众多领域（见表8.2），《纽约时报》也呈现了多层面的老子思想图景，不仅覆盖哲学、宗教、政治学、社会学、美学、文艺学诸多议题，而且涉及养生、军事、体育、建筑等众多方面。其中，出现在书籍文学/书评一类最多（15篇），内容多关于《道德经》的翻译与出版，解读与再创造，如报道对其翻译版权的拍卖，采访译者介绍翻译过程，以及对美国作家受《道德经》影响而写作新书的报道与评论。其次，出现在政治一类较多（5篇），西方对老子治国理论的关注多是有所取舍为我所用，探寻一种新的领导智慧。此外，在宗教（4篇）、时尚艺术（4篇）、体育（5篇）、社会现状/趋势（5篇）、个人发展（4篇）相关的主题中，老子思想均能被作者巧妙化用、解释文章观点。但值得注意的是，在宗教主题的报道中，老子常被当作道教的代言人，《道德经》也被与基督教、伊斯兰教的经典相提并论，而事实上，老子属于道家，《道德经》也远非宗教书籍，这体现了《纽约时报》对老子的一些误读。

表8.2 样本的主题内容分布

主题内容	频数	百分比（%）	主题内容	频数	百分比（%）
政治	5	10	电影音乐	3	6
宗教	4	8	时尚艺术	4	8
哲学	2	4	体育	5	10
书籍文学/书评	15	31	社会现状/趋势	5	10
军事	1	2	个人发展	4	8

阅读报道发现，《纽约时报》对《道德经》原意的引用大致可总结为表8.3所列的7类，经统计，《纽约时报》提及频率较高的老子思想有：道法自然（14次）、少私寡欲（14次）、无为而治（13次）、柔弱不争（11次）、物极必反（7次）、致虚守静（7次）。

表8.3　样本涉及的老子思想分布

老子思想	频数	百分比（%）	老子思想	频数	百分比（%）
道法自然	14	17	柔弱不争	11	14
无为而治	13	16	少私寡欲	14	17
小国寡民	2	2	致虚守静	7	9
物极必反	7	9	没有涉及	13	16

（二）相关性分析

在SPSS软件中对主题内容和价值倾向进行卡方检验（常用于评价两个无序分类变量的相关性），并制作交叉表（表8.4），结果可以看出，《纽约时报》在报道老子思想时呈现的价值倾向与主题内容具有显著相关性（p=0.019<0.05）。在政治、哲学、个人发展相关的报道中，正面价值倾向（分别为3次、2次、3次）出现的次数均大于中立价值倾向（分别为2次、0次、1次）。可见在政治、哲学、个人发展主题内容上，老子的相关思想在这些领域的运用多是被《纽约时报》以积极的内容呈现。而在宗教、军事、电影音乐、时尚艺术、社会现状/趋势相关的报道中，均是中立价值倾向，并没有出现正面价值倾向。这说明当老子思想被应用于这些领域时，《纽约时报》对其则不做评判，以客观中立的态度看待。

表8.4　价值倾向与主题内容交叉表

		主题内容										
		政治	宗教	哲学	书籍文学/书评	军事	电影音乐	时尚艺术	体育	社会现状/趋势	个人发展	合计
价值倾向	正面	3	0	2	3	0	0	0	2	0	3	13
	中立	2	4	0	12	1	3	4	3	5	1	35
	负面	0	0	0	0	0	0	0	0	0	0	0
	合计	5	4	2	15	1	3	4	5	5	4	48

注：χ^2=19.896, df=9, p=0.019。

对涉及思想与主题内容进行卡方检验并制作交叉表（表8.5），发现《纽约时报》报道的主题内容与涉及的老子思想具有显著相关性（p=0.025<0.05）。

“道”是老子体系的核心，围绕着“道”展开了他的整个思想，《纽约时报》多次引用“Tao”或“Dao”来指代“道”这个直观、神秘、模糊又思辨的存在，且常引用“道法自然”这一思想来表达遵循自然法则、自然规律，与大自然和谐相处的意思。因此当书籍文学/书评主题提到老子时，总会提到“道”或“道法自然”来指代其思想，故而“道法自然”在书籍文学/书评主题被提及的次数最多（4次）。“见素抱朴少私寡欲”这一思想主要出现在除了军事（0次）与电影音乐（0次）之外的主题中，经常在个人层面的具体事例的描述中，被用来建议读者不要被现代社会的物质、科技所裹挟，要过一种简单、自然又幸福的生活。“无为而治”的思想在政治主题中出现次数最多（4次），常被引用在政府治理的报道中，如在1988年的《国情咨文》中，里根曾引用了老子的“治大国若烹小鲜”（Govern a great nation as you would cook a small fish; do not overdo it）这句话，反对政府的过多干预。另外，“无为而治”这一含义也拓展应用到个人身上，强调要减少对事情的干预以及凡事不要做得太过分。对“柔弱不争”的引用多出现在与修养自我、处世生活相关的文章中，而非宗教（0次）、军事（0次）、社会现状/趋势主题（0次）相关的报道中，主要说明以柔克刚的道理。

表8.5　主题内容与涉及思想交叉表

		主题内容										
		政治	宗教	哲学	书籍文学/书评	军事	电影音乐	时尚艺术	体育	社会现状/趋势	个人发展	合计
涉及思想	道法自然	1	2	2	4	0	1	0	2	2	0	14
	无为而治	4	1	2	3	0	0	0	2	1	0	13
	小国寡民	0	0	2	0	0	0	0	0	0	0	2
	物极必反	2	0	2	1	0	0	0	0	0	2	7
	柔弱不争	1	0	2	2	0	1	2	2	0	1	11
	少私寡欲	2	1	2	2	0	0	1	2	2	2	14
	致虚守静	0	0	2	0	0	0	0	2	2	1	7
	没有涉及	0	2	0	8	1	1	1	0	0	0	13
	合计	10	6	14	20	1	3	4	10	7	6	81

注：χ^2=189.226, *df*=153, *p*=0.025。

相对而言，对“小国寡民”这一主张的提及较少（2次）且只出现在哲学主题的报道中，可见对老子思想的引用与选取是有选择、有目的的，与西方价值观差异较大、无法被理解的思想会有意忽略。总体来看，美国媒体关注的老子思想较为有限，报道焦点较为集中，更多有价值的思想观念未被提及，对《道德经》的解读不足，也体现了我国对老子及其思想的国际传播效果有待进一步提高。

三、《纽约时报》对老子形象的媒体呈现

从相关报道的老子形象来看（表8.6），《纽约时报》中老子出现最多的是“中国智者/思想家”（36次），其次是“《道德经》作者”（23次），也少量出现“道教神仙/创始人”（6次）和“上帝先知”（1次）的形象。

表8.6 样本提及的老子形象分布

老子形象	频数	百分比（%）
上帝先知	1	2
道教神仙/创始人	6	9
中国智者/思想家	36	54
《道德经》作者	23	35

《纽约时报》描述老子时，多出现“sage”一词，将老子作为圣人、哲人、智者。社会学家马克斯·韦伯在《儒教与道教》一书中就说，“近年来，研究道家近乎时尚”，生动再现了20世纪以来，老子多次在哲学、宗教、文学专著中被研讨的现象。老子学说中的“自然”“无为”等概念在西方社会引起了共鸣，人们希望从追求内心宁静的道家思想中寻求解脱和指引。西方资本主义文明曾面临着深刻危机，《西方的没落》一书中写到，“一方面伴随着现代民主政治的发展和科技在日常生活中的广泛运用，另一方面伴随着军国主义的崛起和社会主义思潮的涌动，在欧洲思想界，普遍弥漫着一种文化危机和价值重估的倾向”，这促使有识之士转向其他文化寻找解救良方。

在《文学史》的“东方”一章中，作家克拉彭德（Klabund）介绍了中国文学史，他将老子思想评价为“沉思的灵魂”，孔子则是“秩序的理性”，

中国的古代先贤们以中国智者的形象出现。克拉彭德称老子是一个关注自我、追求内在生活的神秘主义者，他将老子与柏拉图、尼采一起看作诗人哲学家。他认为老子格言式的著作代表了神奇的、有魔力的、内在的东方思维，而西方则是理性的、经验的、外在的思维。克拉彭德对老子思想的赞扬反映出西方将道家思想作为解决时代问题的一种选择。

值得关注的是，《纽约时报》呈现出了基督化的老子形象，有报道将“Tao”与“Heaven’s command”（天堂的命令）做比较，有报道称老子为“green god”，更有很多报道直接将“Tao”翻译成“The Way”，这都造成了对老子的误读。“The Way”这一表述在英语中具有浓厚的基督教文化气息，如果在谷歌搜索引擎中输入“the way”，除了出现“方式”或“道路”的一般用法外，也出现了“神之道”的基督教用法。而《圣经》在对基督教上帝的描述中则说：Jesus said to him, I am the way and the reality and the life; no one comes to the Father except through Me.（耶稣对他说，我是道路、真理和生命；如果不经由我，没有人能去父那里。）由此可见，“The Way”是通往上帝天国之门的“道路”，是与上帝有关的存在。而其实，《道德经》中的“道”更多指的是宇宙运化的总规律、自然界的总法则，“The Way”显然背离了老子的原意，把含义窄化了。这很容易让《纽约时报》的读者产生文化曲解，错误地将老子思想中的“道”与“上帝”关联起来。

之所以会出现此类误读，一部分是由于译者没有认识到中西语言文化结构存在很大的差异，在翻译过程中带入了大量的主观色彩，但究其根源，是因为中西方在思维方式上存在着根本不同，其中之一就是中国的宇宙观不是始于某种超验的绝对精神，“中国人的智慧不需要上帝这一观念”。中国人把“天人合一”作为最高境界，追求人与自然的和谐，视人和自然为一脉相承；而西方人注重探究万物的本源，认为人与自然是矛盾对立的。因此，西方的思维方式无法深刻体悟中国的典籍精髓。另一部分则是由于《道德经》最早是通过神父、传教士向西方传播介绍的，他们带有深厚的宗教背景，肩负着传教的使命，因此把《道德经》看作中国的宗教经典，从宗教的视角加以解读，形成了西方后世自觉不自觉地将老子基督化的传统。

也有报道将老子误作为道教的创始人乃至神仙，比如提到“religions like Taoism, Buddhism, Christianity and Islam”（道教、佛教、基督教和伊斯兰教等宗教）并且说“Lao-tzu, the founder of Taoism”（老子，道教创始人），也有报道称老子为道教的“God”，把道家与道教混为一谈的情况十分普遍。曾德昭在1645年出版的《中华大帝国史》中介绍道家时，将其奠基人“老子”表达为“道子”即“Tausu”（Tao-Tzr），也未能清楚区分道家和道教。这种误读的根源在于，从古至今，中国国内的道教将老子神化为“道教道祖”，并将其《道德经》一书改名为《道德真经》，作为其宗教的主要经典。而事实上，老子虽然创立了道家学说，但是他并没有开创教派，道教的创始人是汉朝的张道陵，而且老子的道家学说也与道教不尽相同。

另外，老子也被作为“《道德经》作者”。由于老子在史书中缺乏详细的记载，国内外学界对于老子是否为《道德经》的作者有过不少争议，现今学者以《史记》记载为主要根据认同老子的作者身份，但至今没有统一的意见。不过普遍而言，学术界仍然认可老子为《道德经》的作者。

在相关性分析方面，本研究在SPSS软件中对老子形象和价值倾向、老子形象和主题内容分别进行卡方检验，发现《纽约时报》在报道时呈现的老子形象与价值倾向不具有显著相关性（$\chi^2=10.373$，$df=7$，$p=0.168>0.05$），且《纽约时报》在报道时呈现的老子形象与主题内容也不具有显著相关性（$\chi^2=70.911$，$df=63$，$p=0.231>0.05$）。可见各种形象并没有明显的褒贬立场，且各种形象出现的文章主题内容也没有明显的倾向偏好。

第四节 《纽约时报》老子报道的话语分析

霍尔提出：“表征是一个使用语言符号有意义地表述世界的过程，是文化成员之间意义生产与交换的必要组成部分。”由多种符号组成的新闻文本语言是表征老子思想的一个系统，是对老子思想进行建构和传递的过程。在内容分析的基础上，本研究进一步对《纽约时报》报道原文进行话语分析，旨在深入探究《纽约时报》的表征系统究竟是如何建构老子相关报道的话语意义的。

一、宏观命题分析

新闻报道的宏观结构一般由一系列宏观命题构成，梵·迪克将这些宏观命题定义为“话语的中心或最主要的信息”。他的新闻命题规则指出，报道总体结构的宏观命题（macro-propositions）由各个层级的命题（propositions）及其组合方式来决定，而这些命题则受到新闻媒体意识形态的影响。本研究对《纽约时报》新闻报道的宏观命题进行梳理提炼，再结合其英文原意和历史背景进行解读分析，由此再现《纽约时报》对老子及其思想的话语建构过程，发掘其中的隐含意义和权力关系。下文选取ProQuest Newspaper数据库检索出的相关度最高的1篇报道作为样本案例，按照梵·迪克的命题规则，用数字M指代宏观命题，用P指代下一级命题。

如上所述，老子思想的价值得到《纽约时报》肯定。多篇报道中不时出现对老子思想的引用，其中最多、最典型的是1993年6月15日《纽约时报》刊登的一篇题为"老子给克林顿的建议"的评论文章。这篇评论仅有576个词，其中引用了《道德经》中的多个经典名句，点评这位新上任总统的言行，约占全文篇幅的1/3，可见老子思想受到美国政坛推崇。

样本1　标题：Lao-tzu's tips for Clinton 老子给克林顿的建议

M1　《道德经》可以作为修复克林顿执政之路的指路明灯

P1.1　引用"不失其所者久"（Hold on to the center, You will endure forever）告知克林顿要坚持住民主党的立场

P1.2　引用"故致数舆无舆，不欲琭琭如玉，珞珞如石"（His constant practice is humility, the Wise Person avoids extravagance ... He doesn't glitter like a jewel but lets himself be shaped by the Tao as rugged and common as a stone）希望克林顿保持谦逊低调

P1.3　引用"治大国若烹小鲜"（Governing a large country is like frying a small fish. You spoil it with too much poking）来建议克林顿不要过度管理

P1.4　引用"为者败之"（Rushing into action, you fail）来指责克林顿对波斯尼亚的草率行动

P1.5　引用"其出弥远，其知弥少"（The farther you go, the less you Know）和"奈何万乘之主，而以身轻天下"（Why should the lord of the country flit about like a fool?）建议克林顿待在华盛顿，而不是四处去农村动员

P1.6　引用"悠兮其贵言"（The Master doesn't talk, he acts）和"不自

是故彰”（Because he has nothing to prove, people can trust his words）说明不要只会承诺而不实际行动

P1.7 引用“塞其兑，闭其门；挫其锐，解其纷；和其光，同其尘”（Close your mouth ... blunt your sharpness ... and soften your glare）建议克林顿面对批评时减少愤怒

M2 克林顿也应从禅宗（Zen rules）中学习智慧

P2.1 克林顿应该一次只做一件事，优先执行经济计划

P2.2 保持专注，让美国人民重新关注克林顿政府

梵·迪克认为，话语宏观意义的显示包含标题，因为话语的主题和倾向性能从中解读出来。标题“Lao-tzu's tips for Clinton”将老子作为新闻主体，构建了传播老子思想的必要性、正当性和合理性。

文章正文部分，M1和M2两个宏观命题分别从两个角度对克林顿执政提出了建议。在M1命题内，P1.1到P1.7的每个小命题用老子的原话与克林顿的行为相对应，对《道德经》原文的引用有利于更精确地表达原意、减少曲解，使老子思想更具体地呈现在读者面前。这表现出《纽约时报》对老子思想本身的认可与接纳，也传递出老子思想对西方的积极价值。在M2命题内，P2.1和P2.2出现在文章中间，引用禅宗佛教的内容为克林顿提建议，这在整篇老子思想中稍显突兀。《纽约时报》并没有有意区分老子思想与禅宗思想的不同之处，而是将其笼统认知为“东方思想”，混在一起引用以证明自己的观点。

《纽约时报》不仅把老子的思想用于政治中，也用于个人生活中。报道“Breezing through all the stress: Humans have tried for ages to master the art of not really trying”（轻松度过所有压力：人类多年来一直试图掌握不真正尝试的艺术）便全篇论述老子“无为”的理论。该报道认为遵守规则和履行义务不足以维持社会秩序，应该像道家一样顺其自然，试图解放内在的自然美德。接着引用心理学实验结果来证明“无为”的正确性，说明尝试可能适得其反的道理。最后得出结论：美国文化鼓励人们努力工作或获得特定的技能，但真正的成功需要完全放松自己、超越训练。这篇报道将古老的老子哲学与最新的心理学研究结合起来，在新时代继续验证阐发老子思想。

之前的许多研究发现《纽约时报》对孔子相关的报道与评论具有普遍的负面倾向，而本研究则发现，老子思想本身在《纽约时报》中得到了较为公正、积极的报道。一方面可能由于以孔子为代表的儒家思想本身不被西方认同，一些儒家思想被西方评价是宣扬中央集权和等级社会，认为是中国政治意识形态的扩张，且常与中国政府行为联系在一起，因此没有受到客观公正的对待；而老子思想更易被上升到哲学层面，超越了狭义语境，西方对老子学说的内容有一种自然而生的兴趣与欣赏。另一方面可能因为通常处于报道中心的文化人物的一般无争议性质，不排除《纽约时报》对其他国家的哲学家报道也可能是中立的，甚至是正面的。

在《纽约时报》的呈现下，老子提出的精辟见解既为政治治理提供了借鉴，也指引了人类的精神生活。《纽约时报》运用积极正面的态度评价老子学说，肯定老子思想的正面价值并将其作为"效仿法则"，构建了老子的"智者""榜样"等形象，这都是对东方智慧的赞美，也在不知不觉中帮助西方读者了解、认同并接纳老子思想以及中国传统文化。但值得注意的是，《纽约时报》无意于向读者宣扬老子思想，而是将其重新解读后为本国所用，可以看出每个国家的新闻媒体均有自身立场。

二、微观话语结构分析

新闻话语的分析不只包括宏观命题结构，而且应该研究微观话语策略。但这并不仅仅是对单个词语和句子语义、句法结构的解释，还包括话语策略等更加深层、复杂的方面。本研究使用梵·迪克将微观话语结构分析分为新闻的话语风格和话语修辞的方法，话语风格可被拆解为预设（presuppositions，把有疑问的命题假定为双方已知信息）、细致度（granularity，分为表述的精确性与模糊性）、言外之意（implications，暗示文本之外的话语意义，呈现主观价值）这三个维度。话语修辞包括对比、引述、隐喻等，在其运用下，报道内容的信度更高、话语说服力更强。

（一）话语风格

1. 预设

样本2　Cults also grew up around immortals, those people who attained union with the Tao through the cultivation of moral virtue and perfection. The route to immortality sometimes included fairly eccentric behavior, like spending years alone in a mountain cave or conducting dangerous experiments with cinnabar and mercury.（异教也在那些通过道德修养和完善而与道结合的人周围滋生。长生不老的途径有时包括相当古怪的行为，比如独自在山洞里待上几年，或者用朱砂和水银做危险的实验。）

在媒体的奇观视角下，道教为追求长生不老的行为是“eccentric”（古怪的）与“dangerous”（危险的），在道教修炼的过程中，“Cults”（异教）也会产生。显然，记者有意选取部分独特奇异的、吸人眼球的道教习俗及文化来描述，极力展现东方文化的异质与神秘。用非主流的文化符号对部分道教事实进行细致化、奇观化的描述，而没有详细解释其历史来历与意义，展现给读者迷信、愚昧、落后的道教形象，以满足西方社会对中国文化的奇观想象。

2. 细致度

样本3 After a spirited auction involving eight publishers, Harper & Row has agreed to pay $130,000 for a new translation of a Chinese book of philosophy and religion written more than 2,000 years ago. The amount is one of the highest ever paid to a translator, and it is certainly the most for a work in the public domain that has already been translated into English dozens of times.（经过8家出版商的激烈竞拍，哈珀和罗同意支付13万美元，购买这本撰写了2,000多年前的中国哲学和宗教书籍的新译本。这是有史以来付给译者的最高工资之一，对于已经被几十次翻译成英语版本的作品来说，这无疑是最高的。）

精确性用来证实命题的真实性。通过用数字的具体刻画，具象描述了《道德经》在美国的受欢迎程度：虽然已经有几十种英译本，但这次多家出版社仍激烈竞争，支付给译者巨额费用，这都体现了对《道德经》英译事件的重视以及对海外市场的积极态度预估。

样本4 “This is our own religion—the religion of China—and so few people know it," Abottess Yin explained passionately. If her words reflect the situation in her own country, they are even more true in the United States, where few people possess more than a surface understanding of Taoism.（"这是我们自己的宗教——中国的宗教——很少有人知道。"尹道姑热情地解释道。如果她的话反映了她自己国家的情况，那在美国就更真实了，因为在美国，很少有人对道教有超过表面的理解。）

模糊性固定主观意义。在该句中，"so few"（如此少）和"few"（很少）都是对道教的不确定概述，但却暗指道教普及推广情况面临困境：道教无论在中国还是在美国都只有很少受众，大多数人都不了解才是普遍存在的现象。未经调查便主观地把道教信仰者判断为小众群体，并通过模糊化赋予这一判断广泛代表性。

3. 言外之意

样本5　And since Lao-tzu was reportedly heading west when he disappeared, Professor Barrett said, "Taoists were perfectly willing to see any culture imported from the West, including Christianity, as a reflection of his teachings."（巴雷特教授说，由于据说老子失踪时正往西走，"道教徒们非常愿意看到任何从西方引进的文化，包括基督教，作为他教义的反映"。）

西方由于其信仰基督教的宗教传统，经常尝试在其他文化范畴内找到共鸣，然后用自身的宗教观念去比附其他文化。将《史记》中对老子的描述牵强附会解释为老子去西方世界与基督教进行文化交流，老子西出函谷，被理解为来自东方文明的使者，向遥远的西方传播思想。言外之意是，道家与基督教早有了联系，目的是为基督教在中国的存在提供合理性。

样本6　Having seen the richness and variety of the art created by and for Taoist believers, it is easier to understand the revival of Taoism in its homeland, even after years of decline and repression, and the devotion of Taoists like Abottess Yin and her young nuns.（看到了道教信徒创造的丰富多彩的艺术，即使经历了多年的衰落和被镇压，也更容易理解道教在其故里的复兴，以及尹道姑等人的虔诚。）

该文段运用“decline”（衰落）与“repression”（被镇压），模糊了行为发出的主体，致使读者想当然地以为是由中国政府指示的，来暗含政府将文化权力强行施加于道教文化之上，意味着官方对宗教的管理是控制的、强权的。这与道教信徒的虔诚、创造艺术的积极行为形成鲜明对比，塑造出官方与民间的二元对立。

（二）话语修辞

1. 引用

样本7 Mr. Mitchell does not read or speak Chinese. He said he worked with a text that contained every Chinese character, as well as their English equivalents. Mr. Mitchell added that it is not unusual for a translator of poetry not to read the language in which the poem was written … What also enhanced his own translation, Mr. Mitchell added, is that none of the other translators of “Tao-te-ching” had personal experience of the inner tradition of Lao-tze. “The true descendants were the Zen masters,” he added, “and I underwent many years of intensive training with a Zen master in the U.S. I felt this experience allowed me a kind of insight into the mind of Lao-tze, rather than just the words of Lao-tze.”（米切尔先生不会读也不会说中文。他说，他用一个汉英对照的文本来工作。米切尔先生补充说，翻译人员不会阅读原文所用的语言并不罕见。米切尔补充说，他的翻译能力得到了提高，因为《道德经》的其他译者都没有亲身经历过老子的内在传统。“真正的后代是禅师，”他补充道，“我在美国和一位禅师一起接受了多年的强化训练，我觉得这个经历让我对老子的思想有了一种洞察，而不仅仅是老子的话。”）

引用《道德经》翻译者的话，有效地增强话语的权威性，潜移默化地改变读者对这一事件的认识：不会汉语的人能够翻译《道德经》，这很正常也完全可以理解。实际上，译者如果对汉语一点都不了解，显然对内涵深奥的《道德经》就更难全面领会，在借助其他译本或注释来翻译时，肯定会失去原汁原味，而报道者对这些全无质疑，只是选择性地引用与自身立场和观点一致的话，让读者认同其合理性。另外，报道也将禅宗与老子画上等号，有将中国传统思想同一化、简单化的思想立场。

样本8　Some experts say the discovery of these books in the United States is ironic, since appreciation here is limited to a small group of scholars … Controversy could accompany discoveries of rare and important books such as the *Lao-tzu I*, Dr. Wagner said. "Chinese scholars might want to return this book to China because it is a national treasure." So far no call has come from abroad demanding that Columbia's copy of the *Lao-tzu I* be returned to its native ground, despite articles in Chinese newspapers about its discovery. "I think microfilm is enough," Mr. Zhang said.（一些专家说，在美国发现这些书具有讽刺意味，因为这里的鉴赏仅限于少数学者。瓦格纳博士说，争议可能伴随着诸如《老子I》等稀有又重要的书籍的发现。"中国学者可能希望将这本书归还中国，因为它是国宝。"迄今为止，尽管中国报纸上有文章报道了这本书的发现，但没有来自国外的电话要求将哥伦比亚大学的《老子I》归还到原生地。"我觉得缩微胶卷就足够了。"张先生说。）

"Some experts"（一些专家）是有权威性的模糊指代，没有具体到某个专家身上，但他们都指出：在美国只有很少学者能研究《老子I》，这是很讽刺的。这里的"讽刺"是指尽管《老子I》在美国能发挥的价值比在中国小得多，但原属于中国的文物仍流落到西方。这句话暗含着受访者及作者对中国能力不足以保护其文物的嘲讽。西方新闻报刊这样的引用让读者在无意识中接受其命题，实现对大众的意识形态渗透。接着借受访的中国人张先生之口来间接表达报道者的想法，确证美国没有必要将古籍《老子I》还给中国，这让读者用与作者相同的思路来看待美国抢占中国文物的事实，潜移默化影响读者的认知判断。

2. 隐喻

样本9　He also plans to create a Museum of the West in China. "Just as, sadly, a lot of people in the West view China as a monolithic, totally foreign entity, so many Chinese feel the same way about the West," he said "The purpose of the museum would be to challenge these views, to say the West has been in China for 1,400 years. It helped shape China and China helped shape the West."（他还计划在中国建立一个西方博物馆。他说："不幸的是，西

方国家的很多人认为中国是一个庞大单一的、完全外来的实体，所以很多中国人对西方也有同样的感觉。博物馆的目的是挑战这些观点，可以说西方在中国已经有1,400年的历史了，它帮助塑造了中国，中国帮助塑造了西方。”）

本段摘自西方在中国道教建筑旁发现了最早的基督教堂遗址的报道。这句话用“monolithic, totally foreign entity”（庞大单一的、完全外来的实体）形容西方人对中国的陌生的印象，隐喻中国是异域的东方的“他者”，起到固定意义并建构现实的效果。后文用“shape”（塑造）一词更构建出西方对中国的影响深远，对中国文化形成的重要性。因此，西方的意识形态和价值观渗透在新闻文本中，中国传统文化的主体性特征被主观的话语建构模糊、消解了，通过揣测、想象出的形象被重新建构出来。

3. 对比

样本10 Not according to the rival school of Taoists that arose around the same time as Confucianism, in the fifth century B.C. It was guided by the Tao Te Ching, “The Classic of the Way and Virtue,” which took a direct shot at Confucius: 6.5% “The worst kind of Virtue never stops striving for Virtue, and so never achieves Virtue” … Taoists did not strive. Instead of following the rigid training and rituals required by Confucius, they sought to liberate the natural virtue within.（在公元前5世纪，道家与儒家同时兴起，但相互对立。道家以《道德经》为指导，该书直指孔子：“最坏的美德是不停止对美德的追求，因此永远不会达到美德。”道家没有努力。他们没有遵循孔子所要求的刻板训练和仪式，而是试图解放内在的自然美德。）

“Taoists”（道家）与“Confucianism”（儒家）在作者看似客观的陈述中成为两个对立的概念，两者差异被突出，矛盾被放大：儒家主张对美德不断追求，而《道德经》直接批判孔子，认为不断追求只会离美德更远；儒家要求遵守僵化的规则礼节，而道家强调自然和个人自由。这在霍尔看来，是一种定型化的话语表征。报道抓住儒家与道家易于捕获的差异，并将这些特征放大，缺乏对事实的客观全面呈现，明显倾向性的立场预设表现出其价值取向。

第五节　总结与展望

一、结论与讨论

本研究通过对1979—2019年《纽约时报》有关老子的报道进行内容分析和话语分析，有以下发现。

（一）报道呈现积极色彩，尊重老子思想

从《纽约时报》对老子相关的报道来分析，清晰可见美国新闻报刊对老子及其思想的接受与认可。1979—2019年，报道篇数呈现上升的趋势，可见《纽约时报》对老子的关注程度不断提升。大多数报道的体裁均为表现手法多样、观点明确细致的通讯，且多从个人微观层面入手，用故事化手法展开报道，吸引读者的能力更强。且48篇报道中，对老子本身全部为中立和正面报道，无一例负面报道，老子经常伴随着其“智慧格言”一同出现，这均证明了西方媒体对于身为哲学家与思想家的老子的极高评价。

以往的研究结果发现，《纽约时报》在报道孔子及孔子学院时往往以负面立场出现，强调其政治形象而忽视其文化意义，中国传统文化被偏见、轻视甚至歧视，而本研究则得出了相反的结论。这可能因为老子思想本身对西方世界的价值和魅力足够强大，使得媒体弱化其“来自中国”的身份，不因政治意识形态与价值倾向的不同就简单片面地抹黑，而是作为世界意义的哲人加以尊重甚至赞赏崇拜。

（二）最关注的思想：道法自然、少私寡欲、无为而治

老子思想关乎人类及宇宙，被西方发展用于各个领域。《道德经》5,000言之中，《纽约时报》有选择有重点地加以呈现，重新解读并对意义进行本土化创造。相关性分析发现，《纽约时报》涉及的老子思想与报道的主题内容具有显著相关性。“道法自然”作为出现次数最多的思想，常在书籍文学/书评主题中成为老子代表思想，且被详细论述具体内涵；“少私寡欲”常在个人相关的报道中出现，用来反思其过于发达的物质文明，起到“精神指引”的作用；“无为而治”常在国家政治、政府报道中被引用论证，拥护资

产阶级社会一贯的自由主义主张。

这些报道呈现有深厚的历史背景：第一次世界大战后，欧洲人陷入文化的极度虚无中，他们开始向东方学习，试图找到救世之方，一股东方文化热由此产生。他们发现老子《道德经》“道法自然”“少私寡欲”“无为而治”的哲学思考和价值追求，对于挽救失落的西方具有启发意义：老子告诉人们不要刻意追求目标，这样会使自己痛苦不已，自由自在也是一种为人处事之道，由此其思想在西方大受欢迎。

（三）多处宗教化解读，呈现西方中心主义

检索发现，《纽约时报》对老子直接相关的报道很少，一些文章将其作为道教的“神仙/创始人”出现在对道教的报道中，甚至将老子与禅宗混为一谈，这其实是一种歪曲和误读，体现了对老子和中国传统文化的片面理解与刻板印象。总结《纽约时报》对老子形象的呈现发现，老子出现了“上帝先知”的形象，且有报道将其比附耶稣基督，并借助《道德经》来附会《圣经》。这可能源于西方人普遍信仰基督教，当发现智慧深远的老子思想时，也企图从中找到基督教思想的痕迹，从老子身上搜寻上帝的影子，借以阐述其“中学西源”的观念，佐证自身文化的优越性。

除了寻找相似性，西方也将中国传统文化视为协助他们解决问题的手段。当遇到社会或个人发展带来的负面影响等棘手问题时，他们转向从东方智慧中吸取灵感，并将此作为推进自身文化发展的契机。但他们没有将自身文化贬得一文不值，也没有将《道德经》视为神圣的经典而崇奉其每一句言论。事实上，这种做法是立足并思考本国文化，展望自身文明的未来发展趋势。这从根本上说是对本国文化的关注，表面上他们将注意力投向了东方的老子，但其目的是为了更好地发扬自身长处，反思其缺陷，满足西方中心主义的立场。

（四）对老子本身关注不足，报道中加入中国社会问题

总体来看，《纽约时报》很少有对老子的单独报道，对老子的关注多出现于《道德经》英译新闻事件、借用老子名言加以阐发、道教及宗教相关主题的报道中。虽然《纽约时报》对老子本身并无负面评价，但在报道全文中却多由老子“借题发挥”，透露出对中国形象的负面态度。由于《纽约时报》

是海外读者认识中国的重要途径，所以它对中国的报道是否客观、中立、平衡，极大可能会改变世界对中国的态度。但是在报道中，老子及道家思想往往只被简单提及，接着文章会看似不经意地涉及中国的环境破坏、宗教压制、文化奇观、政府强权、政治独裁等美国视角下的“中国问题”，选择中美之间有明显争议性的方面把中国描述为美国的对立面，很少提及中国改革开放以来的社会政治、经济与文化成果，建构出带有偏见的报道框架。

这可能由于中美价值观念和意识形态上的差异，美国媒体缺乏对中国现实国情的正确认识，在报道中往往先入为主，使得其在看待中国问题时总是过于主观，这一习惯性构建延续到现在。由此，对中国的完整、全面的认识依然无法呈现在广大海外读者面前，他们很难改变对中国的消极印象。

（五）使用多种话语修辞，实现“他者”的二元对立

《纽约时报》通过对话语的包装与加工进行建构，完成对老子思想和中国传统文化语义内涵的模糊与拆解。在其文本中，东西方二元对立的态度在宏观命题结构中经常显现。同时，在微观的话语中，建构中国传统文化的刻板印象。

当审视西方媒体对中国的表述和“身份建构”时，应将话语修辞模式与历史动因结合起来。简单说来，美国新闻媒体对中国的政治体制和政府治理多暗含指责，但从总体上来看，其对当代中国的故事讲述是一种争夺话语资源的手段，是一种对“他者”的习惯性建构。在新闻话语中，“我们”与他者之间存在着对立关系和权力差异，导致新闻媒体往往从“我们”的角度出发，用刻板印象来表征他者，与现实出现某种偏离。美国处于新闻话语权力关系中的强势方，因此用界定性和规训性完成了对中国的建构，重新塑造了其通过揣测、想象出的“他者”。

二、局限与不足

首先，选择《纽约时报》作为代表美国主流新闻媒体甚至是西方的研究对象，来探讨老子报道相关的内容，并不能涵盖所有媒介。虽然《纽约时报》受众基础广泛，在国际上影响很大，但仍不能做到绝对准确全面地展现老子在国际媒体上的形象。后续研究或许可以从其他主流或非新闻报刊入

手，多角度探究老子思想的海外传播情况。

其次，由于笔者时间精力的限制，仅选取了自1979年之后的《纽约时报》相关报道，导致本次研究的样本量只有48篇，这十分有限。虽然本研究涵盖了近40年的老子相关报道，但未能更全面更大范围地呈现《纽约时报》所呈现的老子思想及其形象，研究所得出的发现与结论不免会有偏颇、失真之处。如果把《纽约时报》创刊以来的报道全部作为研究对象，会获取更充分的样本量，或许在论述《纽约时报》对老子的呈现时更加完善丰富。

最后，本研究所用的理论和方法只是从新闻主体层面进行分析，没有从新闻受众层面具体展开，只能在特定视角下相对再现美国新闻报刊对老子思想的报道图景。囿于研究环境，难以找到阅读《纽约时报》的海外读者，无法发放问卷和开展深度访谈，因而缺少受众层面的全面考察。未来的研究可从受众角度进一步探究西方世界对老子的认知情况与看法评价，跟本研究相互补充。

第九章　老子思想在《华盛顿邮报》的传播

《华盛顿邮报》(*The Washington Post*)是美国三大报纸之一，是华盛顿规模最大、资质最老的报纸，其对老子及其思想的报道一定程度上影响着美国受众对于老子及其思想的认知。本研究以《华盛顿邮报》1977—2021年间涉及老子及其思想的相关报道为研究对象，运用内容分析的方法，对其关于老子及其思想的报道框架、主题内容、涉及思想、提及形象与价值倾向进行梳理和解读，探究其对老子形象及其思想面貌的表征与建构。研究发现，《华盛顿邮报》对老子及其思想的关注度不断提升，涉及老子及其思想的报道数量呈上升趋势，主要以评论类与通讯、特写类报道体裁为主。《华盛顿邮报》对“无为而治”“对立统一”“事物发展变化”的思想最为关注，多出现在资讯类主题的报道与文学类主题的报道中，且对老子思想整体呈现出客观、肯定的态度。虽然《华盛顿邮报》对老子及其思想的关注不断加强，但目前为止的报道全部以少量引用老子格言与思想为主，很少对其内涵做进一步的阐释，且缺少以老子及其思想为主体的报道，报道在粗略地提及老子思想的同时，更多会对其发源地中国进行主观评价，把老子视为哲学家、思想家，同时存在将老子误读为“神仙”的情况。

第一节　绪　论

一、研究背景与意义

老子思想起源于中国，主要以“道”为核心，向立人、治国、养心、艺术、务农、建筑等多个方面辐射。老子思想主要衍生于《道德经》，《道德经》又称《老子》，全文共计八十一章，其中记录着道家学说的思想。老子文化具有多元性、涉身性、和谐性，其涉及观念包括宗教观、政治观、文化观、道德观等方面，涉及人与其本身、人与社会环境、人与外部自然等主体关系。老子文化还具有恒久延续、包罗万象的特性，两千年历史长河，朝代更迭，世事变迁，老子思想强大的应变力和再生力使其自身历久弥新，并不断被传播至世界各地。

《道德经》的译本发行量仅次于《圣经》，可以说是中国文化海外传播的典范。19世纪域外学者开始围绕老子思想进行学术层面的深入研讨，包含文化、哲学、宗教等方面，老子思想与西方哲学产生了特殊的文化交流现象，黑格尔称誉老子思想为“真正的哲学”，尼采也认为《道德经》就像一个不会穷尽的井，里面会有取不尽、用不完的精神宝物。这也成为西方学者研究中国文化，特别是道家、道教文化不可或缺的途径。

除了学术研究之外，新闻报刊对老子及其思想的报道及报道中对于老子思想和名言的引用，一定程度上反映了并影响着受众对于老子及其思想的认知，充分了解了老子及其思想在新闻报刊上的呈现，才能更进一步地了解老子思想域外发展现状，完善老子及其思想域外的传播研究。本研究选取的《华盛顿邮报》于1877年创办，是华盛顿规模最大、创办时间最长的报纸，与《纽约时报》《洛杉矶时报》并称为美国“三大报纸”。我们以1977—2021年《华盛顿邮报》关于老子及其思想的相关报道为研究对象，对其关于老子及其思想的报道框架、主题内容、涉及思想、提及形象与价值倾向进行梳理和解读，从中获得《华盛顿邮报》呈现出的“老子思想”的基本面貌。

二、研究设计

（一）研究问题

1.《华盛顿邮报》建构了怎样的老子形象？

2.《华盛顿邮报》呈现了老子思想怎样的基本面貌？

（二）研究方法

本研究以内容分析为主要研究方法。彭增军将内容界定为：“通过一定的媒介，以某种象征符号系统来实现的意义的表达。”1952年，贝雷尔森定义“内容分析法”为“对传播的显性内容进行客观、系统和定量描述的研究方法”。作为传播学主要研究方法之一，内容分析法早期主要被应用于传播效果的研究，致力于发现样本的主题、框架、语境和表达方式对劝服效果的影响。内容分析法后期主要被应用于媒介效果的研究。

具体来说，本研究通过收集、整理、筛选得到报道样本，对报道样本的内容进行编码，在结合对报道样本SPSS统计分析的量化研究与内容分析的质化研究基础上，了解域外受众对于老子及其思想的认知，系统化剖析找出《华盛顿邮报》呈现了“老子思想”怎样的基本面貌。

（三）样本选择

1. 报纸及报道的选择

以道琼斯数据库中收纳的《华盛顿邮报》报纸版及网页版全部报道为客体，检索《华盛顿邮报》关于老子及其思想的相关报道为研究对象，在老子及其思想相关报道的界定上，我们的标准为主标题、副标题、小标题正文中出现鲜明呈现老子形象及其思想相关词汇的新闻报道，相关词汇包括“老子”“《道德经》”“道”“道教”等关联性词语的英文释义，如表9.1所示。以这些相关英文释义为关键词，通过检索发现，《华盛顿邮报》与老子相关的最早报道为1977年，以此为时间界定，确定研究报道所发布的时间范围，删去重复及无效的报道后，共获取有效报道66篇。

表9.1　关键词及其英文释义对照表

关键词	英文释义
老子	1. Lao Zi 2. Lao Tze 3. Lao Tzu
《道德经》	1. *Dao De Jing*; 2. *Tao Te Ching*; 3. *The Book of Virtue*; 4. *The Classic of the Way and Virtue*; 5. *The Way of The Tao*
道、道教	1. Tao; 2. Dao; 3. Taoism

2. 类目建构及量化指标编码

参考过往研究的类目建构，主要从老子及其思想相关报道的体裁、主题、关键词、相关度、刊发年份、涉及老子思想、涉及老子形象及情感价值倾向几个方面建立类目并进行量化编码。

（1）刊发年份

A. 1977—1985年；B. 1986—1994年；C. 1995—2003年；D. 2004—2012年；E. 2013—2021年。

（2）报道的体裁编码

A. 消息：简单及时的客观事实报道；B. 通讯、特写：具体、全面、细节性的新闻事件或人物报道；C. 评论、评述：通过对新闻的分析评价表明观点立场的报道；D. 深度报道：围绕主体新闻进行的深入全面的一篇或一系列的报道；E. 其他：访谈、说明性报道等。

（3）报道的主题内容编码

A. 宗教；B. 哲学；C. 艺术；D. 文化；E. 体育；F. 资讯；G. 政治；H. 商业；I. 生活方式；J. 教育；K. 医学。

（4）报道涉及的老子思想编码

A. 道法自然：宇宙万物遵循着“自然而然”的规律；B. 无为而治：顺势而为，以无为之行达成有为之果；C. 虚极静笃：放空杂念，守住本心；D. 对立统一：物极必反，否极泰来；E. 反战思想：反对战争，和平主义；F. 事物发展变化的规律：积少成多，量变达到质变；G. 自知：正确地认识自己；H. 不涉及老子思想。

（5）报道提及的老子形象编码

A. 哲学家；B. 圣人/神仙；C.《道德经》作者；D. 思想家；E. 道家思想创始人；F. 无。

（6）报道价值倾向编码

A. 正面；B. 中性；C. 负面。

第二节　文献综述

老子原名李耳，是中华道家学派的创始人，中国著名思想家、哲学家、文学家和史学家。老子内涵丰厚的思想对中国哲学乃至世界哲学都产生了深刻长远的影响。老子代表作为《道德经》，其译文海外发行量仅次于《圣经》，名列第二。老子思想作为中国传统文化，其在域外的传播，一直受到学界的关注。对于老子及其思想的国际传播研究，学者主要从老子的译本传播、老子的思想传播、传播效果、传播策略四个方面进行了研究。

首先，一些学者对《道德经》的译本传播进行了研究。刘静以《道德经》为例，演示了译者在进行翻译活动时发挥的三种作用：理解原文、创作译文、传播受众。温军超认为老子思想的域外传播已经经历了“西渐”时期，正在经历“西送”时期，并建议建立系统化的“西送”模式。李均洋从海外认知的角度，对《道德经》超越宗教、国家、地域的价值观念进行了论述。

其次，围绕老子思想的海外传播，学者进行了学术化解读。邵志华以20世纪初西方学界的“道家热”为主要线索，研究了道家思想对西方文化产生的影响。张艳艳将海外关于《道德经》与性别相关的议题总结为女性至上、双性同体和无性别三类。更多的学者将海德格尔与老子放在一起，讨论二人思想的异同，有的学者认为，海德格尔与老子思想的核心有明显的共同点——解答人的存在与本质这个根本性问题。彭富春则认为二者虽然看似相同，实则各有其特性。

再次，重视老子思想的海外传播效果。赵志刚认为老子思想的内涵是随着时间发展不断更新的，老子思想在日本的传播被日本文化特色所影响，形成了“日本化”后的思想。姜国柱总结了老子思想在英国、俄国、德国的传播，认为老子思想随着时间的推进和时代的发展会有越来越深远的影响。

最后，为老子思想的海外传播寻找策略与方案。温军超认为老子文化的海外传播仍以内向为主，还没有形成系统的规模团队，政府应加大资金的投入，组织团队推进老子文化的国际传播，打造老子的文化产业链，并从媒介融合的角度提出了老子文化海外传播的媒介融合框架。

第三节　《华盛顿邮报》对于老子及其思想报道的内容研究

一、样本报道数量及时间分布

我们在道琼斯数据库中以表9.1中的老子及其思想相关词语英文释义为关键词，以《华盛顿邮报》为信源进行搜索，将消息、通讯与特写、评论和深度报道以及其他形式的文体形式都纳入研究样本的选择范围。

首先，在界定范围内对关键词进行搜索，去除相关重复新闻报道。《华盛顿邮报》共有涉及老子及其思想的相关报道66篇，其中消息类报道9篇，通讯及特写类报道23篇，评论类报道11篇，深度报道1篇，其他类报道22篇。以每9年为标准，将1977—2021年时间段均匀划分，得到1977—1985年、1986—1994年、1995—2003年、2004—2012年、2013—2021年五个时间段，具体相关报道样本的时间分布及其题材分布情况如图9.1与图9.2所示。

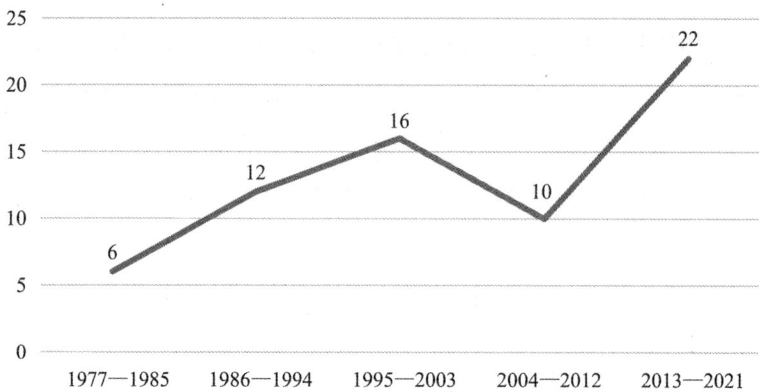

图9.1 报道时间分布图

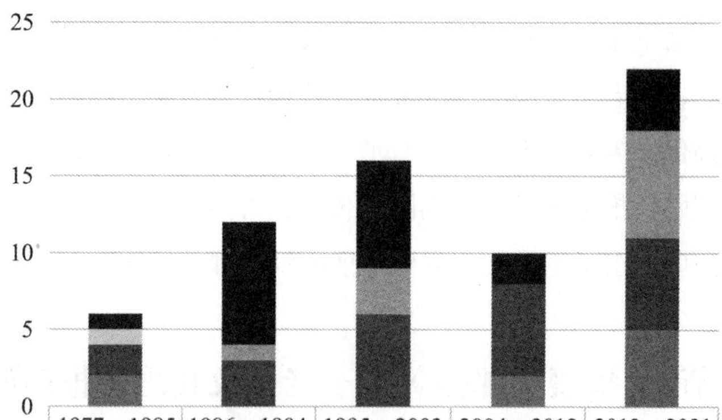

	1977—1985	1986—1994	1995—2003	2004—2012	2013—2021
■其他	1	8	7	2	4
■深度报道	1	0	0	0	0
■评论	0	1	3	0	7
■通讯、特写	2	3	6	6	6
■消息	2	0	0	2	5

■消息 ■通讯、特写 ■评论 ■深度报道 ■其他

图9.2 样本体裁分布图

（一）《华盛顿邮报》涉及老子及其思想的报道数量呈上升趋势

如图9.1所示，从报道数量来看，《华盛顿邮报》中涉及老子及其思想的报道数量整体呈上升趋势，其中2013—2021年时间段中报道数量最多，但一直没有以老子为主体的报道。这一结果符合同一时段老子思想域外学术研究的情况，王丽梅通过对Web of science中的A&HCI与SSCI数据库的检索，研究了1973—2019年期间老子思想域外研究的中心文献，以出版量为参考指标，将中心文献的出版划分为三个阶段：第一阶段为1973—1999年，这一阶段中心文献的收录数量少，出版频率不稳定，此时老子思想域外传播强度低，传播影响小；第二阶段为2000—2010年，这一阶段中心文献的收录量持续增加，收录频率稳定，每年都有中心文献被收录，且论文主题开始愈加多样化，出现了介绍性研究、译本比较研究、老庄对比研究等；第三阶段为2011—2019年，这一阶段与前两阶段对比，中心文献收录数量有明显提升，研究内容更加深入，从介绍性研究转向具体性研究，如对“无为”的研究、对“有无”的理解等，比较对象也从老庄延伸至海德格尔、康德等，研究范围从哲学向管理学、政治学等领域扩散，对老子思想的关注热度持续增加，老子思想的域外传播影响也进一步加深。学术界对老子的进一步研究揭开了老子思想的神秘面纱，域外对于老子及其思想的认知不断加深，对于老子及其思想的新闻报道也随之增加。

（二）样本报道体裁分布情况与体裁本身特点相关

从报道体裁来看，涉及老子及其思想的评论类报道与通讯、特写类报道数量总体呈上升趋势。这一结果与新闻报道的体裁特点相关。首先，评论类报道需要表达观点论点，这往往需要大量的论据支撑论点，老子及其思想涉及范围全面且广泛，常常被引用至文章中，如《华盛顿邮报》中一个涉及老子及其思想的评论性报道“Beware the power-hungry boss”，文中作者乔伊斯·拉赛尔（Joyce Russell）引用了《道德经》去佐证“警惕过于有野心的上司”这一观点，主要借用的是老子“无为”的思想。其次，通讯、特写类报道由于其具体、全面的特点，会进行描述性的补充或者会对新闻报道人物的语言进行详细的描述，这便涉及较多老子及其思想的阐释，如《华盛顿邮报》的“Knoll, 75, To End Jog Across U.S. In Arlington”一文，在介绍一位

75岁仍在坚持慢跑的老人诺尔（Knoll）时，用到了“千里之行，始于足下”这句话，出自《道德经》六十四章。

二、样本报道的价值倾向分布

客观性是新闻报道的基本原则，但由于新闻工作者本身主观意识不可避免的作用和“拟态环境”的存在，经过选择、加工与媒介后期处理后的新闻无法避免会出现倾向性。我们将《华盛顿邮报》中涉及老子及其思想的报道倾向分为三类：正面、中性、负面。经统计分析，《华盛顿邮报》中涉及老子及其思想的相关报道呈现正面倾向的有5篇，占比8%；呈中立态度的有61篇，占比92%，无呈现负面态度的报道。从报道倾向分布来看，极大比例的报道都持中立的态度，小部分的报道持正面态度，不存在对老子及其思想的负面报道。

其中，持正面态度的报道“Expert's Picks”，介绍了一些经典的东方名著：“The great classics deserve repeated readings, and we are blessed with many English translations.”（伟大的经典值得反复阅读，我们有幸拥有许多英文译本。）本研究称东方文献为“The great classics”，意为“伟大的经典”，肯定了东方传统文化作品。在介绍老子与《道德经》时，本文写道：“*TAO TE CHING*, by Lao Tsu.Translated more often than any other text into English.”（老子所著《道德经》，翻译成英文的次数比其他任何文本都多。）

三、样本报道的主题内容分布与涉及的老子思想分布

（一）样本报道的主题内容分布

报道主题指报道的主旨类型，我们将《华盛顿邮报》涉及老子及其思想报道的主题分为11类：宗教、哲学、艺术、文化、体育、资讯、政治、商业、生活方式、教育、医学。具体统计情况如表9.2与图9.3所示。

表9.2　样本主题内容分布表

主题内容	频数	百分比（%）
宗教	1	1.52
哲学	4	6.06

续表

主题内容	频数	百分比（%）
艺术	8	12.12
文化	10	15.15
体育	2	3.03
资讯	18	27.27
政治	8	12.12
商业	2	3.03
生活方式	8	12.12
教育	4	6.06
医学	1	1.52

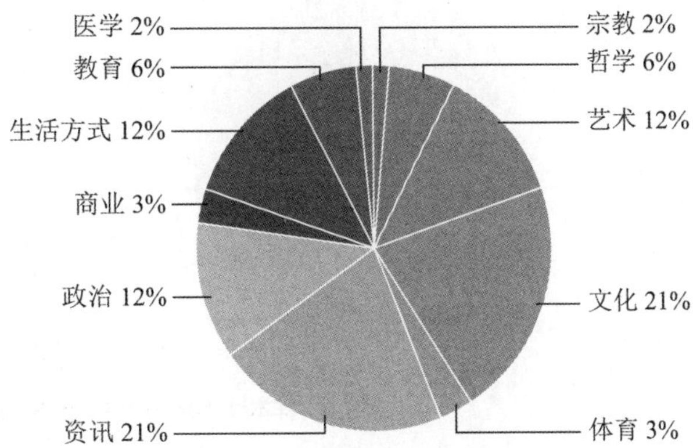

图9.3　样本主题内容分布占比图

通过对样本报道的主题内容进行统计发现，报道样本涉及资讯类主题所占比例最大，达到27.27%，文化类主题占比15.15%，艺术类、政治类、生活方式类主题占比都达到了12.12%，涉及医学与宗教类主题较少，占比仅为1.52%。资讯类报道未做深入阐述，大部分都仅仅提及老子的名字。

（二）样本涉及老子思想分布

我们将《华盛顿邮报》涉及的老子思想分为8类：道法自然、无为而治、虚极静笃、对立统一、反战思想、事物发展变化的规律、自知、不涉及老子思想。对样本报道涉及的老子思想进行统计发现，除不涉及老子思想的报道外，报道数量最多的涉及老子思想的类型为无为而治，占比12.12%，具体统计情况如表9.3与图9.4所示。

表9.3　样本涉及老子思想分布

老子思想	频数	百分比（%）
道法自然	5	7.58
无为而治	8	12.12
虚极静笃	2	3.03
对立统一	5	7.58
反战思想	1	1.52
事物发展变化的规律	5	7.58
自知	1	1.52
不涉及	39	59.09

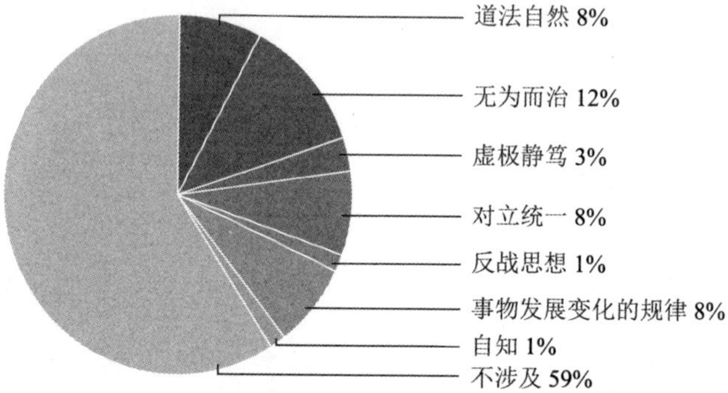

图9.4　样本涉及老子思想分布占比图

（三）报道样本的主题内容与涉及的老子思想具有显著相关性

卡方分析是用于分析定类数据与定类数据之间的关系情况的分析方法，本研究中，由于有39篇报道都不涉及老子思想，因此将此部分报道样本去除，余下的27篇报道样本的主题为哲学、艺术、文化、体育、资讯、商业、生活、教育及医学9类，将这些主题类型及其所涉及的老子思想进行编码，以报道样本所涉及的老子思想为X值，以报道样本的主题为Y值，探究不同主题类型涉及的老子思想是否具有相关性，用SPSS进行卡方检验，得到卡方分析结果如表9.4所示。

从表9.4可知:（1）在新建立的27篇样本报道中，涉及的老子思想在样本报道中的占比分别为：道法自然占比18.52%，无为而治占比29.63%，虚极静笃占比7.41%，对立统一占比18.52，反战思想占比3.70%，发展变化占比

表9.4 卡方分析检验结果

题目	名称	报道主题（%）									总计	χ^2	p
		哲学	艺术	文化	体育	资讯	商业	生活	教育	医学			
思想	道法自然	0 (0.00)	2 (40.00)	1 (100.00)	0 (0.00)	0 (0.00)	0 (0.00)	0 (0.00)	1 (20.00)	1 (50.00)	5 (18.52)	77.259	0.005**
	无为而治	0 (0.00)	1 (20.00)	0 (0.00)	0 (0.00)	0 (0.00)	6 (85.71)	1 (100.00)	0 (0.00)	0 (0.00)	8 (29.63)		
	虚极静笃	0 (0.00)	1 (20.00)	0 (0.00)	1 (100.00)	0 (0.00)	0 (0.00)	0 (0.00)	0 (0.00)	0 (0.00)	2 (7.41)		
	对立统一	3 (100.00)	1 (20.00)	0 (0.00)	0 (0.00)	0 (0.00)	0 (0.00)	0 (0.00)	1 (20.00)	0 (0.00)	5 (18.52)		
	反战思想	0 (0.00)	0 (0.00)	0 (0.00)	0 (0.00)	0 (0.00)	0 (0.00)	0 (0.00)	1 (20.00)	0 (0.00)	1 (3.70)		
	发展变化	0 (0.00)	0 (0.00)	0 (0.00)	0 (0.00)	2 (100.00)	1 (14.29)	0 (0.00)	2 (40.00)	0 (0.00)	5 (18.52)		
	自知	0 (0.00)	0 (0.00)	0 (0.00)	0 (0.00)	0 (0.00)	0 (0.00)	0 (0.00)	0 (0.00)	1 (50.00)	1 (3.70)		
总计		3	5	1	1	2	7	1	5	2	27		

注：* $p<0.05$，** $p<0.01$。

18.52%，自知思想占比3.70%。（2）不同样本报道的主题对于所涉及的老子思想呈现出显著性（$p<0.05$），这意味着不同样本报道的主题对于所涉及思想均呈现出显著相关性。样本的报道主题对于所涉及的老子思想呈现出0.01水平显著性（chi=77.259, $p=0.005<0.01$）。通过百分比对比差异可知，哲学类主题的报道涉及老子的对立统一思想的比例为100%，明显高于平均水平29.53%；艺术类主题的报道涉及道法自然思想的比例为40.00%，明显高于平均水平18.52%，涉及虚极静笃的思想的比例为20.00%，明显高于平均水平7.41%；商业类主题的报道涉及老子的无为而至思想的比例为85.71%，明显高于平均水平29.63%；教育类主题的报道涉及老子的事物发展变化的思想的比例为40.00%，明显高于平均水平18.25%，涉及反战思想的比例为20.00%，明显高于平均水平3.70%。概括而言，不同样本的报道主题对于所涉及的老子思想全部呈现出显著相关性。

四、样本报道对老子形象的呈现

笔者将《华盛顿邮报》样本报道呈现出的老子形象分为6类，分别为哲学家、圣人/神仙、《道德经》作者、思想家、道家思想创始人，还有部分样本报道未呈现老子形象，记为无。具体频数统计情况如表9.5，具体占比情况如图9.5所示。

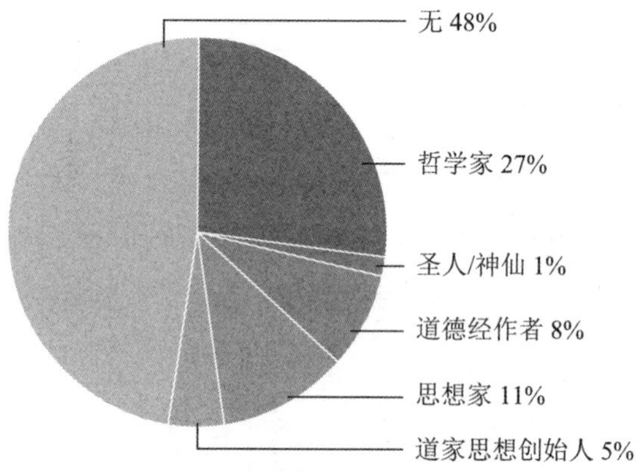

图9.5 样本呈现老子形象占比图

表9.5 样本呈现老子形象分布表

老子形象	频数	老子形象	频数
哲学家	17	思想家	7
圣人/神仙	1	道家思想创始人	3
《道德经》作者	5	无	30

经过统计分析可知,《华盛顿邮报》中呈现的老子形象最多的为哲学家，涉及样本报道17篇，占比27%；呈现的老子形象为思想家的样本报道共计7篇，占比11%；呈现的老子形象为《道德经》作者的样本报道共计5篇，占比8%；呈现的老子形象为道家思想创始人的样本报道共计3篇，占比5%；呈现的老子形象为圣人/神仙的样本报道共计1篇，占比1%；未呈现的老子形象的样本报道共计30篇，占比48%。

在相关性分析方面，用SPSS软件对样本涉及的老子形象和主题内容进行卡方检验，结果是,《华盛顿邮报》在报道时呈现的老子形象与报道的主题类型不具有显著相关性（$\chi^2=58.531$，$p=0.191>0.05$）。可见各种形象出现的文章主题内容没有明显的倾向偏好。

（一）大部分报道未对老子形象进行阐述

统计发现，有48%的样本都未提及或描述老子的形象，此部分报道仅仅提及老子的姓名或《道德经》。部分样本将老子与他人一并提及，如“The art and ambiguity of the world's scriptures”（世界经文的艺术性和模糊性）一文将孟子、大乘、老子和佛陀并列提及；“At Washington, Chris Petersen is making noise with a quiet approach”（在华盛顿，克里斯·彼得森正以一种安静的方式制造噪音）一文提到“Walsh, Laozi and Ralph Waldo Emerson”（比尔·沃尔什、老子和拉尔夫·沃尔多·爱默生）;“In the galleries: Artist explores the dissonance between humanity and the world”（在画廊：艺术家探索人类和世界之间的不和谐）一文提到：在新闻行业有过从业经验的胡赛尼在进行艺术创作时，会引用《道德经》中关于宇宙自然秩序的教导。

（二）老子较多以“哲学家”的形象出现

统计发现，27%的样本将老子描述为“哲学家”。这主要是由于在第二次世界大战结束之后的一段时期内，西方对把科学视作社会发展核心力量的教条产生了怀疑，“西方人在发现自己的哲学发生了内在的困难和矛盾的时候，往往都是中国哲学给它一个适当的调和”，此时老子思想作为调和剂，很大程度上引起了西方社会的共鸣。

（三）存在将老子误解为"神仙"的情况

统计发现，《华盛顿邮报》存在将老子误解为"神仙"的情况。"Peking Opera; Ballet Meets Vaudeville With a Touch of Soap Opera"（京剧；芭蕾舞、歌舞杂耍和肥皂剧的混合）一文在描述中国剧团在美国巡演时进行的一场京剧表演时，将剧团所演绎《西游记》中的"太上老君"这一角色误认为"老子"，文章这样描述道："孙悟空很生气，因为几分钟前，老子的手下把他拎起来，把他整个人扔进一个巨大的陶瓷制用于烹饪的锅里，在火光和滚滚浓烟中烤着。"该片段描述的是孙悟空因偷吃丹药被太上老君抓进八卦炉中炼丹的场景。显然，作者约瑟夫·麦克莱伦（Joseph McLellan）将"太上老君"这一人物形象误认为了"老子"。

第四节　结　语

本研究通过对1977—2021年《华盛顿邮报》有关老子的报道进行内容分析，有以下几点发现：

首先，报道对老子及其思想关注度不断提升，但仍缺少单独报道。通过对《华盛顿邮报》对老子及其思想的相关报道的统计分析可以看出，美国新闻报刊对老子及其思想的重视程度逐年提升。从报道数量来看，1977年至今，《华盛顿邮报》涉及老子及其思想的报道数量整体呈现上升趋势，从报道题材来看，涉及老子及其思想的报道多为观点明确、需要论据支撑的评论类报道与描述性强、情节细致的通讯、特写类报道，老子及其思想经常作为论据或者吸引性、补充性文字出现，由此可见，美国新闻报刊对老子及其思想的接受度和认可度不断提升。且在66篇报道中，没有对老子及其思想持负面态度的报道，这足以证明西方媒体对老子及其思想的认可。虽然对老子及其思想的关注度不断提高，《华盛顿邮报》却并未出现对老子及其思想的单独报道，对老子及其思想的提及多出现于借老子的名言或思想进一步阐释观点或与相关宗教或哲学人物并提的报道中。与经常作为报道主体的孔子相比，老子及其思想的单独报道明显不足。

其次，报道尊重老子思想，对"无为、对立统一、事物发展变化"最为关注。老子的思想涉及范围广泛、全面，被西方媒体用于各个领域的报道中。《华盛顿邮报》主要提及的部分为“无为而治”“对立统一”“事物发展变化”三个方面。相关性分析发现，《华盛顿邮报》涉及的老子思想与报道的主题类型具有显著相关性。“无为而治”作为出现次数最多的思想，常在商业类主题中成为老子代表思想，且会对其具体内涵展开叙述；“对立统一”常在哲学类主题的报道中出现，用于论证事物存在和事物本身的矛盾属性，从而辩证地看待事物；“事物发展变化”常在教育类主题的报道中被引用，阐释水滴石穿、量变达到质变的过程。

最后，报道对老子与中国的态度有明显差异，有时甚至截然相反。虽然《华盛顿邮报》对老子本身无负面态度甚至表现出一定的认可度，但对中国的负面态度十分明显。由于《华盛顿邮报》是美国新闻报刊，许多域外受众通过这个媒介认识、了解中国，所以它对中国的报道很大程度上影响世界对中国的态度。在报道中，老子及其思想往往只简单提及，但对中国却会进行美国主观视角下的负面描述，选择中美之间有明显争议性的事件放大描述，有些报道甚至明显有误。

当然，本研究仍存在一些不足之处。首先，以《华盛顿邮报》单独一家媒体作为研究对象，且样本数量较少，研究结果较为片面。《华盛顿邮报》虽然是美国三大报之一，但是以其一家作为美国新闻报刊的代表，还是有失偏颇，后续可以从其他国家的新闻报刊或非新闻报刊入手，对于其呈现老子形象及思想面貌进行更全面、准确的描述，或者选择多家媒体进行对比研究。本文样本数量有限，可能导致研究结果的失真。笔者选取了从1977年至2021年45年内的66篇报道，大部分报道都仅仅只是提及老子与《道德经》的名字，对于老子的形象与思想并未做进一步的挖掘与扩展，导致研究结果可能并不全面、准确。此外，囿于研究条件，研究无法直接深入该报受众中，对老子形象及其思想的呈现结果与读者的感受进行对照，后续研究可以考虑从这一角度入手进一步扩展补充。

第十章　老子思想在《卫报》的传播

本章以英国新闻报刊《卫报》(*The Guardian*)对老子及其思想相关的报道为对象，运用内容分析法和文本分析法，探究其传播、诠释老子思想的总体特征。研究发现，20世纪90年代至今，《卫报》对老子思想的关注度总体呈现上升趋势，《道德经》是其关注老子思想的主要切入点。在传播形式上，既通过评述聚焦考察，又借助体裁多样的非主题文本灵活呈现。在传播内容上，重点诠释了老子“无为而治”“道法自然”的思想，构建了老子作为《道德经》作者和哲学家这两个主要形象。从传者角度看，作家和新闻工作者占比最大，常以客观中立的态度对老子思想进行呈现，并善于从文化互鉴的角度寻找老子思想对于西方各领域、各人群的积极意义和启示。从传播的准确性上看，《卫报》能较为准确地对老子思想的基本要义进行传播，但也存在对老子思想认知浅层、脱离语境生搬硬套、译介不准确带来的误解问题。从报道的文本特征上看，《卫报》善于通过对人称、文本结构、修辞的灵活运用，化陌生抽象为西方读者熟悉的经验，增强内容的真实性、可读性和说服力。最后，结合《卫报》传播老子思想的文本与现实的互动关系可以发现，中国国家能力及国际影响力的不断提升和西方所遭遇的现代文明危机，是《卫报》不断挖掘、阐述、讨论老子思想的重要现实语境。

第一节　绪　论

一、研究背景及意义

随着中国经济实力和国际地位的提升，中国文化"走出去"愈发得到重视，老子思想蕴含着深厚的中国智慧，成为中华文化对外传播的重要载体。1995年，我国立项的首个中国文化典籍出版工程《大中华文库》，就将记录老子思想的《道德经》纳入其中并推向世界；此外，据学者统计，截止到2020年5月，《道德经》的英、法、俄、德、西译本数量已高达1,106种，译本数仅次于《圣经》。可见，老子思想不仅是国内备受认可的中华文化的代表，还在西方世界拥有广泛的受众和巨大的影响力。

随着老子思想带入西方世界，考察其在西方主流媒体中的传播状况，不仅能呈现出中华文化国际影响力的变化图景，还能反映出西方世界对其接受程度，这将有助于优化我国文化的域外传播成效。

在这一背景下，本研究以西方媒体对老子思想的传播为切入点，选取英国主流报纸《卫报》的相关报道。首先，中英在文化领域中的互动源远流长，研究老子思想在英国如何被传播、在哪些议题中被广泛提及，更能展现中西方文化交流与碰撞的效果。其次，近半数的海外受访者主要通过本国传统媒体了解中国，而《卫报》作为英国历史悠久的主流报纸，具有广泛的受众、巨大的传播力和影响力，是英国受众了解中国的窗口。[①]因此，通过分析英国《卫报》对老子思想的报道主题、内容呈现、叙述策略等，能够更准确地展现海外受众对老子思想的接受度和理解度，呈现海外受众眼中的中华文化。

考察老子思想在《卫报》的传播图景的同时，本研究还将通过对报道内容的解构，分析媒体报道背后存在的误读、刻板印象等问题，这将为我国

① 当代中国与世界研究院对外传播研究中心. 中国国家形象全球调查报告2019［EB/OL］. http://www.accws.org.cn/achievement/202009/P020200915609025580537.pdf.

针对性地改进对外传播策略，提升中华文化的国际影响力提供借鉴。

二、研究综述

（一）老子思想在西方的传播研究

老子思想涉及自然宇宙、治国理政、为人处世等多个方面，哲学、政治、教育、战争等多个领域，集中体现于《道德经》一书的文本中，以其思想为宗脉，还形成了学术派别道家。目前，国内外学者主要关注老子思想域外传播效果及国际影响、影响海外受众认知老子思想的各种因素、老子思想国际传播的历史和现状、老子思想国际传播的难点问题以及老子思想国际传播策略这五个方面。

1. 老子思想域外传播效果及国际影响的研究

对老子思想在域外传播效果的研究，主要考察了老子思想对西方学术界、社会及民众的影响。姜国柱（1991）认为，老子思想不仅影响了西方哲学家，同时也渗入了西方社会的日常，20世纪末英国伦敦街头男女着装上印有的“道”“无为”等字样，就是一种直观的体现；克拉克（Clarke，2002）指出了老子思想在西方科学、文化、社会观念中的体现及适用性，认为其正获得西方不同领域的人们的关注。

老子思想域外传播对于学术界的影响是学者们关注的焦点。总体上看，研究者认为，西方学术界正不断深入认识老子思想的多重内涵，在这一过程中启迪自身，并赋予老子思想更丰富的意义，如将老子思想视为一种环境哲学的体系进行阐述（谢扬举，2001）或在老子思想的启发下完善教育理论和学说（陈明、吕锡琛，2013）。国内众多研究者考察了老子思想和西方哲学、经济等学术领域思想和观点的相互影响。如沈湘平（2001）将老子“无为”“道”等思想与哈耶克的自然秩序思想相比较，认为两者貌似相通，实则内涵不同，反映了不同的思维方式和时代背景；马德成（2007）从西方自由主义的视角切入，通过分析文本，指出老子思想中蕴藏着西方自然法、非干预主义、博爱主义等思想；汪振军、杨利贞（2018）将老子思想中的传播观点与西方传播思想相比较，认为老子崇尚自然、和谐、包容的传播思想能够弥补西方传播学的不足。

目前，这一视角的研究多从宏观层面对老子思想域外传播的国际影响力进行描述和分析，且更多从学术角度出发。相比之下，通过受众反馈或从微观角度考察老子思想在西方传播效果的研究仍较少，李书影、王宏俐（2020）基于数据分析技术，在图书社交平台对《道德经》英译本的英美受众评论进行分析，更直观地考察了西方受众对于老子思想的情感态度。

2. 影响海外受众认知老子思想的各种因素的研究

老子思想因内涵丰富而具有充足的解读空间，因此，在域外传播过程中，老子思想如何被改写、重述和阐释，即针对传播内容的研究得到了较多关注。由于《道德经》译本是传播老子思想和海外受众认知老子思想的主要媒介，因此，这一类型的研究通常从译介学角度出发，使用文本分析、对比等方法。研究认为，传播的时代背景、传者传播的动机和特点、受众需求等因素，都会影响老子思想域外传播的内容和海外受众对于老子形象及思想的认知。

首先，学者研究指出，西方世界在诠释异质文化时通常受到其时代背景和精神的影响。在以实用主义价值取向为时代精神的16—18世纪，老子思想的域外传播服务于西方宗教、政治文化传播的目的，在传播内容上附会《圣经》；进入20世纪后，在科学时代人文主义的危机下，逐渐将老子思想视为带有启发性的异域文化，从文化互鉴角度进行传播（张娟芳，2002）。温军超（2013）总结了不同时代背景下老子思想译介传播内容的特征：17—18世纪是基督教的补充；鸦片战争后以西方中心主义视角被认知；世界大战间被视为治愈西方社会的良方；进入20世纪60年代后，在全球文化多元互动的广阔视角下，西方开始对老子思想进行中国文化语境下的解读和多主题的阐释。唐雪（2018）通过考察《道德经》德译本，指出老子在域外世界的形象变化过程与接受国的时代背景紧密相关：在基督教传教的背景下，老子被视为“先知”，在欧洲受战争折磨的时期，老子则化身为传递智慧的“中国智者”。

其次，学者的研究也注意到，传者的身份、传播动机、受众需求也是影响老子思想传播的因素。许理和（Erik Zürcher）、张海燕（1993）分析了西方各流派对老子思想的解读，认为不同的传者往往按照自身文化背景对老子思想进行再生产和传播，有时仅将老子思想作为外来“例证”证明自身。保罗·戈尔丁（Goldin, PR., 2002）注意到译者素质和读者接受度对老子思想域外传播内容的影响，他们发现部分西方《道德经》译者并不懂中文和中国文化，根据经验和过往译本进行翻译，并经常扭曲和简化老子思想，但这些译作仍受到西方读者的欢迎，原因在于读者认为这些文本更容易理解，更符合他们的经验。刘固盛、吴雪萌（2011）分析了不同动机的传者对老子思想诠释上的区别：作为英籍传教士的湛约翰有意将老子思想引入神学服务于传教目的，而英国汉学家理雅格则相对客观地区分“道”与上帝，并挖掘了老子思想中的人文主义和反战思想。谭渊（2011）关于《道德经》在德国译介传播的研究发现，随着译者群体从传教士、神学家、文学家、职业汉学家转变为教育工作者、记者、企业经理、心理医生，老子思想也从宗教取向的传播走向大众生活领域，成为中西文化的桥梁。

3. 老子思想在海外的传播历史和现状研究

有部分研究者描绘了老子思想在域外传播的历史和现状。如辛红娟、高圣兵（2008）通过对英语世界译介《道德经》三次高潮中的译本数量、出版频率、翻译策略等进行总结梳理，呈现出老子思想在西方的传播路径和特点；赵志刚（2015）认为对于老子思想的研究已经走向了“全球化”道路，当下各国正从跨文化比较视野之中认识老子思想；姬艳芳、戴遂良（2019）描述了戴氏《道德经》法译本的流传及影响，展现了法国对老子思想研究从开垦到热衷的转变，法译本对英语世界传播老子思想的促进、对海外读者理解老子思想的影响等；武志勇、刘子潇（2020）通过对《道德经》主要语种译本的统计，梳理了老子思想在英语、法语、俄语、德语和西班牙语世界的传播路径和特点，指出老子思想的西传皆始于传教士之手，而中华文化和老子思想本身的魅力、国家的强大、良好的国际关系等是老子思想得到西方世界关注的原因。概括而言，这些研究关注老子思想在西方世界的传播路径和阶段，在研究方法上多采用统计分析，复现老子思想域外传播的动态过程。

4. 老子思想国际传播现存问题的研究

部分学者研究了老子思想在域外传播过程中面临的阻碍，由于《道德经》是老子思想域外传播的主要载体，因此，这一视角的研究更多关注译介传播中的困难，在方法上采用文本分析，如章媛（2012）在研读数百种道德经译本的基础上，以“自然”这一老子思想中的核心概念为考察点，分析翻译传播中误释、误解产生的过程。

概括而言，此类研究认为，中西文化、语言、思维上的差异是导致域外受众无法准确理解老子思想的核心原因。如谭静（2006）指出，《道德经》全书在阐释和传播老子思想内涵时，运用的是形象性、整体性的东方思维方式，这使得习惯于抽象性、分析性思维方式的西方传播者在译介传播时不自知地产生误解，无法准确把握老子思想的内涵。袁臣（2011）注意到了《道德经》中众多承载中华特有物质、宗教、社会、生态文化的负载词，进而分析了这些词语在译介过程中文化意义丢失和被曲解的过程，从微观层面反映出文化因素在老子思想对外传播中的重要意义。张骋（2013）指出西方世界对于老子思想的核心概念“道”的误解和误释，从根本上看是源于中西方不同的文化基础：西方具有超越理论，而中国哲学则追求天人合一。

5. 老子思想国际传播策略研究

少数学者为老子思想的国际传播提出了建议。如温军超（2012，2013）从传播内容和传播渠道角度，提出可以将道家思想文化、道教宗教文化视为老子文化的内容资源，通过我国报社、网站、发言人的直接传播和海外华文媒体及西方媒体的间接传播，提升多主体的传播意识，以媒体融合的技术手段，在加大资金政策支持，完善传播团队、文化产业链的基础上，推进老子思想的国际传播；潘丹丹（2018）则以拉斯韦尔的5W理论为模型，认为通过译介《道德经》传播老子思想时，应致力于构建中华文化与域外文化对话的场域，尝试将《道德经》中内含的中华文化转化为世界各国接受的价值观念。

（二）《卫报》研究

《卫报》创立于1821年，由于其在数字转型、内容传播等方面的创新尝试，一直以来备受学界关注。目前的研究主要聚焦于《卫报》的变革和创新发展、《卫报》对中国形象的认知和构建，少数研究关注了《卫报》对中国传统文化的传播。

1.《卫报》转型实践和成效的研究

对《卫报》转型发展的研究既关注了其商业模式转变的具体实践和成效，又关注了在内容生产和呈现上的创新变革和特征。如张建中、约书亚·本顿（2019）指出了《卫报》商业模式的转变：数字资源正代替印刷广告成为收入增长的主要动力；同时，在坚持传播自由的前提下，《卫报》以数字订购产品中的会员模式赚取读者会费、请求资金捐赠，避免了使用阻隔大众获取信息的付费墙模式。学者们观察到，这些创新变革正使《卫报》扭亏为盈，在数字化时代实现可持续运营。

相比之下，《卫报》内容生产上的创新和特征得到了更多研究者的关注，主要聚焦了由《卫报》引领的开放式新闻以及数据新闻。如周宇楠、叶新（2017）认为，《卫报》通过开放式服务使用户得以参与内容生产环节，实现了以参与、互动、透明为核心的开放式新闻生产；邹晓宇、王亿本（2018）认为《卫报》在向读者和平台开放内容和数据的同时，也使数据新闻成为一种新闻品种，使其自身成为该领域的先驱。

概括而言，国内学者侧重于通过梳理和归纳《卫报》转型发展的策略，挖掘国内媒体可借鉴的经验；而国外学者则倾向于对《卫报》在"开放"和"数据驱动"的理念下，对内容生产的过程和效果进行更细致的考察。如埃德森·谭多克等（Edson C. Tandoc et al., 2017）对《卫报》的260篇数据新闻进行了内容分析，认为其在对新闻素材的使用方式上进行了创新，但本质上仍遵循传统新闻的价值和原则；怀特和斯科特等（Wright and Scott et al., 2020）对2006—2017年间《卫报》新闻网站评论区内记者与读者的互动进行研究，发现读者对评论空间的关注度不断增加，但由于评论数量激增、推特（Twitter）等新媒体重要性增加、不文明评论的出现等因素，记者的参与度逐渐降低。

2.《卫报》对中国形象的认知与构建研究

部分研究者关注《卫报》涉华报道中中国形象的构建，探讨报道背后的权力关系、刻板印象、意识形态差异等问题，呈现了各领域热点议题中的中国形象。如童之侠（2011）注意到新闻话语和意识形态的关系，对报道中出现的互文、隐喻进行批判话语分析，展现出《卫报》隐蔽的对华立场和态度；刘涛（2016）研究了《卫报》和《纽约时报》涉华报道中数据新闻的视觉框架，指出选择、重组、生成数据的过程能够起到重构现实的作用，西方媒体正是通过这种视觉修辞将中国塑造为"异化的共在"。

3.《卫报》对中国传统文化传播的研究

搜集文献可知，仅有少数研究关注了《卫报》对中国传统文化的传播，基本上皆以孔子学院为研究对象，这些研究重点关注了海外媒体在传播中国传统文化时的诠释方式、情感态度和动机，但在结论上不尽相同。如刘程、安然（2014）认为英国媒体在报道时有意淡化对孔子学院自身的关注，强调孔子学院与中国政府的关联，并将其与“中国威胁论”相联系；彭飞、于晓（2016）则指出英国媒体眼中的孔子学院的形象呈现基本为正面，前人指出的有意误读并不存在；焦俊峰、刘美兰（2019）揭示了国际文化权力关系和意识形态对其传播中国传统文化的影响，通过对比《卫报》和《纽约时报》在构建孔子学院形象时的差异，发现前者侧重从正向的文化传播角度切入，后者则把孔子学院与政治宣传机构进行关联。

（三）国内外相关研究的评述

结合上述分析可知，首先，目前对于《卫报》的研究，主要关注其作为传统报业的发展和创新经验、其对中国形象的认知和构建。有关《卫报》对中国传统文化传播的研究较为不足，且主要以孔子学院为关注对象，对在中西方皆具有影响力和知名度的老子思想，则没有进行专门考察。

其次，对于老子思想在海外传播的研究，现有的研究在方法上多采用文献分析、文本分析或在数据统计的基础上进行对比和归纳；在研究内容上，既从宏观层面分析了老子思想在海外的影响力、传播路径、不同时期的特征和变化，提出传播策略和建议，又从微观层面考察了译者对文本的把关、传播内容失真与误释的原因、受众认知和反馈等，取得了一定成果。但是，少有研究关注海外媒体报道对老子形象及思想的呈现特征。

值得注意的是，媒体作为传播域外文化的重要渠道之一，能够通过为海外受众构建有意义和倾向性的文本世界，影响他们对于域外文化的接受和理解。同时，相比起西方汉学界对老子思想较为学术性和深层次的传播，海外媒体报道中呈现的老子思想更能代表普通民众对于这一域外文化的接受和理解程度，从这一角度入手，能从侧面展现老子思想在海外的传播效果。第三，正如文献综述中已提及的，老子思想在西方的传播已经浸入西方社会的各种领域，而媒体报道正涵盖了社会的各方面，因此，从媒体对老子思想的呈现角度展开研究，更能呈现出老子思想与西方社会的互动。

综上，本研究通过分析《卫报》对老子思想的呈现和演绎，考察老子思想在西方的传播，这既能够弥补《卫报》对中华传统文化传播中有关老子研究的空白，又能从媒介呈现视角丰富相关研究。

第二节 研究思路和方法

一、研究思路

本研究以英国新闻报刊《卫报》涉及老子思想的报道全样本为对象，运用内容分析法和文本分析法，研究其对老子思想的呈现。

具体而言，本研究重点关注和回答以下三个核心问题：

1.《卫报》报道“老子思想”的基本面貌是什么?

2.《卫报》主要关注和传播了老子哪些思想？构建出了怎样的老子形象?

3.《卫报》有关老子思想的报道文本有何特征？是否存在某种误读?

本研究旨在通过量化和质化相结合的方法，从宏观层面展现老子思想在英国新闻报刊《卫报》报道中的总体特征，并结合微观层面对具体文本的分析，探索海外媒体报道老子思想时存在的刻板印象、意识形态等问题，希望借此丰富我国传统文化域外传播的研究。

具体来说，有以下四个步骤：首先，通过阅读文献，梳理目前学界对于老子思想在西方传播研究的维度和取向。其次，对《卫报》样本进行量化的内容研究。再次，在量化分析的基础上，结合有代表性的新闻文本进行分析，挖掘《卫报》有关老子思想报道的文本特征和隐含意义。最后，总结和分析研究结果。

二、研究方法

本研究采用内容分析法和文本分析法。内容分析法被广泛应用于传播媒介方面的研究，是一种非介入性的社会研究方式。本研究搜集《卫报》有关老子思想报道的全样本，从报道数量、报道关键词、报道态度、报道体裁、报道涉及主题、报道中提及的老子形象和呈现的老子思想等方面，分析其在宏观层面对老子思想的报道特色、主题和态度倾向，以期呈现《卫报》对老子思想报道的图景。

文本分析法常用于对媒体内容进行定性分析，其将文本视为独立于生产者意图及受众接受的文化实践产物，关注文本隐含的意识形态、省略、预设及文化因素。这种方法能够与注重显性内容的量化研究方法互为补充。一般选取具有代表性的文本进行分析。本研究将选取与老子思想具有高相关度的新闻报道文本，从修辞、叙事、文本结构等方面入手，分析和归纳《卫报》关于老子思想的报道的特征。

三、样本和分析类目构建

我们的研究对象为《卫报》，分析单位为与老子思想有关的新闻报道，既包括全篇以老子思想为核心议题的报道，即主题文本，也包括其他各类议题中描述老子形象或运用老子思想阐述、佐证观点的报道，即非主题文本。在时间范围上，本研究不限定特定范围，对全样本进行考察。需要指出的是，本研究考察的新闻报道包含了各类新闻体裁，而新闻图片、图表则不在本研究的考察范围内。

具体而言，本研究在道琼斯Factiva数据库中检索与老子思想相关的关键词“老子”“《道德经》”“道家”“道教”，选定日期为所有时间。其次，将资料来源选择为“《卫报》(*The Guardian*—All sources)”。检索显示，截至2021年3月11日，共有194篇报道，经过人工阅读、整理，在剔除重复及不相关（指内容与老子及其思想无实质关联）的新闻报道后，本研究最终将46篇报道作为内容分析和文本分析的资料，这些报道的时间跨度为1993—2019年。

综合研究问题对样本进行研读，并参考有关研究中的类目构建，本研究主要关注以下类目（见表10.1）。

表10.1　内容编码表

类目	编码
报道体裁	A1-消息；A2-通讯、特写；A3-评论、评述；A4-深度报道；A5-其他
报道关键词	B1-老子（Lao Zi、Lao Tze等）； B2-《道德经》(*Dao De Jing*、*Tao Te Ching*等)； B3-道教、道家（Taoism）
报道相关程度	C1-主题文本；C2-非主题文本
报道刊发年份	直接统计年份

续表

类目	编码
引用《道德经》章节	直接统计章节
涉及主题	D1-宗教；D2-哲学；D3-艺术；D4-文化；D5-体育；D6-娱乐；D7-资讯；D8-政治；D9-商业；D10-犯罪；D11-环境；D12-科技；D13-生活方式；D14-管理；D15-教育
涉及的老子思想	E1-道法自然；E2-无为而治；E3-和谐共生；E4-少私寡欲；E5-虚极静笃；E6-柔弱不争；E7-反战思想；E8-千里之行，始于足下；E9-对立统一；E10-天下大事，必作于细；E11-知人者智，自知者明；E12-其他；E13-没有涉及
提及的老子形象	F1-哲学家；F2-圣人；F3-道家思想的创始人；F4-神秘主义者；F5-诗人；F6-《道德经》作者；F7-思想家；F8-其他；F9-无
作者身份	G1-新闻工作者（包含记者、编辑）； G2-作家（包含专栏作家、小说家）； G3-学者（国内外各领域的专家学者）； G4-其他身份； G5-身份不明及未署名
情感态度倾向	H1-正面；H2-负面；H3-中性

第三节 《卫报》涉及老子思想报道的内容分析

根据上述类目，我们对分析单位进行了编码及量化统计，以下为具体发现：

一、《卫报》对老子思想的关注情况

（一）文本数量

经统计，在《卫报》中涉及老子思想的46篇文本中，有80.4%是在报道或评论其他议题时，对老子思想或形象有所涉及；相比之下，仅有不到20%的文本全文以老子思想的相关内容为主题进行报道、说明或评论（如图10.1）。可见，《卫报》围绕老子思想深度挖掘的报道总量较少，更多是在提及老子形象或引用其思想。这可能是由于《卫报》更关注当下社会现实中的

议题、事件与人物，而老子作为中国历史人物，较少直接与热点事件产生关联，因此，主题文本占比较少。

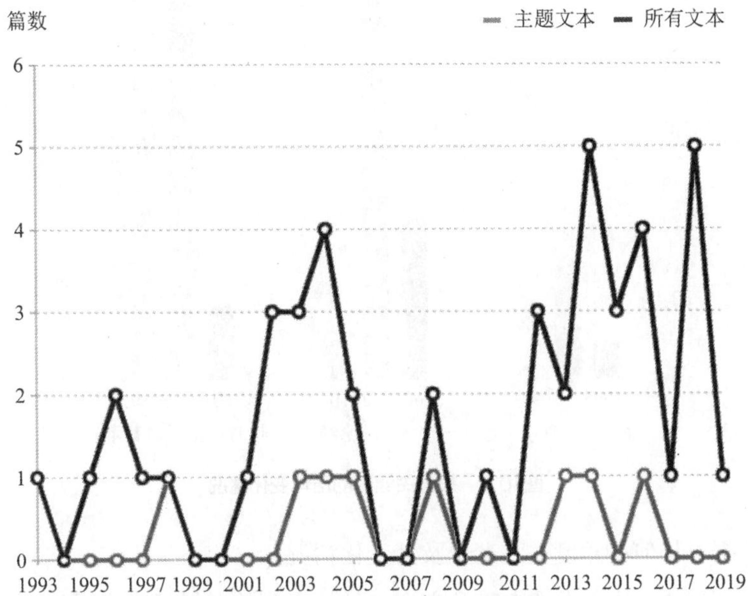

图10.1　文本数量的历年变化情况

从文本数量的历年变化情况来看，无论是主题文本还是文本总量，总体呈上升趋势（如图10.2）。对于主题文本来说，年报道数量始终在0—1之间浮动，进入21世纪后，主题文本的数量相对增加；对于文本总量而言，进入21世纪后每年的报道量较之前出现了明显增长，尤其是2011—2019年，《卫报》每年都有涉及老子的报道，且峰值及谷值较之前均有所上升，这说明《卫报》对老子思想的关注尽管有起有落，但新世纪以来总体上处于增长态势。这背后的原因可能是，香港回归后，中英两国领导人互访，两国关系日趋紧密，英国媒体愈发关注中华文化的价值和意义，因此，涉及老子思想的相关报道不断增加。

（二）认知视角——文本关键词及体裁

《卫报》涉及老子的报道分别从"老子"（Lao Zi、Lao Tze等）、"《道德经》"（*Dao De Jing*、*Tao Te Ching*等）、"道教及道家"（Taoism）三个认知视角切入。因此，通过统计文本中关键词的分布及变化情况，能大致展现

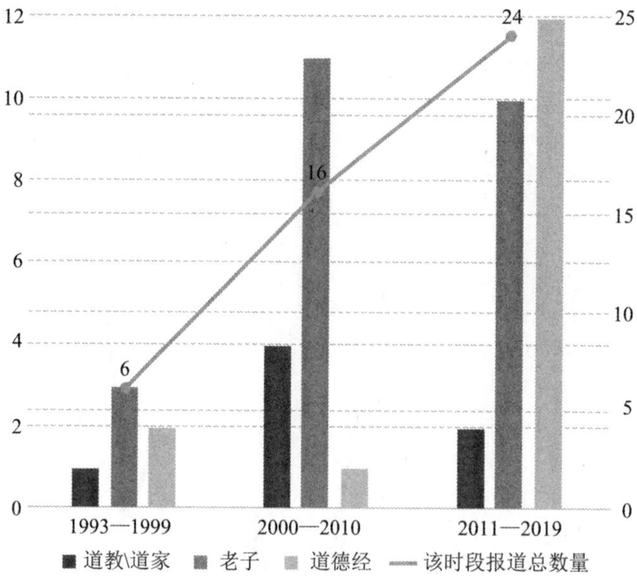

图10.2 报道关键词的历年变化情况

出《卫报》从何种角度关注老子及其变化情况。

如图10.2，结合报道内容及文本内被检索到的关键词频次可知，以“老子”为文本关键词，即直接提及老子本人，进而讨论其形象、思想的报道，在每个时期都占较大比重，这说明老子这一中国古代人物在国外受众中的认知度、熟悉程度、关注度较高。相比之下，从“道教及道家”这一认知视角切入的报道，尽管21世纪以后数量有所上升，但总体上比重较小。此外，以《道德经》为关键词的报道数量在这30年间发生了明显变化：1993—2010年间，这一视角的文本并不占主流，但在2011年以后，它超过关注“老子”和“道家及道家”的文本，居于首位，这可能是由于海外受众对老子的认识深度及熟悉度都在不断增加，因此，《卫报》的相关报道开始将更多注意力转移到了《道德经》内容的诠释、分析和讨论上。

此外，通过分析报道的体裁分布，也能呈现出《卫报》关注和传播老子思想的表现形式、风格和语言特征。如图10.3可知，通讯、特写和评论、评述是《卫报》涉及老子思想报道的主要体裁，而消息和深度报道则较少，这说明《卫报》在传播老子思想时更多采用形象生动、故事化、场景化的表现手法，感染力强，具有鲜明的态度及观点。

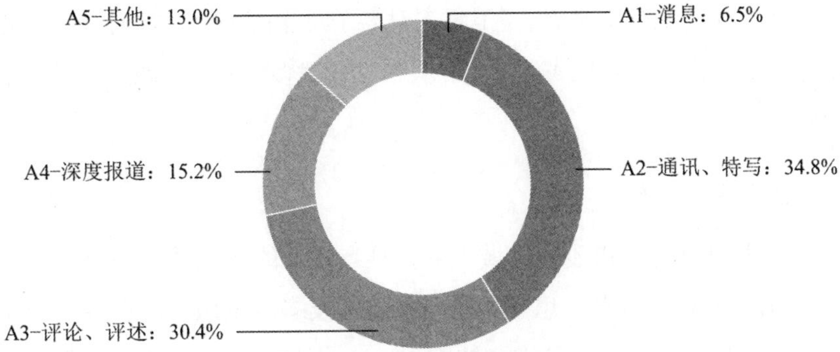

图10.3　样本的报道体裁分布

进一步考察主题文本与非主题文本报道体裁的分布及历年变化，可得图10.4，可以发现，主题文本中尤其以评论、评述体裁居多，这说明《卫报》中以老子思想为核心主题的报道，侧重于通过分析和评价与老子相关的事实和观点，进而表达作者自身的立场和主张。而在非主题文本中，随着时间推移，报道体裁的种类开始变得丰富——无论是简明扼要的消息，还是深刻全面的深度写作，抑或是访谈摘要、副刊等，《卫报》将老子思想与各种具体的新闻事件相融合，使其出现在各种不同的新闻情境中，通过对老子形象的阐述及名言的引用，使其得到了灵活多样的呈现。

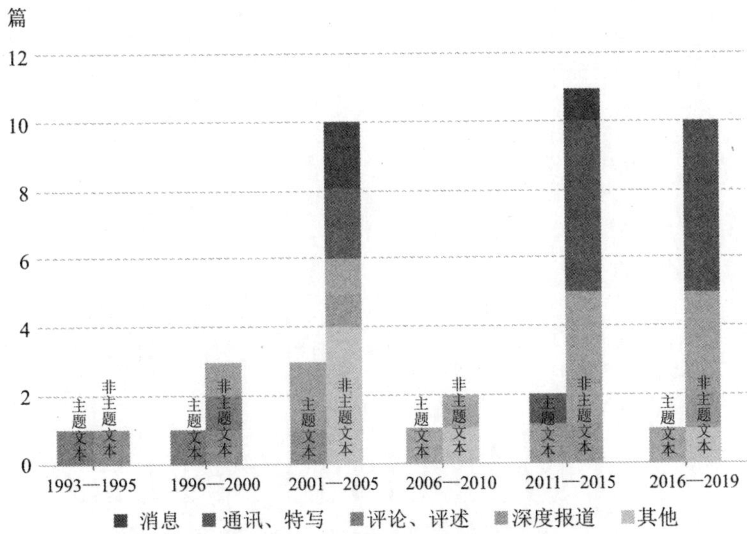

图10.4　主题文本与非主题文本报道体裁的对比及历年变化

综上所述，从体裁来看，《卫报》对老子思想的关注，既通过以评述为主的主题文本进行了聚焦式的考察，又借助体裁多样的非主题文本进行了灵活呈现。

（三）主题分布

老子思想因内涵和涉及领域丰富，具有多样的解读及应用空间。由图10.5可知，《卫报》对老子思想的报道文本涉及多种主题，其在各个领域内的启发性和参考价值得到了充分挖掘和讨论。其中，有30.4%（14篇）的报道属于文化主题，占据首位，具体包括对涉及东方文化书籍的评论和解读、道家文化对人们生活和心理的启发以及《道德经》对国外作家的影响等，需要指出的是，文化主题中出现了多篇主题文本，它们重点讨论了《道德经》对老子思想的呈现、不同译本的文本特点和作者的阅读感受。

其次，有一定数量的文本与宗教（5篇）和政治（5篇）主题相关，宗教类文本展现了西方视角下的道教形象，并把道教中的某些思想与基督教并提或进行比较，政治类的报道则涉及国内外的时政新闻，既有中国在国际会谈中对老子名言引用的客观展现，也有借用老子"无为"思想对政治家的行为进行评论，或将其与无政府主义的思想一同提及。位列第三位的

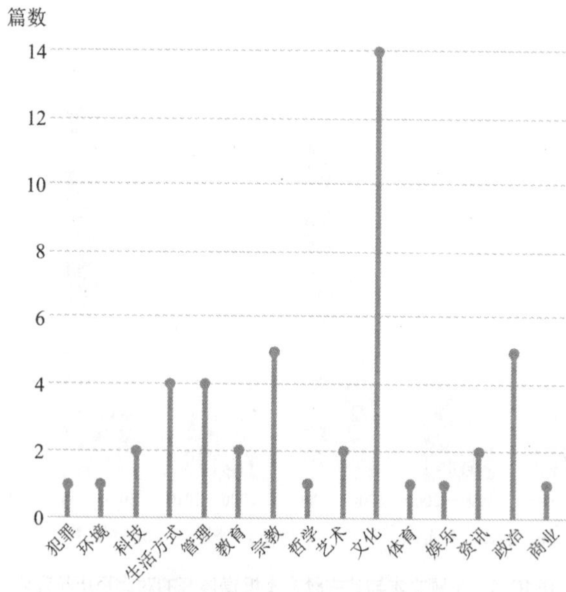

图10.5 文本涉及主题分布情况

是管理类（4篇）和生活方式类（4篇）的文本，这两种主题的文本都注重挖掘老子思想对人的启发，前者侧重于将老子的管理智慧传播给各行业的管理者，使其提升工作效率，改善与员工的人际关系，后者则将老子的生活智慧传递给更广泛的西方民众，使其了解如何在生活中调整心态，取得积极正向的个人发展。

此外，报道对科技、教育、艺术、资讯、哲学、环境等主题皆有少量涉及，或是巧妙化用老子名言佐证文章观点，或是从不同维度描述老子形象、观照老子思想，如环境主题的文本讨论了老子关于水的思想，而艺术主题的文本则讨论了艺术创作时需要减少刻意控制，涉及老子“自然”之思想。

二、《卫报》中传播老子思想的传者画像

（一）主要传者人群

如图10.6所示，老子思想的传者以作家为主（36.1%），其次是新闻工作者（25.5%）和学者（14.9%）。这说明具有知识生产主动性的作家在老子思想的跨文化传播中起到较为重要的作用。值得注意的是，在主题文本中，作家占到了10.6%，而新闻工作者则是0，这可能与新闻工作秉持的客观、中立原则有关；相比之下，作家的身份使其有更多空间在文本中分享他们对老子的主观性看法和评论。此外，学者这一身份的占比虽然不是最大，但是在主题文本（4.3%）与非主题文本（10.6%）中皆有出现，这说明了《卫报》中有部分传者倾向于从学术性和专业性的角度为西方受众解读老子思想。

图10.7展示了《卫报》中传播老子思想的所有传者。由图可知，个别作者在《卫报》中发布了多篇涉及老子思想的报道，例如负责撰写心理学专栏“This column will change your life”的奥利弗·布克曼（Oliver Burkeman），他在《卫报》中有2篇文章引用老子思想对个人的身心健康提出建议；又比如推理小说家达米安·沃尔特（Damien Walter），他在《卫报》中发布过有关《道德经》对现代生活意义的文章，同时又在介绍美国作家的文章中提及了《道德经》对其写作的影响。需要指出的是，由于本研究中《卫报》总样本数并不多，因此无法对作者身份和其传播老子思想时的特点做出更深入的分析，在更大样本的研究中，可以进一步留意高频作者的身份和其传播倾向性、传者身份和传播内容之间的关联性等问题。

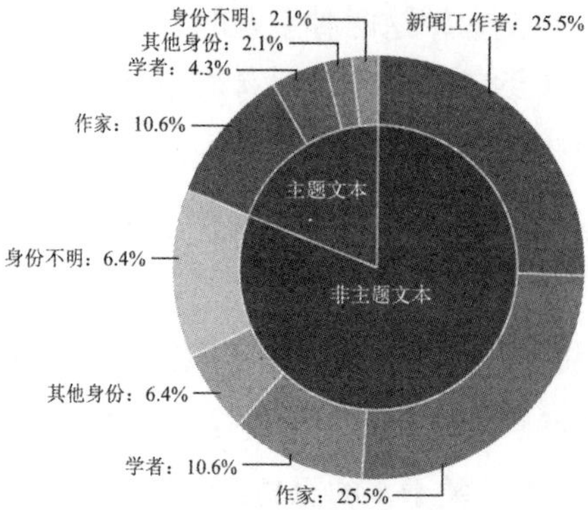

图10.6 报道作者的身份分布情况

图10.7 作者词云图

（二）传者身份的变化

此外，如图10.8所示，《卫报》中涉及老子思想报道的传者身份随时间推移发生了变化。21世纪前，学者是老子思想的主要传播者，而进入21世纪后，不仅传者的身份趋于多样，且作家和新闻工作者的比重逐渐超过学者，他们开始在老子思想和文化的传播中扮演主要角色。

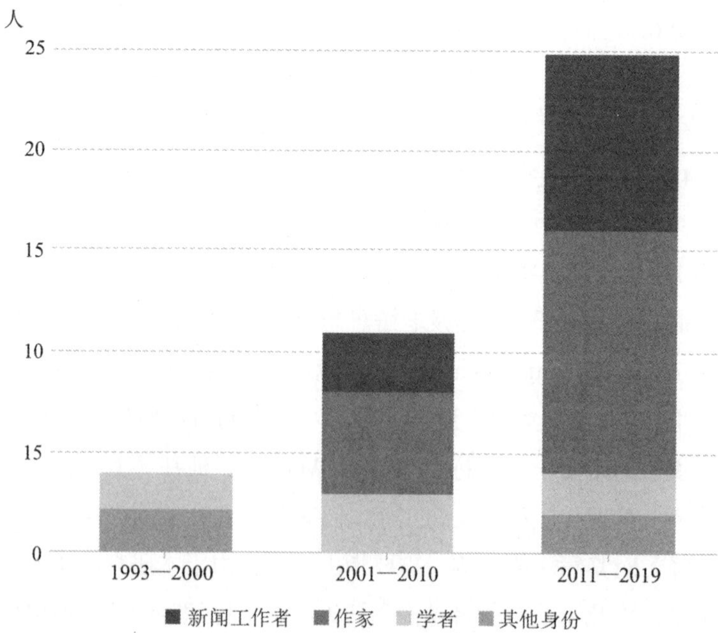

图10.8 传者身份的变化情况

三、《卫报》对老子形象及思想的呈现

（一）老子在《卫报》中的形象及变化

《卫报》的报道一般通过指代词、形容词、动词赋予老子不同的形象。如将老子描述为《道德经》作者时，使用“was written by Laozi、reckoned Lao Tzu in *Tao Te Ching*、as expressed in Lao Tzu's *Tao Te Ching*”等，或直接称其为“the reputed author of *Tao Te Ching*”；其余形象则有更具象的指代词，如“philosopher”（哲学家）、“poet”（诗人）、“sage”（圣人）、“mystic”（神秘主义者）、“thinker”（思想家）、“founder of Taoism”（道家思想的创始人），等等。

如图10.9所示，有25.9%的文本将老子描述为《道德经》作者，其后分别是哲学家（18.5%）、道家思想的创始人与圣人（皆占14.8%）、神秘主义者和诗人（皆占7.4%），少量文本称其为思想家、学者、宗教改革家等。

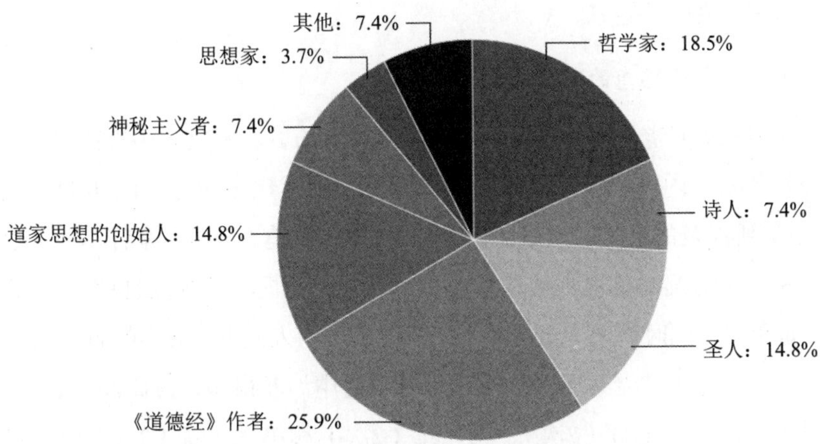

图10.9 老子在《卫报》中的形象分布情况

若从时间维度上考察老子形象在《卫报》中的变迁，可以发现老子形象逐渐趋于多样，如图10.10所示，哲学家的形象从无到有呈现上升趋势；《道德经》作者的形象始终保持一定比重；道家思想创始人的形象则呈下降趋势；圣人形象稳中有升；思想家这一形象则是2011年后出现的。这些变化可能是由于西方在传播老子思想时，愈发注重其对自身社会的哲理启发，淡化

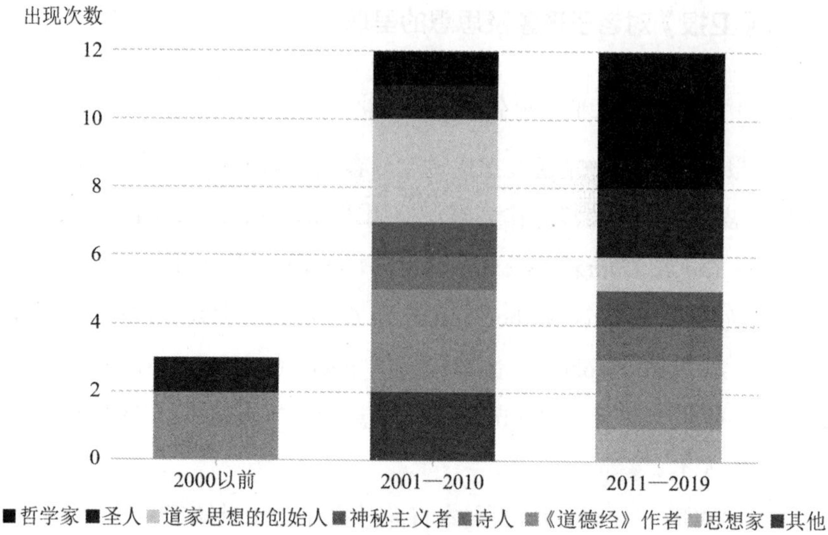

图10.10 老子形象的变化情况

了其宗教色彩，因此，老子更多以哲学家、《道德经》作者形象出现，代表着来自东方文明的智者。

（二）老子思想的呈现状况

《卫报》对老子思想的呈现主要通过两种方式：在文本中直接引用《道德经》各章节内容，或是以间接方式概括、叙述老子思想。图10.11展现了《卫报》所涉及的各种老子思想的占比，图10.12是《卫报》全样本对《道德经》的引用情况的呈现。从总体上看，对“无为而治”“道法自然”思想的呈现是重点，同时展示了老子关于宇宙自然、为人处世等方面的思想内涵。

首先，老子“无为而治”的思想在报道中涉及最多，占比20.6%；在章节引用上，第十七章（7次）、第三章（2次）和第六十章（2次）皆通过不同角度的论述表达了这一思想。事实上，这一思想产生于动荡不安的春秋战国转型期，由于看到了杀戮的残酷、各思想学派“以智乱国”使民众苦不堪言的现状，老子批判性和创新性地提出了通过顺应规律和自然，顺势而为的“无为”思想，强调不过多干预，循道而行，最终达到“无为生有为”的治国、修身思想。

从涉及这一主题的文本中可以发现（如图10.13），它的内涵和意义主要在文化、管理、政治主题之下得到了诠释和再创造。如文化主题下，有

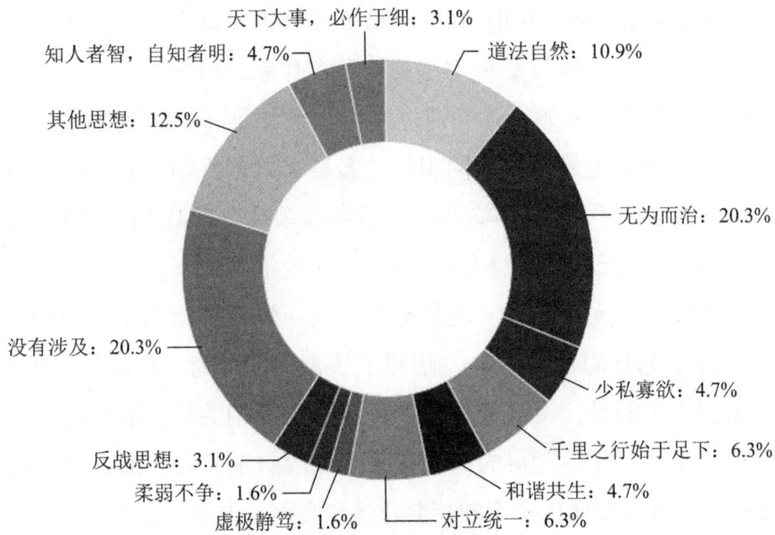

图10.11　报道涉及的老子思想占比

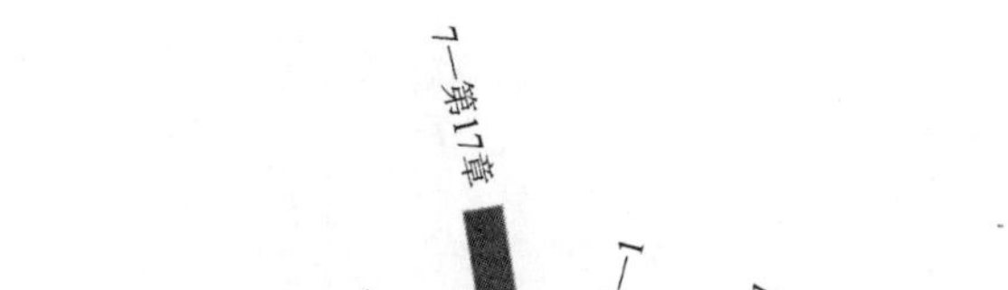

图10.12　报道对《道德经》文本的引用情况

关于美国作家乌苏拉·勒金的深度报道，她曾翻译过《道德经》，老子思想影响了她的写作风格和内容。作者在描述她的成就时引用了第十七章的内容“true leaders/ are hardly known to their followers”，用类比方式表明尽管她是个开创和引领科幻奇幻小说的著名作家，但她却没有她所应该的那么出名，说明真正的领袖往往通过无为达到有为。在管理主题下，《道德经》第十七章得到了最多次数的引用，多篇文章都将领导者存在但不被意识到，即“太上，不知有之”，视为各行各业领袖应当追求的境界，建议管理者实行参与式管理，尊重和信任员工。在政治主题下，一篇有关无政府主义的报道认为，无政府主义的思想和行为可以追溯至老子，引用了《道德经》第五十七章的相关内容，阐释了统治者“有为”可能带来的弊端。然而，需要指出的是，将老子思想和无政府主义相关联，很可能是一种西方视角下出于“实用性”目的的误读，是无政府主义者传播其思想的一种宣传策略，两者其实诞生于不同社会背景和文化，内涵上存在本质区别。

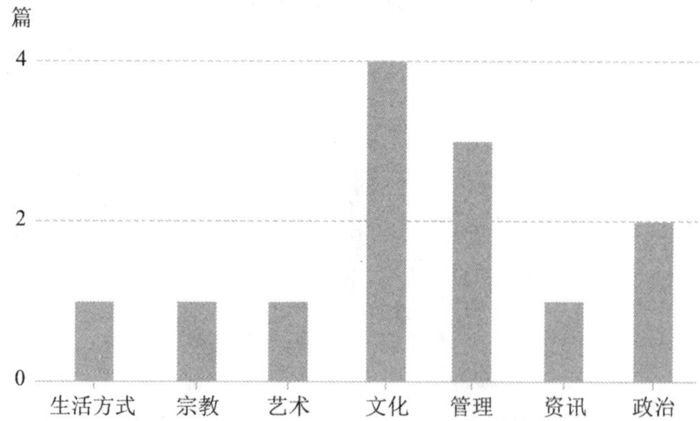

图10.13 “无为而治”思想涉及的主题分布

其次，“道法自然”思想也是《卫报》传播老子思想时的侧重点之一，占比11.1%，同时，提出“道”这一概念的《道德经》第一章被引用4次。“道”是老子思想的核心概念，老子在《道德经》多处对“道”的特征进行了描述，认为“道”处于循环生长之中，“道”孕育了万物，而“自然”则是“道”生长运行的常态。如图10.14所示，“道法自然”的思想主要出现在宗教、哲学、生活方式等主题中，“道”多被翻译为“The Way”，表达了万事万物应当效法或遵循自然规律；也有文本引用了第一章的内容“Names can name no lasting name”，认为“道”具有不可阐释、不可命名的神秘特性。

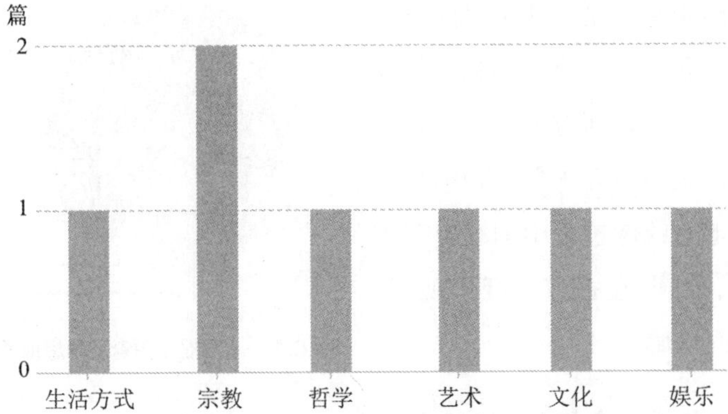

图10.14 “道法自然”思想涉及的主题分布

第三,《卫报》还对老子关于自然宇宙、事物变化发展规律、为人处世之德行等多种思想进行了呈现。第六十四章的原文引用次数为4次，引用的内容皆为“千里之行，始于足下”，涉及多个主题，如在政治主题下，中国在参加伊斯坦布尔六国会谈时，针对伊朗核问题引用了老子的这句话，表达伊朗积极参与谈判是解决问题的第一步；又比如在教育主题下，文章作者在给学生们关于如何成功的建议时，引用老子的这句名言，说明迈出第一步和开始行动的重要性。第三十三章被引用了3次，该章节主要论述了人的道德修养，指出自知、自胜的重要，认为人们要往“知足”“死而不亡”等方面努力。同时，“对立统一”出现频次占比6.4%，主要讨论了老子有关“刚柔”“阴阳”相反相成、互相转化的思想。除此之外，老子关于天人的整体思想，人与自然的共生思想，回归生命本然的致虚守静思想，反战、慈爱、守信等思想，尽管在《卫报》中涉及篇幅不多，但都有一定的展现。

四、《卫报》对老子及其思想的情感态度

（一）总体情况

如图10.15所示，从总体上看，报道的情感态度以中性（54.35%）和正面（41.3%）为主，较少出现负面报道（2篇，4.35%）。这说明《卫报》能够以客观、中立的态度报道老子，并倾向于从积极正面的角度发现和传播老子思想。值得注意的是，考察《卫报》中为数不多的负面报道内容能够发现，它们还是较纯粹地关注老子思想本身，如针对老子“无为”“以柔克

刚”的思想表达质疑，或是对西方作者诠释老子思想的书籍内容和写作风格发表意见。相较西方主流媒体对孔子的报道，大多将孔子形象和思想与中国意识形态的渗透、中国崛起等语境相关联，由此在报道中产生观望、猜疑等负面情感。

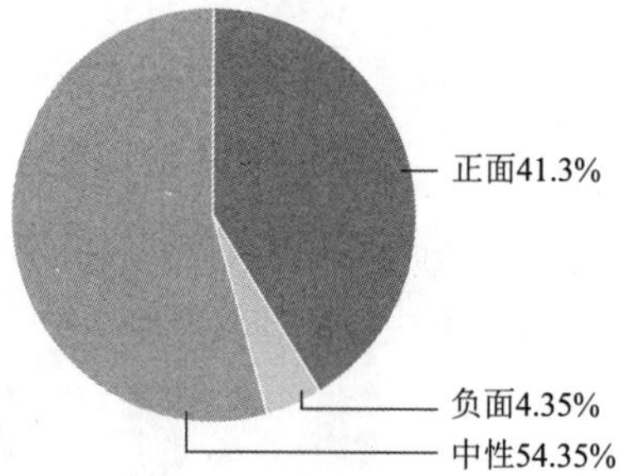

图10.15 《卫报》对老子思想报道的情感态度

（二）情感态度与文本主题的关联

进一步交互分析中性及正面情感态度涉及的文本主题，如图10.16所示，可以发现，中性情感中文化主题的文本占有较大比重（25%），其次是政治（9.1%），艺术、宗教、科技（皆占4.5%），这说明《卫报》能够较为中立地对待作为东方文化的老子思想，客观地诠释其内容和影响；同时，在政治、宗教等领域讨论老子思想时也未明显地受到意识形态的影响。观察正面情感态度中的主题分布能够发现，生活方式和管理类主题的文本并列占据最大的比重（9.1%），这说明《卫报》最擅长挖掘老子思想中有关管理方式、智慧生活等方面的积极思想，将其传播给西方受众。

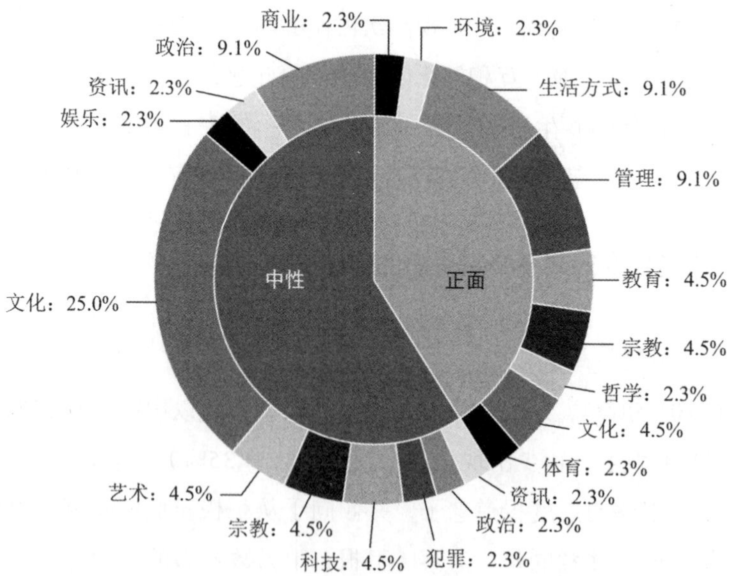

图10.16 中性及正面的情感态度涉及的文本主题

第三节 《卫报》涉及老子思想报道的文本分析

为了更细致地考察《卫报》在诠释老子思想时的立场、观点和倾向，下文将主题文本作为研究对象，从叙述特征、文本结构、修辞方式、误读原因、传播语境等方面，对文本的内容和特征进行阐述，试图还原《卫报》对老子形象及思想意义的构建方式。

一、叙述者及叙述视角

从叙事学角度考察文学作品，往往需要区分真实作者和文本叙述者，但在以真实性为首要特征的新闻报道中，这种区分的必要性不大，因为报道作者往往等同于新闻文本的叙述主体。叙述者在文本中能起到引导读者认识事实及观点、影响读者态度形成等作用，他既可以是公开外显的，即以亲历者或旁观者的身份出现在报道中，让受众直观感受其存在，又可以是隐蔽的，即把自己的存在和声音刻意隐藏，在文本中借由对客观事实的选择和描述传递观点和立场。通过对样本中叙述者的存在方式进行考察，能够呈现出《卫报》说服、干预读者，使其形成对老子思想认知的具体方式。

（一）显性的叙述者

对主题文本进行仔细阅读后能够发现，《卫报》在传播老子思想时，外显的、第一人称出现的叙述者占多数（77.7%）。以“John Gray on the *Tao Te Ching*”为例，作者在开篇就以第一人称“I”的主观视角，阐述了其阅读《道德经》的经历和《道德经》对他思考方式的影响：

> I must have first come across the *Tao Te Ching* more than 30 years ago, and since then I’ve read this ancient Chinese classic umpteen times, in dozens of English translations. I’m probably no nearer understanding it, yet I can’t help feeling that the way of thinking at which it hints has entered somehow into my own.（大约在30多年前，我第一次接触《道德经》。自那以后，我无数次地阅读这本古代中国经典的各种译本。我可

能并没有因此对它产生更深入的理解，但我不禁感觉到，它所暗示的思维方式已经潜移默化地成为我看待事物的思考方式。）

值得注意的是，第一人称的叙述者更多出现在与介绍《道德经》译本内容有关的文本中，比如在“Philosophy books—*Dao de jing*”一文中，作者基于自己的主观经验，以第一视角向读者介绍了此本《道德经》的与众不同之处：

> This text is different from all previous *Tao te Ching* translations I've read and not just because of the changed transliteration of title and author's name; it adjusts to rearrangements of line order and other variants revealed by 1970s tomb finds at Mawangdui, Changsha, and applies a calm neutrality to their interpretation.（这本书不同于我以前读过的所有《道德经》译本，不仅仅是因为书名和作者发生了变化，而且是因为它根据20世纪70年代在长沙马王堆的发现，调整了内容和顺序，并使用了冷静中立的阐释态度。）

需要指出的是，对《卫报》的受众来说，《道德经》作为老子思想的载体与其具有较大的文化距离，而叙述者通过第一人称视角自然地切入，仿佛在与读者进行朋友般自然的交流，分享自身的阅读经历和感受，拉近了读者与老子思想的距离；同时，读者也更易对真实显现的叙述者产生信任感，对叙事内容产生代入感。此外，第一人称还能够鲜明地表达作者的个人看法和态度，相比起中立、客观地介绍《道德经》，这样更能干预读者对老子思想的态度。

此外，《卫报》的部分报道会专门介绍文章叙述者的身份和姓名，如指出作者为某大学教授、某著作的写作者等，这不仅加重了叙述者的存在感，同时，叙述者个人的专业身份，如作家或学者，也会使其在读者心中不经意地扮演起“意见领袖”的角色，从而让文章的论述内容显得更有信服力。

（二）“共同体”视角的营造

除了第一人称单数“I”，使用第一人称复数“we”营造出“共同体”之感的叙事视角也值得注意。突出使用这一称谓的代表是“The *Tao Te Ching* by Lao zi: ancient wisdom for modern times”一文，作者不止一次强调了《道德经》所蕴含的智慧，是处于现代的我们所共同需要的：

> The *Tao Te Ching* is a 2,400-year-old reminder that today, as then, every one of us has a choice to practise self-awareness and exercise our own power in and over the world.（有着2,400年历史的《道德经》提醒我们，今天和当时一样，我们每个人都可以练习如何认识自我，并且在世界各地发挥我们的力量。）

又比如强调“现在，我们（we）比以往任何时候都更需要掌握《道德经》中关于自我认识的内涵和启示”。

这样的叙述方式，淡化了《道德经》来源于东方文明这一背景，强调突出了作为共同体的我们，都可以从《道德经》中获得启示，让海外读者不自觉地代入其中，更容易在一个“想象的共同体”中获得对老子思想的认同，产生情感共鸣。

二、报道的文本结构

文本结构是叙述者传递内容的架构，是文本的组成方式和内部构造。在新闻报道中，对文本结构的安排，不仅要满足报道内容和主题的需要，同时也要服务于叙述者。本部分讨论的文本结构，主要是指《卫报》在传播老子思想时，文本内段落间、语句间的构成方式和组织结构。

在对《卫报》主题文本进行分析后，发现主要包含了以逻辑顺序展开的线性结构和多维度展现主题的横向结构，此外，也有文本巧妙地运用了“华尔街日报体”，以小见大地向读者介绍了老子思想的内涵。下文结合具体报道进行分析，探究文本结构对读者认知老子思想的影响，并讨论隐藏在文本结构后的传播诉求。

（一）线性结构：按逻辑顺序展开

较多主题文本通过一定的逻辑顺序，由浅入深、由现象到本质地介绍老子思想的内涵和意义。如在“The *Tao Te Ching* by Lao zi: ancient wisdom for modern times”一文中，作者在介绍“自知”思想时，首先指出了人们总是习惯通过既定的规制和名称去认识世间万物这一现象：

> We’re accustomed to perceiving our world and all the objects in it by naming them. But what if we stop obsessively naming everything and instead just—pardon me while I slip in to full on hippy mode for a moment—rest in awareness?（我们总是习惯于通过名称来感知我们的世界。但如果我们不再痴迷于为所有事物命名，而是——请原谅我这样表述——基于对事物的经验和理解去认知，会怎么样呢？）

基于此，在下一段介绍了《道德经》所推崇的“awareness”思想和它对我们的益处：

> What the *Tao Te Ching* does, time and time again, is attempt to show us how we might see things if we could spend more time in awareness, and less in naming...（《道德经》一次又一次地试图向我们展示，如果我们能花更多的时间在意识上，而不是命名上，我们看待事物的方法将得到何种改变。）

随后，文章进一步聚焦需要感知的对象，提出了“self-awareness”，即自知的思想：

> But the central thing the *Tao Te Ching* asks us to be aware of is not the world, but ourself. Self-awareness...（但《道德经》要我们去意识的核心，不是世界，而是我们自己，即自知。）

可见，上文以“现实背景和现存问题”为逻辑起点，自然地引出对老子思想的介绍，从而进一步深入讨论。

在“Face to faith—In life’s great struggle, Taoism just don’t do”一文中，作者也运用了类似的逻辑结构，在开篇描述了处于人文和精神危机中，基督教被视为无用这一背景：

While human energy seems dedicated, as never before, to the destruction of humanity—through war, economic deprivation and environmental vandalism—orthodox Western Christianity is widely perceived as powerless if not a co-conspirator in our downfall.（当人类的能量似乎前所未有地运用于毁灭自身——通过战争、经济剥夺和环境破坏——正统西方基督教就算不被视为造成衰败的同谋，也被普遍认为对这种处境无能为力。）

随后，指出上述现象是造成人们转向东方宗教，从中寻求帮助的原因：

It is little wonder, then, that many seek consolation in the mystical experience offered by oriental religion.（因此，许多人从东方宗教的神秘体验中寻求慰藉也就不足为奇了。）

通过对因果关系的梳理，充满条理和清晰地引入下文对道教思想是否能拯救人类危机话题的讨论中。

《卫报》这种注重逻辑的文本结构，既体现在对全文的整体布局上，也体现在段落间语句的组织上，使读者在了解老子思想的相关内容时，并不限于看见思想本身，而是从具体的社会情境、因果关系中把握认知老子思想的原因和意义，符合人们认知事物的习惯，同时，也使报道更有条理和说服力。

（二）横向结构：并列式多维度展开

确定与老子思想相关的一个主题，进而使用多段文本内容围绕这一主题的多个方面展开，这种并列、多维度的横向文本结构也是《卫报》在传播老子思想的常用结构。最典型的代表是以道教为关注主题的“Eastern path to western harmony”一文，作者使用了一种全知的叙述视角，分别介绍了道教对中国的影响、道教在西方被关注的原因、道教的核心思想、与道教相关的实践、道教思想对中国的重要意义等丰富的内容，以下为一些有代表性的段落首句，这些句子概括了每一段即将展开介绍的内容：

> 道教的成立：The founding of Taoism is traditionally traced to the 6th-century BC figure of Lao-tzu ...（传统上，道教的建立可以追溯到公元前6世纪的老子。）
>
> 道教在实践中的体现：Taoist sensibility is reflected in associated practices, such as feng shui or geomancy ...（道教也反映在相关的实践中，如风水。）
>
> 道教的意义：The teachings of the *Tao Te Ching*, and the practices developing from this facet of Taoism, are the most familiar aspects to westerners; yet the relevance and importance of Taoism goes far beyond these ...（《道德经》及从道教发展而来的实践是西方人最为熟悉的；然而，道教的意义和重要性远不止这些。）

从上述分析中可以看出，在并列式的文本结构中，在各个段落间没有明确的先后顺序，它们仿佛多条线索交织在一起，从不同的维度丰富读者对老子思想相关内容的了解，使读者拥有更全面、立体的视角。

（三）以小见大的“华尔街日报体”

“华尔街日报体”是一种以小见大的报道模式，其结构一般为，开篇以细节或场景切入，并自然地过渡到新闻主题，随后进一步深入讨论事件背后的原因、趋势，最后的结尾段再次回到开头的场景或故事中，起到首尾呼应的效果。

《卫报》对老子思想的报道中，除了上述两种文本结构的运用，也有对“华尔街日报体”的巧妙使用，如在“Philosophy and water do mix”一文中，作者从道家哲学家Chen自述在“文化大革命”时期产生自杀想法，但由于受到道家关于“水”的哲学思想的影响，最终放弃这个小故事引入。作者在开篇生动描述了Chen的形象：The 65-year-old retired professor spends our meeting serenely grinning, resembling an ancient Chinese sage from a silk painting in the British Museum.（我们见面时，这位65岁的退休教授面带微笑，神态安详，就像大英博物馆丝绸画中的一位中国古代圣人。）

随后，作者的论述重点自然地过渡到“水的哲学”，并对老子思想中水以柔克刚、顺其自然的思想进行了呈现。然而，文章的论述没有止步于此，“华尔街日报体”的精髓在于能够以一个小的切入口为起点，挖掘背后深层的问题。在这篇文章中，作者进一步将老子“水的哲学”与中国的思维方式及社会体制相关联，并进行了阐释：

> The core of Taoist thought is the philosophy of water—its flexibility and strength. It moulds to its surroundings; in a glass it is cylindrical, in a box it is square. It seems weak, but it has great strength in certain circumstances. Westerners don't often understand how common this way of thinking is in China and how it explains how socialism developed here.（道家思想的核心是水的哲学——水的柔韧性和强度。它可以塑造周围的环境：在玻璃中，它是圆柱形的；在盒子中，它是正方形的。它看上去很弱，但在某些情况下却具有强大的力量。西方人常常不了解这种思维方式在中国有多普遍，以及它如何解释了这里社会主义的发展。）

报道的最后，作者再次回到对Chen人物形象的描写“He smiles serenely”，与文章首段的场景自然呼应。这样的充满故事性的报道，既增强了文本的可读性，同时又具有一定的深度，能够引起受众兴趣与思考。

三、修辞：诠释老子思想的有效手段

无论是西方传统修辞学，还是梵·迪克对新闻修辞的阐述，都注意到了修辞在劝服受众认同传者意图方面的作用。《卫报》在传播老子思想时，一方面运用形容词及从句对老子思想的相关内容进行细致叙述，提升传播内容的准确性，另一方面，通过运用多样的修辞手法，创造出生动形象的场景和相似的文化语境，从而降低了西方受众理解老子思想时的难度。

（一）形容词及从句：化陌生抽象为具体

形容词是一种具有主观性的语言表达手法，从句则起到补充信息，增加修饰性话语的作用。《卫报》常运用各种形容词和从句对“道”“《道德经》”进行修饰。对这些修饰性的词语和句子的内容属性进行分析，能反映出《卫报》传播老子思想的维度。

《道德经》是《卫报》关注老子思想的主要视角。对文本相关词句进行梳理，发现《卫报》主要从内容特征、价值、功能、来源及文体性质上，认识和构建《道德经》的形象。首先，认为《道德经》的内容具有深奥、不易理解、神秘和隐晦的特征，如使用了untranslatable（不可翻译的）、mystical（神秘的）、unsayable（不可言说的）、dark（模糊的）、abstruse（深奥的）、ambiguous（模糊不清的）等形容词；其次，《卫报》也突出了《道德经》所具备的古老、象征智慧、有价值的特点，使用了如old（古老的）、ancient（古老的）、the wisest book of all time（最具智慧的）、philosophy（哲学）、classic（经典的）、important text（重要的文本）、an important kind of wisdom in a world where many people believe such a thing to be impossible（一种许多人认为不可能存在的重要智慧）等词句；再次，从功能和作用角度去定义《道德经》也是《卫报》文本的特点，如将其描述为a primer for rulers（统治者的入门书）、a manual of survival for ordinary people（普通人的生存手册）、a guide to the uses of power, not an anarchist treatise（一本权力使用指南，而非无政府主义的论述专著）、the best source on how to rule gently, even invisibly（关于如何温和和无形统治的最好资料）、a treatise on how to live in the world with goodness and integrity（关于如何善良和正直地生活在这个世界的论述）；此外，还有从来源和文体性质上描述《道德经》的，如将其描述为道家的核心文本（core texts of Taoism）和诗歌集（poetic book）。这些修饰的词语和短句从不同维度呈现出了《道德经》在海外读者眼中的形象。

同时，《卫报》也通过形容词和从句对老子思想中负载中国文化属性的核心概念进行了解释说明，提升海外受众理解的准确性。如在描述“道”的属性时使用了“pure, undifferentiated potential”（纯粹的、潜能无尽的）；在描述“阴阳”的概念时，使用同位语“a system of binary opposites that complete, rather than contend with, each other in a ceaseless movement of waxing and waning”（一个二元对立的系统，在不断的兴衰运动中互相完善而非相互抗衡），起到了将抽象概念进行具象性描绘的作用。

（二）比较叙述：创造共有意义空间

由于中西文化具有差异性，《卫报》在诠释老子思想时，尝试以西方文化中类似的内容作为中介桥梁，借助类比的方式，为西方读者理解老子思想创造相似的文化语境和意义空间，加深其对文本内涵的理解。

首先，比较叙述体现在直接的“以物比物”上。如在向读者介绍《道德经》时，叙述者写到“Its closest western counterparts are Machiavelli's *Prince* and Hobbes's *Leviathan*”（与之最接近的西方著作是马基雅维利的《君主论》和霍布斯的《利维坦》）。将《道德经》与《君主论》和《利维坦》这两本领袖人物必读的西方著名的政治学书籍并提，读者立即就能领会到作者有意为《道德经》构建的清晰定位：统治者和管理者的必读书籍。

此外，比较叙述还体现在营造类似的场景和体验。如在论述水的哲学对中国人的意义时，作者写到“When a Christian philosopher meets difficulties, she prays to God, but the average Chinese can find strength from the model of water”（当一个基督徒遇到困难时，她会向上帝祈祷，但普通中国人可以从水中找到力量）。把基督徒对上帝的信仰和中国人从水中汲取以柔克刚的力量两个场景放置在一起，直观地让西方读者感受到水的哲学对中国人的重要性：和宗教信仰一般成为生活支撑和力量来源。又比如作者在论述宗教能够唤起人们对自然和宇宙的敬重时，将耆那教、佛教、道家中有关慈爱万物、尊崇自然的思想一起展示，作者这样写道：耆那教培养了一种对一切众生的友好态度，小心翼翼地不去践踏最小的昆虫；佛教徒被劝诫要把他们的爱和仁爱传递给地球上的每一个生物；而中国人继续敦促人们遵循“道”。作者以前两个宗教敬畏自然场景的生动描述为铺垫，使读者更好地把握“conform to the way”的含义。

可见，以西方读者熟悉的内容为阶梯，嫁接老子思想中难以直接用语言描述的内容，在比较中创造类似的意义空间，是《卫报》传播老子思想时的一种有益尝试。

（三）隐喻：情绪和意图的展现

尽管《卫报》样本中并没有频繁地使用隐喻手法，但由于隐喻能含蓄地表现出叙述者的情绪和意图，因此，对少数出现的案例进行分析也具有意义。

在“The *Tao Te Ching* by Lao zi: ancient wisdom for modern times”一文的结尾，作者将《道德经》隐喻为“a nasty wakeup call”，结合全文对《道德经》推崇和赞赏的态度，可以理解为“令人不快的警钟”，表达了《道德经》所倡导的自知、无为而治等生活处事方式，虽然对现代人来说，实践起来并不简单和愉快，但却是重要而有意义的；将《道德经》及老子的智慧比喻为警钟，表现出叙述者督促人们尽快采取行动的意图。

主题文本中另一处有趣的隐喻关于中国的社会主义制度，作者似乎在有意引导读者注意道家哲学思想对中国社会和政治体系的影响，而来自中国的道家哲学家Chen则巧妙地用水和油的隐喻回应了他的询问：

> Deng also devised the notion of “socialism with Chinese characteristics” in the early 90s, a reform that opened up Shanghai to what looks like capitalistic development. What do Deng’s reforms have to do with Taoism, a philosophy whose sages decline to impose ways of life on themselves or others? “The influences of Taoism are intangible,” says Chen enigmatically. “We have to come back to water. When you add oil in water, the water doesn’t change much. So it is with China.”（90年代初，邓设计了“中国特色社会主义”的概念，那时，上海的改革看起来像资本主义发展。邓小平的改革与拒绝将生活方式强加于自己或他人的道家哲学有关吗？“道家的影响是无形的。”陈神秘地说。“我们必须回到水的论述。当你把油加入水中，水的变化不大。中国也是如此。”）

四、《卫报》对老子思想的误解

在跨文化传播时，由于受传双方不同的思维模式、语境差异，传播内容极易被干扰而“失真”，《卫报》中也存在类似对老子思想的误释。经过对文本的阅读和归纳，发现主要存在三种类型的误解。

（一）对老子思想的浅层认知

第一种，是对老子的某一思想仅具有表面浅层的认知，进而发生了断章取义的问题。如“Face to faith—In life’s great struggle, Taoism just don’t do”

一文中，作者把道教“无为”的思想简单地理解为字面意思“don’t do”，将其定义为无所作为、停止一切行动的含义。在讨论东西方宗教应对危机，如战争、暴力、饥荒、意义危机而给出的方案时，作者写道：“Taoism does not claim to offer a remedy for the world’s evil; it offers instead a means of coming to terms with it.”（道教并没有为解决世间的邪恶提供解决方法；相反，它提供了一种与之妥协的方法。）由于这种浅层的认知，作者还进一步指出“无为”甚至可能是一种欺骗，是既得利益集团的托词：“Those in whose interest it is to maintain the status quo thrive upon notions that the problems are so vast as to be insoluble. By so doing they devalue the work of those who try to make a difference. Let us not connive at this deception.”（那些能从维持现状中得益的人，声称问题已经大到无法解决。通过这样做，他们贬低了那些有所行动的人的努力。我们不要纵容这种欺骗。）进而将其与西方基督教比较，指出基督教呼吁行动和改变，而道教的思想则完全是消极和无用的：“The Christian religion, for all its shortcomings, teaches that it is not enough to live our lives without doing harm but that it is incumbent on us to do good.”（基督教尽管有种种缺点，却教导我们，只是不做坏事是不够的，我们有责任尽自己的努力。）“Only if we do something should we feel at ease with ourselves; do nothing, and for all our enlightenment our existence is at best meaningless and at worst destructive.”（只有行动，我们才会感到自在和安心；如果我们什么都不做，那么我们的存在是无意义的，甚至是具有破坏性的。）可见，作者在对道教“无为”的思想进行解读时，并没有认知到“遵从事物规律不过度干预，顺势而为，以无为达到有为”这层内涵，只是停留在表层意思中，而这样的解读，自然也会影响读者对老子思想的认知。在对其他文本进行阅读时，笔者发现《卫报》若从管理和统治的角度诠释老子“无为而治”的思想，能够较好地把握其内涵，但在单独讨论“无为”这一概念时，有时对其内涵的认识还不深入。

（二）脱离语境诠释老子思想

第二种误读表现为脱离特定语境诠释老子思想。由于老子思想诞生于社会剧烈动荡时期，因此《道德经》中较多思想，如无为、无知等，都是建立在对于“如何超越僵化和人为设定的制度伦理，重新找到一种秩序和自然的生活方式”这一语境和时代问题的思考之上。虽然每个时代都可以对老子思想进行再解读和发展，赋予其新的意义，但在跨文化传播中，若是直接生硬地换上完全不同的场景或抽离语境，诠释老子思想的内涵，则会产生错位，让西方受众产生误解。如诠释老子一视同仁思想时，若直接将其描述为“committed to rejecting all distinctions”（致力于摒弃一切差别），不提及老子阐述这一思想的语境，即劝诫国家治理者平等无差别地对待百姓，那么这种抽离语境的讨论，会使得读者对老子思想的内涵产生误解。此外，《卫报》许多报道对《道德经》的引用都是片段的，尤其是在非主题文本中，有时单单引用老子的某句话、某个观点证明自己论述的合理性，因此，若作者对老子思想的把握有所偏差，就容易陷入脱离语境的危险中。

（三）译介引起的误解

第三种误解则是由译介引起的。《道德经》有多种译本，不同译者会根据自身的翻译水平及文化背景进行“再生产”，因此，《卫报》中某些引文与老子原本的思想有所偏差；有时，部分引文被形容为老子的“名言警句”，但却找不到确切出处，或是被“张冠李戴”地错误引用，这些译介偏差可能会使西方读者对老子思想形成误解或刻板印象。

第五节　结　语

通过对《卫报》涉及老子思想的报道进行内容分析和文本分析，本研究主要有如下发现：

第一，20世纪90年代至今，《卫报》对老子思想的关注度总体呈现上升趋势，关注点从道家、老子转向《道德经》中的思想。但聚焦式的考察和探究较少，在各种主题中引用、概述的则较多，这既反映出老子思想在各个领域的生命力和影响力，同时也说明《卫报》对老子思想的传播具有实用的特征，但深度不够。在传播的侧重点上，重点诠释了“无为而治”“道法自然”的思想，构建了老子作为《道德经》作者和哲学家这两个主要形象。

第二，作家和新闻工作者是《卫报》中老子思想的主要传者，报道的情感态度较为客观中立，主要聚焦于老子思想本身进行呈现和讨论，善于从文化互鉴的角度，找寻老子思想对于西方各领域、各人群的积极意义和启示。

第三，从总体上看，《卫报》能较为准确地对老子思想的基本要义进行传播，并在恰当的文本语境和主题中应用相应思想。但个别报道中仍存在因浅层认知而断章取义、脱离语境生搬硬套的问题，存在将他人思想错误归为老子思想的“张冠李戴”和“无中生有”等问题。此外，《道德经》译介的不准确也是造成误读和误传的另一原因。

第四，《卫报》在传播老子思想时，主要采用了“读者友好型”的叙述策略，如使用具有代入感的第一人称视角和条理清晰、循序渐进的叙述结构，同时，通过生动形象的类比、比喻等修辞，化陌生抽象为读者熟悉的经验，有效减少了中西文化语境差异带来的理解难度。这些策略对国内媒体向外传播中华传统文化具有参考和借鉴意义。

第五，综合考察《卫报》中对老子思想报道的数量变化、涉及议题、关注焦点变化和文本语境可知，中国综合国力及国际影响力的不断扩大和西方所遭遇的现代文明危机，是《卫报》不断挖掘、阐述、讨论老子思想的重要现实语境。

最后需要对本文的局限性做如下说明。首先，尽管文章选取了具有代表性的英国主流媒体《卫报》，但经过关键词和阅读筛选后，样本总量较少。其次，本研究无法对20世纪90年代前英国如何认知老子思想进行考察。未来的研究可以进一步结合英国其他新闻报刊对老子思想的呈现，在更丰富的样本量及更长的时间跨度中，分析老子思想在域外的变化和共性。最后，受制于时间、精力及客观条件，本研究未能呈现媒体与受众的互动。因此，未来的研究可以通过向海外受众分发问卷及深度访谈的方式，补充这一角度的结论，更全面地展示出老子思想是如何被媒体塑造进而被受众认知、选择、接受这一动态和连续的过程。

第十一章　老子思想在《悉尼先驱晨报》的传播

本章以澳大利亚发行量最大的报刊之一《悉尼先驱晨报》(*The Sydney Morning Herald*)在1955—2020年间对老子及其思想的相关报道为对象，运用内容分析法，探究海外媒介对老子思想的呈现与构建。研究发现，在澳大利亚报刊媒体中，老子思想与形象总体呈现是中立或积极的，报道数量与涉及主题范围都在扩大。报道大多以与作者个人发展或生活联系紧密的故事化形式呈现，并且分别以不同的传播特征出现在各个阶段的报道之中。“道法自然”“无为而治”是报刊中最受关注的老子思想。值得一提的是，一些报道中也出现了将老子思想与禅宗思想混淆的误读与曲解。

第一节　研究背景

老子的《道德经》作为中国优秀传统文化的不朽经典之一，代表了中国先秦时期的思想高度，也是人类永恒的精神财富。老子思想在西方世界的传播对于帮助西方走出第一次世界大战和第二次世界大战的心灵创伤，有着重要的指导价值，并以其睿智豁达的处世哲学为西方人所爱，甚至引为时尚。[①]据统计，仅有5,000字的《道德经》目前西方译本已逾1,100本，包括30多个语种，其译本数量与语种之多仅次于《圣经》。[②]分析老子思想及其

① 谢清果.《道德真经精义》[M].北京：宗教文化出版社，2015:233—235.

② 杨玉英.《道德经》在英语世界的传播与接受研究[M].北京：学苑出版社，2019:3.

作品在海外媒体中的内容呈现和表达，不仅有助于我们了解我国经典思想作品在海外的传播与接受情况，更有利于促进我国优秀传统文化与世界文明的交流互鉴。

《道德经》在英语世界的传播始于19世纪下半期，最早的英译研究是1868年在英国伦敦出版的湛约翰的《对古代哲学家老子关于形而上学、政体及道德的思考》。①但老子思想及其作品在澳大利亚的传播起步较晚，《道德经》的译本正式传到澳大利亚已是20世纪中期。目前，在澳大利亚国立图书馆、悉尼大学图书馆以及昆士兰州立图书馆内，早期关于老子思想与作品的藏书便是《老子评论》（*Commentary on Lao-Tse*, Erkes, E., 1958）、《道德经》（*Tao teh ching*, Liem, T.K., 1961）、《道与道的力量：道德经与其在中国思想中的地位》（*The Way and Its Power: The Tao Tê Ching and Its Place in Chinese Thought*, Waley, A., 1977）。

从研究现状看，我国学者对于老子思想及作品在澳大利亚的传播研究甚少。就期刊文献而言，以“老子”“澳大利亚”为关键词在知网中进行检索，只得到2篇期刊论文。但这2篇期刊论文也并非专注研究老子思想在澳大利亚的传播情况，一篇是研究河南文化在主要英语国家的传播现状②，只有小部分章节提及澳大利亚；另一篇从图像学、版本学的角度考证陕西楼观台藏《老子八十一化图说》与澳大利亚国立大学藏《太上老君八十一化图》是否为同一版本。③从专著文献来看，目前学界亦无专门关注老子思想在澳大利亚的传播分析的著作，多是在论述老子思想在西方世界传播的著作中略有涉及，但论述篇幅均不大。④因此，本研究在文献梳理方面也遇到

① 张西平. 20世纪中国古代文化经典在域外的传播与影响研究导论［M］. 郑州：大象出版社，2018.

② 张小宁. 河南文化在主要英语国家传播现状研究［J］. 安徽商贸职业技术学院学报（社会科学版），2016（15）:70—73.

③ 雷朝晖. 陕西楼观台和澳大利亚国立大学藏《老子八十一化图说》木刻刊本年代考证［J］. 文博，2009（04）:88—92.

④ 杨玉英.《道德经》在英语世界的传播与接受研究［M］. 北京：学苑出版社，2019:3；张西平. 20世纪中国古代文化经典在域外的传播与影响研究导论［M］. 郑州：大象出版社，2018；陈耀庭. 道教在海外［M］. 福州：福建人民出版社，2000.

了较大阻碍，但前人研究的匮乏，也为本研究的开展提供了更大的机遇与平台。

澳大利亚报业在世界报业发展中占据重要地位。由于澳大利亚的大部分媒体都是资本市场的产物，没有以政府为背景或者得到政府支持且有重大影响力的全国性报纸，因此，澳大利亚民众对报业等传统媒体的信任度较高。一直以来，澳大利亚传统报媒在本土读者心中始终享有无可替代的一席之地。其高度垄断性的特点，加之大众传媒在现代社会中所具有的天然的巨大影响力，澳大利亚报业对全国社会和政治发展起着不可忽视的作用。[①]澳大利亚报刊追溯老子思想及其作品在澳大利亚的传播轨迹，较客观地反映了老子思想及其作品在澳大利亚的传播情况与民众的接受程度。

鉴于此，本研究以澳大利亚费尔法克斯集团旗下发行量最大的报刊《悉尼先驱晨报》中关于老子思想及其作品的报道为切入点，考察海外媒体对于老子思想及其作品的报道与评论方式。本文聚焦于分析报刊中“老子思想”呈现的基本面貌以及表达方式，并研判其呈现的准确性与客观性。从报刊媒体报道视角来考察老子在澳大利亚的形象，以此来探究新闻报刊与大众读者对老子思想及其作品的认知情况。这不仅能丰富我们对中华优秀传统文化海外传播情况的视角，也有助于我们解构文化曲解与偏见，更好地讲好中国文化，传播好中国声音。

第二节　研究设计与样本选择

本研究主要借鉴美国传播学家伯纳德·贝雷尔森提出的“内容分析法”的经典定义，即“对传播的显性内容进行客观、系统和定量描述的研究方法”[②]。研究根据每篇报道中的文本，建立内容编码表，设立包括刊发年份、报道体裁、价值倾向、主题内容、涉及思想、提及形象等6个类目，并将其转化为标准化格式（表11.1）。编码工作由作者一人完成。

---

① 江卫东. 高度垄断的澳大利亚报业［J］. 传媒，2005（4）:58.

② 周翔. 传播学内容分析研究与应用［M］. 重庆：重庆大学出版社，2014:8—9.

表11.1　内容编码表

序号	类目	内容编码
1	刊发年份	1=1955—1960；2=1961—1965；3=1966—1970；4=1971—1975；5=1976—1980；6=1981—1985；7=1986—1990；8=1991—1995；9=1996—2000；10=2001—2005；11=2006—2010；12=2011—2015；13=2016—2020
2	报道体裁	1=新闻报道（消息、通讯、新闻特写、新闻公报、调查报告、专访等）；2=新闻评论（社论、述评、编辑部文章、评论员文章、思想评论、理论文章等）；3=副刊（散文、杂文、小品、诗歌、小说、剧本、报告文学、回忆录、曲艺等）
3	价值倾向	1=正面；2=中立；3=负面
4	主题内容	1=政治；2=经济；3=社会；4=宗教/哲学；5=书籍文学/书评；6=艺术时尚/景观设计；7=影视广播；8=体育运动；9=个人发展/生活
5	涉及思想	1=道法自然；2=无为而治；3=事无常态/祸福相依；4=千里之行始于足下；5=知者不言；6=上善若水/柔弱不争；7=虚怀若谷；8=非老子思想
6	提及形象	1=道家/道教创始人；2=中国智者/圣人/哲学家；3=《道德经》作者；4=老子

本研究以昆士兰州立图书馆电子报刊数据库（1955—1995）、道琼斯全球资讯数据库中《悉尼先驱晨报》（1986—2020）的新闻报道为数据库，以“Tao te ching”“Tao Teh King”“Dao De Jing”“Too Te Ching”“Laozi”“Lao Tzu”“Laoutsze”“laotze”“taoist”“taoism”“daoist”“daoism”“Wuwei”“non-action”“yin yang”“yin and yang”为关键词，进行全档案库检索。检索起止时间为1955年1月1日至2020年12月31日。检索共得到报道631篇。经排查，剔除重复以及以下三类与老子及其思想作品相关度不高的报道：（1）关键词“taoist”“taoism”“daoist”“daoism”仅作为道教或道教风格使用，且报道并未涉及任何与老子或其思想作品相关的信息；（2）“non-action”只作为报道主体无作为的一个状态描述，并未涉及老子及其思想作品的报道；（3）新闻报道中只是提及“道教”为中国宗教之一这一事实，并没有后续道义或创始人相关信息的报道。最后获得相关度较高的报道共107篇。

第三节 《悉尼先驱晨报》老子报道的内容分析

一、总体报道特点

从报道数量看，1955—2020年，老子思想及其作品在《悉尼先驱晨报》的报道数量基本上呈上升趋势，如图11.1所示。20世纪80年代以前的报道量基本保持在每5年0—1篇左右。20世纪80年代到21世纪初期，报道量增幅较大。21世纪初期至今，报道量仍基本处于上升状态，但增幅较小，且近10年间有略微下降的趋势。报道数量的趋势体现出了澳大利亚报刊媒体对老子思想的关注程度显著提升，且呈现持续了解、加深认知的过程。但从报道平均数量看，自20世纪80年代起，与老子相关的年平均报道量基本在2—3篇，总体数量不高。大抵因为老子思想及其作品并不属于热点新闻事件范畴，因此报刊对其报道大多是简单提及或引用的方式，而非围绕某些事件的专门报道与评论。

另一方面，分析样本的时间分布也从侧面体现出中澳两国的国际关系、经济贸易活动、文化交流情况等，均与老子思想及其作品的报道有着密切的联系。1972年12月21日中澳正式建交。中国与澳大利亚外交部于1980年决

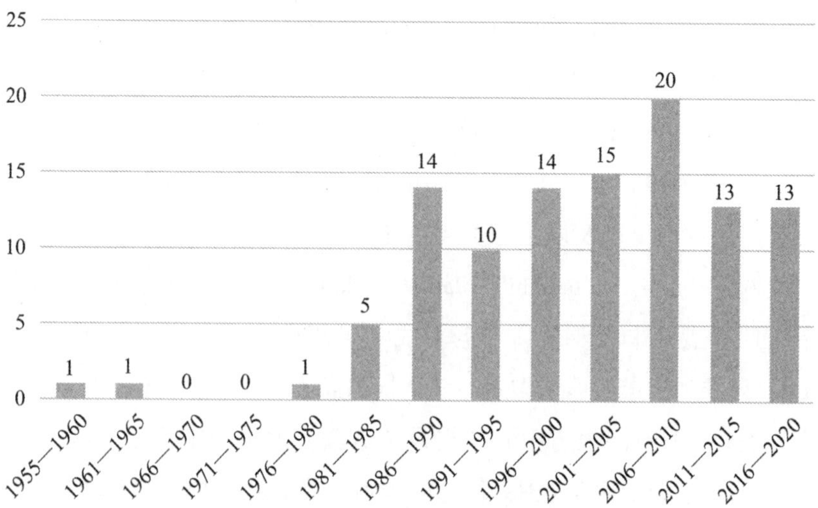

图11.1 老子思想及其作品报道样本数量时间分布

定定期磋商，并形成制度。约翰·霍华德（John Howard）在1996年就任总理之后，重视中澳关系，曾经6次来华进行访问，其间澳媒体对老子的关注显著增加。由于各种原因，中澳关系在21世纪初呈现出一定的倒退趋势，这也影响了澳媒体对于老子的报道情况。而2008年北京奥运会的顺利举行也为中澳关系起到了强有力的助推作用。习近平主席在2014年11月访问澳大利亚，两国关系不断升温。2018年，澳大利亚政府以国家安全为由，禁止中国电讯商中兴通讯和华为参加该国的5G网络建设。中方否认干预澳大利亚内政，同时指责澳大利亚政府陷入冷战思维，对中国带有意识形态偏见，为中澳关系制造壁垒。双边关系的动态变化直接影响了澳大利亚新闻媒体对中国的关注。

由图11.2可知，老子思想及其作品的报道主要属于新闻报道体裁（57篇），以及副刊体裁（38篇），而新闻评论（12篇）较少。总体来看，澳大利亚媒体倾向于以观点性较强的专访、深度报道与评论的方式，关注老子的思想，将老子思想或名言融入具体的报道叙事中。也有一定比例的报道以杂文的形式出现在例如星座运势预测、太极养生简介中。此外，澳大利亚报刊对老子的相关报道多以故事化的报道模式呈现，并营造具体的事件背景与细节，引发读者共鸣。

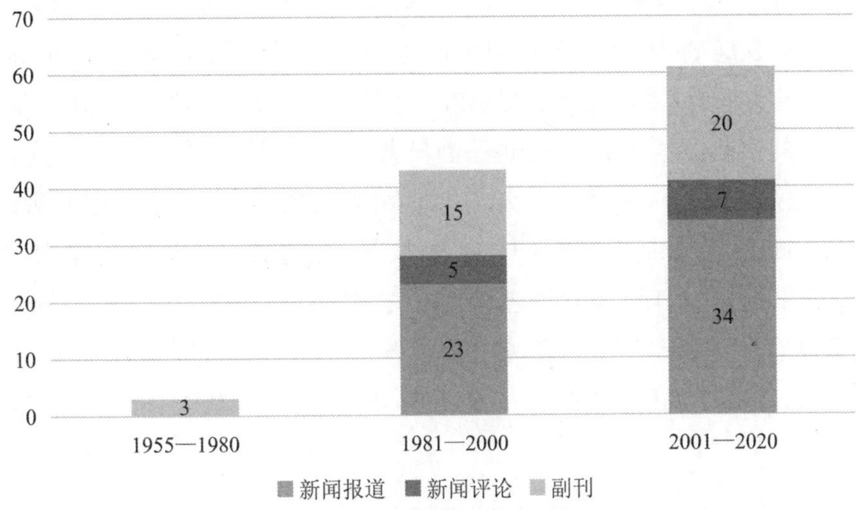

图11.2　样本的报道体裁分布

从价值倾向看，澳大利亚报刊对老子思想及其作品的报道主要以中立报道（78.50%）为主，其次是正面立场（21.50%），并未出现负面立场的报道。正面立场的报道多和作者的个人经历有关，往往是作者从《道德经》中受到了人生的启示或顿悟后的阐发。例如，2010年10月一篇对心理学家、作家、教育家史蒂夫·比达尔夫（Steve Biddulph）的专访报道中提到："The book that changed my life ... is the *Tao Te Ching*. It described the world and how it works more convincingly than anything I'd ever read. I discovered it at 17, and it began my religious journey."（改变我人生的是《道德经》这本书。它描述的世界以及世界如何运转的方式，比我之前阅读过的任何书籍都令人信服。我阅读《道德经》的时候才17岁，自那时起我就开启了我的宗教信仰之旅。）老子在西方人眼中是一位智慧的东方圣人，《道德经》中的许多思想都被西方人奉为睿智的处世之道，而非政府宣扬政治的教化工具。因此，澳大利亚主流报刊媒体中的老子形象并未受太多中西方意识形态以及权力关系差异的影响。

二、老子思想的内容呈现

老子思想包罗万象，涉及领导才能、经营管理、教育、宗教、医学、社会和谐以及日常生活等众多领域。[①]因此，澳大利亚主流报刊对老子的报道也体现出多元化的主题分布。本研究将样本主题内容标记为政治、经济、社会、宗教/哲学、书籍文学/书评、艺术时尚/景观设计、影视广播、体育运动、个人发展/生活等9个方面（图11.3）。其中个人发展/生活方面（17%）最多，此类报道主要将老子思想视为与精神世界连接的方式与心灵的慰藉，在道家的处世哲学中寻求内心的平静与满足，也包括了饮食养生、星座预测、太极社团推介等报道。其次，出现频率较高的主题是艺术时尚/景观设计类（11%）与影视广播类（11%）的报道，报道内容多以道家"阴阳调和、造化共生"的理论来诠释艺术作品、艺术展或景观设计中的理念。亦有较多报道推介关于老子思想的各类影视作品以及广播节目，如威廉姆·杨（William Yang）的剧院作品*Objects for Meditation*（《冥想的对象》）的介绍。

① 张西平.20世纪中国古代文化经典在域外的传播与影响研究导论［M］. 郑州：大象出版社，2018.

另外，书籍文学/书评类主题（6%）的报道多与《道德经》的翻译出版信息或解读启发相关。社会类（5%）的报道，主要以社会新闻评论为主，一般以老子思想作引，评论国内国际社会新闻，体现评论员观点。宗教与哲学类（4%）的报道主要以老子思想介绍或与其他宗教思想的对比介绍为主。体育运动方面（3%）的报道主要是用老子思想来评论体育赛事或战术。经济类（3%）的报道常以老子的阴阳理论，来暗示货币市场、股票市场、财政预算、经济危机、公司管理、中澳自由贸易协定等。所有报道类别中，最少的便是政治类（2%）的报道。政治类的报道主要关注澳大利亚本国政治新闻、中国政府治理研究、对华政策、全球治理（腐败）问题等，报道往往涉及老子思想在政府决策与管理中的启示与应用，此类报道也是老子思想引用频率较高的报道类别。

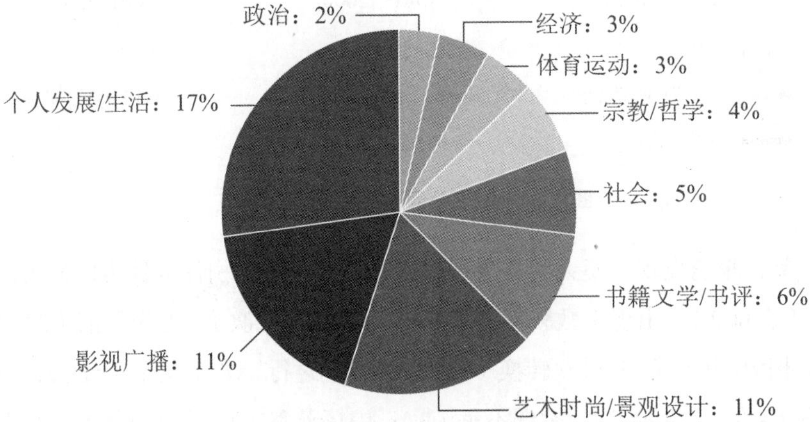

图11.3　样本的主题内容分布

在不同主题报道中，几乎没有对老子思想或《道德经》进行全篇直接报道的样本，大部分报道都是对其某一个思想或名言进行引用与阐发。值得一提的是，从时间趋势角度分析发现（图11.4），随着时间推移，不同文化类主题的报道呈现出了不同的趋势。大部分主题呈现递增趋势，尤其是个人发展/生活类与影视广播类的报道增幅最明显。此外，有两类报道出现了递减的趋势，一类是政治类的报道，21世纪以后，报道数量缓速递减。另一类是宗教/哲学类的报道，此类报道主要集中在20世纪80年代到20世纪末，80年代前与21世纪后，相关报道数量均为0。这也从侧面反映，21世纪以前，澳大利亚报刊对于老子思想及其作品的报道，主要停留在宗教理论方面，而21世纪以后，报道更倾向于老子思想在各个文化方面的应用与实践，人们也开始更关注生活、艺术方面的熏陶与修养，这与澳大利亚汉学注重实用性的特点①相吻合。

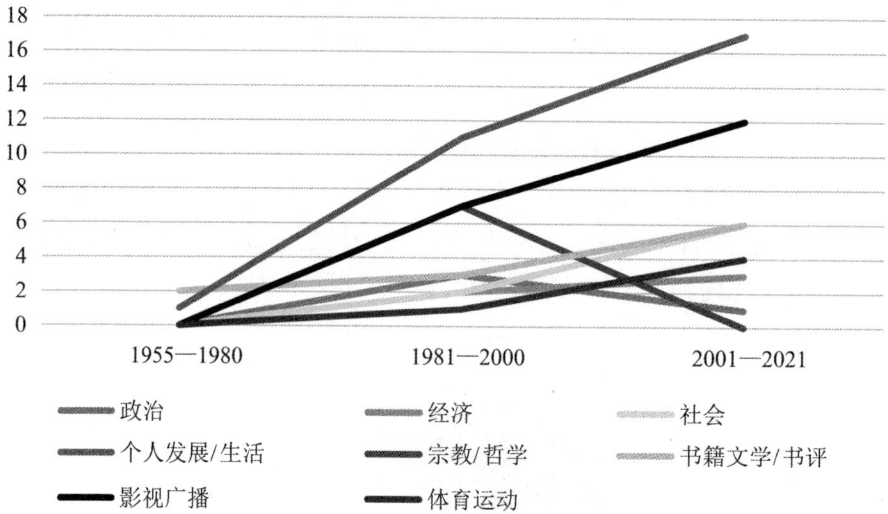

图11.4 时间轴角度样本的主题内容分布

阅读报道发现，澳大利亚报刊报道对老子思想的引用大致可以分为以下8类（表11.2），出现次数较多的是：道法自然（32次）；无为而治（22次）；祸福相倚/事无常态/对立转换（10次）；千里之行，始于足下（5次）；知者不言（4次）；上善若水/柔弱不争（3）；虚怀若谷（1次）。由此可见澳大利亚媒体对老子思想的多种关注。

表11.2 样本涉及的老子思想分布

老子思想	频数	百分比（%）
道法自然	32	41
无为而治	22	28
祸福相倚/事无常态/对立转换	10	13

① 胡再德. 澳大利亚中国学研究——借鉴·引进·本土化［D］. 上海：华东师范大学，2005.

续表

老子思想	频数	百分比（%）
千里之行，始于足下	5	6
知者不言	4	5
上善若水/柔弱不争	3	4
虚怀若谷	1	1
非老子思想	1	1

澳大利亚主流报刊所涉及的老子思想中，“道”被提及的频率最高。“道”是老子思想的精髓，他认为万物皆由道所出。报道样本中多以“The Way”“Tao”来指代老子思想中这种神秘而又思辨的存在。同时，也会引用“道法自然”的思想来表达遵循自然规律、效法道的自然性。例如，“Force is not the way at all. Let life ripen and fall”（外力不可取，让生活自然瓜熟落地）、“flow with nature”（顺其自然）等，强调归朴、“道常无为”。其次，老子“无为而治”的思想在澳大利亚报刊中也有大量呈现，这部分也是对《道德经》原文引用最多的部分，包括“Accomplish more by doing less”（为无为，则无不治）、“The governing of a kingdom is like the cooking of a fish”（治大国若烹小鲜）、“A good traveler has no fixed plans and is not intent on arriving”（善行无辙迹），都反对过多的社会政治干预。在个人生活方面，“无为”常在星座运势分析中出现，如以“Don’t just do something, stand there”（无为）来建议读者采取顺其自然的心态，不强求。

此外，“世态无常”的辩证思想在报道中多体现在“祸兮，福之所倚；福兮，祸之所伏”，“有无相生，难易相成，长短相形，高下相倾，音声相和，前后相随”的对立统一思想上。例如，有报道用阴阳转换来分析货币与股票市场的动荡：“When one reaches its peak, the other will reach its low and they will reverse in an equal and opposite schedule. Every rise transforms into a fall, every fall into a rise.”（当一个达到高峰时，另一个将达到低谷，它们将以等量反向的方式相互转换。每一次上升都会转化为一次下降，每一次下降都会转化为一次上升。）另外，“千里之行，始于足下”（A journey of a thousand miles begins with a single step）的原句也被许多报道引用，通常和个人的处世生活、政府的政策制定相关。

报道中也有对《道德经》的误读："The Chinese philosopher Lao Tzu said, 'There is no greater danger than underestimating your opponent.'"（中国哲学家老子曾说："没有比低估你的对手更危险的事情了。"）《道德经》中并没有类似的原句。可见，澳大利亚主流报刊媒体对老子思想的报道与选取有较强的目的性，为了配合报道的主旨与观点，会对老子思想进行重新解读与重构。此外，报刊对老子思想的报道都较为雷同，局限于最基础的思想，很多更深的价值理念均未被提及。对《道德经》的解读不足，也从侧面反映出老子思想在海外传播效果有待进一步提升。

三、老子形象的媒体呈现

通过样本阅读发现（表11.3），《悉尼先驱晨报》最常将老子塑造为中国智者/圣人/哲学家（16次），其次是《道德经》作者（13次），还有道家/道教创始人（10次）以及老子（9次）等4个形象。《悉尼先驱晨报》提及老子时，多出现"Chinese philosopher/sage"一词，即中国的智者、哲学家、圣人。老子的道德价值与崇尚"道法自然"的思想，在西方民众的精神创痛或疑虑面前，有着抚慰指引的作用[①]，因此能在西方民众心中产生共鸣。社会学家马克斯·韦伯在《儒教与道教》中也提到，道教神秘主义的色彩让研究道家近乎成为一种时尚。[②]将老子作为《道德经》的作者（13次）是学界普遍认可的老子形象，其占比仅次于老子智者的形象。此外，也有报道将老子视为道家/道教的创始人（the founder of Taoism/Taoist School），认为老子创立了道家学说。值得一提的是，在不少样本报道中（9次）直接以Lao Tzu/Laozi来称呼老子，并没有用其他同位语解释说明老子的身份。

① 武志勇、刘子潇.《道德经》在西方世界传播的历史［J］. 湖南大学学报（社会科学版），2020，34（05）：15—22.

② ［德］马克斯·韦伯，洪天富译. 海外中国研究系列——儒教与道教［M］. 南京：江苏人民出版社，2010：188.

表11.3　样本提及的老子形象分布

老子形象	频数	百分比（%）
道家/道教创始人	10	23
中国智者/圣人/哲学家	16	33
《道德经》作者	13	27
老子	9	19

第四节　《道德经》在澳大利亚的阶段性传播情况

本研究将数据库中得到的报道样本划分为三个阶段，分别是20世纪80年代以前（1955—1980）、20世纪80年代至20世纪末（1981—2000）、20世纪末至今（2001—2020），并结合每个阶段的报道情况，分析其传播特点，以此来探究20世纪50年代至21世纪初，老子思想及其著作在澳大利亚的接受情况。

一、20世纪80年代以前：介绍性报道为主，旨在了解中国概况

道教在海外发挥的最基础的功能是意识形态的功能。所谓意识形态的功能，指的是道教教义思想反映信仰者的世界观、社会理想以及善恶伦理观等。[①]早期老子思想及作品在澳大利亚的传播也反映其基本的意识形态功能。1955—1980年间，老子思想及其作品在澳大利亚发行量最大的报刊中的报道数量仅为3篇，约占总报道数的2.8%。报道并没有显示出明显的哲学思想或文学性，更多的是以介绍性的材料出现于读者群中，包括各种涵盖老子思想与作品的书评。报刊一方面把此类报道当作了解当时中国社会、文化等概况的介绍性读物，另一方面也为当时外交官和传教士提供顺利开展工作的必要辅助。值得一提的是，早在1964年，在澳大利亚的华裔群体就成立了道家

① 陈耀庭. 道教在海外［M］. 福州：福建人民出版社，2000.

太极班社团，并在当地报刊上招募太极初学者，以此来布道道家思想及其养生之道。

二、20世纪80年代至20世纪末：主题丰富多元，关注转向个体，但时有重构误读

1981—2000年间，老子思想及其作品在报刊中的报道数量有了大幅度提升，约占报道总数量的40.18%。分析发现，该时间段内的报道主要呈现两大特点：其一，报道涉及的主题更加丰富多元。我们发现，该阶段的报道主题增加了许多80年代之前没有出现过的领域，具体包括以老子思想评论政治、经济、体育运动、宗教哲学、社会、艺术时尚/景观设计、影视广播等。比如，有篇报道就整段引用老子的话来评论最近政府当局的决策失败：

> In light of the latest political fiasco and governments in general, a quotation from the sage Lao Tzu may be timely: "The court is corrupt, the fields are overgrown with weeds, the granaries are empty; yet there are those dressed in fineries, with swords at their sides, filled with food and drink, And possessed with too much wealth. This is known as taking the lead in robbery. Far indeed is this from the way."（鉴于最近的政府决策的惨败，圣人老子的话评论得恰到好处："朝甚除，田甚芜，仓甚虚，服文采，带利剑，厌饮食，财货有余，是谓盗竽。非道也哉。"）

其二，报道关注的重心从了解中国社会文化基本概况转向关注作者/读者的个体发展。一方面，与道教相关的中医、气功、理疗、养生、保健类的报道大量出现，这段时间也是老子"人法地、地法天、天法道、道法自然"的理念与读者产生较多共鸣的阶段。有报道专访某饭店经营者蔡建梁（Dominic Choy）：

> And his personal and business ethics, from which he does not deviate, are based on the Tao (the Way) of the ancient Chinese philosopher Lao

Tzu. "Fill not the vessel lest it spill in carrying", reads *the Book of the Way*. So Choy strives in his inner life and his public life, "to live with harmony to be able to survive; to survive with nature." (他的个人和商业道德是基于中国古代哲学家老子的"道"，他不会偏离这些信条。《道德经》中写道："水满则溢。"因此，蔡建梁在他个人生活和工作中都努力做到以和谐自然的方式生活，道法自然。)

此外，在这一时期，道家思想逐渐成为读者生活养生的一部分，在澳大利亚两大报刊的副刊里，出现了很多道家太极班招募，冥想与疗愈班招募，老子图书出版信息，老子解读广播、讲座、课程等系列广告。1989年，悉尼大学就有对外哲学课程招募信息。这反映了老子思想及其作品在澳大利亚读者群中颇受欢迎。

值得一提的是，随着报刊对老子思想多元化的阐释的增多，也出现了部分误读。比如将老子与禅宗混为一谈，虽然老子思想与禅宗文化都强调修养心性，但两者在修养方式上大不相同。如果说老子思想是"以无为求有为"，那么禅宗思想就是"以有为求无为"。[①]有报道提到：

She practises Zen meditation, travels with the Taoist classic the *Tao Te Ching* and admits great fondness of the *Tao of Pooh*. "I find reading some Zen writing or the Taoist writing utterly inspiring, calming and beautiful and just right for me", she says. (她练习禅宗冥想，带着《道德经》一起旅行，并承认非常喜欢《小熊维尼的道》。她说："我发现阅读一些禅宗或道家的文字非常有启发，平静又美丽，正好适合我。")

这也体现了西方读者对中国传统文化的片面理解与刻板印象。事实上，他们还是秉持西方本位的思想，表面上越来越关注或推崇这类东方哲学，但其目的并不是将自身文化老子化或禅宗化，而是为了更好帮助自身反思成长。

① 易中天. 中国人的智慧［M］. 上海：上海文艺出版社，2018.

三、20世纪末至今：引用频次增加，融入个人感悟，关注广度与深度仍不足

2001—2020年间，《悉尼先驱晨报》关于老子思想及其作品的报道数量呈井喷式增长，平均每年4篇左右。此外，报道内容与老子思想的相关度也在提升。20世纪末以前的报道，往往只在文章伊始对《道德经》原文进行简单引用，鲜有作者的感受。但进入21世纪以来，许多报道都体现了作者对引用内容的理解与感悟。例如在2011年1月发表的“Money Market and Share Market”一文中，作者通过阴阳理论，结合自身感悟，将货币与股票市场的阴晴变换与老子思想中“有无相生，祸福相倚”相结合，阐释得极为透彻。报道提到：

> Yin yang or “yin and yang” is the concept that opposites are interdependent in the natural world.It is embodied by the yin and yang symbol. Yin is the black side with the white dot and is characterised as slow, soft, wet, diffuse, passive and cold. It’s associated with water, earth, the moon, femininity and the night.Yang is the white side with the black dot and is characterised as fast, hard, solid, focused, hot, dry and aggressive. It’s associated with fire, sky, the sun, masculinity and daytime. The two fit together as two parts of a whole ... its dominance will ebb and flow with the other over time. When one reaches its peak, the other will reach its low and they will reverse in an equal and opposite schedule ... It’s natural justice, karma, cause and effect, the fruit born of action, good is rewarded with luck and bad with misfortune. The world is fair because of it.（“阴阳”或“阴和阳”是自然界中对立面相互依存的概念。它由阴阳符号体现出来。阴是有白点的黑色一面，其特点是缓慢、柔软、湿润、扩散、被动和寒冷。它与水、大地、月亮、女性和夜晚有关。阳是带有黑点的白色一面，其特点是快速、坚硬、坚实、集中、热、干燥和积极。它与火、天空、太阳、男性气质和白天有关。它们相互依存……它将随着时间潮起潮落。当一个达到高峰时，另一个将达到低点……这

是自然正义、因果报应、因果关系、行动产生的果实，好的会得到幸运的回报，坏的会得到不幸的回报。世界因为它而公平。）

此外，由于报刊专栏的改革，《悉尼先驱晨报》增加了较多与普通读者的互动。在读者来信等专栏中，也常常能找到普通澳大利亚读者对于老子思想的喜爱。例如，有读者来信提到："I was reminded of my favourite Taoist saying: 'To know you have enough is to be rich.'"（我想到了我最喜欢的道家名言"知足者富"。）该阶段的新闻报道中，还出现了星座预测的报道，每篇星座预测报道都会引用老子的处世哲学，来"指引"迷茫的读者。例如，星座预测栏目"Your Stars with Lilith"（Lilith带你看星座运势）就曾引用《道德经》原文："Chinese philosopher Lao Tzu already had it figured: To attain knowledge, add things everyday. To attain wisdom, remove things every day."（中国哲学家老子已经悟出："为学日益，为道日损。"）道教能在西方国家盛行，很大程度归功于其神秘、普世的哲理，能让普通读者产生共鸣。

总体来看，《悉尼先驱晨报》几乎没有对老子思想的单独报道，大部分报道都是借用老子名言并适度阐发。统计发现，《悉尼先驱晨报》对老子思想的引用多集中于"道法自然""无为而治""福祸相倚"等主要经典道义上，对于老子的其他思想，例如政治上的"不言之教"、权术上的"物极必反"、修身上的"虚怀若谷""上善若水""不与人争"等，都鲜有涉及。报刊作者会带入一定主观色彩，或与其他中国哲学思想流派混淆，这样一来，《道德经》的传播很可能以偏离老子思想原意的形式，潜移默化地影响着澳大利亚的读者。由此可见，《道德经》的西行之路还需要跨越较大的壁垒。

第五节　结　语

传统媒体通常是民意的风向标与载体，《悉尼先驱晨报》对老子思想及其作品的报道，一定程度上反映出从20世纪中期至今，澳大利亚大众读者对于老子思想的接受和认知变化。总体来说，澳大利亚主流报刊媒体对老子思想的报道呈增长趋势，且报道主题愈加丰富。报道多秉持中立或正面的立场，老子多以中国圣人/哲学家的形象出现在报刊报道中。20世纪80年代以前，有关老子思想及其作品的报道，主要以介绍性语言读物材料的性质刊登在报刊中，但数量少，篇幅也普遍较短。该阶段的报道主要以让读者群了解中国社会文化为目的。20世纪80年代至20世纪末，有关老子思想及其作品的报道数量有所增加，报道主题更加丰富多元，但逐渐出现例如与禅宗思想混淆的误读与重构。此外，该阶段报道的重心也从了解中国社会文化转向关注读者个人的生活体验，道家思想逐渐成为澳大利亚民众生活养生的一部分。20世纪末至今，报刊报道老子思想及其作品的频次大幅提升，作者关于老子思想的感悟与体会亦愈加深刻，老子思想与读者生活之间的联系更为紧密。但从引用老子思想的情况看，新闻报刊还是停留在对老子经典思想"道法自然""无为而治"等的关注上，其关注的广度与深度都有待提高。老子思想在海外传播是中国文化与世界文明互鉴的重要组成部分，在传播过程中，我们应该尽可能地保留《道德经》原有的特性与表达方式，向世界展示《道德经》的当代价值与文化精髓，以民心相通的方式更高质量地呈现我国优秀传统文化的智慧与力量，讲好中国故事，传递好中国声音。

第十二章　老子思想在《联合早报》的传播

本章选定1995—2020年新加坡《联合早报》所有关于老子及其思想的报道，共计289篇，使用内容分析法和话语分析法，探究老子及其思想的特点。研究发现，《联合早报》在报道过程中，多使用评论体裁，立场偏向积极中立。经分析，这与新加坡华人社会民族文化共同体的建构密不可分。在老子形象塑造方面，《联合早报》的呈现集中于老子身份的思想性、地位性以及宗教性三大特征，其中最关注老子身为《道德经》作者的身份。值得注意的是，在阐述老子及其思想的同时，《联合早报》基于自身客观中立的报道理念，塑造了一个处于和平崛起之中，但仍存在问题的中国形象。

第一节　绪　论

一、研究背景

老子思想是中华民族优秀传统文化的精粹，其所倡导的无为而治、道法自然等重要观念，对中华民族精神品格的塑造起到了关键作用。近年来，随着全球化进程的加快以及国内对外传播政策的变化，学界更加关注中华文化的国际传播方式和效果，由此老子思想的域外传播成为研究热点之一。老子思想的传播效果不仅可以通过受众的反应进行测评，同时还通过海外报刊如何对老子思想进行使用和呈现反映出来，因此本研究选定《联合早报》作为研究老子思想传播的报刊载体。

《联合早报》由《南洋商报》和《星洲日报》于1983年合并而成，以“第三只眼看大中华”著称，在华人世界中享有较高声誉。同时，《联合早报》是东南亚订阅量最大的几份华文大报之一，日发行量约为20万份，影响范围广泛，是研究海外华文媒体的代表性案例，将其作为研究的文本载体有助于提升研究的显著性。

就《联合早报》所辐射的东南亚华人世界范围来看，无论是《联合早报》工作人员还是订户，均对中华传统文化有一定的共识基础。相比于放置在西方文化语境中的跨文化传播，东南亚华文报刊实际是处于中华文化圈内部。与此同时，在西方文化的冲击之下，《联合早报》在新时代面临着新责任，传承中华传统文化的议题在报道中愈加凸显。因此，本研究可以对老子及其思想的国际传播提供一定借鉴和参考。

二、文献综述

（一）中华文化的国际传播

关于中华文化的国际传播，学界的研究主要集中于孔子学院与汉语教育在西方世界的传播，对于老子思想在东南亚华人世界的文化传播相对忽视。焦俊峰、刘美兰曾指出，英国《卫报》突出展现孔子学院的正面传播功能，而《纽约时报》则偏移化地将孔子学院塑造为政治性机构。彭飞认为，英国新闻报刊在关于孔子学院的报道中，总体呈现出一个正面的孔子学院形象，并将其与汉语教育和中国软实力提升相挂钩。袁玉芝指出，孔子学院的发展仍然面临跨文化冲突、运行模式陈旧、缺乏持久发展能力等问题，并建议通过对接本土化需求和创新发展模式，实现内涵式可持续发展。

（二）海外华文媒体

针对海外华文媒体的研究大致可分为三大部分。

1. 背景性研究

（1）历史梳理

在著作方面，包括彭伟步《东南亚华文报纸研究》、夏春平《世界华文传媒年鉴》以及程曼丽《海外华文传媒研究》等，细致又深刻地梳理了包括华文报刊在内的海外华文传媒的发展历史和现状。

论文方面，陈伟明和何兰娟梳理了《联合早报》发展至今的历史轨迹和现如今的运营状况，总结出几大阶段并深入分析其特点和原因。钱锋总结了美国三大具有显著代表性的华文报刊的共性。陈旭钦和郑惠卿分析了泰国和日本的华文报刊的现状以及未来发展可能面临的挑战。

除了针对某一地区的华文报纸进行量化统计和特点归纳，学界也从横向和纵向角度，对报纸发展的状况进行批判式思考。例如，彭伟步对海外华文媒体当前的发展进行综合分析，指出尽管海外华文媒体数量较大，但仍面临着包括互联网冲击在内的困境；同时，东南亚国家由于英语教育的推行，其华文媒体逐渐呈现消减趋势。

（2）发展困境和策略

程曼丽认为，在当今"中国热"的表象之下，更应该对海外华文媒体的发展和功能定位进行"冷思考"，海外华文媒体当今仍存在一些不可忽视的问题，重要的是如何发挥持续性作用，因此需要在内容版面、语言文字深刻性和读者群定位上重新制定策略。彭伟步集中研究马来西亚星洲媒体集团，对媒体融合背景下海外华文媒体的发展前景和对应措施进行了深入分析。

但已有研究多从理论角度进行探讨，且多在相同的理论框架下进行研究，缺少实证调查和后续分析。

2. 特征性研究

（1）报纸自身特征

张晶认为，《联合早报》具备以下三点言论特色——兼具全球视野与华人视角、严肃与轻松风格并重以及保持客观中立言论立场，这依赖于其明确的办报理念和媒体定位。徐明华则指出，新加坡《联合早报》和中国在文化价值和语言体系上一脉相承，有利于促进中华文化的跨区域传播。彭伟步进一步指出，《联合早报》包含如下功能，包括作为新加坡政府决策的助力器、促进多种族社会运行的协调器以及弘扬以儒家思想为主的东方价值观。

（2）涉中报道特征

吴君静以马来西亚《南洋商报》作为研究对象，总结出涉中报道的特征，包括高度关注中国经济发展态势、围绕中马两国外交关系以及中国国际地位上升等。肖洒认为,《联合早报》在涉中报道中保持着政治性和人情味共存的双重价值判断。叶虎认为,海外华文媒体塑造了一个经历改革开放后正处于和平崛起之中的负责任的大国形象。彭伟步、焦彦晨认为,应充分利用海外华文媒体在海外华人中的传播影响力,增加中华文化走出去的范围和深度。徐明华提出海外华文传媒具备“双重身份”和两极化的报道框架,因此能有效提升中国国家形象。

3. 功能性研究

(1)文化认同

在文化层面,海外华文报纸所起到的功能侧重于通过建构文化认同,从而实现族群认同、文化传承以及华人社会整合。周瑞针对澳大利亚华文报纸进行内容与文本分析,认为澳大利亚华文媒体普遍持有认同并热爱中华文化的立场,通过使用体系化的新闻语言,对海外受众建构中华文化认同,从而减轻其文化焦虑、促进中华文化传承和华人社会整合。岳广鹏和张小驰指出,尽管海外华人与中国同根同源,但受到所处国家社会环境的影响,目前多数华人出现了集体记忆缺失的状况,而海外华文媒体所起到的关键性作用是重构这种集体记忆。

(2)中国形象建构

由于中国越来越重视文化软实力的提升,更多学者将研究重点放在华文报纸对中国国家形象的塑造上。肖洒针对《联合早报》对于中国形象的塑造和变化进行了历史性梳理,指出中国国家形象的呈现是一个动态发展的过程,并受到其所处政治、经济和文化环境的影响。

王青龙等人通过对联合早报网所包含的政治、经济、民生以及文化等多个领域的报道进行分析,发现《联合早报》致力于建构一个政治地位崛起、经济繁荣和文化历史悠久的中国国家形象。秦婧研究发现,新加坡《联合早报》以华人的价值观为基本出发点,塑造出一个虽稳步发展但仍存在一定问题的中国。南雨辰从新闻文本、主题指向和话语实践三个维度进行分析,认为《联合早报》所塑造的中国国家形象既与中国自身发展有关,也受到西方思想的影响。刘虎认为,海外华文传媒对促进和提升中国国家形象具有关键性作用,因此应对海外华文媒体增强关注,以实现中国文化软实力的飞跃。

（二）老子思想传播研究

1. 翻译学角度

从翻译学角度来看，老子思想的国际传播主要集中在《道德经》译本的研究上，主要可分为译本批评研究、核心概念词汇翻译研究以及翻译史梳理三大类别。

关于译本批评的研究，主要集中在四大主流译本。多位学者指出，四大主流译本为跨文化交流提供了内部视角，达到专业性的翻译水准，触碰到了语言学和宗教学一些深层次问题；但与此同时，译者受到自身所在的社会环境的制约，在翻译过程中不可避免地存在一些误翻和理解歧义的现象，以及出现对老子思想的过度神秘化和宗教化倾向。

其次，关于老子思想的翻译研究集中于一些核心概念词汇，其中，关于"道"的概念的研究最为突出。通过分析老子思想的核心词汇，可以对老子思想有更加深刻和清晰的认知，同时也是对《道德经》进行译介的前提。姚小平在《"道"的英译和〈圣经〉中的道》一书中指出，"way"在西方认知中具有圣人救赎的意涵，因此西方翻译者选择将"道"翻译为"way"，即表达出神圣之感。

另外，对于《道德经》横向与纵向翻译史的梳理也是研究的热点之一。有学者指出，《道德经》在英语世界的传播历经了三次翻译高潮，受到不同政治经济文化背景环境的影响，各个时期的译者在翻译目的和手法等方面有极大的差异。《〈道德经〉在西方世界传播的历史》分别从横向和纵向角度出发，梳理了《道德经》及老子思想在英、法、俄、德与西班牙语世界的历时性传播特色，并总结出在西方世界传播的总体特征。

2. 传播理论阐释

众多学者在研究老学的过程中，将老子思想与传播学相融合，从传播学角度对老子思想加以阐释。这类研究可以分为以西方传播框架嵌套老子思想以及分析挖掘老子思想中的本土传播观两类。有学者从传播学五要素出发，将老子思想对应为传者观、内容观、媒介观、受众观以及传播效果观五大类。李琨和俞跃认为，老子思想所蕴含的传播哲学包含基本传播原则、传播技巧等本土性的传播观点，这些内容为现代传播提供了重要的借鉴意义。

3. 传播模式分析

另一个重要的研究方向是关于老子思想的传播模式分析，包括传播手段、传播效果、传播意义以及未来传播策略等方面的探讨。学者通常将研究建立在某一个国家或地区之上，探讨老子思想在该地区的传播状况。

李慧以泰国道德慈善会为代表，分析总结老子文化在泰国的传播模式，包括传播形式、存在问题以及对应策略，发现由此形成的短期文化适应区域能够有效提升老子思想的传播力度，并总结出一套有效的传播模式。温军超指出，目前的老子文化传播模式仍以内向为主，并未形成系统的规模团队且关于传播效果的研究成果较为少见；为促进老子文化进一步走出去，应加大政策和资金的支持力度，整合老子文化走向世界的传播团队，努力打造老子文化海内外的产业链。王丽梅则基于引文内容构建了知识扩散网络，研究老子思想在域外学术界的知识扩散模式，揭示被引文献的主要扩散思想和传播特征等。

综上而言，目前关于中华文化在东南亚华文报刊的传播发展研究尚显不足，缺少实证研究和具体载体，对老子形象塑造和涉及的具体思想研究相对较少。因此，本研究拟通过对新加坡《联合早报》进行具体分析，探讨老子形象呈现、涉及老子思想的内容以及与老子相关联的文化等，对《联合早报》关于老子思想的呈现进行系统的解释与说明。

第二节　研究设计

一、研究方法

美国传播学者贝雷尔森最初对内容分析法给出规范定义，即“对传播的显性内容进行客观、系统和定量描述的研究方法”。内容分析法共分为三种形式，第一种是描述传播内容的倾向或特征，第二种即对传播内容进行历时性分析，第三种是对样本内容进行比较研究。本研究即使用第一种特征描述性研究。

本研究探讨的问题如下：老子以怎样的形象出现在《联合早报》的报道之中？报道的主题以及所呈现的老子思想主要是什么？报道体裁和报道立场又是怎样的？在样本选择上，本研究在道琼斯数据库中搜集1995—2020年《联合早报》有关老子及其思想的报道，共计289篇，以每一篇样本作为一个分析单位。在类目分析方面，构建报道年份、报道体裁、报道主题等类目，展开描述性统计与相关性分析。

表12.1 内容编码表

序号	类目	编码
1	报道体裁	1=副刊；2=评论；3=深度报道；4=书评；5=信息通讯
2	老子形象	1=《道德经》作者；2=道家思想创始人；3=道家始祖；4=太上老君；5=老祖宗；6=圣人；7=思想家；8=哲学家
3	报道相关程度	1=主题文本；2=非主题文本
4	报道主题	1=餐饮；2=法律；3=环保；4=教育；5=经济；6=军事；7=科技；8=商业；9=生活方式；10=体育；11=文化；12=医学；13=艺术；14=哲学；15=政治；16=资讯；17=宗教
5	是否与中国相关	1=是；2=否
6	报道立场	1=正面；2=中立；3=负面
7	涉及老子思想	1=宠辱若惊；2=大国下流；3=道法自然；4=道可道，非常道；5=道生万物；6=德仁义礼；7=对立统一；8=反战爱民；9=国之利器；10=积德行善；11=利民为本；12=能婴儿乎；13=千里之行，始于足下；14=柔弱不争；15=三宝之说；16=上善若水；17=少私寡欲；18=授人以渔；19=天地不仁，以万物为刍狗；20=天地人永久；21=惟道是从；22=无为而治；23=五色之说；24=小国寡民；25=形而上下；26=虚极静笃；27=知者不言；28=知足常乐；29=治大国若烹小鲜；30=自知者明

二、样本选择

《联合早报》是东南亚订阅量最大的几份华文报纸之一，日发行量约为20万份，在华文世界具有一定代表性。本研究选择该报1995—2020年间的所有涉及老子思想的报道。这样选择的原因是，自1995年开始，《联合早报》开启了“报纸上网”电子版运营的计划，以现代化的内容和版面全面提高报道素质和质量。在此期间，《联合早报》报道范围和报道主题大幅度扩张，借助互联网传播范围得到了空前的扩展。

本研究在道琼斯数据库中搜索“老子”“《道德经》”“道家”等关键词，对《联合早报》1995年1月1日到2020年12月31日的所有新闻报道进行分析和检索后，共整理出289篇报道作为研究样本。

第三节 《联合早报》老子报道的内容分析

一、描述性统计

（一）报道体裁

经统计，与老子及其思想相关的报道，体裁种类丰富，且各类体裁占比均匀。最常见的报道体裁为评论，共91篇，副刊体裁紧随其后，共72篇。其次是通讯体裁（人物通讯与事件通讯）和消息体裁，分别是44篇和43篇。最少的是深度报道和书评，分别有22篇和16篇。

表12.2 样本的报道体裁分布

选项	频数	百分比（%）	选项	频数	百分比（%）
书评	16	5.56	深度报道	22	7.64
副刊	72	25.00	评论	91	31.60
消息	43	14.93	通讯	44	15.28

就报道体裁而言，《联合早报》经常刊发观点鲜明的评论，老子及其思想通常作为作者的论据，使其论证过程更具权威，更加具体。值得注意的是，副刊也是一种重要的体裁，其内容通常是生活心得和哲学体悟，老子思想恰恰与其内容相匹配，故很多作者愿意引述老子思想或直接以老子思想为主题。其次是通讯体裁，包括人物通讯和事件通讯两个类别，老子思想通常与通讯文本的主人公或主体事件存在密切关系。消息可以及时传递信息，体现了《联合早报》对于新闻时效性的重视。深度报道则从深层次完整展现主题事件历程，并对新闻事件进行追踪式持续关注，选择此类体裁有助于显著提升老子思想研究的深度与广泛性。

（二）报道立场

从样本报道所展示出的对老子及其思想的立场来看，超过六成报道持积极正面态度，剩余近四成持中立态度，并无持负面立场的报道。《联合早报》宣称坚持“客观、专业、严肃、深刻”的评析准则，故在对老子及其思想的报道过程中，并未受到西方世界宣传的影响而对中国及中华文化产生偏见，而是尽量保持中立客观的报道立场。同时，由于同处中华文化圈内，《联合早报》及其受众——新加坡华人对老子及其思想具有一定的好感，并非将其作为对立的他者。因此，相关报道倾向于以积极正面的态度呈现老子思想，这也有助于老子思想在新加坡华文社会的传播。

（三）报道主题

事物的形象通常通过新闻媒体的报道进行构建，由此形成媒体受众对于事物主题的一种特定认知。框架理论和议程设置理论都强调，新闻报道文本暗含了媒体和作者的立场。

表12.3　样本的主题内容分布

主题内容	频数	百分比（%）	主题内容	频数	百分比（%）
体育	4	1.39	法律	3	1.04
军事	4	1.39	环保	4	1.39
医学	1	0.35	生活方式	35	12.15
哲学	55	19.10	科技	3	1.04
商业	13	4.51	经济	7	2.43
宗教	15	5.21	艺术	24	8.33
政治	59	20.49	资讯	14	4.86
教育	11	3.82	餐饮	2	0.69
文化	34	11.81			

由表12.3可知，《联合早报》关于老子及其思想的报道，涉及议题广泛，尤其是政治、哲学、文化以及生活方式四类主题，占比超过总样本的六成。在政治主题方面，《联合早报》尤其关注中国的外交关系和国际地位，展示了中国在发展过程中的崛起和不足，显示出《联合早报》对于中国的关注；在哲学主题方面，则着重关注老子思想；在文化和艺术主题方面，经常以社会名人和专家学者作为主题人物，或以其口说出老子的著名思想，或描述其是老子思想的追逐者，以此展现老子思想在华人文化社会中的地位。

由表12.4可知，哲学（24次）在所有主题中位列第一，占比接近50%，宗教位列第二（7次），政治和文化均出现5次，剩余主题的频数均在5次以下。

表12.4 主题样本的主题内容分布

主题	频数	百分比（%）	主题	频数	百分比（%）
体育	1	2.04	文化	5	10.20
哲学	24	48.98	环保	1	2.04
商业	1	2.04	生活方式	3	6.12
宗教	7	14.29	科技	1	2.04
政治	5	10.20	艺术	1	2.04

（四）老子形象

据统计，超过七成的样本没有对老子形象做出明显的界定；在剩下的三成样本中，“《道德经》作者”占比最高，其次是“哲学家”和“道家思想创始人”，“思想家”和“道教始祖太上老君”紧随其后，较少提及的形象是“圣人”和“老祖宗”。

表12.5 样本提及的老子形象分布

老子形象	频数	百分比（%）	老子形象	频数	百分比（%）
《道德经》作者	28	9.72	无	213	73.96
哲学家	15	5.21	老祖宗	3	1.04
圣人	4	1.39	道家思想创始人	10	3.47
思想家	8	2.78	道教始祖太上老君	7	2.43

不经详细介绍而直接引用老子的名言或思想，一定程度上说明了新加坡《联合早报》的读者对中华文化有一定的掌握度，即《联合早报》并不是一张跨文化传播的报纸，实际上是在华人文化圈内部进行文化扩散和交流，故不必将老子作为一位异文化的名人，也无须对其身份进行长篇累牍的介绍。“《道德经》作者”是老子最显著的身份，体现了老子与其著作《道德经》之间紧密的联系。

同时，老子的宗教身份也不容忽视。长久以来，中华文化圈将老子视为“道教始祖”，但事实上，道教创始人是汉代的张道陵，而并非老子。虽为曲解，但老子作为道教始祖的形象，在中华文化中具有一定的号召力。

（五）报道相关程度

统计发现，涉及老子及其思想的主题涵盖各个领域，而非主题文本占比相对较大，这说明《联合早报》一定程度上忽视了对于老子及其思想的深入思考和挖掘。

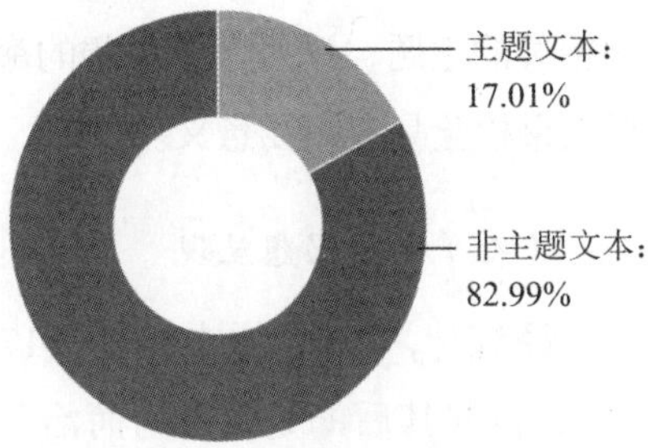

图12.1　报道相关程度

非主题文本涉及两类，一是提到老子及其思想，但并未将其作为主要内容加以讨论；另一种是简单提到老子，并将其与众多中外文化人物并列，即将其作为一个中华文化典型代表人物。在非主题文本中，老子形象及思想常作为论述某事件的论据，由此支撑作者的观点。

由此可见，《联合早报》默认老子是新加坡华人众所周知的古代著名人物，同时，《联合早报》为其华人读者设立了隐形门槛，也彰显了新加坡与中国有着相似的文化背景与历史底蕴，显示出中华文化在新加坡华人世界良好的传播状况。

但另一方面，《联合早报》忽略了对老子重要思想的阐释与说明，这可能造成“只知其名讳，却不知其思想”的状况。只提及老子的姓名，缺乏对其思想和观点的深入分析，使得读者对于老子的认识只停留在表面，难以获得身心的提高。

并列提及老子与中外文化人物的文章，彰显的是一种泛化的文化符号意义，将老子作为中华文化的组成部分之一，由此可见《联合早报》对于老子思想研究的专注性和深入性的缺失。阅读报道发现，经常与老子思想同时出现的中华文化，即以孔子为代表的儒家思想，或与老子共同支撑某一论点，或与老子形成对比，这体现出儒家和道家虽有一定的相关性，而本质却截然不同。

（六）是否涉及中国

作为一份海外华文报纸，《联合早报》1/5的报道均以中国作为报道主题，体现了海外华人社会对于中国的关注度相对较高。海外华文传媒与我国一脉相承，其对中国的关注程度在一定程度上也能显示出其对中国的立场。同时值得关注的是，报刊如何报道和呈现中国相关的主题，这对老子思想的海外传播效果检验具有重要意义。

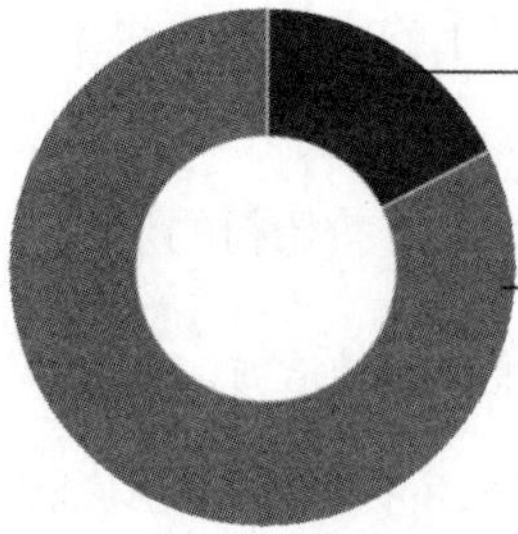

图12.2 涉及中国程度（是否与中国相关）

（七）老子思想呈现

经统计，289份样本共涉及17种老子思想，“对立统一”占比最高（59次），位居其后的是“无为而治”（28次），其次是“治大国若烹小鲜”（21次）、“道法自然”（19次）、“上善若水”（19次）等。

表12.6 样本中涉及的老子思想

老子思想	频数	老子思想	频数
宠辱若惊	1	德仁义礼	2
大国下流	1	对立统一	59
道法自然	19	反战爱民	4
道可道，非常道	3	国之利器	2
道生万物	13	积德行善	6
利民为本	1	天地人永久	1
能婴儿乎	7	惟道是从	1
千里之行，始于足下	6	无为而治	28
柔弱不争	7	五色之说	5
三宝之说	2	小国寡民	8
上善若水	19	形而上下	1
少私寡欲	2	虚极静笃	8
授人以渔	2	知者不言	2
天地不仁，以万物为刍狗	10	知足常乐	9

二、相关性统计

（一）报道相关程度和老子形象

利用卡方检验研究老子形象与报道相关程度，使用SPSS量化分析后可得：两者呈现出显著性（$p<0.05$），老子形象对于报道相关程度呈现出0.01水平显著性。主题文本与“《道德经》作者”最为相关，其次是“道教始祖太上老君”；而在非主题文本中，“圣人”和“道家思想创始人”与其具有明显相关性。

表12.7　老子形象与相关性程度交叉表

名称	老子形象（%）								总计	χ^2	p
	《道德经》作者	哲学家	圣人	思想家	无	老祖宗	道家思想创始人	道教始祖太上老君			
主题文本	12 (42.86)	3 (20.0)	0 (0.00)	2 (25.0)	25 (11.74)	1 (33.3)	1 (10.0)	5 (71.43)	49 (17.0)	34.316	0.000**
非主题文本	16 (57.14)	12 (80)	4 (100)	6 (75.0)	188 (88.2)	2 (66.6)	9 (90.0)	2 (28.57)	239 (82.9)		

注：$*p<0.05$；$**p<0.01$。

由表12.7可知，在进行主题文本的书写时，《联合早报》通常将老子塑造为“《道德经》的作者”和“道教始祖太上老君”；在进行非主题文本的书写时，老子通常被介绍为“圣人”和“道家思想创始人”。将量化分析结果与文本分析结果结合分析可得，在对老子及其思想进行深入介绍和阐释的主题文本中，老子通常与其著作《道德经》紧密结合；而在非主题文本中，老子及其思想通常是作为一个有权威力和影响力的论据，“创始人”和“圣人”等称谓更加常见。

（二）报道主题与是否与中国相关

利用卡方检验研究报道主题内容是否与中国相关，可以看出，二者呈现出显著性（$p<0.05$）。体育和军事主题与“否”明显相关，而经济和政治主题与“是”高度关联。

表12.8 主题内容与是否与中国相关交叉表

题目	名称	主题																	总计	χ^2	p
		体育	军事	医学	哲学	商业	宗教	政治	教育	文化	法律	环保	生活方式	科技	经济	艺术	资讯	餐饮			
是否与中国相关	否	4	4	1	54	11	11	32	11	28	2	4	33	2	3	22	14	2	238	65.241	0.000**
	是	0	0	0	1	2	4	27	0	6	1	0	2	1	4	2	0	0	50		
总计		4	4	1	55	13	15	59	11	34	3	4	35	3	7	24	14	2	289		

注：$^{*}p<0.05$ $^{**}p<0.01$。

经相关性分析可得出，《联合早报》对于中国相关报道的关注主要集中在政治和经济两个方面，而对于军事和体育则较少关心。通过对中国经济和政治的集中讨论，塑造了一个综合国力提升，但仍然存在一些问题的崛起中的大国形象。

第四节 结 语

一、老子形象

经文本梳理发现，在《联合早报》对于老子形象的呈现中，超过七成样本并未直接指称老子的身份和形象，可以归因于《联合早报》的阅读受众——新加坡华人良好的中华文化基础。

老子的形象呈现具备思想性、地位性以及宗教性三大特征，其中思想性是最突出的特质。将样本按照频次从高到低排序，分别为“《道德经》作者”“哲学家”“道家思想创始人”“思想家”“道教始祖太上老君”，以及频次相对较少的“圣人和老祖宗”。在《联合早报》的相关报道中，老子“《道德经》作者”的身份出现最为频繁，老子与其思想汇集著作《道德经》之间的关系颇为紧密，较为强调老子身份中的思想性意义，而非更多关注表面的文化地位意义，“哲学家和思想家”的身份形象也是在强调思想性。而“道家思想创始人”则显示了老子身份中思想性和地位性的双重意涵，分别对应

“道家思想”和“创始人”两部分。值得注意的是，“道教始祖太上老君”显示了老子形象塑造中的宗教性特征，实际上道家和道教之间存在较大差异，道教始祖也是被曲解误读后的宗教性称谓。

研究发现，老子形象通常与国内外文化人物同步出现以作为增强权威性的论据。国内文化人物出现频次最高的分别是孔子和庄子，国外文化人物出现频次最高的是苏格拉底、柏拉图、耶稣与释迦牟尼。首先，这些人物均为人类文明史上的知名人物，在文化哲学领域均享有极高地位；其次，从国外人物来看，苏格拉底与柏拉图属于古希腊哲学家和思想家，而耶稣和释迦牟尼则分别是基督教和佛教的代表人物，因此可以推断，与此类国外人物并列的老子，其形象属性大概率归于思想性和宗教性；再者，在国内文化人物中，孔子所代表的儒家与老子所代表的道家渊源颇深，诸多报道样本都将这两类思想派别进行比较分析，而庄子与老子同属于道家派系，因而老子形象被塑造为“道家思想代表人”。从另一角度分析，老子与多位文化名人并列，能够有效增强老子形象的塑造，通过一种正向的集群效应发挥“1+1>2”的传播效果。

在量化统计中发现，约1/5的样本仅提到老子名讳，却并未对其实际思想加以阐述。如前文所述，这反映新加坡社会良好的中华文化传播底蕴，但同时也存在一些忧患。新加坡政府推行英语教育，导致华文教育与华文阅读率持续衰减，长此以往，对中华文化知识掌握有限的年轻读者而言，老子形象特质中的地位性特质会逐渐超越思想性，即只知老子为名人，却不知其代表思想，结果便是老子思想的传播效果大减。

二、报道立场

关于老子及其思想的态度呈现，超六成样本持积极正面态度，剩余近四成保持中立，并无持负面立场的报道，即《联合早报》整体呈现出一种积极中立的立场倾向。具体而言，老子及其思想通常作为具有高度权威性的论据，或是作为所倡导的策略性措施以及理想取向出现在报道样本中。中立色彩归因于《联合早报》创立之初所坚持的“客观、专业、严肃、深刻”的报道原则。其次，积极性立场很大程度上归因于新加坡华人社会所构建的民族文化共同体特征。

安德森指出，媒介是建构民族文化认同的重要途径。尽管新加坡与中国隔海相望，但基于共同的中华文化，加之以《联合早报》为代表的海外华文媒体的文化报道，新加坡华人群体不断通过阅读，建立起关于中华民族的文化和身份认同。因此，在涉及老子及其思想的报道中，倾向于正面积极的立场。综合来看，民族文化认同感既是原因，也是结果，即民族文化认同感既是促进新加坡华人社会认同老子思想的原因，反过来老子及其思想的传播也巩固了共同体的发展和壮大。

三、思想内涵

在老子思想的频数统计中，“对立统一”（59次）位居第一，其后分别是“无为而治”（28次）、“治大国若烹小鲜”（21次）、“道法自然”（19次）等。“对立统一”彰显了老子朴素辩证法的智慧。世间万物永远在变化过程中，居弱势者会变强，这与新加坡的传统文化和治国理政方略有所重合。“无为而治”和“道法自然”强调保持一种低欲望和低关注状态。“治大国若烹小鲜”也强调一种顺其自然则为上的对应之策。这在一定程度上与新加坡社会背景契合，表现了新加坡在经历高速发展后寻求另一种处世之道的诉求。

四、报道主题

经统计，超过八成的样本是非主题样本，仅两成样本以老子及其思想为主题。由此可见，《联合早报》对于老子思想的关注度相对较低，多数样本将老子认定为具有权威性的文化名人，引用其语句以达到增强文章观点的作用。

在所有样本中，政治、哲学、文化以及生活方式这四类主题占比超过六成，是《联合早报》关注的重点。在政治和生活方式主题中，老子及其思想通常是作者所倡导的理念。在文化和艺术主题中，老子及其思想是社会名人及专家学者追随的对象。

在对样本进行主题筛选后，本研究发现接近一半的主题性文本属于哲学范畴，即以老子及其思想为报道核心内容；在剩余样本中，宗教、政治与文化主题分别位居第二、三、四位。其中值得注意的是，在宗教主题的讨论中，通常将道教与道家思想合二为一，将老子视为道教始祖，这实际上是一种误读与曲解，这并非是由跨文化传播导致的，中国本土同样存在着此类现象。

叁 影视媒介空间中老子思想的域外传播研究

面对老子学说在英语国家非虚构类影视作品中被符号化和边缘化的困境，本研究从政治霸权、影视市场逻辑以及文化壁垒三个方面着手进行深度剖析，力图将其从这种困扰中解救出来，推动以老子思想为代表的中华传统文化更好地走进西方大众传媒视野。

第十三章　老子和《道德经》在海外非虚构影视作品中的缺失及原因

经过为期半年的数据调研发现，中国先秦哲学家老子及其著作《道德经》在英语系国家的纪录片领域几近空白。通过对全球最大的电影资料库——互联网电影资料库（IMDb，Internet Movie Database），以及国内外热门视频网站油管（YouTube）和哔哩哔哩（Bilibili）等检索中英文关键词，仅发现两部日本媒体制作的相关主题的纪实类作品，《100分de名著22——老子》（NHK）[①]和《老子》（BSTV，2008年12月31日）。而英语系国家在相关主题视频产出方面，并未发现长篇纪实类作品，仅搜得三部文化科普类英语短视频，分别为云讲座、专家导读和访谈。此外，相关主题内容还零星地散见于中国历史和传统文化题材的海外纪录片。比如，六集系列英国纪录片*The Story of China*（2016）[②]第一季中就曾提到道家，但由于相关内容篇幅短小，非核心内容，故相关资源查找难度大，无法获取确切的统计数据。

老子和《道德经》的海外传播在非虚构类影视作品中的严重缺失，并非偶发现象，笔者分析主要有政治、经济和文化三个方面的因素，而其中政治作为主导因素，决定了中国经典文化在海外传播的深度和广度。

---

① 《100分de名著》是NHK（日本放送协会）平台上播送的一档纪录片节目，其中2013年5月系列选取中国古典名著《老子》，由东京大学名誉教授蜂屋邦夫主要介绍，共分为循“道”而生、上善若水、活用人的智慧、何谓圆满人生等四个章回。

② *The Story of China*，是BBC（英国广播公司）于2016年首播的一部六集系列历史纪录片，由历史学家迈克尔·伍德（Michael Wood）介绍从远古至今的中国故事。

第一节　西方政治霸权下的中国文化传播困境

西方对中国的政治立场深刻影响着西方媒体对中国形象的建构和中国文化传播的导向性。中国在西方世界中的形象大致上都服膺于一种“文化乌托邦”的想象。之后，随着工业革命推动了西方政治、经济、文化的崛起，中国形象在西方发生了巨大转变，东方成为西方文化之上的“假想敌”，中国成为西方的“文化他者”。①以西方影视业龙头——好莱坞为例，作为美国政治的“晴雨表”，在中国形象建构方面充分体现了西方政治意识形态对其影视文化创作导向的影响力。好莱坞从20世纪初便开始了对中国形象的妖魔化，以东方主义视角打造华人形象和中国元素的现象，在主流好莱坞电影中比比皆是。西方电影史上臭名昭著的“傅满洲”②和“龙女”③等反派角色，以及对唐人街罪恶阴暗面的深度刻画，加上主流媒体对中国社会主义体制的歪曲报道，形成了西方社会对中国力量的恐惧和文化输出的警惕。好莱坞对中国人形象的塑造机制，其实就是美国主流文化与美国主流价值观和社会治理思路相互调适的机制。正如美国主流白人社群精心选择和建构的傅满洲形象，既是电影工业对美国社会的现实族群冲突的反映，也是好莱坞积极介入社会文化政治生态的实践。在看到傅满洲在20世纪上半叶作为美国恐华、排华的种族主义意识形态的标志性符号的同时，也必须明白这一形象的迅速主流化其实源于“黄祸”的历史话语对西方民众长达几个世纪的心理暗示与认知规训。④

---

① 侯东晓. 从虚构的“傅满洲”到假想的“拯救者”——论好莱坞银幕“华人”想象与形构［J］. 当代电影，2020（1）:145—152.

② 傅满洲，是英国小说家萨克斯·罗默（Sax Rohmer）于1913年在侦探小说《神秘的傅满洲博士》中虚构的反派中国人角色，具有集“智慧”与“邪恶”于一体的特征，是西方流行叙事中的“邪恶天才”（evil genius）最早的原型。

③ 龙女，傅满洲的女儿，几乎和傅满洲一样风靡的东亚女性的刻板印象，她们集智慧、美艳、狠辣、残忍于一身，不但对西方男性有致命的吸引力，而且会毫无怜悯地毁掉他们。

④ 常江，石谷岩. 傅满洲的幽灵：好莱坞电影里中国人形象的百年变迁［J］. 当代电影，2019（2）:88—94.

相比好莱坞电影在20世纪20年代打入中国市场，中国电影直到21世纪初，才由张艺谋导演的武侠巨制《英雄》（2002）[①]叩开了美国院线发行的大门。长期以来，西方发达国家通过对中国文化的单向输出，牢牢地把握西方主流媒体对中国形象建构和文化阐释的话语权。中国传统哲学作为中国思想文脉被西方世界打上了中国国家意识形态的标签。包括先秦哲学在内的中国传统哲学沦为限于学术界内部交流的小众学科。相比孔孟哲学，老子和道家经典又更趋“冷门”，远离西方大众视野，且常常与中国道教混为一谈，导致西方社会对老子学说在认知上产生偏差和误解，无形中抬升了老子学说在西方世界发声的壁垒。

第二节　西方影视市场逻辑下的中国文化传播困局

政治意识形态执掌下的西方影视产业，除却“政治正确”之外，经济利益是撬动市场的另一个杠杆。长期以来，西方国家在意识形态领域对中国国家形象的歪曲和对中国文化传播的打压，严重阻碍了中国题材作品在西方大众媒体的传播力和价值认同。在很长的历史时期，西方世界的影视产业普遍缺乏对中国文化的广泛关注和客观呈现。为数不多的“亮点”，如中国功夫，中国第五代导演作品，充满了文化猎奇的商业考量。20世纪90年代，随着市场化程度的提高和改革开放的进一步深化，中国在政治、经济、文化上与国际社会的联系日益密切，中国的影视产业化和商业化逐渐成为一种自觉行为，并随即加入了全球一体化的交流行列。[②]第五代导演的电影作品通过各大国际电影节输出海外；成龙、李连杰等也先后跻身好莱坞一线动作片演员。21世纪初期，《英雄》（2002）更是打入美国主流电影市场。然而伴随着中国崛起而来的这股“中国热”背后，依然充斥着对中国文化的误解和偏见。从海外热播的中国电视剧来看，无论题材或类型，都局限于具有市场潜力的古装剧情片，如《还珠格格》《甄嬛传》《延禧攻

---

① 《英雄》，导演张艺谋，2002年，北京新画面影业公司。

② 张坤. 浅析第五代电影导演的商业转型［J］. 艺术科技，2013，26（1）：40.

略》《花千骨》等。很大程度上，中国文化在西方传播中沦为一种对中国符号的过度消费和文化猎奇，其背后折射出的是西方世界普遍缺乏全面且真实地了解中国的兴趣和意愿。

相较于戏仿历史类影视作品的火爆，严肃的中国先秦哲学题材在西方影视领域深陷小众化和边缘化的困局，需要面对政治阻力和市场壁垒的双重挑战。政治意识形态的长期打压，导致西方主流媒体对中国文化针对性地排斥或忽视。相关题材在西方受众中的冷门和陌生，又导致这类题材不具备投入商业化制作和发行的先决条件。从影视生产的角度而言，大众对老子学说认知度的缺乏，意味着市场吸引力的不足和商业投资的风险。相比老子学说在出版印刷界的目标市场和文字传播影响力，以大众影视传媒平台为依托的文化题材纪实类影视作品，涉及更广泛的受众群体，面对更直接的市场竞争和更赤裸裸的政治话语介入，这就进一步抬升了相关主题进入西方影像消费市场的壁垒。尽管一定程度上，文化主题的非虚构类影视作品生产是为了满足国民公共教育的目的，但依然脱离不了规模化生产和寻求市场回报的经济属性。老子学说作为西方受众眼中的“小众”文化题材，既不会属于那些关注现实主义题材的独立纪录片制作人的涉猎范围，也较难进入主流文化纪录片创作者的视野。

即便是先秦哲学中最具海外认知度的孔子及其儒学，相关纪实类作品也仅检索到三部，分别为《BBC：古代圣贤》(*Genius of The Ancient World*)①、《儒教：两千五百年之旅》②和《孔子》(2016年，中国中央电视台、英国雄狮公司、中国国际电视总公司和中国山东大众报业集团联合拍摄)③。可以说，在市场逻辑驱动下的西方影视产业中，打破中国文化题材被长期低估的困局，是未来中国文化在西方主流影视媒体要实现传播价值的关键所在。

---

① 《BBC：古代圣贤》，2005年由BBC（英国广播公司）制作的一部系列纪录片节目，本片共分为三集，分别介绍了三位古时哲学先驱：印度的佛陀乔达摩·悉达多、希腊的苏格拉底以及中国的孔子。

② 《儒教：两千五百年之旅》，2008年在韩国播出的四集系列纪录片，讲述了以孔子为代表的儒教思想对亚洲文化的影响。

③ 《孔子》，2016年在央视科教频道播出的，中外合作拍摄的首部以孔子为题材的纪录片，客观呈现了孔子的生命历程、思想体系及其对后世的深远影响。

第三节 西方文化壁垒下的中国文化传播困扰

近年来，随着中国国力的增强和文化传播力的提升，西方国家开始更多地关注中国和中国文化。西方影视机构对中国题材的涉猎在数量和广度上呈现增长趋势。

如前所述，文化题材纪实类影视创作，从选题策划、创作生产、销售发行往往脱离不了对传播效果和市场收益的考量。相比其他非政治性和具有亲民性的中国文化题材，例如，美食、国画、诗词、陶瓷等，中国传统哲学经典必然会面对更多难以逾越的政治阻力、市场筛选和文化壁垒。从传播媒介来说，相比出版印刷界的文字传播力和目标读者群，老子学说在大众影视传媒领域的传播涉及更广泛的受众群体、更直接的市场逻辑和更赤裸裸的政治话语介入，这就进一步抬高了相关主题进入影像消费市场的门槛。从传播环境来看，语言翻译、历史语境和文化差异也为老子哲学经典在现代影视作品的内容转述上带来极大的挑战。此外，老子哲学与道教宗教概念的含混，影响了老子哲学域外传播的效果。调研发现，老子学说的英文翻译Taoism和Daoism，常常将老子哲学与道教混为一谈。这种现象，在很大程度上，造成了老子及其学说在西方受众面的窄化和消费市场的边缘化。

如何消除西方政治精英们视先秦哲学为中国意识形态输出的焦虑和警惕？如何确立西方普罗大众对先秦哲学作为全人类文化遗产的价值认同？这是当前先秦哲学走入西方大众传媒视野所面临的挑战。毫无疑问，通过纪实类影像向西方受众客观地展现先秦哲学的魅力，阐释其文化内涵，对于确立其知识属性，消除文化偏见将会是行之有效的方法。

事实上，西方文化学者和影视创作者对中国传统文化题材的兴趣和关注，近年来呈现不断攀升的趋势。2020年BBC纪录片制片人、主持人迈克尔·伍德制作了纪录片《杜甫》[①]，并携片参加上海国际电视节，分享了西方人如何讲中国故事。2021年5月，中外合拍的首部以孔子为题材的纪录片

---

① 《杜甫》，2020年由BBC（英国广播公司）制作的一部关于诗歌的文化纪录片，历史学家迈克尔·伍德到访中国，重走杜甫生前的足迹，回溯了诗人颠沛流离的一生。

《孔子》官宣，力图比较客观地呈现孔子的生命历程、思想体系以及对后世的深远影响。这些案例显示中国经典文化题材正在逐步进入西方纪录片制作人的视野。随着中国在全球的崛起和文化软实力的持续输出，未来，一定会有更多的中国经典文化题材纪录片进入西方主流影视市场，并逐渐形成全球性的跨文化传播热点。可以说，要将中国文化在西方影视领域被符号化和边缘化的困扰中解救出来，仅依靠西方个别有识之士对中国文化投入兴趣是远远不够的。特别是影视生产领域，需要通过文化的海外输出，让西方社会认同中国文化价值，领略中国文化的魅力，熟悉中国文化的密码，进而带动西方文化艺术界精英投入中国文化主题的影视作品创作中，消除政治打压、打破市场壁垒，实现中国文化在西方社会的发声。

肆 域外社交网络媒介空间中老子思想的传播

本研究以脸书上26个英文群组为研究对象，通过文本分析法和个案分析法相结合的方式，探究老子文化网络趣缘群体在海外社交媒体上的形成、运作以及传播机制。

第十四章　老子思想在脸书域外社群中的传播

本章聚焦社会化媒体背景下，老子思想在海外网络趣缘群体中的自发传播，将其看作对传统译介和媒体传播的必要补充。研究基于对脸书（Facebook）老子文化虚拟社区的网络民族志研究，探究老子文化网络趣缘群体是如何在海外社交媒体上形成并运作的，呈现了何种传播机制及互动结构。研究发现，图像传播能够在一定程度上弥合文化传统与语言上的差异，对群组成员身份认同和跨文化传播起到重要的作用。在老子思想网络趣缘群体中，信息传播呈现出多节点交互式的特征，其中群组管理员作为核心节点，对群组身份认同和信息扩散起到关键作用。另外通过考察发现，老子思想网络群组信息扩散路径具有明显差异，大致可以分为以话题为核心和以人为核心的两种信息传播模式。

第一节　研究基础及研究问题提出

历史上老子思想在英语世界的传播出现过三次高潮。第一次出现在鸦片战争结束之后，以英国为代表的英语国家越来越多地派传教士入华，西方传教士希望把《圣经》介绍到中国，于是《道德经》成为其嫁接中华文化和基督教义的一个连接点。第二次高潮出现在反思西方现代文明的时期。第一次世界大战和第二次世界大战的爆发，在一定意义上标志着上帝和理性文化的终结，西方文化和价值观受到了巨大的冲击与挑战。反思、批判西方现代文明的思潮，以及社会思想的多元化，为老子学说在英语世界的传播提供了契机。第三次高潮出现在20世纪80年代之后，越来越多的西方学者出于学术研究的目的，深入探析《道德经》文本中所富含的哲学智慧，他们不再采用单纯的文献考证、文本解读等方法，而是用西方哲学的分析框架对老子进行解析。[①]

老子思想在英语世界的传播与历史环境、社会发展密切相关。上述三次传播高潮，主要是由精英阶层引导的、自上而下的传播，也呈现出了诸多问题和困境。其一是深植于西方文化体系中的宗教思想，影响着译者的价值观念与思维方式，致使《道德经》在西方世界的表述呈现出浓厚的宗教色彩，译本的客观性与准确性大大降低。其二是文化语境的高低差异，导致译者对于某一词语或概念的理解出现偏差，在翻译的过程中难以精准表达。其三是由于语言符号系统迥异，语言转换产生了诸多问题。英语世界的译者由于缺乏对汉字的长期接触以及对老子思想的持续关注，可能会出现翻译不准、词不达意的情况。[②]

本研究聚焦社会化媒体背景下，老子思想在脸书网络趣缘群体中的传播。脸书中的群组（Group）作为典型的网络趣缘群体，让那些对老子思想感兴趣的普通人自发聚集在一起，形成一种非典型性的虚拟人际关系集合，营造了一个多元、动态、松散的后现代虚拟互动空间。在此网络虚拟社区内，成员围绕老子思想及著作进行自发的、交互式的传播，这种自下而上的主动阐释与彼此交流从线上走向线下，融入了群组成员本身的文化背景，也反过来对他们的身份认同和共同体建构带来影响。本课题将老子思想在网络虚拟社区中的传播看作以往主流译介与媒体传播的必要补充，基于对脸书虚拟社区相关群组的网络民族志研究，主要探究以下问题：

第一，以老子思想为核心的脸书网络趣缘群体是如何形成及运作的？

第二，老子思想网络虚拟社区传播的内容有何特征，呈现何种传播机制？

第三，老子思想网络趣缘群体的再表达对老子思想的对外传播有何意义？

---

① 武志勇、刘子潇.《道德经》在西方世界传播的历史［J］. 湖南大学学报（社会科学版），2020，34（05）:15—22.

② 刘子潇、姜博.《道德经》在西方世界译介的传播困境与突围之路［J］. 太原师范学院学报（社会科学版），2021，20（02）:91—96.

第二节　网络虚拟社区中老子文化趣缘群体研究综述

一、网络虚拟社区的兴起

随着互联网技术的发展和普及，网络虚拟社区正成长为人们互动与沟通的新型空间。尤其是伴随着Web2.0时代社会化网络应用的升级，由社会化媒体引领的以关系为核心的传播互动风潮令网络空间中涌现出大量的社群聚合现象。其中，因共同的兴趣聚合而成的趣缘社群尤为引人注目。来自不同地域的社会个体以相同的兴趣为依托进行多层次的传播互动和关系建构，演绎出异彩纷呈的趣缘文化，由此呈现的“全新文化杂态共生状态”已成为现代社会一种重要的文化表征。[①]

早期对网络虚拟社区的研究倾向于将虚拟社区等同于趣缘社区。1993年，美国学者霍华德·瑞恩高德（Howard Rheingold）首次提出“虚拟社区”（virtual community）一词，将虚拟社区看作网络虚拟空间中形成的“社会性群集”（social aggregations），是“足够多的人以充分的情感进行长时间的公共讨论而形成的一种人际关系网络”。学者勒斯洛夫（Rene T. A. Lysloff）指出，虚拟社区形成的核心是共同的兴趣、理念、目标以及相互的信任，他们构成了身份的集体意识，而正是基于互联网技术的虚拟公共空间、持续性沟通与信息共享，为这种集体意识的确立提供了可能。

二、网络虚拟社区中的趣缘群体

所谓社会群体，即通过一定的社会关系结合起来进行共同活动的集体。而趣缘群体，顾名思义，就是经由趣缘关系结合起来的社会群体。这种趣缘群体建立在共同的兴趣爱好、价值取向的基础上，比如传统社会中的黄梅戏迷群等。随着网络传播技术的兴起及传统血缘关系纽带的弱化，网络社区的群体连接不再局限于血缘、地缘等关系，而是转向趣缘等兴趣导向为主。[②]

---

① ［美］曼纽尔·卡斯特，夏铸九译. 网络社会的崛起［M］. 北京：社会科学文献出版社，2003.

② 李林憶. 网络社区中网络趣缘群体传播现象探究——以“豆瓣小组”为例［J］. 新媒体研究，2020，6（19）:76—78.

网络趣缘群体是指一群对某一特定的人、事或者物有特定兴趣爱好的人，主要借由网络进行信息交流、情感分享和身份认同而构建的趣缘共同体。[①]学术界对网络虚拟社区中趣缘群体的研究，主要是考察现实中的趣缘群体在网络空间中的发展趋向，特别是网络技术及网络文化影响下的趣缘群体的行为实践。学者蔡骐从文化传播学的视角，重点探讨了网络虚拟社区中趣缘文化的传播机制及互动结构，指出趣缘圈子的形成取决于成员之间的相互认同。趣缘圈子内的传播互动以碎片化聚合机制为主，呈现出扁平化的传播互动结构。网络趣缘圈子中也会出现节点主导式的互动机制，反映出圈子内部的层阶化。[②]所谓节点是指在互联网环境作为传播主体的“人”，依据节点影响力的大小，可将节点分为基本节点和主导节点，以体现出普通个体和意见领袖的层级分化。相对于普通非趣缘网络群体，网络趣缘群体存在事实上的意见领袖，他们发起了绝大部分话题，左右着话题和相关活动的走向，影响着最后的观点和决定，是群体中事实上的中心。网络趣缘群体结构的再度中心化也决定了管理者和精英对群体的形成、稳定和发展所起的作用更大。

三、老子文化网络趣缘群体研究

历史上，老子文化对外传播主要依托著作译介及传统媒体报道，但是这些传播渠道大多属于精英阶层自上而下的单一线性传播。互联网传播技术的应用，一方面将不同的传播介质在一定程度上进行融合，融媒体传播方式随之出现，文字、声音、图像、视频的融合可以弥补相互间的不足，共同发挥不同传播方式的优势。另一方面，社会化媒体交互式的传播模式也带来了文化生产场域的扩张，老子思想网络趣缘群体的出现是新媒体环境对文化传播产生影响的现象之一。 新媒体技术的发展不仅重构了社会关系和社会行动中心，技术本身蕴含的文化因素扩张也对传统文化产生了深刻影响。网络趣缘群体作为一种人与人之间从技术连接到情感共振的亚文化社群，是新媒体环境下新的文化生产空间。

已有研究指出，老子文化网络趣缘群体具有去中心化后的重新部落化、

---

① 罗自文.网络趣缘群体的基本特征与传播模式研究——基于6个典型网络趣缘群体的实证分析［J］.新闻与传播研究，2013，20（04）:101—111+128.

② 蔡骐.网络虚拟社区中的趣缘文化传播［J］.新闻与传播研究，2014，21（09）:5—23+126.

群组成员之间的高度互动性、秩序自由的同时兼具凝聚力等特征。通过对QQ群等老子文化趣缘群体的深入观察发现，其成员兴趣的凝聚性、人际关系格局的特殊性、传播模式的创新性，为老子文化的传播提供了全新的渠道。老子文化在网络趣缘群体中具有节点化、多层级核心和圈子化的传播机制。[①]也就是说，老子文化网络趣缘群体内部存在着核心节点、桥节点和长尾节点，通过这些节点，老子思想能够在网络群体间通过强弱关系进行传播。这种传播机制有利于形成群体间的文化认同与情感黏性，其群体间的情感与行为互动，对老子文化的再表达和社会化意义重大。

第三节　研究方法及研究样本描述

研究以"老子""《道德经》""道教"的英译词"Lao Tzu""*Tao Te Ching*""Daoism""Daoist""Taoist"等为关键词在脸书上进行群组搜索，经过筛选，得到43个与老子思想相关的群组（如表14.1所示）。从交流语言来看，除1个西班牙语小组（*TAO TE CHING*–LAO TSE）、1个俄语小组（Открытие Даосизма. Discover Daoism）以及7个以中文为主要交流语言的群组外，其余34个群组均以英文为主要交流语言。综合考虑群组规模、交流频率、内容相关性，以及英语作为国际通用官方交流语言的广泛性，研究选取其中26个英文群组作为研究对象，并对"*Tao Te Ching* Quotes"（《道德经》引文）这一群组展开个案研究，深入分析探讨老子思想在英文网络社区内的传播互动模式、群体关系结构和文化价值影响等方面内容。

表14.1　脸书老子思想相关群组统计

筛选词	小组名称	语言
Lao Tzu	Contemplative Mystics Meister Eckhart Thomas Merton Carl Jung Rumi Lao Tzu	英语
	Daoism / Taoism Worldwide	英语
	Lao Tzu Scholars	英语

① 刘运来. 网络趣缘群体中的老子文化传播研究［J］. 西部广播电视，2017（13）:4—5.

续表一

筛选词	小组名称	语言
Lao Tzu	Lao Tzu, The Way of Life	英语
	Lao-Tzu	英语
	Wisdom (Confucius, Lao Tzu, Buddha, Jesus, Tao Te Ching, Platform Sutra)	英语
Tao Te Ching	*Tao Te Ching* Quotes	英语
	TAO TE CHING–LAO TSE	西班牙语
	Taoism	英语
	Tao Te Ching	英语
	Tao Te Ching Discussion	英语
	The *Tao Te Ching*–Lao Tzu	英语
	Tao Te Ching Comes Alive–Wuwei Mastery	英语
	Tao Te Ching	英语
	Tao Te Ching–Zen Buddhism–Tolle–The Source–The Way	英语
	Lao Tzu and the *Tao Te Ching*	英语
	Tao Te Ching Chicago	英语
Daoism	Daoism	英语
	Daoism and Qigong in UK	英语
	Daoism...The Path of Balance	英语
	MSJ Daoism Culture Club (establishing)	中文
	Neo-Daoism and Syncretic Philosophy	英语
	TAO Wu Wei / The Path to Effortless Action	英语
	Открытие Даосизма. Discover Daoism	俄语
Daoist	Chad Hansen on a Daoist Theory	英语
	Daoism uk	英语
	Daoist Conference	中文
	Daoist Gate Wudang Arts	英语
	Daoist Morning and Evening Scripture	英语
	Daoist Studies	英语
	Oklahoma Institute of Daoist Study	英语
Taoist	【道教经典科仪文化资讯站】Taoist Scriptures, Texts & Ritual Culture	中文
	【道教文化交流资讯站】Taoist Deities & Taoist Culture Group	中文
	Taoism	英语

续表二

筛选词	小组名称	语言
Taoist	Taoism and Taoist Alchemy Study Group	英语
	Taoist Cultural Heritage 道教文化的传承	中文
	Taoist Culture Enthusiasts!!	英语
	Taoist Daily Quote	英语
	Taoist Federation (Singapore) 新加坡道教总会	中文
	Taoist Tai Chi Society	英语
	Taoist Way of Life	英语
	The Taoist and Indigenous Worldview	英语
	道教｜ Taoist Sanching Kung	中文

从群组组建时间来看，2006—2021年，除个别年份（2012年、2016年、2017年），几乎每年都有新的相关群组诞生，说明英文网络虚拟社区内对老子思想的兴趣和关注一直在持续发展着。2010年之前建立的小组有4个，其中最早成立的群组是2006年建立的“Taoism”（道教），截至目前成员人数达到1.6万，平均每周发帖10条以上，属于具有较高活跃度的群组。2010—2020年间，脸书上共建立了15个老子思想相关群组。2018年是群组建立最频繁的一年，共诞生了6个相关群组。“The Taoist and Indigenous Worldview”（道教和本土世界观）群组凭借其活跃的内容（管理员和组员一起积极发送老子思想相关内容）、积极友好的氛围（管理员会发帖欢迎每一位成员加入小组）成为同时期建立的、截至目前拥有最多成员的群组，共计1.38万人。

从群组规模来看，成员人数越多交流频率越高。在上述26个老子思想相关群组中，群组规模达到万人以上的有5个，其中“*Tao Te Ching* Quotes”（《道德经》引文）群组成员达到4.2万人，日均发帖量在4条以上。成员数量在1,000—10,000之间的群组有8个，群组保持每周最少2条的发帖频率。成员数量在1,000人之内的群组有13个，它们的活跃度差异较大，有互动频繁的活跃小组，也有已经断更的失活小组。这类成员数量较少的小组多以管理员分享自身对老子思想的感悟为主，封闭性较强，其他成员参与度低，发帖互动性低，小组的运营和管理主要依靠管理员自身的积极性，一旦管理员停止发帖，小组便陷入了断更状态。

表14.2 脸书老子思想传播强关联英文群组

编号	群组名称	成员人数	发帖频率	创建时间	公开情况
1	Taoism	16,068	每日1—2条	2006/7/29	公开
2	Daoism...The Path of Balance	15	无（最后一条：2011.01）	2007/9/3	公开
3	*Tao Te Ching*	11,826	每周1—2条	2008/3/1	公开
4	Lao-Tzu	235	无（最后一条：2021.01）	2009/6/19	公开
5	Daoist Studies	704	无	2010/12/14	私密
6	Lao Tzu and the *Tao Te Ching*	230	每年4条	2011/2/17	公开
7	Daoism	3,087	每周4条	2011/5/6	公开
8	Taoism and Taoist Alchemy Study Group	5,888	每日9条	2011/8/23	公开
9	*Tao Te Ching* Quotes	42,222	每日4条	2011/12/21	公开
10	The *Tao Te Ching*–Lao Tzu	5,677	每日4条	2013/2/20	私密
11	Daoism / Taoism Worldwide	3,499	每日2条	2014/9/15	公开
12	Taoism	912	每日2条	2014/12/8	公开
13	*Tao Te Ching*	312	每周3条	2015/8/18	公开
14	The Taoist and Indigenous Worldview	13,854	每日1条	2018/1/27	公开
15	*Tao Te Ching* Comes Alive–Wuwei Mastery	3,511	每周2条	2018/4/21	公开
16	Neo-Daoism and Syncretic Philosophy	79	无（最后一条：2020.11）	2018/8/22	公开
17	Lao Tzu Scholars	18	无（最后一条：2020.08）	2018/9/13	公开
18	Taoist Way of Life	8,789	每日1条	2018/9/30	公开
19	Daoist Morning and Evening Scripture	792	每周2条	2018/10/19	公开
20	*Tao Te Ching* Chicago	6	每年4条	2020/4/21	公开
21	*Tao Te Ching* Discussion	8,357	每日10条	2020/5/15	公开
22	Taoist Culture Enthusiasts!!	11	无（最后一条：2020.08）	2020/6/4	公开
23	Lao Tzu, The Way of Life	23,182	每日10条	2021/2/9	私密
24	Taoist Daily Quote	183	每日1条	2021/6/5	公开

续表

编号	群组名称	成员人数	发帖频率	创建时间	公开情况
25	TAO Wu Wei / The Path to Effortless Action	1,206	每日10条	2021/9/5	公开
26	Oklahoma Institute of Daoist Study	55	每周0.5条	2021/12/14	公开

从发帖频率上看，群组日发帖量在4条及以上的活跃小组有6个（如图14.1所示），群组人数从1,206人到4.2万人不等，建组时间也横跨2011—2021年，其中有公开小组也有私密小组，彼此差异较大。通过观察组内交流情况可以发现，除管理员外，组内其他成员也在积极主动发帖、点赞、评论、分享转发，形成了有来有往的互动交流机制，使得群组朝着更加积极活跃的良性生态发展。反观年发帖量在5条以下的8个非活跃小组，成员数均少于千人，组内帖子互动量几乎为0，小组愈发沉默，其中有6个群组已停止更新。

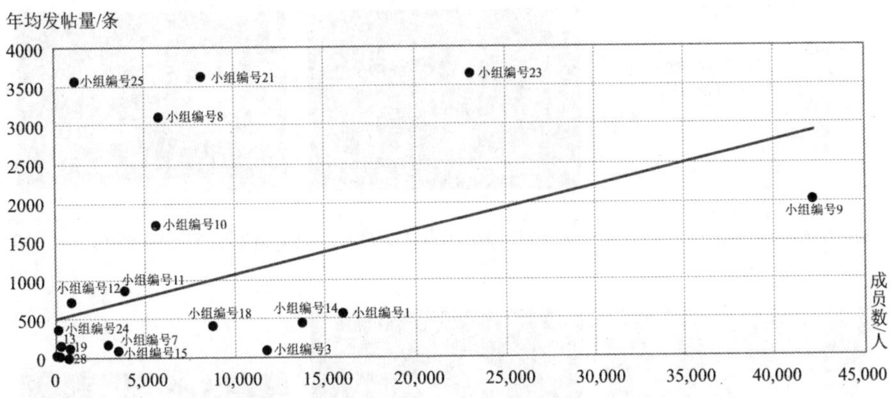

图14.1　脸书群组年均发帖量与成员人数关系图

第四节　老子文化网络社区身份共同体建构

一、群组图像影响身份认同，助力跨文化传播

既有研究指出，网络空间中所具有的资源和服务是青年网络趣缘群体

满足交流需要的基本设施，其中就包括各种可供选择的功能，可以凸显青年网民自身的个性以及与感兴趣网友的私密交流需求[①]，具体到脸书平台当中，小组的背景图与成员的头像便是趣缘群体自由设置、凸显个性的元素。与此同时，图像在跨文化传播的过程中具有公认的天然优势[②]，能够在一定程度上弥合文化传统与语言上的差异。因此，群组图像在影响成员身份认同和促进老子思想跨文化传播方面起到了重要的作用，比起文字传播具有更直观生动的优势，使老子思想更容易被来自世界各地的趣缘群组成员所理解。这也是相比于专著、文章等传统译介方式，老子思想在网络传播环境中所具有的独特优势（表14.3）。

表14.3　老子思想趣缘群体背景图片汇总

人像图	抽象图	自然图
Lao Tzu Scholars  	Daoism / Taoism Worldwide 	Contemplative Mystics Meister Eckhart Thomas Merton Carl Jung Rumi Lao Tzu 
Tao Te Ching Quotes 	*TAO TE CHING*–LAO TSE 	Lao Tzu, The Way of Life 

① 罗自文. 青年网络趣缘群体的构成要素及其引导策略分析［J］. 中国青年研究，2014（08）：64—67+72.

② 刘洪. 论图像在跨文化传播中的天然优势［J］. 学术论坛，2006（05）：160—164+183.

续表一

人像图	抽象图	自然图
Tao Te Ching–Zen Buddhism–Tolle–The Source–The Way 	Taoism 	Lao-Tzu 
Открытие Даосизма. Discover Daoism 	*Tao Te Ching* 	Wisdom (Confucius, Lao Tzu, Buddha, Jesus, *Tao Te Ching*, Platform Sutra) 
Daoist Morning and Evening Scripture 	*Tao Te Ching* Comes Alive—Wuwei Mastery 	*Tao Te Ching* Discussion 
Daoist Studies 	Lao Tzu and the *Tao Te Ching* Daoism...The Path of Balance Taoism and Taoist Alchemy Study Group 	The *Tao Te Ching*—Lao Tzu 

续表二

<table>
<tr><th>人像图</th><th>抽象图</th><th>自然图</th></tr>
<tr><td>Taoist Culture Enthusiasts!!
</td><td>Neo-Daoism and Syncretic Philosophy
</td><td>Daoism
</td></tr>
<tr><td>Taoist Tai Chi Society
</td><td>TAO Wu Wei / The Path to Effortless Action
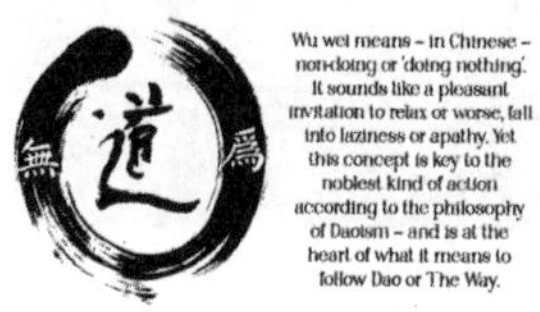
</td><td>Daoism and Qigong in UK
</td></tr>
<tr><td>Taoist Way of Life
</td><td>Chad Hansen on a Daoist Theory
</td><td>Taoist Daily Quote
</td></tr>
<tr><td>The Taoist and Indigenous Worldview
</td><td>Daoism UK
</td><td></td></tr>
</table>

续表三

人像图	抽象图	自然图
	Oklahoma Institute of Daoist Study 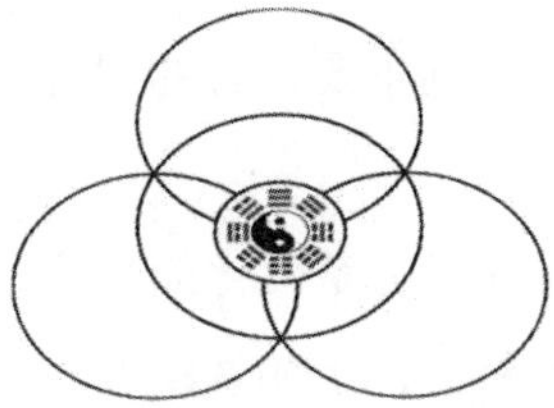	

（一）作为群体身份认同的背景：抽象与具象的视觉符号

脸书群组的背景图，是群体身份与兴趣主题的展示窗口，在其他人搜索该群组时，鲜明的背景图给人留下了第一印象。因为图像在跨文化传播过程中具有公认的天然优势[①]，因此对不同群组背景图的研究，能够探究老子思想海外趣缘传播在视觉符号使用上的偏好，理解其对群组发展的影响。

在对以上老子思想传播相关群组的背景图进行整理和分类后（表14.3），本研究依据背景图表意方式的差异，将其细分为具象视觉符号（包含“道”字书法图片与老子画像两类）与抽象视觉符号（包含阴阳太极图与自然景观两类）这四种类型（如表14.4所示）。

表14.4　脸书上相关群组头像划分

具象类视觉符号		抽象类视觉符号	
“道”字书法图片	老子画像	阴阳太极图	自然景观图
		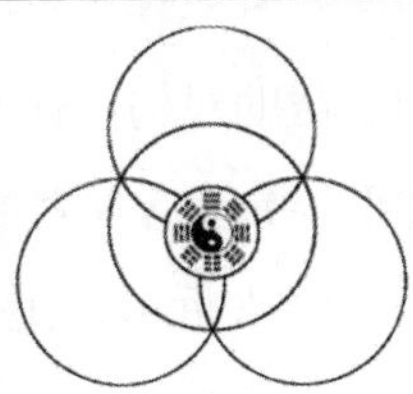	

采用具象类视觉符号的背景图以更直观的形式表达了某种特定场合中

① 刘洪. 论图像在跨文化传播中的天然优势［J］. 学术论坛，2006（05）: 160—164+183.

的较明确意义，例如“道”字书法图和老子画像，便直接展示了趣缘群组的关注话题，告诉网络上其他浏览者，该群组讨论内容与老子思想相关联。因此，通过具象视觉符号的使用，能够快速建构起群体身份与规范性认同，在这个过程中，群组背景图担当着区分“我们”与“他者”的工具，是鲜明的身份构建载体，在作为群体认同重要标志的同时，本身也承载着群体中的文化内核。

而抽象类视觉符号，往往是特定文化的积淀，以高度概括的形式在一般层次上综合反映某种事物的特征，比如基督教的十字架符号、伊斯兰教的新月符号这类代表宗教内涵的图像。在老子思想的传播中，阴阳太极图便是这样的符号象征，是道家经典的代表图案。另一类抽象视觉符号是自然景观，例如大自然中风、云、山川的摄影图片，虽然这类图片没有直接反映趣缘群组的讨论话题，但与老子思想中崇尚自然、敬畏自然的自然观在一定程度上相契合。对采用抽象类视觉符号的背景图进行理解，需要对道教和老子思想有深度了解的人才能够识别其内在含义，门槛更高。

值得注意的是，脸书上老子思想相关群组的背景图都保留了较多中国底色，比如书法水墨、太极阴阳等元素。在传统文化进行跨文化传播的过程中，视觉符号在近些年有着越来越高的使用频率和逐渐多元的呈现方式，被视作能够跨越文化差异和意识形态隔阂的媒介[①]，有学者进一步指出，可以通过视觉符号民族化、本土化转换实现跨文化传播中的差异弥合[②]，在一些群组的背景图中，便使用了图文结合的方式，将抽象文字和具象图片有机融合，并进行了英文翻译，有助于加深趣缘群体对于老子思想的理解。

（二）作为自我身份定位的头像：多层分布的成员身份

除群组背景图能够帮助建构群体身份外，群组成员头像是趣缘群体进行虚拟空间自我呈现的重要元素，是其自我身份认知的体现，在一定程度上反映出用户的心理状态和个人诉求，更是他人判断其身份、个性的直接线索。有学者指出，头像是线上虚拟生存的认知标签，它代表的不仅是图片本身，

① 贾磊磊. 全球化语境中的跨文化表达——论非文字类文化符号的传播效应［J］. 现代传播（中国传媒大学学报），2011（12）:17—21.

② 张亚敏. 跨文化传播中视觉符号的差异性分析［J］. 包装工程，2015，36（16）:129—132.

而且包含了人们的偏好、选择以及对外界事物的意义建构[①]，人们在对社交网络头像的选择中生产并建构自我的身份。[②]既有研究显示，由于自我理解和文化传统上的差异，西方用户倾向于在社交媒体中展现真人头像[③]，老子思想相关群组内的大部分成员也是如此，选择以个人正脸自拍图片为主的头像。另一方面，有部分成员采用与道教、老子思想相关的抽象图画。根据群组内成员发帖频率、活跃度，可以将成员分为意见领袖与普通个体两类，如表14.5所示，不同头像、不同身份的成员呈现了网络趣缘群体多层分布的传播特点。

表14.5　群组内成员头像与其活跃度的关系

	头像：个人照片	头像：抽象图画
意见领袖	type1	type2
普通成员	type4	type3

注：成员发帖频率与活跃度由type1到type4递减。

1. 使用个人照片头像的意见领袖

第一类群组成员多为群组的管理员，他们发帖频率高、帖文内容丰富且专业，往往会同时加入多个老子思想相关群组。值得注意的是，他们之中的大部分成员带有商业或者引流的目的，比如会在帖子中先介绍一些老子思想，在结尾处附上链接，推荐大家去购买书籍，或者是为自己在流媒体平台的视频引流。使用自己的照片作为图像，目的是树立个人形象，对自己进行宣传，像是“为自己代言”，在群组中的活跃行为也是想给成员留下更多积极印象，以实现更好的传播效果。

2. 使用抽象图画头像的意见领袖

第二类成员使用与道教相关的抽象图画作为头像（如图14.2所示），在群组中也有较高的发帖频率，他们多为机构或组织的公共账号，与第一类成

① 贺才钊. 基于微信平台的视觉传播［J］. 东南传播，2016（09）:90—92.

② 吴良伟. 从头像使用看社交网络中的自我呈现［J］. 传播与版权，2017（08）:132—134.

③ 林升栋、吴晶晶、易苑、刘红琪. 中国社交用户头像选择的文化解释［J］. 深圳社会科学，2021，4（04）:76—85.

员相比，他们的目的主要是分享与传播老子或者道教相关的思想，商业属性并不明显。

Tao Te Ching
4月19日00:31 ·

75

When taxes are too high,

people go hungry.

When the government is too intrusive,

people lose their spirit.

Act for the people's benefit.

Trust them; leave them alone.

www.TaoTeChing.Institute

图14.2　以抽象图画作为头像的意见领袖

3. 使用抽象图像的普通成员

第三类成员发帖频率较高，在趣缘群体中也很活跃。他们将道教元素作为个人头像，能够感知到这一群体对老子思想具有更高的认同感和归属感。此外，颇具特色的头像也反映了其个人的兴趣所在，直接影响到他人对其第一印象的态度，以及后续的人际交往互动上，他们更乐于在自己感兴趣的话题下进行交流（如图14.3所示）。

4. 使用个人照片头像的普通成员

第四类成员在群组的人员构成中占比最高，他们的账号主要还是发挥着个人社交的功能，趣缘群组只是其中的一个组成部分，因此归属感与认同感会较弱。在群组中他们较少主动发帖，更多是浏览、点赞信息，也有不少人

Solala Towler ▸ Tao Te Ching
2020年8月31日 ·

Can you hold the body and spirit as one? Can you avoid their separation? Concentrating your qi and becoming pliant, can you become like newborn baby? Clearing your mind and contemplating the profound, can you remain unflawed? In understanding all things can you remain apart from them? Can you bear the fruit without taking possession of it? Can you do the work without taking credit? Can you act without taking control? Can you lead without dominating? Can you speak without speaking? Can you sit without moving? This is called "the profound and secret virtue."
Chapter 10　Dao De Jing

图14.3　普通成员在群组发起讨论

会积极参与讨论，在评论中回复其他成员，交流老子思想给予自己的启发、对生活的影响和一些新看法新观点（如图14.4所示）。

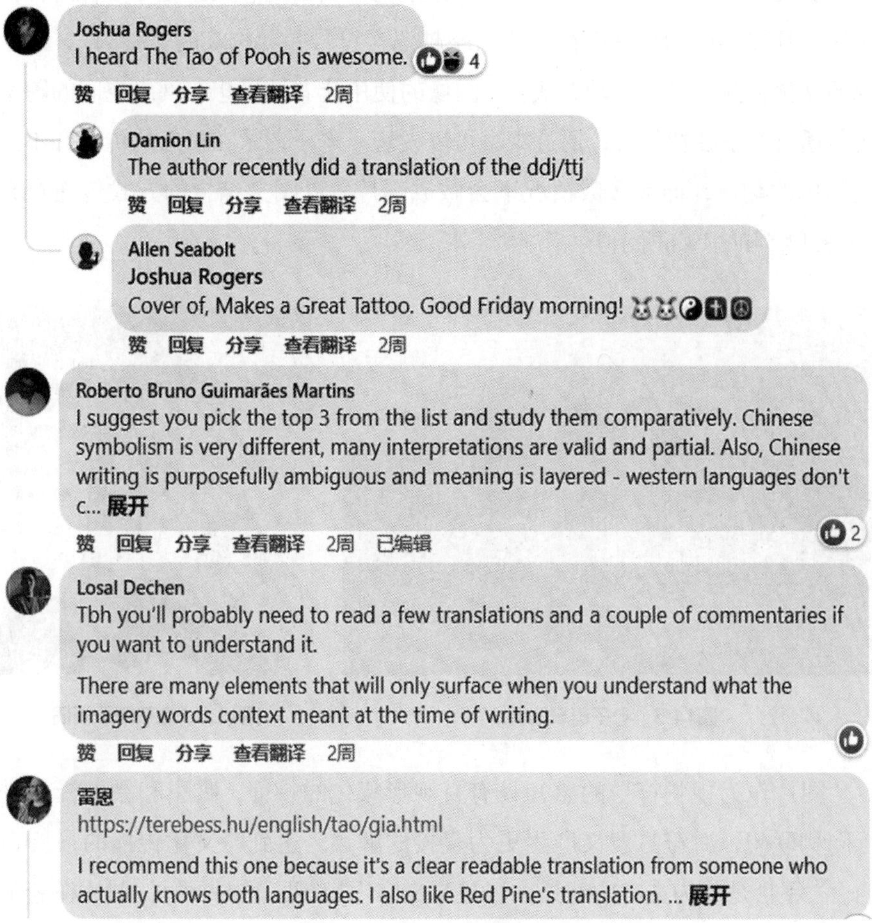

图14.4　评论区的群组成员互动

基于以上分析可以得出，网络社区中普通个体头像的使用，反映了成员在趣缘群体中的自我认同，使用老子思想相关头像的用户，对趣缘群体有着更高的归属感、认同感，也更容易成为趣缘传播中的核心节点。而群组中的意见领袖则是由于传播目的的差异而使用了不同类型的头像，由商业利益驱动的内容创作者更希望树立个人形象，而以传播交流思想为主的公共机构则希望通过头像直接展示其身份。

（三）作为老子思想传播载体的图片

有学者指出，当前跨文化传播中的视觉化倾向已经愈发显著，不拘一格的视觉文化内容已经具备了丰富的表达能力、自由的意义组合和多样的传播手段，其流动性和世界性往往能够超越语言符号差异构筑的“鸿沟”，赋予异质文化传播更多的互动方式。[①]图像的使用让老子思想在网络空间的跨文化传播具有了独特优势，通过观察可以发现，老子语录在群组的传播并不只是简单的翻译，而大多数情况下会做成图片，以图文结合的方式传递意义（如图14.5和图14.6所示）。

图14.5 老子语录插图

图14.6 老子语录插图

图片作为视觉符号的感知具有直观形象化的特征，吸引和激发受众进行同构联想，对符号意义产生更为直接的解读，达到跨文化传播的最终目的。[②]不管是作为文字的背景，还是与文字内容相匹配的画面，图片在老子思想传播的过程中起到了越来越重要的作用，将深奥的老子思想与道教理论变得生动有趣、观赏性十足，还有类似“表情包”的道教思想解释图（如图14.7所示）。

这体现出群组成员利用图片对老子思想进行了自我解读与二次创作，为跨文化传播增添了更多趣味性，同时也降低了解码难度与接受门槛。

---

① 李冰玉、孙英春. 跨文化传播的视觉化趋向与中国出版“走出去”的实践场域［J］. 现代传播（中国传媒大学学报），2020，42（01）：62—66.

② 英明、罗忆. 视觉符号语境下的跨文化传播［J］. 当代传播，2007（06）：22—24.

图14.7　道教理论表情包

总体而言，相比于文字形式，群组图像在传播中更为直观、具象，通过视觉来传递信息可以使简单的意义以最快的速度传递出去，更容易实现表层意义的传递，网络趣缘群体通过群组背景图、成员头像和图片发帖等形式，实现信息交流和情感共享，最终实现身份认同。

二、群组管理员：网络趣缘群体的核心节点

（一）群组核心节点何以形成：群管理员的多重身份属性

趣缘群组中，成员的性格、职业、生活经历等因素具有共通点，这种共通性明显表露于各群组管理员的多重身份属性中。管理员与组内意见领袖构成趣缘群组的核心节点。作为核心人物，管理员在群组传播中承担把控准入与管理机制、发起话题与探讨兴趣、维系群组认同与凝聚成员情感的责任。群组管理员身份的形成与个人身份属性显著相关。脸书中，“老子”趣缘群组的管理员多具有热爱思考人生意义、分享生活状况、鼓励他人等性格特征，多从事艺术类、教学类、武术运动类等具有精神与身体引导性的工作，多具有异国旅游、接触他国文化的经历。由性格、职业与生活经历等构建的身份属性驱使管理员投身于趣缘群组的传播活动中。

网络空间内，个人性格以数字符号为表征构建身份。脸书“老子”趣缘群组管理员的数字身份由个人主页的个人头像、自我介绍与新帖分享等元素构建。个人头像上，常含有笑脸、风景、家庭合照、八卦图等元素，如来自澳大利亚的管理员杰森·格雷戈里（Jason Gregory）的个人头像是一张双手合十、面对微笑的自拍照（如图14.8）；自我介绍中，常言明自己是作家、武术教练、教师、心理治疗师等具有精神或身体引导性的职业，如来自中国

的管理员邵丽琳（Leigh-Lin Shao）在个人主页中介绍自己是一名“热爱美食、风景、动物、运动”，从事“低语的灵魂治疗”工作的人员（如图14.9）；此外，管理员们往往具有丰富的国际文化交流的经验，他们在个人主页中打卡“中国、英国、美国、泰国、菲律宾”等国家（如图14.10），并分享与家人相处及外出旅游的幸福时光，来自柬埔寨的管理员金伊思（Kim Ith）在与家人外出旅游途中发帖称“我们要享受与家人共处的时刻……尊重、爱他们……”乐观外向、热爱旅游等性格，从事精神或身体引导性的职业，接触异国文化等生活经历构建了趣缘群体管理员的多重身份属性，成为他们在趣缘群组内寻求核心地位的关键因素。

图14.8 个人头像

图14.9 自我介绍

图14.10 国家打卡

管理员杰森·格雷戈里于4月28日分享自己的旅行自拍，并配文“在已被解放的个体眼里，人类在无知和痛苦中挣扎是自然的结果”。管理员个人主页的帖子中，爱（love）、自由（freedom）、启蒙（enlightenment）、觉醒（awakening）、尊重（respect）、世界（world）、家庭（family）等关键词常被提及（如图14.11）。脸书中“老子”趣缘群组的管理员期盼自己以一种和平维护者（peacemaker）、治愈者（healer）、记录者（recorder）、故事讲述者（storyteller）、关爱他人者（lover）的身份进行生活。热爱生活且“看淡尘世”的数字属性与“老子”趣缘群组的管理员身份相贴合，他们以对生活不失热情的态度积极引导群体成员，看破人世的精神境界与对“老子”/“道”的兴趣契合。值得一提的是，多名管理员在主页中对俄乌冲突表示忧虑与同情，并号召或参与相关的募捐活动，更有甚者反思战争的真相，称“小心西方宣传”“真相是仇恨言论”“不相信政府”“新的开始往往伪装成痛苦的结局。——老子”。可见，对异国文化的了解让脸书的群组管理员在理解政事时更具批判思维与深度思考的能力；对“老子”/“道”思想的学习也影响了他们为人处事的态度。中国传统文化在国外社交媒体趣缘群体中的传播是一种软传播，意识形态宣传色彩较弱，虽无法直接、深入地影响对中国的看法，但却有利于培育他国民众多维度思考、探索真相的媒介信息处理能力。

图14.11　管理员个人主页的高频词

（二）群组运营模式何以构建：趣缘群组内的管理机制

每个个体成员都是群组内的一个传播节点，节点与节点间的连接需由预设的规范加以规制。于成员较多的趣缘群组而言，管理员往往设置了严格全面的小组规则以保障组内成员的讨论秩序。管理员通过在规则中强调“善良”（kind）、“礼貌”（courteous）、“尊重隐私”（respect privacy）等鼓励成员健康分享观点，同时禁止“种族、宗教、文化、性取向、身份、性别歧视”（race, religion, culture, sexual, gender bullying）等框定组员的言论，言论越轨者会被管理员清理出组。如拥有4.2万成员的群组“《道德经》引文”（*Tao Te Ching* Quotes）在小组规则中提及“辩论是不可避免的，但需要善良”（Healthy debates are natural, but kindness is required）。拥有3万成员的群组“沉思的神秘主义者老子”（Contemplative Mystics Lao Tzu）也要求“不可仇恨与侮辱”（No hate speech or bullying）。相比之下，小型的趣缘群组在群组管理机制上设置较为松散，节点与节点间的关联不强。拥有5,919名成员的群组“道教与道教炼金术研究小组”（Taoism and Taoist Alchemy

Study Group）在组规上未做任何设定，对成员的言论限制较少。趣缘群体规模的大小会影响管理员关照群体及设置规范的能动性，而这种能动性反过来也会影响趣缘群体规模的未来扩展。

当新成员加入大型的趣缘群组，管理员会以发新帖并@当日新成员ID的形式进行身份标记，新成员在被标记的情况下主动阅读小组规则，被动接受旧成员的群体“凝视”与监督，从而服从于新群体的规制策略。如拥有1.4万成员的群组“道教和本土世界观”（The Taoist and Indigenous Worldview）的管理员肯·莱昂娜（Ken Leona）在当日发新帖“欢迎我们的新成员……Amanda Du、Zachare Indino ……”标记成员身份及位置的方式加强了群组对流动成员的管理与控制。“控制机制每时每刻都在指明开放环境中一个成分的位置，指明一个保护区中动物的位置，指明一个企业（电子圈）中人的位置。”[①]管理员以发新帖并标记新成员ID的方式既达成群体规范的持续稳定，又营造出群组讨论积极参与的氛围，利于维护趣缘群体的秩序稳定、促进规模的持续性壮大。而小型的趣缘群体往往并未设置小组规则与新成员准入“仪式”，群体规范的强度与效度较弱。

（三）群组内容传播何以达成：以管理员为核心开展策略性搬运

趣缘群体管理员的个人主页信息与趣缘群组中的信息呈互相渗透之势。管理员或在个人主页中分享群组链接以吸纳成员、扩展群组规模、宣传老子思想，或将自己的身份属性在群组讨论中以隐蔽的方式加以宣传以获取收益。管理员在个人主页中以中西文化结合的策略性话语，分享“老子”小组的链接。如“道教和本土世界观”（The Taoist and Indigenous Worldview）的管理员肯梁（Ken Leong）将老子与达·芬奇（Da Vinci）中西两个人物相勾连，传播大道至简的思想：“The Taoist teaching of Leonardo da Vinci... Simplicity is the ultimate sophistication.”管理员的策略性传播话语符合莱考夫（Lakoff）的“始源域”“目标域”的运作机制。[②]始源域指我们富于经验

① ［法］吉尔·德勒兹著，刘汉全译. 哲学与权力的谈判［M］. 南京：译林出版社，2012.

② Lakoff, G. The Contemporary Theory of Metaphor［A］, in A. Ortony (ed.), *Metaphor and Thought*［C］, 2nd Edition, Cambridge, UK: Cambridge University Press, 1993: 202–251.

的简单事物，目标域则是较为抽象和陌生的概念。在这一跨域映射的过程中，始源域的关系、属性、知识和推理模式被一同投射到目标域（Lakoff and Turner，1989）。趣缘群组的管理员将熟悉的西方人物作为始源域，映射于“老子”/“道”等陌生的目标域，实现文化的跨域映射的传播。管理员个人主页的浏览者往往不熟悉趣缘群组，直接分享群组与陌生文化易造成文化断裂及引起排斥情绪，而跨域映射的方式较好弥合了东西方的文化差异，利于趣缘群组吸纳成员及宣传老子思想。

管理员将身份属性融合进群组讨论中加以宣传以获取收益，思想的传播伴随着个体利益的追寻。管理员杰森·格雷戈里的著作《极端行为的情感错觉》（*Emotional Intuition for Peak Performance*）、周玄云的“波士顿道教门武当艺术馆”等与老子思想有关的信息常出现在趣缘群组的讨论内容中。在群组“Taoism”中，周玄云在4月的组内发帖中多次为自己的太极功夫课程宣传，其课程链接包装以“看书、运动、心灵与身体健康”等作为符号，同一组的管理员桑迪·奥斯本（Sandie Osborne）也转载了周玄云的武术馆链接，评价其为“a worthy cause”。管理员在个人主页与趣缘群体两个空间周旋，以身体符号为媒，对两个空间的信息展开策略性搬运。

在被统计的趣缘群组中，大部分的核心管理员（与普通管理员相比，核心管理员在群组内活跃度更高）从事与“老子”有关的职业。兴趣成为搭载个人经济收益的媒介。经济收益与兴趣捆绑的情况下，管理员参与群组管理与内容传播的动能更强；以纯兴趣为核心开展的群组内，节点间的交流反而频率较低。存在少数以纯兴趣为核心的趣缘群组，如“道教和本土世界观”（The Taoist and Indigenous Worldview）唯一的核心管理员肯梁在不链接个人收益的情况下积极地管理成员，对组内信息进行评论兼传播。但这种烦琐、高频而无以为报的“劳作”在未来能否继续维持是个问题。不少管理员在“为爱发电”而积极“劳作”的几年后离开了这个群组身份或隐退为“僵尸”管理员。如迈克尔·尼克尔斯（Michael Nichols）于2015—2018年间在群组“《道德经》”（*Tao Te Ching*）内积极地发帖与转帖，但自2018年11月7日起的4年再未参与群组内容讨论与机制管理。可见，经济收益成为支撑趣缘群组可持续运营与壮大的重要因素。

第五节 老子思想网络虚拟社区传播的内容特征与传播机制

一、老子思想在群组中的“碎片化”聚合

不断加快的社会节奏使人们的精神生活空前碎片化，而虚拟社区则将人们碎片化的空闲时间连接并整合起来[①]，老子思想相关群组中信息的碎片化聚合正印证了这一观点，接下来以“*Tao Te Ching* Quotes”这一老子思想交流较为集中和高频的群组为例进行说明。

首先从发帖形式来看，大部分的帖子以背景图加语录的图片形式发布。较受欢迎的背景图有老子画像图、国画花鸟图等富含中国画元素的图片，以及传达宁静和谐之意的自然风景图。图画往往配合上英文版本的语录，例如“Returning to the source is stillness, which is the way of nature”（道法自然，自然之道在于静）、“Having without possessing, acting with no expectations, leading and not try to control”（生而不有，为而不恃，长而不宰）、“Pour into it and it will never be filled. Pour out of it, and it will never be empty”（注焉不满，酌焉不竭）等内容都被引用分享。图文大多传达“万物和谐”“无为而治”等普适价值。发帖内容主要是对于《道德经》或老庄名言的直接引用，较少有成员的观点表达，篇幅较长的文字性观点输出非常稀少。发布这样的语录帖子无须大量时间精力投入，发布者也不需要具备很高的文学素养和专业技能，只要有一定的阅读经验，对其中语录进行摘取并进行配图即可发布，发帖门槛较低。尽管如此，语录帖子往往能在群组内获得较多的互动量，一句名言加背景图的呈现形式非常符合虚拟社区用户的碎片化阅读习惯，能够吸引群组成员的注意力。群组成员的互动也是比较松散的，只是发表碎片化和个性化的意见，很少就一个观点进行集中的讨论，意见领袖对于议题的主导和修正在群组当中体现得并不明显，传播互动结构较为扁平。

碎片化、浅表化的发帖形式和内容对于老子思想的跨文化传播造成了一定挑战，群组成员仅能根据孤立的词句对老子思想进行理解和阐释，难以

---

① 蔡骐. 网络虚拟社区中的趣缘文化传播［J］. 新闻与传播研究，2014，21（09）:5—23+126.

从完整的篇章和思想体系进行深入了解。首先，语录的翻译是一个符号体系的转换过程。从中文这一较为边缘的语言翻译为英语这种强势语种时，译者往往采取“归化式的翻译策略”，以西方话语体系进行翻译，这种策略会导致翻译失准现象。[①]并且帖子的内容大多是对于老子、庄子个别名句的分享，语录脱离了整篇文章的语境，更脱离了中国传统文化的语境，翻译和理解变得更加困难。较西方文化而言，中国传统文化是一种高语境文化，传达信息时不仅要依赖语言本身，还需要借助相关语境含蓄地传达意义。《道德经》作为中国传统文化的经典著作，其中“道”等道教哲学体系内的核心词汇本就凝聚着中华民族的思维方式、行为特征、价值维度。[②]如果脱离著作本身或道教思想体系，其含义难以被精准传达。一方面，单个词句的翻译失准会导致概念上的误解，例如《道德经》当中“静”在翻译时往往译作“静止”（still），却有成员理解成了“安静”（silence），对于核心概念的理解产生了较大偏差。另一方面，文化语境的错位会导致老子思想无法被深刻理解，而只能作为西方语境中的一种再阐释。例如在有关“无为”的语录帖子下，有成员评论：“Be still and know that I am God.”（静下来，便知我是上帝。）“We live in an echo of the Source that was everything, everywhere at the Big Bang 13.7 billion years ago.”（我们生活在137亿年前宇宙大爆炸无处不在的回声中。）“上帝”“宇宙大爆炸”等表述是从西方的语境来阐释“道”这一概念的，和道教思想本身产生了距离。“上帝”这一基督教相关词汇的采用，还体现了宗教刻板印象对于理解道教文化的阻碍。

老子思想传播的碎片化导致了成员对道教思想的片面理解，也造成了群组内多种宗教思想共存的现象。组内发帖的语录不完全是来自《道德经》，讨论也不完全局限于道教思想。比起基督教或者其他西方宗教，佛教相关语录受欢迎程度较高，对于慧能、泽木兴道等人语录的分享时常获得较多的转赞评互动。群组中有一个帖子引述了慧能的名言“To the ordinary man, even Buddha is ordinary. But to a Buddha, everyone is a Buddha”（自性迷，佛即众

---

① 刘子潇、姜博.《道德经》在西方世界译介的传播困境与突围之路［J］. 太原师范学院学报（社会科学版），2021，20（02）:91—96.

② 曹进. 跨文化翻译中的文化语境意识塑造［N］. 中国社会科学报，2017-07-21.

生；自性悟，众生即佛），帖子下的评论中也就佛教和道教展开了讨论。有的成员认为佛教和道教是非常相似的哲学，有成员将佛教思想与道教思想进行想象的联系。有成员在帖子下面对于语录的出处进行解释，避免误会，有成员指出："Of course it is not from *Tao Te Ching*, as the name Buddha does not appear in *Tao Te Ching*. It appears the people just post anything they like from old books of Asia."（《道德经》中没有出现"佛"，人们会在"《道德经》引文"这一群组中发布他们喜欢的亚洲古书中的任何东西。）从成员的互动沟通来看，该群组对于不同宗教思想较为包容，特别是关注佛教和道教之间的联系与相似之处。成员常常在不同的文化、宗教语境中对《道德经》进行阐释，这种兼容并包的交流态度一方面建立了一种"对话"的空间，使得《道德经》的对外传播更加广泛、易被接受，另一方面则会造成道教思想被误读，与佛教等宗教之间的差别难以被清楚阐释。从群组中常出现道教语录配佛教背景图的帖子的现象中，便可以看到这种误读现象。

二、作为仪式的老子思想交流

互动仪式理论起源于涂尔干的宗教社会学，柯林斯则完善了互动仪式的框架，但是他们都认为身体共同在场是仪式发生的必要条件。潘曙雅则认为，网络虚拟社群能在没有身体共同在场的情况下引发集体欢腾，并形成群体团结、个人情感能量以及群体道德标准等结果，即使并没有满足物理空间上的共同在场，仪式仍旧可以发生。[①]虚拟社区中的老子思想分享和传统社区中的宗教祷告有着一定的相似性。在老子思想相关群组中，尽管群组成员素昧平生，老子思想、道教哲学却是他们共同关注的焦点，他们在群组中分享共同的情感与体验，崇拜共同的象征物。"它不是一种告知信息的活动，而是共同信念的表达。"[②]

从群组内发帖内容来看，与"静""无为"等道教核心思想有关的发帖

---

① 潘曙雅、张煜祺．虚拟在场：网络粉丝社群的互动仪式链［J］．国际新闻界，2014，36（09）：35—46.

② ［美］詹姆斯·凯瑞，丁未译．《作为文化的传播》．北京：华夏出版社，2005：10.

量最多，这些帖子下互动也较为频繁，这正是群组共同信念的集中表达。群组成员的评论中时常出现对于文本的情感表达，这体现着阅读帖子这一仪式对于观众个人情感的促发，“Love this”（喜欢这句话）、“My favorite passage”（这是我最喜欢的一章）就是典型的积极情感表达，是成员与发帖者和其他观众的情感共鸣，将个人情感能量转化为集体情感。评论还包含问询信息的目的，有成员会问“Which chapter is that?”（请问这是哪一章？）以便对文本和思想体系进行更进一步的回溯和学习。另外一类结合自身经验对语录和生活方式进行反思的评论则体现出，成员在群组中的发帖和互动并不是单纯对于道教这一宗教的关注，更是在反思性地进行一场“生活政治”，通过对于符合道教思想的生活方式的选择，来实现自我认同。在一条传达“无为”思想的语录帖子下，成员回复道：“Are we never effortlessly called to action though? If an available action crystalizes in the flow of your mind as ‘right’, free of ego or self-serving … is inaction still ‘best’?”（然而，我们从来没有毫不费力地采取行动吗？如果一个可用的行动在你的心中确定是“正确的”，不是自我或自私的……不行动仍然是“最好的”吗？）群组成员围绕共同的思想和话语对自己的生活进行反思和秩序的再生产，形成了一种类似于祈祷或吟唱的仪式。

由于“*Tao Te Ching* Quotes”群组是讨论《道德经》和老子思想最集中的群组，其内容形式主要是对于语录的分享和讨论，注重回归文本，因而主题和呈现形式都比较固定。通过观察脸书上老子思想相关的其他群组可以发现，它们在主题上更加发散，呈现形式更为多元。以“*Tao Te Ching* Discussion”（《道德经》讨论）群组为例，除了对于道教语录的分享，成员还关注道教相关的其他方面，例如道教有关的书法、“修行”、“功夫”、“太极”等内容，相比较而言，对于《道德经》文本本身的关注较少，更关注其在生活中的实践方式，成员常在群组里分享太极、书法等教学视频。而“Lao Tzu, The Way of Life”（老子，生活的方式）群组的发帖重点虽然也是语录、文本，但成员发帖主题并不严格，道教语录不占据绝对重要地位，其余古今中外名人语录也会被广泛引用，这可能与成员们追求思想的多样性有关，此时老子思想只是作为成员互动交流的思想之一。

第六节　群组内组织形态结构

在脸书老子趣缘群组中，信息传播不同于以往单一线性传播模式，呈现出多节点交互式的特征。通过考察脸书趣缘群组的结构形态，可以发现群组信息扩散路径具有明显差异，大致可以分为以话题为核心和以人为核心的两种信息传播模式。

一、以话题为核心的信息传播模式

在脸书老子趣缘群组中，趣缘个体生产的老子相关“话题帖”是传播的核心节点，围绕这个核心节点，其他趣缘个体进行点赞、评论、分享等交流互动，形成以老子话题帖为中心的有一定边界的“圈子”①，如图14.12所示。在脸书老子趣缘群组中，老子思想正是通过这样一个个“圈子”向外扩散。

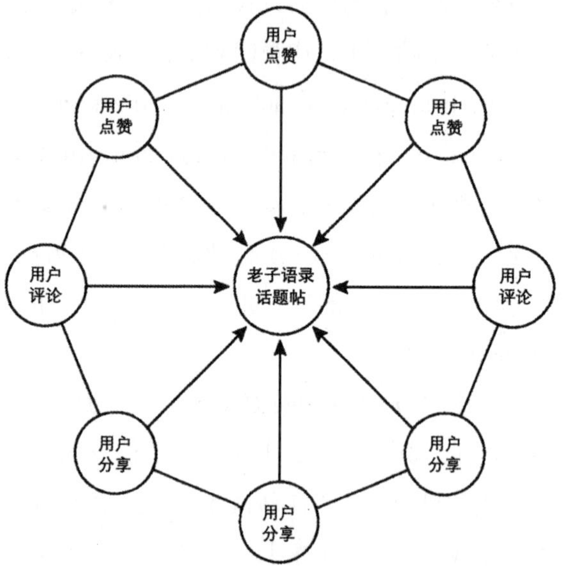

图14.12　以话题为核心的信息传播模式

趣缘个体会在群组内发布老子语录、老子语录图片、老子思想个人解读等帖子，构成传播的核心节点，其他趣缘个体通过评论、点赞、转发完成老子思想的接收与再传播，构成了围绕核心节点的发散节点，“帖主”对评论的回复，实现彼此间关于老子思想的进一步交流的同时，也强化了核心节点与发散节点的社会网络联结。在这个圈式结构中，包含着对老子思想的不同层级的解读，每一个节点都是老子思想的传播源，将老子思想扩散至最广泛的沉默趣缘个体甚至组外成员。

① 蔡骐. 网络虚拟社区中的趣缘文化传播［J］. 新闻与传播研究，2014，21（09）：5—23+126.

例如，在脸书的“Taoism”群组中，群组成员马蒂亚斯·韦斯（Matthias Weiss）发表了自己对老子思想中“自然状态”的解读:“迄今为止，我最喜欢的老子思想是‘万物都在努力达到自然状态’。我理解的自然状态并不是静止不动，恰恰相反，自然状态应该是动态的、流动的。在我看来，静止的水面或静坐冥想的人，并不能代表‘自然状态’的全部形式。如果我坐在一匹奔跑的马上，我的自然状态也必须是流动的，而不是像大理石一样停在碗底。生活中，我对待事情的反应，也应该依据事物本身状态而做出变化。什么是自然状态取决于过去和当下的体验，因此自然状态是随时间流动着的。”针对“自然状态”的话题帖，18位用户进行了回复，大家围绕“自然状态”进行探讨。有网友对此一级解读表示认可，并指出老子思想解读中的误区，如特德·伊（Teddem Yee）评论道:“我觉得你的见解确实触及了一些重要的东西，道是运动，而不是一个设定好的终点。人们对老子思想认识的巨大错误是‘平静’——停止运动和冲突，这是违反老子自然之道的。”也有网友从此一级解读中，获得了对老子思想的理解，并阐释自己的二级解读，如昆汀·卡伦蒂埃（Quentin Calentier）评论道:“正如你所说，我们对生活中发生的事情做出的反应才是真正重要的，其他的都是无足轻重的。我想补充的是，我们做出反应的方式应该尽可能地只来自我们的真实本性，我们的精神，而不是法律、道德或观念。”以话题为核心的传播模式，聚焦老子或道教的某一观念进行探讨，相较于传统书本形式的系统解读，更趋碎片化，但是群组中多个传播圈，共同构建出多主体、多主题、多层级的老子思想传播体系。

以话题帖为核心的传播模式，也使得意见领袖逐渐被建构。网络虚拟社区中，人与人之间的交流和联系是平等的，每个成员都有可能成为社区网络的中心。随着互动和交往的深入，会有一部分成员凭借专业知识、持续互动和个人魅力等脱颖而出，成为网络中的信息来源和领导者，即意见领袖，他们所发起的讨论或传播的信息吸引着社区中的参与成员，而持续有效的互动是网络权力建构的关键。[①]

① 文彤、郭强、邱以澄. 旅游虚拟社区中意见领袖的网络权力特征及形成机制——以去哪儿网为例［J］. 旅游学刊，2022，37（04）:39—51.

以老子思想为核心的话题帖，是群组意见领袖获取网络权力的基础，群组成员对“话题”的互动，赋予了意见领袖“权力”。脸书老子相关群组中，一些成员是群组内话题的活跃输出者，经常性地分享老庄名言，参与多个话题讨论，群组成员对话题帖进行点赞、回复、转发等互动，赋予帖主“声望”。通过日积月累的分享、积极主动的交流，他们在群组中赢得更高的声望和影响力，成为网络权力的优势者。基于话题帖而形成的意见领袖，他们占据着网络中的资源优势和位置优势，主导着群组中的信息流动，他们对老子思想的解读影响着其他成员对老子思想的理解、认知，从而拥有网络权力。例如，在“*Tao Te Ching* Quotes”群组中，成员拉吉特·夏尔马（Rajit Sharma）每隔2—3天，就会分享一张带有老子名言的图片，他是群组话题的核心输出者，他分享的内容，也会得到更多的点赞、分享、转发。

此外，网络权力的建构不是一劳永逸的，网络权力在话题分享与互动反馈中不断流动。在“Taoism”群组中，新成员马蒂亚斯·韦斯每天都会发表自己对老子思想的解读，加入群组一周，他发布的话题帖收到的回复，甚至超过了加入群组13年的管理员斯科特·巴恩威尔（Scott Barnwell）。①

总体来说，以话题为核心的传播模式，聚焦老子或道教的某一观念进行探讨，相较于传统书本形式的系统解读，更趋碎片化，群组中多个传播圈，共同构建出多主体、多主题、多层级的老子思想传播体系，同时这种传播模式，也使得群组每个成员都有可能成为传播的中心，网络权力在传播与互动中被建构并不断流动。

二、以人为核心的信息传播模式

第二种是以人为核心的信息传播模式，趣缘个体通过在脸书群组内主动发帖、与他人交流互动、编辑个人公共主页、引流到其他相关网站等方式，呈现出相对开放的社会化网络路径，如图14.13所示。

在这一传播模式下，具有相同兴趣爱好的趣缘个体成为思想传播的核心，他们自由地在脸书、油管等公共平台及其他相关网站上开展线上传播互动，甚至进行线下同城交流，而最终所有这些实践以不同的形式集中在用户

① 文彤、郭强、邱以澄.旅游虚拟社区中意见领袖的网络权力特征及形成机制——以去哪儿网为例［J］.旅游学刊，2022，37（04）：39—51.

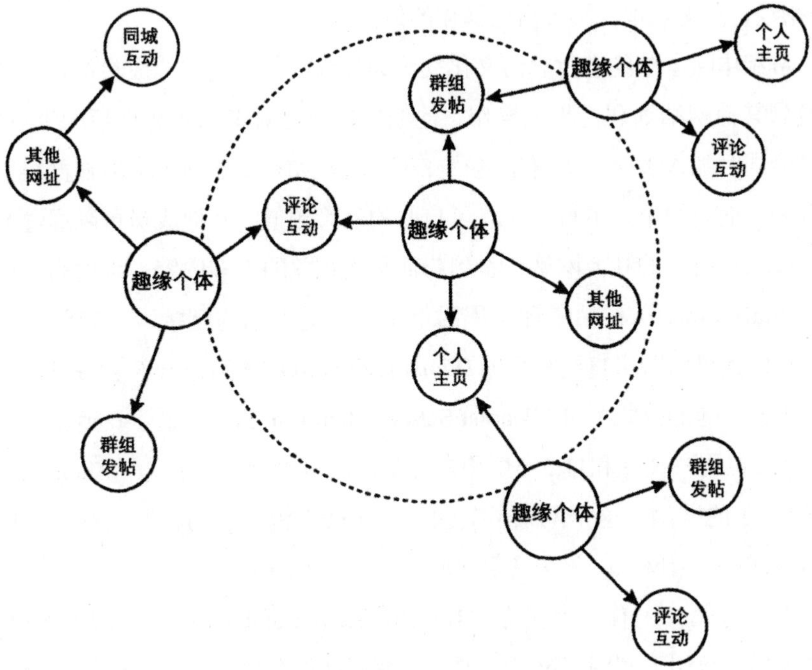

图14.13　以人为核心的信息传播模式

的“个人信息场”及“个人主页”上，在这一过程中，经由传播互动而结成的“社会关系圈”充当了趣缘个体的信息流动路径。用户在个人信息场里接收信息，又在个人主页上展示和输送信息，“人”成为连接两者的核心纽带，“在以用户个体为中心的虚拟社区中，趣缘个体是构建信息传播路径的核心节点”[①]，由此构建了交错化的开放式信息网络。

观察群组内积极的趣缘个体可以发现，他们中有的构建了与老子思想强相关的个人主页。例如拉吉特·夏尔马，他本身是“*Tao Te Ching* Quotes”群组的管理员，坚持每天发送以老子语录图片为主要内容的Greetings（问候），这些帖子会得到其他成员的点赞、评论与分享，他自身也会在评论区进行互动。他个人主页中呈现的内容明显表明他是老子思想传播中的一个小节点，而群组中像他这样的人不在少数。此外，还有的趣缘个体通过评论他人帖子的内容，表达自己对老子思想的见解，并在个人主页里对老子思想进行了阐释。如佩吉·王（Peigee Wang）便在个人主页中更新了自己翻译的

① 蔡骐. 网络虚拟社区中的趣缘文化传播［J］. 新闻与传播研究，2014，21（09）:5—23+126.

《道德经》英文版本，实现自己译作的传播。

群组中除了单纯进行思想文化交流的趣缘个体，还有的成员进行了一些引流到其他网站等利益相关操作，他们凭借自己对老子思想理解的专业度，往往会同时加入多个相关群组进行交流互动。如马蒂亚斯·韦斯在群组里发帖互动，而他的个人主页上关联了自己的油管频道，其他成员可以通过关联链接进入群组外的其他网站，看到与他个人相关的更多内容；维他利·法伯特（Vitaly Fibert）在帖子评论里附上了亚马逊网站的链接，让想要学习道教文化的人可以购买自己写作的*Daoist Cultivation*（《道教修养》）系列书籍。不仅如此，他的公共主页“Daoist School Zhen Dao Pai”（道学真道派）赢得了12,622位用户关注和11,595位用户点赞，还链接到一个名为“Zhendaopai”（真道派）的网站。这个网站是美国一个包括太极、气功、形意拳、内丹等在内的课程学习网站，用户需要注册网站信息才能加入。

无独有偶，还有一个叫作“Tai Chi Heaven and Earth”（太极天地）的脸书账号，也引流到同名网站。通过观察网站信息可以发现，这是英国一个以导师保罗·纳森（Paul Nathan）为核心的太极拳训练课程，包括在线学习课程与线下实践课程。网络课程以网上会议形式展开，线下课程则是在英国的一些教堂里开展，如圣艾丹教堂（St Aidan Church）、三一教堂（Trinity Church）、莫珀斯卫理公会教堂（Morpeth Methodist Church）、花园村协会社区中心（Garden village association Community Centre）。该组织通过同名脸书主页和油管频道进行线上传播，引流到自身网址后可以让用户进行会员注册，加入组织，继而开展学习活动。除线上互动外，定期举行的线下活动能够加深成员更多的真实感与对组织的认同感。

综上，研究发现老子思想网络趣缘群体中，信息传播呈现出多节点交互式的特征。通过考察脸书趣缘群组的结构形态，可以发现群组信息扩散路径具有明显差异，大致可以分为以话题为核心和以人为核心的两种信息传播模式。网络趣缘群体中的老子文化传播，在遵循节点传播模式的同时，还遵循着以核心节点、桥节点为纽带，向周围进行信息扩散的多层核心传播模式，其中，“核心节点”是老子相关文化、信息的来源；“桥节点”是相关信息的散播者，同时也扮演弱链接桥的角色，使长尾节点与老子文化相连接。

伍 域外知识网络媒介空间中老子思想的传播

本研究以维基百科“老子”条目的正文文本作为研究对象，通过文本分析法和个案分析法相结合的方式，分析维基百科空间中“老子”知识的生产及传播机制，描绘“老子”知识在维基百科数字社区，共计137个国家和语言社区中的传播路径和传播图景。

第十五章　老子思想在维基百科中的域外传播

2001年1月，由吉姆·威尔士（Jimmy Wales）和拉瑞·桑格（Larry Sanger）创建的维基百科英语版正式运行，并发展成包含多种语言的网络百科全书——维基百科（Wikipedia）。目前，维基百科由维基媒体基金会运营，创建和维护开放式协同合作项目，特点是开放共享、编辑自由、信息全面准确。维基百科用条目的形式汇编成文章并把各种知识进行不添加任何修饰的叙述，热衷于将最新知识做系统且全面的介绍，通过这种知识形态发挥知识传播的作用。作为全球最大且最受大众欢迎的互联网参考工具书，截止到2021年9月15日，维基百科已经有5,700多万条目，323种语言，9,790万余用户，其中活跃编纂用户297,832人。根据Alexa Internet网站流量实时统计，截至2021年9月，维基百科位列互联网网站访问量第13位。

20世纪以来，《道德经》（又称《老子》）逐渐成为在西方最受欢迎的中国经典之一，在“文化全球化”的语境下，老子研究开始走上“全球化”的研究道路，老子思想以各种不同的“话语形态”呈现在国际平台中，展开了不同路径的跨文化交流与传播。其中，维基百科作为全球最大的互联网参考工具书以知识条目的形式向全球受众展示老子相关知识内容，也成为老子跨文化传播的路径之一。本研究以维基百科为研究平台，以百科中所有语言社区的“老子”条目为研究对象，分析研究“老子”知识在互联网维基百科中的跨文化传播图景。

在第一节中，本研究从理论上建构了“老子”在维基百科数字社区的生产与传播机制。本研究认为，随着互联网开源社区出现，人类知识生产群体开始从精英阶层扩散到普罗大众，这导致人类百科全书的知识形态和知识生产模式皆发生了重大变化。通过对英文维基百科“老子”条目的正文文本进行分析，可以发现维基百科社区的“老子”知识生产与传播呈现出“马赛克”形态特征，即以“戏剧行为”作为理论核心，用“环境戏剧理论”观照维基百科“老子”条目趣缘群体的蜂群式知识生产过程，可以逐条分析“维基人”群体编纂行为中的空间利用、角色定位、剧团组建和话语权分配等问题，进一步揭示了“老子”知识在全球社交媒体社区形成和传播的内在机理。

2009年，在第27届国际通信设计年会上，斯瓦茨（J. Swarts）通过查阅英文维基百科“清洁煤”条目三年的修订历史和修辞话语，对维基人协商合作构建“事实”黑箱的过程进行了分析。该研究从社会学—文化学研究（SSK）视角分析了维基知识的形成过程，揭示了修辞学在事实建构中的重要作用，使得“结盟”“斗争”和“网络”这些在词典学上非常规的学术词汇进入到对百科全书知识的分析之中，具有一定的洞见和创见。然而，洞见也意味着遮蔽，对照本研究对“老子”知识的探讨，斯瓦茨在运用拉图尔“行动者网络理论”分析维基百科知识生成机制时，忽视了互联网开源社区知识生产的某些重要特征：其一，“行动者网络理论”的“黑箱”隐喻预设无法准确描述互联网开源社区的知识形态。拉图尔“黑箱”隐喻的对象事先被预设为结构严谨、无人置疑的科学知识。而维基百科全书知识从其诞生那一刻就处于全域开放状态，任何人随时随地都可以对其更改和增减。这种流动的知识形态，用“马赛克”隐喻比“黑箱”更为合适。其二，“行动者网络理论”虽然提出了“网络”理论，但该网络始终是以“行动者”为中心建构起来的，其无法准确描述互联网开源社区的蜂群式知识生产机制。虽然拉图尔将“非人”也视为行动者，同时将“非人”和“人类”行动者统一为彼此交往的结盟整体，但其对资源调集、计谋策略和建构网络的描述，无一不体现了“行动者们”的权威性、能动性和中心性。这是一种现代性视角。而维基百科社区中，维基人之间虽然也有斗争、谋略和层级，但整体来说，常常表现为临时性、匿名性、参与性和表演性的特征。根据戴维·哈维（David Harvey）在《后现代的状况：对文化变迁之缘起的探究》一书中对现代主义和后现代主义纲要性差异的论述，这种现象更具后现代特征。由此，本研究将具有后现代特征的谢克纳“环境戏剧理论”引入知识学，重新观照维基百科的知识生产过程，从而为“网络开源社区的知识生产”提供了一种有别于“行动者网络理论”的新分析视角。

总之，维基百科“老子”知识生产与传播具有明显的后现代主义特征：无政府状态、去中心、分散、表演、差异、不确定性、失控、自发成序、由下至上和流动等。在这种后现代状况下，社交媒体网民群体性“表演”生产出来的知识自然会呈现出拼接性、断裂性和创新性的马赛克特征。由于多元行动者场域、知识生产时刻以及技术配置等因素影响，和拉图尔的“黑箱知识”相比，这种“马赛克知识”更好地体现了人类文化从现代过渡到后现代的过程。“黑箱知识”将知识生成过程视为“行动者网络”，以“行动者”为中心，探究了行动者如何利用各种经济、政治、文化、象征符号资源，不断吸收同盟，围绕中心累加知识，建构出逻辑性、反复论证、仔细推敲的稳定性知识。而“马赛克知识”将生产过程视为“环境戏剧表演”，以“行为”为中心，探究知识生产平台中的空间利用、角色定位、剧团组建和话语权争夺等问题，从而利用无数维基人的“改变、发展、转化；需要和欲望；甚至可能是潜在的获得、表现和运用意识”来建构的流动性知识。也就是说，在社交媒体时代，“老子”知识生产与传播将不再是工业时代所公认的经过某个或某群人“深思熟虑过的、处理过的、系统化的”信息结合体，而是后现代社会的网状马赛克信息体。

在第二节中，本研究分析了老子在维基百科全球137个语言社区中的跨文化传播状况，发现老子在维基百科中存在三种传播路径：以英文社区为核心的传播路径；以汉语社区为核心的传播路径；以某语族中的核心语言社区为中心的传播路径。

总之，和以往“以典籍为中心，只重视‘老子’知识在精英群体中的传播路径”不同，本研究独辟蹊径，重点关注“老子”知识在平民群体中的传播路径。和以往只重视“他者是否对老子知识正确解读的研究思路”不同，本研究从传播学视角出发，更加重视“跨文化传播中不同群体对‘老子’知识的误读”（比如将老子视为自由主义者）及其背后的认知、传播和文化机制等。和“以往片面关注老子文字注释和解释”不同，该报告还特别重视

“老子”图片如何在维基百科全球各个互联网语言社区中传播，如何被理解，如何被误读，比如从互联网共享社区知识版权视角，解释了为何“一个披着佛教袈裟的老子图片”反而成了全球老子语言社区中最为广泛传播的图片之一。

第一节 环境戏剧理论与维基百科空间中的老子思想传播

在文明的长河中，历经数次技术和社会革命，人类对信息和知识的渴求和认识催生出不同的“关于知识的知识”。在农业文明时期，柏拉图和苏格拉底等古希腊哲学家在演讲和辩论中集中探讨了知识的客观性。他们将意见和真知区分开来，认为知识应该是哲学家毕生孜孜以求的客观真理。这种知识观经过启蒙运动的发展，体现于各种坚信理性主义、科学主义和实证主义的现代主义话语之中。然而在19世纪机器和工业文明的最高潮处，这种知识观却被德国三大思潮打破：马克思主义、历史主义和尼采主义。[①]马克思精辟地指出“人的意识由他的社会存在决定”，即人类的知识扎根于人类活动及其因这些活动而产生的社会关系之中。这种观点后来直接催生了卡尔·曼海姆（Karl Mannheim）、罗伯特·金·墨顿（Robert King Merton）、皮埃尔·布尔迪厄（Pierre Bourdieu）、布鲁诺·拉图尔（Bruno Latour）等著名知识社会学者的研究。历史主义散见于威廉·狄尔泰（Wilhelm Dilthey）作品之中，强调人类知识具有不可避免的历史性，其坚持如果不根据具体的历史脉络考察知识产生的社会环境，就无法了解人类的共同生命。英国学者彼得·伯克（Peter Burke）受其启发写下了《知识社会史》专著。弗里德里希·威廉·尼采（Friedrich Wilhelm Nietzsche）则视人类的思想和知识为求取生存与夺取权力的工具，将一切知识看作“忘却了隐喻来源的隐喻”和“忘却了是假象的假象”。承接尼采的知识谱系学传统，米歇尔·福柯（Michel Foucault）进一步将权力、话语和知识并置于一起，考古式地

---

① ［美］彼得·伯格、托马斯·卢克曼著，汪涌译. 现实的社会建构：知识社会学论纲［M］. 北京：北京大学出版社，2009:5.

考察了权力生产的知识话语。随后，雅克・德里达（Jacques Derrida）、吉尔・路易・勒内・德勒兹（Gilles Louis René Deleuze）、让-弗朗索瓦・利奥塔（Jean-François Lyotard）等后现代主义哲学家继承尼采的“质疑/不信任的艺术”这一观念，对知识如何使自身合法化这一观点进行了大量阐述。随着21世纪基于微电子信息和通信技术推动的网络社会的崛起[①]，知识的生产与组织模式又发生了巨大改变。依据马歇尔・麦克卢汉（Marshall McLuhan）“技术即媒介，媒介即信息”的洞见[②]，网络思想者戴维・温伯格（David Weinberger）2010年在《知识的边界》一书中指出，“知识结构方面的变化，改变了知识的形态和性质”，并提出“网络化知识”概念，认为互联网技术重塑了人类的知识形态。[③]

如今距离温伯格写作《知识的边界》又已10年，时移世易，互联网形态正在迅速发生变化，从最初的门户网站冲浪转移到社交媒体互动，互联网知识生产模式也逐渐从“将线下资源集成到一个互联网信息管理平台之上”转换成“群体用户基于趣缘关系进行内容生产与交换”。这种蜂群式生产模式体现了一种人类知识生产的新时代特征，正如贝尔纳・斯蒂格勒（Bernard Stiegler）所说：数字技术时代超越机械复制时代，开始质疑消费者和生产者之间的对立，并重新恢复了业余爱好者群体生产的实践性和亲历性特征，导致“一种新的语法化正在形成，在跨个体化路线的构成与配器中，又打开了至今从未见过的可能性”[④]。整体来看，相对于大卫・布鲁尔（David Bloor）、巴里・巴恩斯（Barry Barnes）、迈克尔・马尔凯（Michael Mulkay）和拉图尔等科学社会学者立足于科学理论和实验个案，从宏观和微观对科学知识进行了大量不同层面的描写、解读和批判，学术界对社交媒体知识的研究才刚刚起步，在理论上也提出了新的问题：社交媒体中蜂群式知识生产模式应该采用何种理论进行描述和分析？

---

① ［美］曼纽尔・卡斯特著，夏铸九等译. 网络社会的崛起［M］. 北京：社会科学文献出版社，2003:1—10.

② ［加拿大］马歇尔・麦克卢汉著，何道宽译. 理解媒介：论人的延伸［M］. 北京：商务印书馆，2000.

③ ［美］戴维・温伯格著，胡泳、高美译. 知识的边界［M］. 太原：山西人民出版社，2014:11.

④ ［法］贝尔纳・斯蒂格勒著，陆兴华、许煜译. 人类纪里的艺术：斯蒂格勒中国美院讲座［M］. 重庆：重庆大学出版社，2016:91.

在社交媒体知识生产平台中，维基百科尤其值得关注。截止到2021年9月1日，根据Alexa Internet网站流量实时统计，维基百科位列全球互联网网站访问量第13位[①]，目前已经有5,600多万个条目和9,600多万注册用户[②]，其不仅是目前全球最大、最受大众欢迎的人类知识编纂平台[③]，而且在传播格局重构的背景下，已然成为全球最重要的社交媒体对外传播平台。[④]

然而，维基百科不少条目由于议题生僻或者生成时间太短，没有获得资深维基用户的重点关注，也并没有经过维基社群的充分讨论，不能完整反映维基百科知识生产的全部过程，因此本研究拟选取“老子”英文条目（Laozi）作为代表性条目，进行个案研究，管中窥豹，探究社交媒体时代知识的形态特点及其生成机制，并在文化思潮变迁中和拉图尔“行动者网络理论”进行对话。之所以选取“老子”英文条目，其理由有三：第一，“老子”英文条目被维基百科列为“优良条目”，内容相对完整，质量较高；第二，随着中华传统文化代表人物“老子”在全球的影响力日益加大[⑤]，在维基百科的323个语言社区中，137个语言社区含有“老子”条目，其中由于英语语言的全球通用性，“老子”英文条目还牵涉到全球不同国家、文化、种族背景维基人的大量编纂工作（General statistics，2020），更具有全球性、跨文化性等典型特征；第三，“老子”英文条目从2002年形成至2021年历时19年，经过了大量网友的长时间讨论，充分体现了社交媒体知识生成的互动性特征。

一、马赛克：维基百科全书的知识形态

在知识社会学者的眼中，人类知识具有多样性的属性和区分标准。依

① AlexaInternet.How Popular Is Wikipedia.Org?［EB/OL］. https://www.alexa.com/siteinfo/wikipedia.org.20210515.

② Wikipeida. List of Wikipedias.［EB/OL］. https://meta.wikimedia.org/wiki/List_of_Wikipedias.20210515.

③ Alex Woodson. Wikipedia Remains Go-to Site for Online News.Reuters.［EB/OL］. https://zh.wikipedia.org/wiki/%E7%BB%B4%E5%9F%BA%E7%99%BE%E7%A7%91#cite_note-Woodson-4. 20210515.

④ 甘莅豪、翁彬婷. 中国对外传播在维基百科平台中的机遇与挑战［J］. 社会科学，2019（6）:3—13.

⑤ 武志勇、刘子潇.《道德经》在西方世界传播的历史［J］. 湖南大学学报（社会科学版），2020，34（05）:15—22.

据功能和用法，乔治·古尔维奇（Georges Gurvitch）曾经将知识分为七类：感知型、社会型、日常型、技术型、政治型、科学型和哲学型。[①]根据知识的可言传性，迈克尔·波兰尼（Michael Polanyi）将知识分为显性知识和默会知识。[②]基于知识生产和传播的社会群体，伯克认为应该区分为精英的知识和大众的知识。[③]而根据知识创新和生产的场所，温伯格将知识分为依托实验室的知识和依托互联网的网络知识。[④]

拉图尔在《科学在行动：怎样在社会中跟随科学家和工程师》一书中，从建构主义视角指出实验室知识是一种"黑箱知识"。[⑤]"黑箱"（Black Box）最早被控制论学者隐喻为过于复杂的机器或者一组异常复杂的指令。他们时常在图表中用一个黑箱子表示"无须分析的知识"，提醒读者此处除了输入和输出之外不需要任何其他分析和质疑。[⑥]拉图尔借用此隐喻，指称已经被承认和接受的事实，以及准确和有用的科学理论、科学知识和科学仪器。拉图尔认为实验室知识并不是一种天然的合法知识，而是在修辞、政治、资本等因素的综合作用下建构出来的知识，并借鉴人类学的方法探讨实验室中科学家和工程师们的实际工作方式，观察"正在形成的科学"，而非"已经形成的科学"，从而试图让人了解科学事实和理论如何在实践层面被合法化、为人们所接受，并最终解构了传统的"符合论"科学知识观。实际上，"黑箱知识"意味着"中心化"，涉及实验室科学团队的资料收集、理论发明、文本转化和知识接受等一系列过程，即科学家设立门槛，限制和排除其他科学研究者进入，通过科层制度形成科研团队分工，通过转译让团队成员、政府机构等和自己的目标保持一致，通过修辞策略让研究资料形成具有因果关系和逻辑结构形式的文本，通过征用前人研究成果来抵抗他人质疑，

---

① Gurvitch, G. *The Social Frameworks of Knowledge* [M]. Oxford, England: Basil Blackwell. 1971:1–50.

② Polanyi, M. *Knowing and Being* [M]. London: Routledge. 1969:15–25.

③ [英]彼得·伯克著，陈志宏等译. 知识社会史[M]. 杭州：浙江大学出版社，2017:15.

④ [美]戴维·温伯格著，胡泳、高美译. 知识的边界[M]. 太原：山西人民出版社，2014:11.

⑤ [法]布鲁诺·拉图尔著，刘文旋等译. 科学在行动：怎样在社会中跟随科学家和工程师[M]. 北京：东方出版社，2005:1—29.

⑥ 虽然"黑箱知识"喻指无须分析的知识，但是其依然留有可供分析的路径和痕迹，比如实验室详细的日志记录、科学家的手稿等。从这一点来看，黑箱知识其实是一种"半透明"系统。

通过外交游说来获取科研资金，等等。

虽然拉图尔“行动者网络理论”的“黑箱”概念描述范围在中外文献中早已从最初的实验室知识扩展到学科知识、社区知识、城市知识和民俗知识等各个层面①，然而其似乎无法准确隐喻英文维基百科“老子”条目的知识形态和生产机制。英文维基百科“老子”条目由一位网名为“福缪莱克斯~恩维基”（Formulax~enwiki）的维基人创建于2002年7月27日，创建之初只有637个字节，截止到2021年9月1日，经过1,456位维基人协同编纂，拼接而成了拥有39,193个字节的文章。该条目的知识生产主体不是传统的专家精英团队，而是完全透明、非科层制、自愿行动和趣缘黏合的网络编纂群体。知识内容亦并非中心明确、描述完整、论证详细、逻辑严密、边界清晰的事实或理论，而是通过拼接整合，形成去中心化、大杂烩、无边界的“弗兰肯斯坦”②式的“知识拼盘”。和马赛克（mosaic）镶嵌画类似，维基百科“老子”条目采用了块状模块组合的拼图式结构，其正文内容由“名称、历史观点、《道德经》、影响、参考文献、进一步阅读和外部链接”七个模块构成（见图15.1），每个模块之间用横线隔开，彼此之间并无逻辑和因果上的顺承关系，可以随意变动顺序或者添加和删除条目内容。

Contents [hide]

1 Names
2 Historical views
3 *Tao Te Ching*
  3.1 Taoism
4 Influence
5 References
  5.1 Citations
  5.2 Sources
6 Further reading
  6.1 Translations into English
7 External links

图15.1 “老子”条目的拼图式目录结构
（Laozi，2020）

如果进一步考察每个模块中的文本话语特征，维基百科“老子”条目亦呈现出杂糅和拼接的痕迹。为了保证维基知识的可靠性，维基人形成了一套独特的编辑文化，要求每位维基人必须遵守“无原创性、可供查证、

① 截至2021年9月1日，在知网中输入“行动者网络理论”，在不同领域的相关研究已达2,000余篇。

② 弗兰肯斯坦：1818年，英国作家玛丽·雪莱创作的由无数块尸体碎片拼接而成，力量巨大，具有生命的怪物。

中立性”三大编辑方针。由于充分考虑到维基人的文化背景差异和素质高低不同，维基百科创始人之一拉瑞·桑格在创建维基之初，就明确指出“维基百科不是发表创意想法”的地方，其中收录的内容不能仅由编辑者认定“真实正确”，而应为条目中的内容及其引用提供可靠来源，否则，这些内容应该被移除。[①]他认为撰写良好百科全书条目的关键在于每位维基人在创建和完善条目时，必须“以具有公信力的出版记录或权威机构发表过的事件、主张、理论、概念、意见和论证作为编写依据”[②]。这意味着写入维基百科的内容需要能被维基群体在可靠来源之中进行验证。由此，在这些方针指引下，维基百科“老子”条目正文话语实为其他各种权威书籍、杂志、报纸、网站、媒体话语的拼接体，呈现为每一句话结尾的右上角都必须具有标注（见图15.2），且需要在参考文献栏目列出引用来源，比如《柯林斯英语词典》（*Collins English Dictionary*）、《斯坦福哲学百科全书》（*Stanford Encyclopedia of Philosophy*）、傅勤家的中文专著《道教史概论》、大卫·鲍兹（David Boaz）撰写的英文专著《自由主义读者：从老子到米尔顿·弗里德曼的经典与当代读物》（*The libertarian reader: classic and contemporary readings from Lao-tzu to Milton Friedman*）、谷歌图书语料库等。

换言之，从米哈伊尔·巴赫金（Mikhail Bakhtin）的对话主义（dialogism）理论来看，“老子”条目并非统一的“独白话语”，而是一个全球性众声喧

Laozi

From Wikipedia, the free encyclopedia

For the book also known as Laozi, see Tao Te Ching.

Lao Tzu (/ˈlaʊˈtsuː/[1] or /ˈlaʊˈdzʌ/),[2][3] also rendered as **Laozi** (UK: /ˈlaʊˈzɪə/;[1] US: /ˈlaʊˈtsiː/; Chinese: 老子, Mandarin: [làu.tsɨ]; commonly translated as "Old Master") and **Lao-Tze** (/ˈlaʊˈdzeɪ/),[4] was an ancient Chinese philosopher and writer.[5] He is the reputed author of the *Tao Te Ching*,[6] the founder of philosophical Taoism, and a deity in religious Taoism and traditional Chinese religions.

图15.2　英文维基百科“老子”条目的标题和正文第一段（Laozi，2020）

①② 维基百科. 维基百科不是什么［EB/OL］. https://zh.wikipedia.org/wiki/Wikipedia:%E7%BB%B4%E5%9F%BA%E7%99%BE%E7%A7%91%E4%B8%8D%E6%98%AF%E4%BB%80%E4%B9%88 . 20210501.

哗的拼接文本，其通过不同言说主体的复合、双声、复调、互文等特征，与外部话语相互勾连、镶嵌，从而形成一个复杂对话性嵌套结构。也就是说，“黑箱知识”要求围绕某个中心，形成逻辑严密、结构完整、线性演绎的独白话语。相比之下，由于网络平台空间无限，维基百科可以随时根据网民需要，无限补充或删除新旧模块，却不会影响条目质量，即为了方便弱组织性的群体性编纂以及适应网民碎片化阅读习惯，维基百科并不提倡逻辑严密、前后铺垫、论证充分的“整体性知识”，而是提倡弱逻辑、无因果关系、灵活流动的“马赛克知识”。

马赛克知识的“拼接性”也预示着“断裂性”。福柯[①]的“知识考古学”从思想史的视角阐述了知识的断裂性，指出不同历史时期存在不同的知识形态，这些异质的知识形态往往会并列存在于共时的“空间地层”之中，供知识考古学者挖掘分析。英文维基百科“老子”条目最明显的断裂之处，体现于条目标题和正文之间的命名断裂。英文维基“老子”条目标题采用了汉语拼音“LaoZi”命名，但正文第一句“Lao Tzu, also rendered as Laozi and Lao-Tze, was an ancient Chinese philosopher and writer”开头却没有采用“汉语拼音法”的译名“LaoZi”，而是采用了威妥玛式拼音法的“Lao Tzu”（见图15.2）。“威妥玛式拼音法”和“汉语拼音法”实则反映了不同时期、不同目的和不同权力运作下的两套“汉译拼音”知识系统。“威妥玛式拼音法”是19世纪中期英国驻华公使托马斯·弗朗西斯·韦德（Thomas Francis Wade，威妥玛）为了帮助外国人阅读与学习汉语、汉字，设定的一套用拉丁字母为汉字注音的翻译方法。后来经过翟理斯稍加修订，合称为“WG威氏拼音法”（Wade-Giles System），在1958年大陆推广汉语拼音方案前被广泛用于人名、地名注音，影响巨大。[②]而“汉语拼音方案”是中国语言学者们为了克服威妥玛式拼音法不符合中国人拼读习惯而制定并推出的翻译方案。中国政府一直都在努力将其作为一个国际标准向全世界推广。1978年9月26日，国务院批转的《关于改用汉语拼音方案作为我国人名地名罗马字母拼写法的统一规范的报告》指出：“改用汉语拼音字母作为我国人名地名

① ［法］米歇尔·福柯著，莫伟民译. 词与物：人文科学考古学［M］. 上海：上海三联书店，2001:184.

② 半夏. 威妥玛式及其他［J］，出版广角，2015（4）:34—35.

罗马字母拼法，是取代威妥玛式等各种旧拼法，消除我国人名地名在罗马字母拼写法方面长期存在混乱现象的重要措施。”1982年，“国际标准化组织”亦接受了“汉语拼音方案”。其后，随着中国在国际上的影响力越来越大，“汉语拼音方案”和“威妥玛式拼音法”经常在国际话语场的共时层面并存，并时常发生冲突。这种冲突也最终影响了维基百科：支持“汉语拼音方案”和“威妥玛式拼音法”的两派维基人在维基社区中进行了激烈的讨论，最后经过僵持、协商和妥协，形成了这种前后不一致、断裂突兀的“马赛克知识”。这种现象正如黄顺铭、李红涛所指出的：“在维基百科这一全球性记忆空间里从事记忆工作的人有着高度复杂的政治、社会与文化背景，正是这些背景导致了围绕条目修订的各种合作、冲突与妥协。任何一个条目版本都只是代表着某一主体对于记忆对象的一种暂时性的认知和理解状态，而任何试图一劳永逸地生产出一个‘权威’或‘标准’的集体记忆版本的想法都必将是徒劳。”①

然而，马赛克知识虽是一种碎片式的拼合体，却亦并非杂乱的堆积，其常常在经过群体性编纂后浮现出每个个体都无法意识到的整体感。阿伦·卡普罗（Allan Kaprow）在《装配件、环境和机遇剧》中借“拼贴画”描述了这种群体性创造的体验：“一开始，有些画固定在画框里；接着艺术家们把一些东西从‘真实世界’黏贴到这些画上以制造所谓的‘拼贴画’；然后这些拼贴画开始超越画框，使画框消失。接着立体的装配件开始从通常的画布中凸出。接着，装配件移向画廊的地板上，艺术家开始利用所有的空间。这些画不再驯服地挂在墙上，整个环境被创造出来了，观摩者在其中遨游。”②基于此，约凯·本克勒（Yochai Benkler）③从互联网的开源运动出发，指出互联网知识浮现于“群体性对等共创”的生产过程（commons-based peer production knowledge）。在这种群体性创造中，互联网知识的形成如同渔网过滤海水捕鱼一样，不是某人排除任何知识，而是利用群体性内生的约定结

① 黄顺铭、李红涛. 在线集体记忆的协作性书写——中文维基百科“南京大屠杀”条目（2004—2014）的个案研究［J］. 新闻与传播研究，2015（01）:5—23+126.

② ［美］理查德·谢克纳著，曹路生译. 环境戏剧［M］. 北京：中国戏剧出版社，2001:4.

③ Yochai Benkler. *The Wealth of Networks: How Social Production Transforms Markets and Freedom*［M］. New Haven and London. Yale University Press. 2006:10–15.

成过滤网，让各种嘈杂之声通过，并逮住各种节点之间有价值的内容，让这些内容彼此拼接，最终造就收获满舱。事实上，维基百科编纂社群并非乌合之众，而是一群通晓编程知识、熟练掌握英文语言、熟悉条目编纂技巧的专业人士。他们在遵守维基百科编纂方针和政策的基础上，有如蚁群或蜂群造出复杂和精美的蚁窝或蜂房，生成了人类最大的互联网百科全书。

总之，在拉图尔对知识的想象中，知识有如黑箱，是一个有边界、静态的连续客体，“一个建立很好的事实，也表示一个不存在疑问的客体”[①]，是某位科学家聚集能量，吸引同盟者，将足够多的资源集聚在一个地方的工具。而维基百科知识却是无边界的、时刻动态变迁的、永远处于被质疑状态之中的断裂体。这种断裂体是网络群体依靠“无组织的组织力量”编织而成的[②]，其中并不存在罗伯特·金·墨顿（Robert K. Merton）所强调的“知识命名权”。它只是一部由匿名之人所创造的犹如马赛克精品艺术般的知识话语系统。这部知识系统的魅力在于：即使维基人不断替换，也能保持知识话语持续的自我衍生与增长。这直观体现了福柯从后现代主义视角对知识话语的论断：“你别以为能够用你们所说的一切造出一个比话语更长久的人。”[③]

二、环境戏剧：维基百科全书的知识生产

基于“黑箱知识”，拉图尔提出了“行动者网络理论”，着力于描述“人”和“非人”等行动者如何设置“强制通行点”（Obligatory Passage Point，OPP），通过“转译”行为，吸引同盟者、串联各种节点，无限拓展具有中心性和累积性的知识网络。显然，相比传统知识观屏蔽“人”等主体对科学的影响，强调科学方法的客观性和特殊性，比如卡尔·雷蒙德·波普尔（Karl Raimund Popper）的“可证伪性”“可重复性”等观点，拉图尔重新对“行动者”的能动性进行了解蔽，指出科学家不再是传统科学观中自然

① ［法］布鲁诺·拉图尔著，刘文旋等译. 科学在行动：怎样在社会中跟随科学家和工程师［M］. 北京：东方出版社，2005:220.

② ［美］克莱·舍基著，胡泳、沈满琳译. 未来是湿的：无组织的组织力量［M］. 北京：中国人民大学出版社，2009:7.

③ ［法］米歇尔·福柯著，谢强、马月译. 知识考古学［M］. 北京：生活·读书·新知三联书店，2007:225.

的摹写者和旁观者，而是熟练运用修辞技巧，凝聚各式各样兴趣和利益的同盟者，并代表实验室中被转译的对象说话，成为自然和社会的代言人，建构出“黑箱知识”。[①]

然而在维基百科中，“马赛克知识”的“行动者”并非拉图尔眼中利用一切力量凝聚资源的“英雄主义者”，而是一群隐藏于知识背后的匿名者。这些匿名者具有多元化背景，坚信“共享、合作和集体行动”，希望利用社会性网络媒体工具，通过共享信息、协同生产，就某个共同兴趣、项目计划和目的信念进行集体行动，创造出以往无法生产的知识和价值。这些群体并不追求金钱利益，也不在线下科层制度框架内运行，从而摆脱了布鲁尔[②]科学社会理论的“利益观”，也摆脱了拉图尔[③]的“计算中心观”。显然，在社交媒体时代，彼此合作的“集体行为”已经超越“行为者”成为知识生成的核心。由此，针对“马赛克知识”的生成模式，知识社会学需要进一步建立一个以“行为”为核心的分析框架。

在社交媒体中，知识是人类群体通过彼此协商沟通而形成的成系统、有组织的话语。尤尔根·哈贝马斯（Jürgen Habermas）[④]在分析人类沟通现象时，指出人类语言互动类型中存在一种“戏剧行为”，即人际沟通就是某个言说者试图把他所特有的经历展示表演给公众。欧文·戈夫曼（Erving Goffman）[⑤]在《日常生活中的自我呈现》中进一步指出人际沟通中存在一些固定的障碍物所环绕的社会机构框架，“在这些社会机构的界墙之内，存在着由表演者组成的剧班，他们彼此合作，向观众呈现特定的情景定义”，从而巧妙地从“戏剧”隐喻视角分析了人类在日常背景下所进行的大量社会互

① 贺建芹，李以明. 行动者网络理论：人类行动者能动性的解蔽［J］. 科技管理研究，2014（11）:241—244.

② ［英］大卫·布鲁尔著，霍桂桓译. 知识和社会意象［M］. 北京：中国人民大学出版社，2014:1—18.

③ ［法］布鲁诺·拉图尔著，刘文旋等译. 科学在行动：怎样在社会中跟随科学家和工程师［M］. 北京：东方出版社，2005:351—415.

④ ［德］尤尔根·哈贝马斯著，曹卫东译. 交往行为理论［M］. 上海：上海人民出版社，2004:310—312.

⑤ ［美］欧文·戈夫曼著，冯钢译. 日常生活中的自我呈现［M］. 北京：北京大学出版社，2008:203.

动行为。然而，戈夫曼对“戏剧”的理解仍局限于亚里士多德的舞台式传统戏剧观，而没有意料到后现代社会中“环境戏剧”的表演形式。

“环境戏剧”（Environmental Theatre）起源于20世纪中期，是美国戏剧导演理查德·谢克纳受传统傩戏和萨满宗教仪式启发，试图打破传统戏剧的“镜框式舞台”而提倡的一种包括街头剧、政治示威、主题公园和仪式表演等表演形式的戏剧。谢克纳指出环境戏剧应该将环境视为被围绕、被支撑、被包裹、被容纳的东西，以及一个积极参与和主动介入的活系统，戏剧表演应该尽力模糊环境和内容的界线，永远处于动态的脚本之中。也就是说，环境戏剧不应该有固定脚本，也不能局限于单一、固定的舞台空间，而应巧妙拼接演员身体所及的一切可能的偶发空间，围绕主题灵活创造表演内容，同时尽量消除和观众之间的界线，让观众更多地参与到戏剧表演中来，即“环境戏剧行动并不局限于‘舞台’或演员。这个戏剧行动也存在于观众所处的地方，演员化妆与换装的地方，剧场事务性的地方”①。

环境戏剧诞生于戏剧家们在面临电视、电影等大众媒介对传统戏剧舞台冲击时的思考。他们发现“戏剧”的互动性，恰恰是电视、电影无法实现的，从而有意识地突出观众和演员之间的互动性，找到戏剧理论和实践的新发展方向。与此类似，社交媒体恰恰也由于“互动性”优势而给电视、电影等娱乐媒体带来了危机。在工业时代，电视、电影等娱乐工具，是一些自控、无反馈的封闭系统。即使是观众互动类型节目，其内容也有著名的“五秒钟延迟”——即观众反馈需要经过导播的过滤和控制。然而在社交媒体时代，互联网内容的形成过程恰如观众积极参与演出的环境戏剧，内容接受者和内容生产者之间的身份经常发生转换，从而增加了系统的娱乐性、开放性和创新性。点击维基百科“老子”条目主页的“讨论”和“编辑”按钮，进入讨论区和历史区，就可以清晰看到各种角色的维基人讨论、冲突、协商、妥协，共同生成“马赛克知识”的编纂过程。从知识建构主义视角来看，维基人在条目中进行的群体性编纂事件，恰如一场环境戏剧表演，建构着一部打破社会结构框架、无固定脚本、超越预料之外的创新性知识百科全书。或者说，正如环境戏剧对镜框式戏剧进行了颠覆式改造，维基百科知识生产行

① ［美］理查德·谢克纳著，曹路生译．环境戏剧［M］．北京：中国戏剧出版社，2001:5.

为在空间场景、角色定位、剧团组建和话语权分配上与传统精英式知识生产行为呈现出很大的不同。

在空间场景方面，谢克纳认为环境戏剧必须通过空间的交换与交流来实现，只要打破表演舞台和观众席在空间上的二分法，并根据剧情的变化和需要，尽可能改变、连接、拼接可资利用的空间，就能在表演者和观众之间构建一种全新的关系，形成一种独特的共享体验。也就是说，镜框式舞台剧场空间的最初设计并非为了让所有观众获得最好的观看体验，而是“为了强调社会阶层和财富的差别。于是安排了好座位、中等座位、差座位及最差座位”①。然而，戏剧本质应该忽视观众的社会阶层等级划分，让所有观众获得相同的观戏体验，因此空间设计不应该固定于舞台表演，而是应该如主题公园一般，多焦点地表演戏剧，“相同几个事件或混合的媒体，同时发生，分布于整个空间。每个独立的事件与其他事件竞相吸引观众的注意力”②。在表演期间，观众并非固定处于某点，注视单一的中心，看着其他一切围绕此中心展开，而是根据自己的兴趣和需要，或者移步换景，或者加入表演，对戏剧进行拼接组织或沉浸式理解。与此同时，环境戏剧的脚本呈现流动性特征，其随着观众的加入、演员的随机应变而随时改变，从而超越最初的设想。

如果环境戏剧需要对传统戏剧空间重新定义，才能更新人们对戏剧表演行为的理解，那么在维基百科“老子”条目中，维基人的编纂行为天然就发生在环境戏剧所定义的空间环境中。维基百科创始人威尔士和桑格在试图依靠专家顾问委员会编辑百科条目Nupedia失败后，开始利用软件工程师沃德·坎宁安（Ward Cunningham）发明的维基工具来搭建生产百科条目的空间。在该空间中，正文页的超链接“讨论”和“编辑”按钮为阅读者转变成生产者提供了通道。任何用户都不受地点空间和活动时间约束，无论身处地球何处，位居何种阶层，在阅读条目的过程中，对条目内容感兴趣或是不满意都可以直接创建条目，或者直接点击“编辑”按钮，对内容进行添加、删减和修改。他们还可以移步讨论空间和其他维基人一块协商和讨论。这些修改和讨论的话题会随着社会思潮、全球突发事件以及不同用户的进入、退出

① ［美］理查德·谢克纳著，曹路生译. 环境戏剧［M］. 北京：中国戏剧出版社，2001:34.

② ［美］理查德·谢克纳著，曹路生译. 环境戏剧［M］. 北京：中国戏剧出版社，2001:23.

而生成、改变和重复。它们无限延伸，被维基平台全部保存下来，从而亦作为一种有别于正文的“老子”条目知识内容供编纂者和研究者使用。网络社会学者曼纽尔·卡斯特（Manuel Castells）①曾敏锐地指出，这种互联网信息空间并不是如福柯、列斐伏尔在工业时代所想的那种中心式、结构化的固定空间，而是“通过流动而运作的共享时间之社会实践的物质组织”，即互联网空间是一个环绕各种流动，例如资金流动、人员流动、技术流动，并以电子网络为基础，各种信息交换中心为节点而构建起来的知识空间。它没有清晰的边缘和中心，也没有固定的边界和形状，是一个随着节点变化时而扩张、时而收缩，一旦停止流动就无法存在的马赛克空间。

在角色定位方面，传统戏剧中观众通常通过演员扮演来看剧本中的角色，而环境戏剧则强调让观众观赏演员为了演好角色而努力的过程，即“人们不再满足坐在后面看什么东西。他们想知道某件事怎样发生和为什么发生”②。也就是说，环境戏剧模糊了前台和后台的区别，以及排练和演出的区别，即演员排练时发生的错误、梦和幻象的制作过程都向观众开放。观众从对戏剧生产过程的观看中，获得启发、感悟和治疗。与此类似，如果说传统“黑箱知识”刻意向公众隐瞒黑箱的形成过程，维基百科知识则强调把知识生产过程公开给所有的网民。“老子”条目在创立之初，就把维基人所有的讨论议题、争议冲突和协商妥协过程全部存档，并可公开下载，从而将上千次的修改、破坏、完善的记录，都一一展现在所有读者面前。任何读者只要感兴趣，通过仔细阅读编纂档案就可以看到“老子”条目知识生产的全过程：维基人之间就“‘老子’人物的真实性”“老子到底是不是道教的创始人”“老子是否是自由主义者”等问题发生各种冲突；就如何理解和运用“中立性”“非原创性”和“可验证性”等编纂准则而互相指责；维基人如何将冲突提交管理员进行投诉，如何为了自己在社区中的威望和名誉而战；等等。整个阅读过程，不仅充斥着情节悬念和戏剧性冲突，而且还可能激发读者的社会性冲动，忍不住进入社区讨论，成为编纂者，甚至加入各种维基人小组，成为维基百科长期的条目贡献者。

---

① ［美］曼纽尔·卡斯特著，夏铸九等译. 网络社会的崛起［M］. 北京：社会科学文献出版社，2003:461.

② ［美］理查德·谢克纳著，曹路生译. 环境戏剧［M］. 北京：中国戏剧出版社，2001:248.

在剧团组织方面，为了保证戏剧顺利进行，古希腊传统戏剧提倡剧本不能随便更改，并对原始萨满仪式进行了变革，发明了“观众”，将其当作一个集体，隔离于表演圈之外。而环境戏剧一方面试图重新打破观众和表演圈之间的距离，一方面为了防止戏剧表演过程中出现偏离主题、杂乱无章和支离破碎的情况，非常重视通过招募演员、讨论剧情、排练戏剧，组建一个能够有效沟通、团结互动和动态平衡的剧团。和观众相比，环境戏剧剧团成员必须熟悉演员的表演技巧和演出规则、戏剧演出的主要意图，以及和临时观众有效互动的手段，从而一方面促进整个戏剧能够保持整体感，另一方面能够鼓励剧团和观众共同临时发挥，不断保持开放度和创新性。在“老子”条目中，为了防止“公地悲剧”，维基人亦自发组建了一个强大的“剧团”，包括活跃编辑、管理员、行政员、仲裁员等。“剧团成员”不仅熟悉维基百科的各种编纂规则，比如“命名规则”“文件使用方针”“核心内容方针”等，而且常常事先独自或集体利用维基沙盒功能对条目进行编纂练习和编纂讨论，直到准备充分后，再进行正式编纂。除此之外，某些成员还拥有比一般用户更大的权限，他们一方面要鼓励新用户积极参与编纂，指导新用户熟悉维基平台结构和软件程序，比如“互助客栈”“过滤器”“机器人模板”等，遵循维基社区的行为准则，比如“不要人身攻击”“避免编辑战”等，一方面还要防止恶意破坏者或者各种不专业的编纂行为。总之，维基百科依靠一个由“平台软件、社群组织、资深用户”构成的颇为精妙的“剧团组织体系”[①]，保证了“老子”条目知识在没有固定“脚本”的同时，依然保持整体感、准确性和可读性。

在话语权分配方面，谢克纳在总结环境戏剧的排练经验时，提倡破除传统戏剧的剧本（编剧）中心制，鼓励导演权力下放，并亲自参加表演，充分给予演员创造权，允许观众拥有改编剧本的权力等。他指出虽然环境戏剧的目的并非为了获取经济利益，而是为了放松娱乐、宗教仪式、精神治疗和社会教育，但是导演、编剧、演员和观众之间依然会围绕文化资本、社会资本

① 甘莅豪、庞艳茹. 互联网百科知识的生产机制及其合法性建构：以维基“钓鱼岛”条目为例. 新闻界，2020（12）: 45—57；黄顺铭、李红涛. 在线集体记忆的协作性书写——中文维基百科“南京大屠杀”条目（2004—2014）的个案研究［J］. 新闻与传播研究，2015（01）: 5—23+126.

和象征资本进行话语权的争夺。环境戏剧必须巧妙配置、处理和利用这些权力争斗来影响、激发和排练剧情内容。[①]和“环境戏剧”类似，维基百科自组织社区亦重视将主体客体化，巧妙地在百科条目编纂场域中安排维基人之间的博弈规则和话语权等级，在文化资本、社会资本和象征资本三个层面开展社会互动，成功激励维基人充满热情地无偿编纂条目。

文化资本指人们以作品、文凭、品味和修养等为资格的制度化形式，其只有进行时间投资、韧性投资、资本投资和意志力投资才能获得。文化资本包含三种类型：第一种是具身化文化资本，以精神和身体的持久“性情”的形式而存在于人的气质和行为中，例如学识和修养；第二种是客体化文化资本，常表现为人们的作品产出，比如图片、书籍、词典、工具、机器、专利等；第三种是制度化文化资本，比如文凭、职业资格证书等被各类社会机构广泛认可的标志。[②]

虽然维基百科在其首页宣称自己是一个“人人可以编辑的自由百科全书”，但是任何资深维基人都知道要想在维基社群中建立权威和声望，拥有编辑话语权，他们必须通过自己的编辑实践获得足够的文化资本：在具身化文化资本方面，他们能否在某一语言社区中熟练运用该语言，熟悉并能够灵活运用社区约定的编纂规则、编辑编程语言和版权法律知识等，是否拥有和条目内容相关的专业知识，具有面对冲突时能保持文明礼貌的素质，以及基于事实和理由进行理性对话的能力等；在客体化文化资本方面，能否主导编写一个规范的条目，以及该条目是否能够变成“优良条目”（GA, good articles）或“典范条目”（FA, featured articles），能否积极对其他条目提供有助于质量提高的建设性意见，能否提供高质量、无版权纠纷的地图或者图片，能否编辑有利于社区运作的维基机器人，等等，这些都会影响维基群体对该维基人的看法和认可度；在制度化文化资本方面，维基社区划分了不同

---

① 谢克纳的“环境戏剧理论”最初用来组织戏剧表演，后来适用于分析人类各种社会活动现象，比如审美活动、游戏活动、大众表演和仪式表演等。该理论一直鼓励引入其他学者的理论对自己进行补充，比如本文引入布尔迪厄“场域理论”对“剧团话语权分配”进行分析。参看国际期刊《戏剧评论——人类表演学刊》和谢克纳、孙惠柱编主编的《人类表演学系列》丛书。

② ［法］皮埃尔·布尔迪厄著，包亚明译．文化资本与社会炼金术——布尔迪厄访谈录［M］．上海：上海人民出版社，1997:189.

编辑权限等级的社群身份，比如被封禁用户、匿名用户、注册用户、机器人用户、管理员、巡查员、研究员和仲裁员等。维基社群会根据贡献与能力对各种维基人给予相应的认定，并赋予他们相应的编纂权限。比如“老子”条目主要贡献者之一的维基人“瓦西亚娜”（Vasyana）在2008年1月试图提升“老子”条目质量，拥有多条“典范条目”编写经验的维基百科资深编纂者“德鲁西弗3000”（Drewcifer3000）一方面对该条目编写原则提了很多建设意见，一方面又主动将该条目提名为“优良条目”。瓦西亚娜在感谢之余，根据意见对条目做了修改。两人的对话被透明地发布在讨论区中，并迅速得到同行评议者认同。“老子”条目顺利被列为“优良条目”。与此同时，瓦西亚娜也通过这些编纂行为，逐步提升了自己在维基社区中的声望。

除了文化资本，社会网络亦能赋予个体权力或收益，即“社会资本是实际的或潜在的资源的整合，这些资源与占据了一个持久性的网络有关，在这个网络中，相互熟识的关系多少已经制度化了——换句话说，这些资源与网络身份（即是否属于这个网络）有关，这些资源能通过集体享有的资本向网络中的每一个成员提供支持，这个资本是广义而言的，它能赋予成员以信用”①。维基网络社群得益于社交媒体的迅速发展，其促使有志于记录、存储和编辑人类知识的人们可以通过网络方式在全球不同地域中聚集起来，从而实现远距离近接触。这种基于趣缘而非血缘、业缘的接触似乎印证了互联网社会“去科层化”和“人人为我，我为人人”的乌托邦想象。然而这种“无政府主义”幻想和维基知识生产传播中严密的自组织性存在较大差异。事实上，由于习性、资产、阶级、性别、文化、国家、民族等因素影响，维基人会自然产生区分和差异，形成具有不同趣味的群体。②这些群体在观点、意见、利益和情感上有时相差悬殊，彼此之间存在歧视和偏见，因此常常就条目知识合法性问题进行长期而剧烈的冲突。当这些冲突进入讨论区时，持不同意见的维基人常常彼此抱团，调动一切力量说服对方。如果彼此势均力敌，导致陷入编辑战中，他们还常常不得不采用投票机制，用“人海”策略来决定

① Bourdieu P. The Forms of Social Capital［A］, in J. Richardson(ed.), *Handbook of Theory and Research for the Sociology of Education*［C］, New York: Greenwood, 1986: 241–258.

② ［法］皮埃尔·布尔迪厄著，刘辉译. 区分：判断力的社会批判［M］. 北京：商务印书馆，2015:1.

"知识的合法性"。由此，维基社群常常发生"从一堆人到一群人的转变"。而一堆人和一群人的区别在于：后者有了一定程度的整合、共享和制度化，网络成员之间相互负有义务。也就是说，除了在讨论公共区彼此交流、对话之外，趣味相同之人亦会进一步组织成小群体，通过电子邮件、聊天软件和线下聚会活动等方式，成立协会和小组等，加强集聚力，形成新的身份和社群认同，从而扩大社会网络，积累社会资本，壮大集体力量，以便在维基社区发生冲突时，能够获得小组成员支持，从而提升己方话语权。2006年5月31日，"老子"条目讨论区曾发生过一次激烈的编辑冲突。维基人弗朗西斯·肖肯（Francis Schonken）根据谷歌搜索数据，指出在谷歌上将老子命名为"Lao Tzu"的文献远比"Lao Zi"多，因此要求社群对"将标题'Lao Zi'换成'Lao Tzu'"议题进行讨论。对于该议题，维基人迅速分成两派，一派支持用汉语拼音"Lao Zi"，一派支持威妥玛式拼音"Lao Tzu"。在编辑冲突中，双方各自集中力量提供各种理由：支持"Lao Zi"派提出了"谷歌点击量不能是维基百科的决定因素""威妥玛式拼音比较混乱""最近出版物多用汉语拼音"等理由。支持"Lao Tzu"派则提出"汉语拼音是一种中国霸权主义""孔子条目没有汉语拼音，而是用Confucius""英语不少中文名词，比如孙中山等依然使用威妥玛式拼音Sun Yat-sen"，等等。由于双方理由都很充分，彼此无法说服对方，因此最后采用投票机制来解决冲突。然而在投票过后，双方还是无法达成共识，但由于支持"Lao Zi"派人数较多，最后条目标题依然保持"Lao Zi"命名。如果仔细考察支持"Lao Zi"派的用户名、主页自我介绍以及讨论区的互动，可以发现这些维基人大部分来源于中国大陆文化圈，平时线上线下互动频繁，具有较大的社会资本，因此在这场编辑冲突中掌握了话语权。

象征资本并非与文化资本、社会资本处于并列关系，其往往表现于各种符号赋予的声望、面子和名誉等，常常被追求实利的经济主义者否认，并以被否认的资本形式而发挥作用，成为个体或社群尽力维持自身合法性、巩固既有利益的象征性工具。虽然维基百科并不能给维基人带来直接的经济收益，但是作为一种强有力的社交工具，可以帮助草根网民、底层群体改变其社会体验，赋予他们获得话语权力、输出个人情感和实现自我价值的机会。维基社群从最初的形成、运行到管理的过程中，每个个体自始至终都拥有一个全新自我培力的机会。在这个趣缘共同体中，个体声誉得到了重塑，并可能从一个现实生活中的他者转变为一个网络群体内的管理精英，在虚拟社会实现象征资本的积累，赢得社群的认可，实现自我的价值。对于维基群体来说，“维基人”作为一个象征符号，亦代表了一个新兴群体的崛起，每个个体可以通过“维基人”这个符号，从“我”转变为“我们”，大家共同抵抗精英统治，立志编写“一部真正全面均衡、中立客观的自由百科全书”，为实现知识的自由化和免费化而奋斗。可以说，“维基人”这个符号的象征力量不容小觑，其一方面掩盖着维基社区中的各种斗争、偏见和霸权现象①，一方面立志将维基社区塑造成互联网时代的理想社会：一个去中心化的、平等的、和谐的、自由的社会。而每个编纂者都在这个象征符号的感召下，永不疲倦地贡献自身的时间、精力和知识，将维基百科拼贴和积累成一部具有5,000多万个条目的“马赛克知识宝库”。

三、从反主流文化到赛博文化

美国学者弗雷德·特纳（Fred Turner）②在《数字乌托邦》中敏锐地发现互联网时代群体性知识共享运动源于20世纪60年代的反主流文化。在美苏核对峙的阴影下，20世纪60年代美国兴起了反抗严格社会规则和层级化官僚组织的反主流文化运动。在这个运动中，美国出现了一批“新公社主义者”。他们频繁发起政治抗议，并试图在乡村和野外建立去中心化、人人平等的自由社会。该文化潮流直接影响了斯图尔特·布兰德（Stewart Brand）和凯文·凯利（Kevin Kelly）等人，并在随后几十年借助《全球概览》《连线》等杂志重新定义了计算机的社会意义——将计算机从冷酷的工业时代官僚机器转变为温情脉脉的“人人为我，我为人人”的互联网公社社区节点，从而帮助“新公社主义者”重新在计算机中找到了自己的灵魂归属地。1996年2月8日，在瑞士达沃斯，曾担任旧金山LSD迷幻舞台“感恩而死”乐队作曲家的信息技术记者约翰·佩里·巴洛（John Perry Barlow）甚至起草了《赛

---

① 甘莅豪、关永璐、费瑾.“民族冲突”与“恐怖袭击”：维基百科全书中的数字话语框架——以昆明“3·1”事件和伦敦“6·3”事件为例［J］. 新闻与传播研究，2019（10）:67—86+127—128.

② ［美］弗雷德·特纳著，张行舟等译. 数字乌托邦：从反主流文化到赛博文化［M］. 北京：电子工业出版社，2013:1—10.

博空间独立宣言》(*A Declaration of The Independence of Cyberspace*)，将互联网视为反对官僚体系的新公社。他宣称“我们正在创造一个世界：在那里，所有的人都可加入，不存在因种族、经济实力、武力或出生地点生产的特权或偏见”[①]。2001年，该文化潮流又催生了人类历史上第一部“人人为我，我为人人”的协作式维基百科。约瑟夫·迈克尔·里格尔(Joseph Michael Reagle)[②]在《善意合作：维基百科的文化》一书中就指出“维基百科可能是当今自由文化运动中最著名的例子”，在维基社区中处处体现了新公社运动的透明、诚信、共享的价值观。

20世纪60年代，作为先锋戏剧流派之一，谢克纳的“环境戏剧理论”亦在美国反主流的文化思潮中诞生。1979年以后，伴随谢克纳倡导将“环境戏剧理论”与人类学相结合，以及戈夫曼的戏剧主义理论被学界逐渐接受，西方大学渐渐成立了各种“人类表演学”研究中心，比如英国威尔士大学的“人类表演学研究中心”、澳大利亚悉尼大学的“人类表演学系”、美国布朗大学和加州大学伯克利分校同名的“戏剧与人类表演学系”等，相关课程亦在心理学系、政治学系、社会学系、传播学系和管理学院等开设，同时《戏剧评论——人类表演学刊》(TDR, *The Drama Review, A Journal of Performance Studies*)逐渐成为当今世界人类表演学的旗舰期刊。[③]这些人类表演学学术中心希望在“日常生活中的各种集会、运动、仪式和游戏中的公共政治行为，解析传播中的各种模式，人类与动物行为模式间的联系，心理治疗中的人类互动，人种学，统一的行为理论”等方面展开跨学科研究。[④]

显然，根据戴维·哈维[⑤]在《后现代的状况：对文化变迁之缘起的探究》

---

① [美]弗雷德·特纳著，张行舟等译. 数字乌托邦：从反主流文化到赛博文化[M]. 北京：电子工业出版社，2013:4.

② Joseph Michael Reagle. *Good Faith Collaboration: The Culture of Wikipedia* [M]. Cambridge, MA: The MIT Press. 2010:1–30.

③ [美]理查德·谢克纳、孙惠柱编. 人类表演学系列：政治与戏[M]. 北京：文化艺术出版社，2011:1—2.

④ [美]理查德·谢克纳、孙惠柱编. 人类表演学系列：人类表演与社会科学[M]. 北京：文化艺术出版社，2008.

⑤ [美]戴维·哈维著，阎嘉译. 后现代的状况：对文化变迁之缘起的探究[M]. 北京：商务印书馆，2013:62—64.

一书中对现代主义和后现代主义纲要性差异的论述，维基百科和环境戏剧都具有明显的后现代主义特征：无政府状态、去中心、分散、表演、差异、不确定性、失控、自发成序、由下至上和流动等。在这种后现代状况下，社交媒体网民群体性“表演”生产出来的知识自然会呈现出拼接性、断裂性和创新性的马赛克特征。由于多元行动者场域、知识生产时刻，以及技术配置等因素影响，这种“马赛克知识”和拉图尔的“黑箱知识”一同体现了人类文化从现代过渡到后现代过程中出现的知识生产多元机制。“黑箱知识”将知识生成过程视为“行动者网络”，以“行动者”为中心，探究了行动者如何利用各种经济、政治、文化、象征符号资源，不断吸收同盟，围绕中心累加知识，建构出逻辑性、反复论证、仔细推敲的静态知识。而“马赛克知识”将生产过程视为“环境戏剧表演”，以“行为”为中心，探究知识生产平台中的空间利用、角色定位、剧团组建和话语权争夺等问题，从而利用无数维基人的“改变、发展、转化；需要和欲望；甚至可能是潜在的获得、表现和运用意识”来建构动态的知识。[①]也就是说，在社交媒体时代下，知识将不再是工业时代所公认的“深思熟虑过的、处理过的、系统化的”信息结合体，而是互联网信息结构本身，即“房间里最聪明的，不是某个或者某群人，而是房间本身”[②]。

恩斯特·卡西尔[③]在其名著《人论》中曾经指出：“语言就其本质而言，是隐喻式的。”学者试图利用语言分析事物，把乍看起来似乎不相同的东西联系起来，建立理论和分析方法，以便能更好地进行理解，就不得不依靠隐喻思维。可以说，从本质来讲，隐喻“是一种科学共同体内部理性的、对话性的方法论工具”[④]。或者说，隐喻不仅形塑了学者对某一事物的看法，而且影响了对该事物进行分析的方法论工具。在这个层面上，“黑箱知识”隐喻不仅仅暗示“知识”是逻辑性和结构性的，而且自然引导拉图尔等学者采用“行动者网络”分析方法描述其生产过程。而“马赛克知识”隐喻则将知识

① ［美］理查德·谢克纳著，曹路生译. 环境戏剧［M］. 北京：中国戏剧出版社，2001:6.

② ［美］戴维·温伯格著，胡泳、高美译. 知识的边界［M］. 太原：山西人民出版社，2014:11.

③ ［德］恩斯特·卡西尔著，甘阳译. 人论：人类文化哲学导引［M］. 上海：上海译文出版社，1985:140.

④ 郭贵春. 隐喻、修辞与科学解释［M］. 北京：科学出版社，2007:15.

看作拼图式和网络型的，此时借助“环境戏剧”理论方可对其生产过程形成准确认识。

彼得·布鲁克（Peter Brook）[①]在《空的空间》中说：“一个人走过这个空的空间，当时正有另外一个人在看着他，就是戏剧活动所需要的全部。”这句话点明了人类日常活动和戏剧表演之间不仅是修辞上的隐喻关系，而且还是日常上的互证关系。事实上，戈夫曼、列维-斯特劳斯、特纳和格尔茨都采用戏剧主义视角成功分析了人类社会的信仰、文化和行为。他们认为人类交流方式是一种表演，广泛用于正式的典礼仪式、公众集会以及各种形式的物质信息、风俗文化的交流。谢克纳在其主编的期刊《戏剧评论——人类表演学刊》评价自己的“环境戏剧”理论时，亦指出其不仅适用于剧场排演，也适用于分析一切人类活动现象，比如审美活动、游戏活动、大众表演和仪式表演等。显然，“环境戏剧”理论亦适用于分析维基人在互联网维基百科知识中的蜂群式群体性编纂行为。

第二节 “老子”条目在维基百科全书中的跨文化传播情况

当前“文化全球化”语境下，对于老子的研究既有机遇又有挑战。老子的跨文化传播，体现了世界文化的多元性，东方文化在获得异质文化认同的同时，也为融入、拓展世界文化摸索了一条可持续发展的有效路径。我们应该充分利用现下文化融合的背景，积极推动中华优秀文化的发展和传播，以开放的姿态融入文化地球村的建设中。本部分即以维基百科平台为例，探讨该平台中“老子”条目[②]的分布与编辑情况，分析老子在维基百科中的知识传播路径。

以下将对维基百科语言社区中的“老子”条目进行具体分析和数据归纳，试图探索“老子”如何在这些异质社区中进行跨文化的传播，以期在全球视野下寻找一条中华老子文化跨文化传播的规模化路径。

① ［英］彼得·布鲁克著，邢历等译. 空的空间［M］. 北京：中国戏剧出版社，2006:15.

② 条目是被分条列写的项目。在百科全书中，条目是所含内容的基础分割单位，在词典中则称为词条。有一个单一的主题，用于阐述一件事物、一个人物或具备特定主题的组合，并且对该条目所描述之事物做出一个客观的界定。百科全书的条目包括标题、正文内容和图表等。

一、维基百科“老子”条目所在的语言社区分布

目前维基百科共有323个语言社区，其中137个语言社区中创设有“老子”条目。①

表15.1以英语、中文、该社区语种的三种形式分别统计列出这些语言社区（以英语字母开头A–Z顺序排列）。

表15.1　设有“老子”条目的137个语言社区

英语名称	中文名称	该社区语种
Afrikaans	南非语	Afrikaans
Albanian	阿尔巴尼亚语	Shqip
Amharic	阿姆哈拉语	አማርኛ
Arabic	阿拉伯语	العربية
Aragonese	阿拉贡语	Aragonés
Armenian	亚美尼亚语	Հայերեն
Asturian	阿斯图里亚斯语	Asturianu
Awadhi	阿瓦迪语	अवधी
Aymara	艾玛拉语	Aymar aru
Azerbaijani	阿塞拜疆语	Azərbaycanca
Bangla	孟加拉语	বাংলা
Bashkir	巴什基尔语	Башҡортса
Basque	巴斯克语	Euskara
Belarusian (Taraškievicaorthography)	白俄罗斯语古典拼写	Беларуская (тарашкевіца)
Belarusian	白俄罗斯语	Беларуская
Bislama	比斯拉马语	Bislama
Bosnian	波斯尼亚语	Bosanski
Breton	布列塔尼语	Brezhoneg
Bulgarian	保加利亚语	Български
Burmese	缅甸语	မြန်မာဘာသာ
Cantonese	粤语	粤语

① 数据统计至2021年4月3日。

续表一

英语名称	中文名称	该社区语种
Catalan	加泰罗尼亚语	Català
Central Kurdish	中部库尔德语	کوردی
Chechen	车臣语	Нохчийн
Chinese	中文	中文
Chuvash	楚瓦什语	Чăвашла
Croatian	克罗地亚语	Hrvatski
Czech	捷克语	Čeština
Danish	丹麦语	Dansk
Dutch	荷兰语	Nederlands
Egyptian Arabic	埃及阿拉伯语	مصرى
English	英语	English
Esperanto	世界语	Esperanto
Estonian	爱沙尼亚语	Eesti
Extremaduran	埃斯特雷马杜拉语	Estremeñu
Fiji Hindi	斐济印地语	Fiji Hindi
Finnish	芬兰语	Suomi
French	法语	Français
Galician	加利西亚语	Galego
Gan Chinese	赣语	赣语
Georgian	格鲁吉亚语	ქართული
German	德语	Deutsch
Greek	希腊语	Ελληνικά
Guianan Creole	圭亚那克里奥尔语	Kriyòl gwiyannen
Gujarati	古吉拉特语	ગુજરાતી
Hakka Chinese	客家语	客家语/Hak-kâ-ngî
Hausa	豪萨语	Hausa
Hebrew	希伯来语	עברית
Hindi	印地语	हिन्दी
Hungarian	匈牙利语	Magyar

续表二

英语名称	中文名称	该社区语种
Icelandic	冰岛语	Íslenska
Ido	伊多语	Ido
Iloko	伊洛克语	Ilokano
Indonesian	印度尼西亚语	Bahasa Indonesia
Interlingua	拉丁国际语	Interlingua
Irish	爱尔兰语	Gaeilge
Italian	意大利语	Italiano
Jamaican Creole English	牙买加克里奥尔语英语	Patois
Japanese	日语	日本语
Javanese	爪哇语	Jawa
Kabiye	卡比耶语	Kabıyɛ
Kara-Kalpak	卡拉卡尔帕克语	Qaraqalpaqsha
Kazakh	哈萨克语	Қазақша
Korean	韩语	한국어
Kurdish	库尔德语	Kurdî
Kyrgyz	吉尔吉斯斯坦语	Кыргызча
Ladin	拉汀语	Ladin
Ladino	拉地诺语	Ladino
Latin	拉丁语	Latina
Latvian	拉脱维亚语	Latviešu
Ligurian	利古里亚语	Ligure
Limburgish	林堡语	Limburgs
Lingua Franca Nova	新共同言语	Lingua Franca Nova
Literary Chinese	文言文	文言
Lithuanian	立陶宛语	Lietuvių
Luxembourgish	卢森堡语	Lëtzebuergesch
Macedonian	马其顿语	Македонски
Maithili	迈蒂利语	मैथिली
Malagasy	马达加斯加语	Malagasy

续表三

英语名称	中文名称	该社区语种
Malay	马来语	Bahasa Melayu
Malayalam	马拉雅拉姆语	Malayalam
Marathi	马拉地语	मराठी
Min Dong Chinese	闽东语	Mìng-dĕ̤ng-ngṳ̄
Min Nan Chinese	闽南语	Bân-lâm-gú
Mingrelian	明格列尔语	მარგალური
Mirandese	米兰德斯语	Mirandés
Mongolian	蒙古语	Монгол
Nepali	尼泊尔语	नेपाली
Newari	尼瓦尔语	नेपाल भाषा
Norwegian Bokmål	书面挪威语	Norsk bokmål
Norwegian Nynorsk	新挪威语	Norsk nynorsk
Occitan	奥克西坦语	Occitan
Persian	波斯语	فارسی
Piedmontese	皮埃蒙特语	Piemontèis
Polish	波兰语	Polski
Portuguese	葡萄牙语	Português
Punjabi	旁遮普语	ਪੰਜਾਬੀ
Quechua	克丘亚语	Runa Simi
Romanian	罗马尼亚语	Română
Russia Buriat	俄罗斯布里亚特语	Буряад
Russian	俄罗斯语	Русский
Rusyn	卢森尼亚语	Русиньскый
Samogitian	萨莫吉希亚语	Žemaitėška
Sardinian	撒丁语	Sardu
Scots	苏格兰语	Scots
Scottish Gaelic	苏格兰盖尔语	Gàidhlig
Serbian	塞尔维亚语	Српски / srpski
Serbo-Croatian	塞尔维亚—克罗地亚语	Srpskohrvatski / српскохрватски

续表四

英语名称	中文名称	该社区语种
Sicilian	西西里语	Sicilianu
Slovak	斯洛伐克语	Slovenčina
Slovenian	斯洛文尼亚语	Slovenščina
South Azerbaijani	南阿塞拜疆语	تۆرکجه
Spanish	西班牙语	Español
Swahili	斯瓦希里语	Kiswahili
Swedish	瑞典语	Svenska
Swiss German	瑞士德语	Alemannisch
Tagalog	塔加洛语	Tagalog
Tamil	泰米尔语	தமிழ்
Tatar	鞑靼语	Татарча / tatarça
Thai	泰语	ไทย
Tibetan	藏语	བོད་ཡིག
Turkish	土耳其语	Türkçe
Ukrainian	乌克兰语	Українська
Urdu	乌尔都语	اردو
Uzbek	乌兹别克语	O'zbekcha / ўзбекча
Veps	维普森语	Vepsän kel'
Vietnamese	越南语	Tiếng Việt
Volapük	沃拉普克语	Volapük
Võro	佛罗语	Võro
Walloon	瓦隆语	Walon
Waray	瓦瑞语	Winaray
Welsh	威尔士语	Cymraeg
Western Punjabi	西旁遮普语	پنجابی
Wu Chinese	吴语	吴语
Yiddish	意第绪语	ייִדיש
Yoruba	约鲁巴语	Yorùbá
Zhuang	壮语	Vahcuengh

二、维基百科“老子”条目的标题命名形式

在维基百科的编纂中，条目的命名非常重要。有学者认为条目应该都是独立的主题，应以方便读者的检索为准则。条目的主题应该是客观形成的，而不是人为拟定的。条目的命名应该清晰明确，不能含糊不清。整体来看，“老子”的条目命名可分为以下几种形式：“老子”的本土语形式、罗马拼音形式、文字转译形式。其中，共有83个社区采取了罗马拼音形式，占所有社区的60.6%，是最常见的命名形式。另有10个社区采用老子本土语及其方言音译形式，44个语言社区采用文字转译形式。在罗马拼音形式中，根据其拼音特点及数量又将其分为以下5种：

（1）汉语拼音Laozi及变体：一种以拉丁字母为现代标准汉语标音的方案，为现代标准汉语罗马拼音的国际标准规范。

（2）威妥玛式拼音Lao Tzu、Lao Tze及变体：威妥玛式拼音（Wei1 T‘o3-ma3 P‘in1-yin1；英语：Wade-Giles），习惯称作威妥玛、威式拼音、WG拼音，是用罗马拼音拼写汉语读音的音译系统，发明后主要用于拼写现代标准汉语。此系统由19世纪中叶（清朝）英国人威妥玛建立，在翟理斯的《汉英字典》（1892）中完成。尽管汉语拼音已跃升为国际中文交流的通用标准，但许多过去已广泛使用并成为英语外来语的华语词汇，仍以威妥玛式拼音的方式出现，例如功夫（Kungfu）、道教（Taoism）等。威妥玛式拼音仍是全球诸多地区认可的中文拼音系统。

（3）法国远东学院拼音Lao Tseu及变体：法国远东学院拼音（Système de l’École française d’Extrême-Orient［EFEO］），简称EFEO拼音，是20世纪中期以前法语中最常用的中文罗马字拼法，是法国远东学院的汉学家顾赛芬神父于1902年制定的。目前主要在法国地区使用。

（4）德国斯坦格拼音Lao Tse及变体：德国汉学家和大学教授汉斯·奥托·海因里希·斯坦格于1959年出版新版汉德词典所使用的拼音系统，目前已停用。

（5）捷克式拼音Lao ce、Lao c’及变体：捷克式拼音（Český přepis čínštiny）是捷克语和斯洛伐克语拼写汉语拼音的一种形式，是为了方便捷克和斯洛伐克地区的居民能够通晓汉语的发音而制定的一套写法。

表15.2　137个语言社区的老子译名情况

<table>
<tr><th colspan="2">命名类型</th><th>命名形式</th><th>社区数量</th><th>典型社区</th></tr>
<tr><td>汉语文字</td><td>汉语文字</td><td>老子</td><td>6</td><td>汉语及部分汉语方言社区；日语</td></tr>
<tr><td rowspan="6">罗马拼音</td><td>汉语拼音（含汉语方言拼音）</td><td>Laozi; Lao Zi; Lao Zî</td><td>53</td><td>英语；德语等</td></tr>
<tr><td>威妥玛式拼音</td><td>Lao Tzu; Lao Tze</td><td>9</td><td>塞尔维亚—克罗地亚语；撒丁语等</td></tr>
<tr><td>法国远东学院拼音</td><td>Lao Tseu; Lao-tseu</td><td>4</td><td>法语；瓦隆语</td></tr>
<tr><td>德国斯坦格拼音</td><td>Lao-Tse; Lao-tse; Lao Tse; Lao Tsé; Laó Tse</td><td>7</td><td>西班牙语；丹麦语等</td></tr>
<tr><td>捷克式拼音</td><td>Lao-ce; Lao-c'; Lao Ce; Lao-c'</td><td>4</td><td>捷克语；克罗地亚语</td></tr>
<tr><td>其他罗马拼音</td><td>Lão Tử; Laodzi等</td><td>10</td><td>越南语；拉脱维亚语等</td></tr>
</table>

由此可见，汉语拼音目前已逐渐成为“老子”条目中的权威形式，并隐隐有扩大这一优势的趋势，不同于孔子目前在国际学术界以及维基百科等领域中都以“Confucius”，即孔子的拉丁化拼音形式作为最权威的译名名称。早前的国外学术刊物虽多采取“老子”的威妥玛式拼音，维基百科各社区的“老子”条目也更多采用Lao Tzu或Lao Tze形式，但随着汉语拼音的普及及规范化，以“Laozi”为名的出版刊物数量渐渐追赶上威妥玛式的老子形式，体现在维基百科中则是条目标题的更改，“Laozi”及其变体汉语拼音形式在维基社区中占据上风。

三、维基百科“老子”条目编辑情况

在维基百科中，每一篇条目都有名为“历史”（history）的页面，记录着过去每一次文章的修订。不过在针对诽谤性内容、犯罪威胁记录或者侵犯著作权等情况时，历史页面也有可能会将过去的记录删除。一般编辑者也可以在历史页面撤销有关内容的不当更改或者恢复先前被删去的内容。而每一篇条目之中也会有与其相关的“讨论”页面，这能够协调编者们针对该条目的编辑活动。

以中文维基百科“老子”条目为例，用户可自由浏览条目的编辑历史，对比编辑不同版本之间的差异，并可对条目进行直接编辑和讨论。

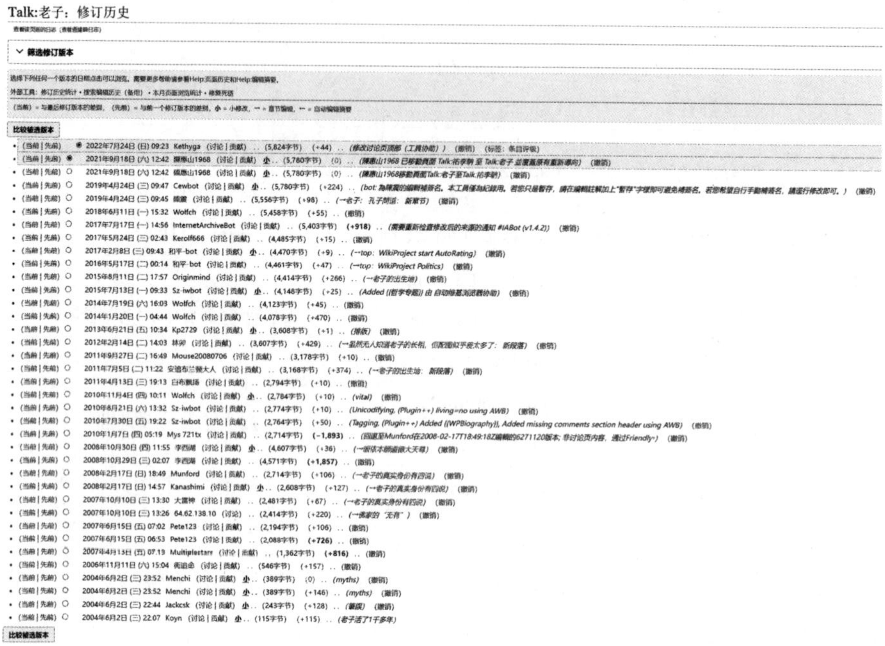

图15.3 “老子”条目编辑历史

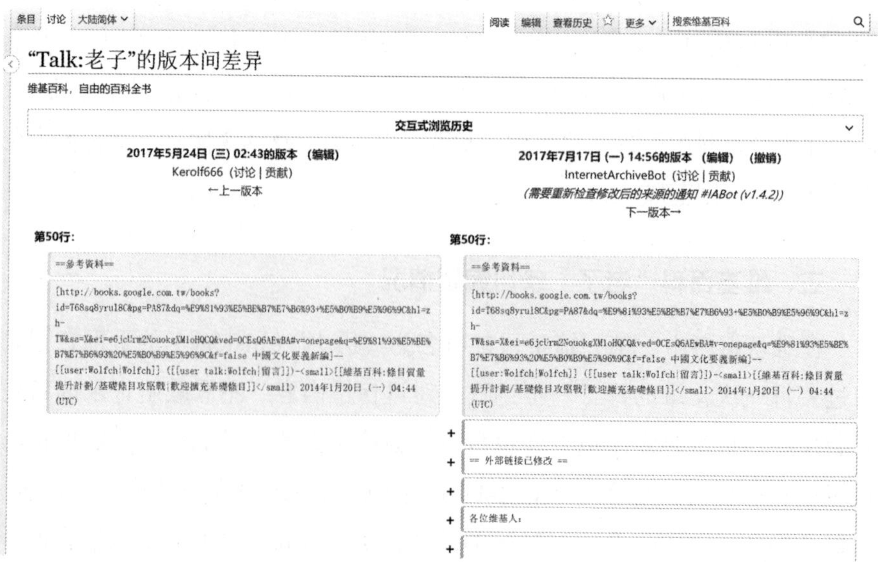

图15.4 “老子”条目编辑历史版本比较

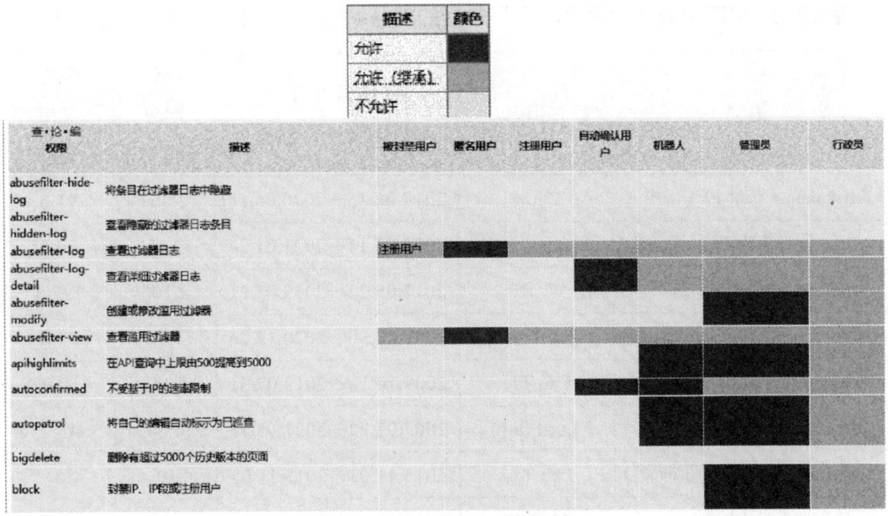

图15.5 “老子”条目编辑页面

（一）137个语言社区中“老子”条目的编辑情况分析

从编辑时间、编辑字数、编辑频率、编辑类型等方面对137个社区中“老子”条目编辑情况进行梳理，得出：

编辑时间最早的前10名分别是世界语、英语、日语、法语、中文、德语、波兰语、西班牙语、葡萄牙语、保加利亚语①；

编辑总字数最多的前10名分别是中文、日语、俄罗斯语、英语、塞尔维亚语、白俄罗斯语、葡萄牙语、西班牙语、巴什基尔语、阿尔巴尼亚语；

编辑频率最高的前10名分别是英语、西班牙语、中文、俄罗斯语、法语、德语、越南语、葡萄牙语、意大利语、加泰罗尼亚语②；

编辑总次数最多的前10名分别是英语、中文、西班牙语、法语、德语、俄罗斯语、日语、意大利语、越南语、葡萄牙语。

可见，在这些社区中，“老子”条目的编纂更为活跃，条目完整度较高，其传播力度也更高效，可作为未来针对老子跨文化传播的发力点。

---

① “老子”条目创立时间：世界语2002年、英语2002年、日语2003年、法语2003年、中文2003年、德语2003年、波兰语2004年、西班牙语2004年、葡萄牙语2004年、保加利亚语2004年。

② 数据去除了部分未产生持续性编辑（条目创立后一年内未发生有效编辑）的高编辑频率的非活跃社区。

表15.3 137个语言社区“老子”条目的部分编辑情况（以首字母A–Z排序）

语种	条目名	编辑时间（起始—最终）	编辑总字数（字节）	编辑频率（天/次）
Afrikaans（南非语）	Laozi	2017.06.15—2020.06.18	2,863	91.6
Albanian（阿尔巴尼亚语）	Laozi	2008.03.14—2021.01.24	32,113	80.5
Amharic（阿姆哈拉语）	ላው ድዙ	2017.05.22—2019.07.21	2,105	197.3
Arabic（阿拉伯语）	لاوتزه	2008.07.30—2020.12.26	11,024	23.6
Aragonese（阿拉贡语）	Lao Tse	2009.10.18—2019.07.31	1,046	67.4
Armenian（亚美尼亚语）	Լաո Ցզի	2007.07.22—2021.03.11	20,602	43.7
Asturian（阿斯图里亚斯语）	Lao Tzu	2013.11.03—2013.11.03	19	0
Awadhi（阿瓦迪语）	लाओ ज़ू	2014.11.28—2020.05.21	524	250.1
Aymara（艾玛拉语）	Lao Tzu	2017.06.30—2019.05.15	1,504	341.5
Azerbaijani（阿塞拜疆语）	Lao-tszı	2011.03.02—2021.02.09	7,770	58.6
Bangla（孟加拉语）	লাউযা	2012.12.09—2021.01.25	6,774	54
Bashkir（巴什基尔语）	Лао-цзы	2013.01.26—2020.01.04	32,761	49.7
Basque（巴斯克语）	Lao Tzu	2005.10.25—2019.12.14	1,335	28
Belarusian（Taraškievica orthography）（白俄罗斯语古典拼写）	Лао-Цзы	2010.11.09—2019.12.05	10,288	69
Belarusian（白俄罗斯语）	Лаа-Цзы	2011.01.10—2020.08.05	34,803	71.3
Bislama（比斯拉马语）	Laozi	2017.01.28—2017.03.17	376	9.4
Bosnian（波斯尼亚语）	Lao Tse	2005.02.07—2020.11.30	2,568	44.1
Breton（布列塔尼语）	Lao Zi	2010.12.13—2019.11.13	8,728	77.5
Bulgarian（保加利亚语）	Лао Дзъ	2004.07.10—2021.02.17	16,026	28.3
Burmese（缅甸语）	လာအိုဇီ	2011.09.22—2020.06.04	18,040	198.6
Cantonese（粤语）	老子	2007.12.05—2020.11.13	685	68.5
Catalan（加泰罗尼亚语）	Laozi	2004.10.23—2021.03.02	29,597	20.5
Central Kurdish（中部库尔德语）	لاوتسزی	2013.08.09—2021.01.27	15,475	209.8
Chechen（车臣语）	Лао-цзы	2013.07.02—2021.02.21	10,459	96.2
Chinese（中文）	老子	2003.07.05 —2021.03.21	61,506	7.2

续表一

语种	条目名	编辑时间（起始—最终）	编辑总字数（字节）	编辑频率（天/次）
Chuvash（楚瓦什语）	Лао Цзы	2010.10.18—2020.11.24	5,835	85.8
Croatian（克罗地亚语）	Lao Ce	2006.08.17—2020.02.02	2,767	37.8
Czech（捷克语）	Lao-c’	2005.12.19—2021.01.23	11,433	34.5
Danish（丹麦语）	Lao-tse	2005.05.06—2018.05.24	2,065	38.4
Dutch（荷兰语）	Laozi	2005.03.11—2021.01.18	9,111	23.8
English（英语）	Laozi	2002.07.27—2021.03.31	38,519	2.2
Esperanto（世界语）	Laocio	2002.02.28—2020.04.17	24,130	36
Estonian（爱沙尼亚语）	Laozi	2005.01.15—2020.10.27	953	56
Extremaduran（埃斯特雷马杜拉语）	Lao Tsé	2012.11.22—2019.05.15	992	472.8
Fiji Hindi（斐济印地语）	Laozi	2009.09.12—2017.12.19	1,781	60.4
Finnish（芬兰语）	Laozi	2004.12.05—2020.03.05	25,051	34.2
French（法语）	Lao Tseu	2003.06.17—2021.03.09	25,303	11.2
Galician（加利西亚语）	Laozi	2005.06.17—2021.03.13	10,710	34.8
Gan Chinese（赣语）	老子	2009.05.26—2017.12.19	557	49.7
Georgian（格鲁吉亚语）	ლაო-ძი	2011.12.11—2018.08.06	4,602	62.3
German（德语）	Laozi	2003.08.07—2021.03.12	19,008	12.1
Greek（希腊语）	Λάο Τσε	2006.05.18—2020.09.12	12,276	42.5
Guianan Creole（圭亚那克里奥尔语）	Lao Tseu	2017.12.23—2019.11.22	650	233
Gujarati（古吉拉特语）	લાઓત્સે	2010.10.30—2013.03.11	942	23.3
Hakka Chinese（客家语）	Ló-chṳ́	2009.06.17—2017.12.19	560	54.5
Hausa（豪萨语）	Laozi	2018.06.23—2019.09.28	1,565	231
Hebrew（希伯来语）	לאו דזה	2005.03.22—2021.01.04	5,680	25.5
Hindi（印地语）	लाओ-त्सू	2007.01.27—2021.02.17	17,201	45.8
Hungarian（匈牙利语）	Lao-ce	2007.04.05—2020.08.10	10,914	27.1
Icelandic（冰岛语）	Laó Tse	2006.07.05—2019.12.28	877	54.7

续表二

语种	条目名	编辑时间（起始—最终）	编辑总字数（字节）	编辑频率（天/次）
Ido（伊多语）	Laozi	2013.03.13—2018.10.10	394	509.3
Iloko（伊洛克语）	Lao Zi	2005.11.20—2019.06.05	1,049	48.5
Indonesian（印度尼西亚语）	Lao Zi	2004.10.22—2021.02.26	7,371	33.4
Interlingua（拉丁国际语）	Laozi	2006.03.03—2017.05.26	1,140	38
Irish（爱尔兰语）	Laozi	2005.09.04—2020.08.27	457	47.2
Italian（意大利语）	Laozi	2006.07.18—2021.02.13	16,295	19.2
Jamaican Creole English（牙买加克里奥尔语英语）	Laozi	2009.06.29—2019.05.15	943	277.4
Japanese（日语）	老子	2003.02.13—2021.03.26	58,946	21.3
Javanese（爪哇语）	Lao Tzu	2005.04.25—2019.05.15	453	64.2
Kabiye（卡比耶语）	Lao Tseu	2016.09.24—2019.03.08	2,933	59.7
Kara-Kalpak（卡拉卡尔帕克语）	Laozi	2011.09.24—2013.03.11	707	21.3
Kazakh（哈萨克语）	Лао-цзы	2011.07.19—2015.03.25	772	46.4
Korean（韩语）	노자	2004.10.02—2021.04.02	8,171	25.3
Kurdish（库尔德语）	Lao Zî	2006.10.03—2020.05.19	1,439	52.4
Kyrgyz（吉尔吉斯斯坦语）	Лао цзы	2015.05.16—2018.07.23	4,741	291
Ladin（拉汀语）	Laozi	2019.11.12—2020.08.17	303	46.5
Ladino（拉地诺语）	Lao Tse	2012.09.01—2019.07.24	630	179.8
Latin（拉丁语）	Laocius	2006.01.18—2019.03.29	4,657	34.2
Latvian（拉脱维亚语）	Laodzi	2008.01.16—2019.09.15	4,013	38
Ligurian（利古里亚语）	Lao Tze	2012.08.28—2021.02.19	5,961	163
Limburgish（林堡语）	Laozi	2009.08.27—2014.06.20	1,855	31.4
Lingua Franca Nova（新共同言语）	Laozi	2017.01.31—2018.06.06	947	98
Literary Chinese（文言文）	老子	2007.02.22—2017.04.19	2,915	33.4
Lithuanian（立陶宛语）	Laodzi	2007.08.25—2021.02.23	5,313	47.9
Luxembourgish（卢森堡语）	Laozi	2008.03.24—2019.11.21	491	58.3
Macedonian（马其顿语）	Лао-це	2005.08.04—2017.09.29	14,631	33.6
Maithili（迈蒂利语）	लाओ जू	2014.09.29—2017.12.19	253	294

续表三

语种	条目名	编辑时间（起始—最终）	编辑总字数（字节）	编辑频率（天/次）
Malagasy（马达加斯加语）	Laozi	2013.10.14—2015.02.10	521	96.8
Malay（马来语）	Laozi	2004.10.22—2018.11.24	5,257	42.2
Malayalam（马拉雅拉姆语）	ലാവോ ത്സി	2009.10.15—2019.08.30	14,819	53.8
Marathi（马拉地语）	लाओझी	2012.11.11—2019.01.09	1,529	112.5
Min Dong Chinese（闽东语）	Lō̤-cṳ̄	2014.11.10—2019.05.15	350	329.4
Min Nan Chinese（闽南语）	Ló Chú	2014.12.20—2017.04.23	700	122.1
Mingrelian（明格列尔语）	ლაო-ძი	2013.01.24—2017.12.19	3,609	178.9
Mirandese（米兰德斯语）	Lao Zi	2009.04.12—2019.05.15	8,535	65.8
Mongolian（蒙古语）	Лао-цзы	2012.12.10—2021.03.28	6,927	189.4
Nepali（尼泊尔语）	लाओत्से	2010.06.28—2020.09.03	557	80.8
Newari（尼瓦尔语）	लाओजी	2006.10.14—2017.12.19	1,323	816.6
Norwegian Bokmål（书面挪威语）	Laozi	2006.01.22—2021.01.18	10,913	30.4
Norwegian Nynorsk（新挪威语）	Laozi	2010.08.02—2019.03.13	1,797	69.9
Occitan（奥克西坦语）	Laozi	2011.02.21—2020.04.18	4,727	51.4
Persian（波斯语）	لائوتسه	2006.12.21—2021.03.09	12,446	33.7
Piedmontese（皮埃蒙特语）	Laozi	2013.02.06—2013.03.20	649	10.3
Polish（波兰语）	Laozi	2004.02.18—2021.01.03	10,878	25.4
Portuguese（葡萄牙语）	Lao Zi	2004.07.06—2020.08.13	34,254	17
Punjabi（旁遮普语）	ਲਾਓਜ਼ੀ	2015.05.25—2017.12.19	2,754	156.3
Quechua（克丘亚语）	Lao Tzu	2013.07.27—2020.07.27	1,526	852.3
Romanian（罗马尼亚语）	Lao Zi	2007.03.01—2020.01.23	3,366	38
Russia Buriat（俄罗斯布里亚特语）	Лао-цзы	2013.11.19—2017.04.25	1,443	208.8
Russian（俄罗斯语）	Лао-цзы	2005.04.14—2021.02.02	39,495	9.9
Rusyn（卢森尼亚语）	Лао Цзи	2010.07.27—2019.06.07	809	87.5
Samogitian（萨莫吉希亚语）	Laodzi	2018.10.03—2018.10.03	886	0
Sardinian（撒丁语）	Lao Tze	2009.12.30—2017.12.15	949	60.5
Scots（苏格兰语）	Laozi	2014.01.21—2020.09.11	2,922	242.5

续表四

语种	条目名	编辑时间（起始—最终）	编辑总字数（字节）	编辑频率（天/次）
Scottish Gaelic（苏格兰盖尔语）	Lao Zi	2004.12.02—2017.05.14	1,793	42.1
Serbian（塞尔维亚语）	Лаози	2005.08.29—2021.02.03	37,923	23.9
Serbo-Croatian（塞尔维亚-克罗地亚语）	Lao Tzu	2005.08.25—2019.12.29	7,830	54
Sicilian（西西里语）	Lao Tzu	2005.10.23—2021.02.25	4,906	53.9
Slovak（斯洛伐克语）	Lao-c’	2004.08.18—2019.12.04	4,039	39.1
Slovenian（斯洛文尼亚语）	Laozi	2005.09.05—2021.03.27	14,426	34.6
South Azerbaijani（南阿塞拜疆语）	لائو زی	2016.08.22—2019.11.10	2,925	90.4
Spanish（西班牙语）	Lao-Tse	2004.06.12—2021.03.01	33,849	7
Swahili（斯瓦希里语）	Laozi	2013.01.25—2021.01.17	9,798	182.1
Swedish（瑞典语）	Lao Zi	2005.02.05—2020.04.24	5,992	29.9
Swiss German（瑞士德语）	Laozi	2012.06.17—2020.11.27	8,963	83.4
Tagalog（塔加洛语）	Laozi	2006.05.26—2016.11.21	1,328	29.9
Tamil（泰米尔语）	லாவோ சீ	2008.11.17—2019.04.28	28,103	21.3
Tatar（鞑靼语）	Lao-tszı	2014.03.31—2014.04.02	7,407	0.3
Thai（泰语）	เล่าจื๊อ	2005.06.20—2019.03.18	14,273	29.3
Tibetan（藏语）	ལའོ་ཙེ།	2011.10.15—2017.12.19	792	98.1
Turkish（土耳其语）	Laozi	2006.02.18—2021.02.18	7,135	35.8
Ukrainian（乌克兰语）	Лао-Цзи	2014.05.12—2014.05.12	49	0
Urdu（乌尔都语）	لاؤزی	2012.06.07—2020.01.01	2,660	49.4
Uzbek（乌兹别克语）	Lao-szi	2013.04.11—2019.05.15	1,085	556
Veps（维普森语）	Lao-czi	2020.07.18—2020.07.18	1,965	0
Vietnamese（越南语）	Lão Tử	2006.04.07—2021.01.17	14,887	16.6
Volapük（沃拉普克语）	Laozi	2016.03.12—2018.08.19	96	445
Võro（佛罗语）	Laozi	2011.08.01—2013.04.24	944	26.3
Walloon（瓦隆语）	Lao-tseu	2008.08.31—2021.03.16	2,128	60.3
Waray（瓦瑞语）	Laozi	2009.06.16—2019.05.15	979	46.4

续表五

语种	条目名	编辑时间（起始—最终）	编辑总字数（字节）	编辑频率（天/次）
Welsh（威尔士语）	Laozi	2008.09.01—2020.03.14	857	57.7
Western Punjabi（西旁遮普语）	لاؤزی	2010.08.31—2017.12.19	760	66.7
Wu Chinese（吴语）	老子	2017.08.26—2020.10.16	729	286.8
Yiddish（意第绪语）	לאאָ צי	2011.07.19—2015.03.24	1,162	42
Yoruba（约鲁巴语）	Laozi	2009.11.30—2019.05.15	101	78.5
Zhuang（状语）	Lauxcij	2009.06.24—2019.05.15	138	68.2

（二）十大常用语言社区中的"老子"条目编辑情况分析

由于维基社区种类庞大，头部效应显著，5,700多万条目中数量最多的前10语言社区总条目数占据了50.6%，即3%的语言社区囊括了50%的条目总数。因此挑选该137个社区中的10个常用语社区作为代表性社区，同时这10个社区也是维基百科总条目数排名前列的语言社区，在维基百科的综合影响力位居前列。

List of Wikipedias

№	Language	Language (local)	Wiki	Good	Total	Edits	Admins	Users	Active Users	Files	Stub Ratio	Version	License
1	English	English	en	6376877	54185404	1039842617	1082	42210133	123326	893857	0.1177	1.37.0-wmf.21	n/a
2	Cebuano	Sinugboanong Binisaya	ceb	5923731	10664419	32944362	6	82476	211	0	0.5555	1.37.0-wmf.21	n/a
3	Swedish	Svenska	sv	2924128	6758211	49546021	64	789520	2253	0	0.4327	1.37.0-wmf.21	n/a
4	German	Deutsch	de	2614914	7242369	214188026	189	3773128	17607	129468	0.3611	1.37.0-wmf.21	n/a
5	French	Français	fr	2360409	11526827	185897940	157	4182092	17102	65712	0.2048	1.37.0-wmf.21	n/a
6	Dutch	Nederlands	nl	2066383	4371966	59764194	37	1163645	3636	20	0.4726	1.37.0-wmf.21	n/a
7	Russian	Русский	ru	1753971	6682340	116371170	78	3035278	10753	232372	0.2625	1.37.0-wmf.21	n/a
8	Italian	Italiano	it	1716622	7199064	122705810	114	2164212	7542	142645	0.2385	1.37.0-wmf.21	n/a
9	Spanish	Español	es	1714430	7494639	137907166	69	6327350	14759	0	0.2288	1.37.0-wmf.21	n/a
10	Polish	Polski	pl	1489459	3438436	64345852	104	1122838	4059	256	0.4332	1.37.0-wmf.21	n/a
11	Egyptian Arabic	مصرى (Maṣrī)	arz	1334406	1582024	5724027	7	162505	160	1454	0.8435	1.37.0-wmf.21	n/a
12	Japanese	日本語	ja	1290018	3804014	85366413	41	1835510	15296	39464	0.3391	1.37.0-wmf.21	n/a
13	Vietnamese	Tiếng Việt	vi	1269210	19305677	66084088	21	822921	2694	23104	0.0657	1.37.0-wmf.21	n/a
14	Waray-Waray	Winaray	war	1265502	2880994	6238168	3	49398	97	42	0.4393	1.37.0-wmf.21	n/a
15	Chinese	中文	zh	1228866	6739634	67413123	65	3132254	8916	57264	0.1823	1.37.0-wmf.21	n/a

图15.6　维基社区排名数据统计[①]

① 数据来源：https://wikistats.wmcloud.org/display.php?t=wp&s=good_desc&p=1.

以下将选取维基百科主页的十大常用语社区——英语、德语、法语、俄语、意大利语、西班牙语、波兰语、日语、中文、葡萄牙语，以这十大语言社区为例，重点分析老子条目的编辑情况：

下图综合分析了十大语言社区“老子”条目的编辑总字数与编辑频率的比较情况。整体来看，编辑总字数位列前三的分别是：中文、日语、英语；编辑频率位列前三的分别是：英语、西班牙语、中文。

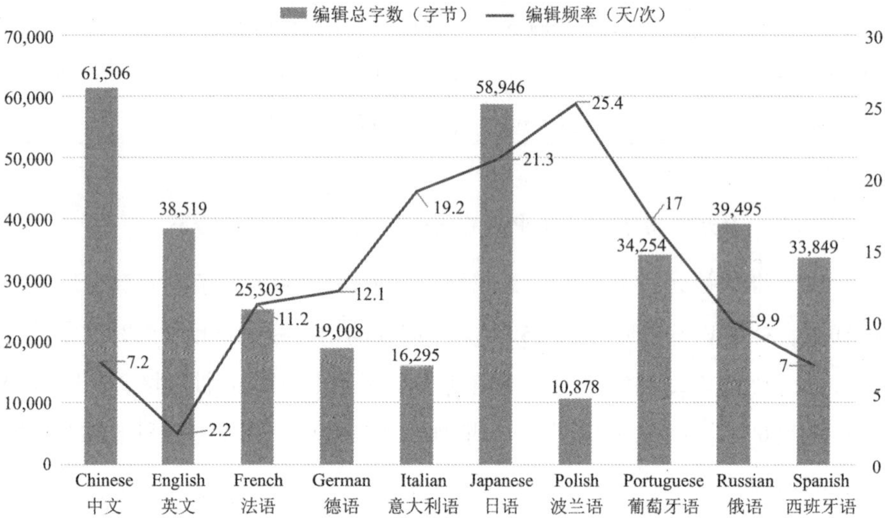

图15.7 维基百科十大语言社区“老子”条目编辑情况

以下详细罗列了这10个社区的编辑情况，具体包括社区活跃编辑TOP10（即编辑次数或编辑字数位居前10的编辑用户）、条目年编辑曲线（条目创立以来的每年总编辑次数、用户编辑次数、小编辑次数及条目篇幅字节）。

1. 中文社区

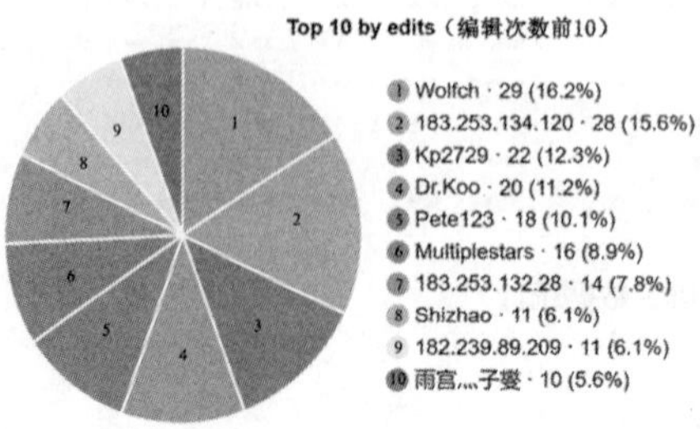

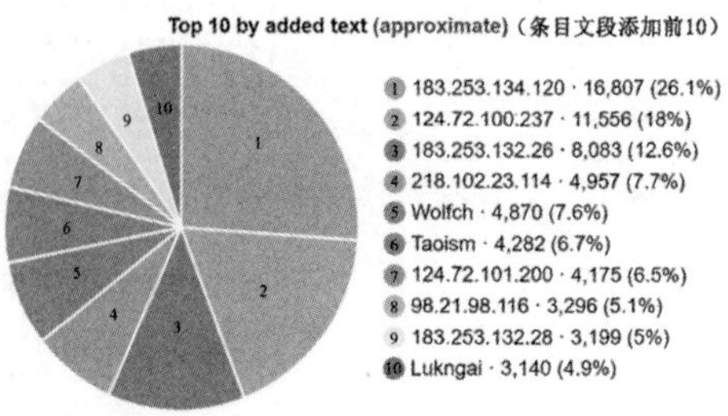

排名	用户名	编辑次数	首次编辑	末次编辑	添加（字节）
1	Wolfch	29	2014-01-19	2017-04-26	4,870
2	183.253.134.120	28	2017-03-09	2017-03-09	16,807
3	Kp2729	22	2012-04-22	2016-08-22	1,296
4	Dr.Koo	20	2016-04-22	2016-04-22	2,321
5	Pete123	18	2007-05-03	2007-12-08	2,486
6	Multiplestars	16	2007-03-20	2007-04-04	1,038
7	183.253.132.28	14	2017-03-10	2017-03-10	3,199
8	Shizhao	11	2003-07-23	2005-12-12	616
9	182.239.89.209	11	2019-02-15	2019-02-15	336
10	雨宫灬子燮	10	2019-06-18	2020-04-27	137

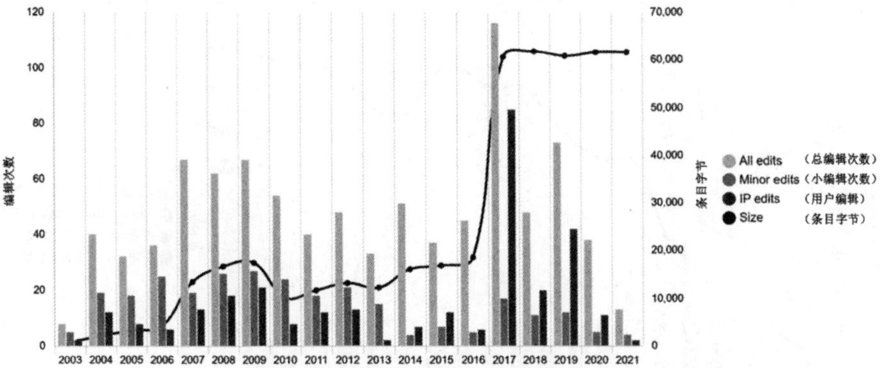

图15.8　中文社区的年编辑情况（2003—2021）

2. 英语社区

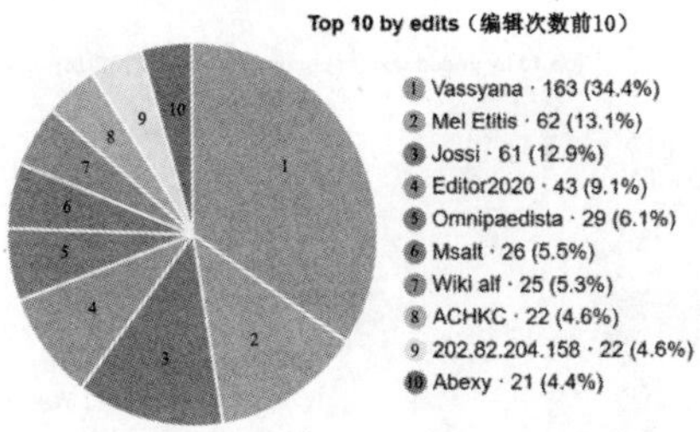

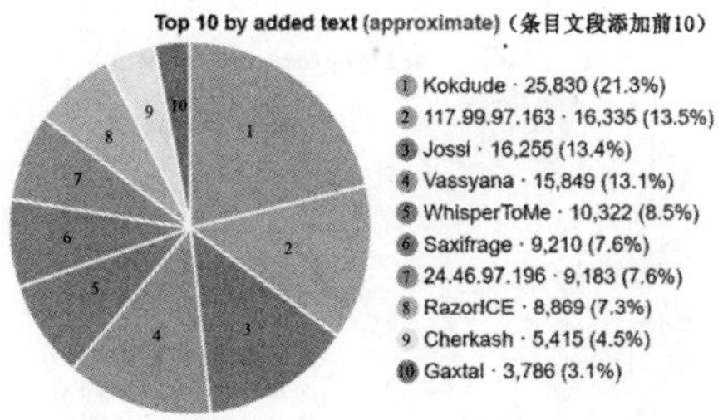

排名	用户名	编辑次数	首次编辑	末次编辑	添加（字节）
1	Vassyana	163	2007-05-24	2010-12-06	15,849
2	Mel Etitis	62	2005-02-25	2006-06-17	483
3	Jossi	61	2005-08-01	2008-03-03	16,255
4	Editor2020	43	2014-03-27	2020-07-15	109
5	Omnipaedista	29	2012-09-16	2020-08-10	1,388
6	Msalt	26	2006-09-20	2011-02-12	1,992
7	Wiki alf	25	2005-10-26	2009-04-30	248
8	ACHKC	22	2007-10-15	2008-03-05	1,805
9	202.82.204.158	22	2005-11-15	2006-10-31	1,569
10	Abexy	21	2007-04-03	2007-10-16	102

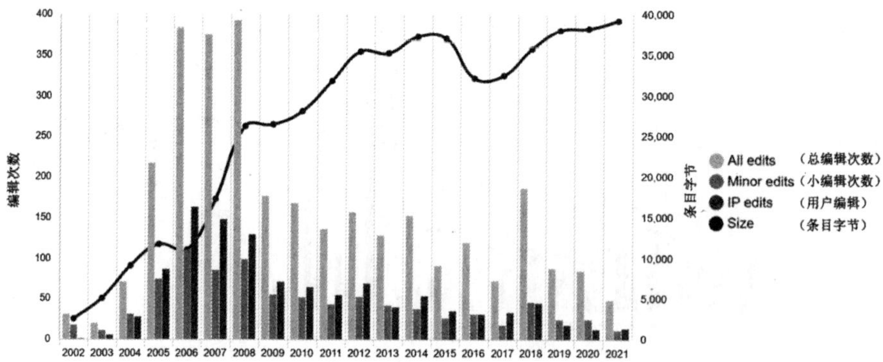

图15.9 英语社区的年编辑情况（2002—2021）

3. 法语社区

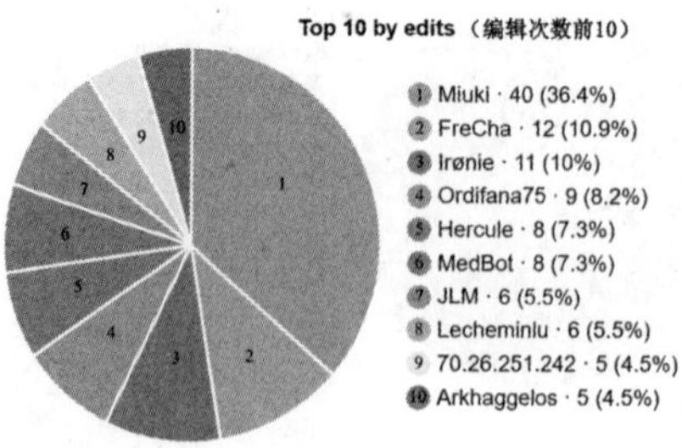

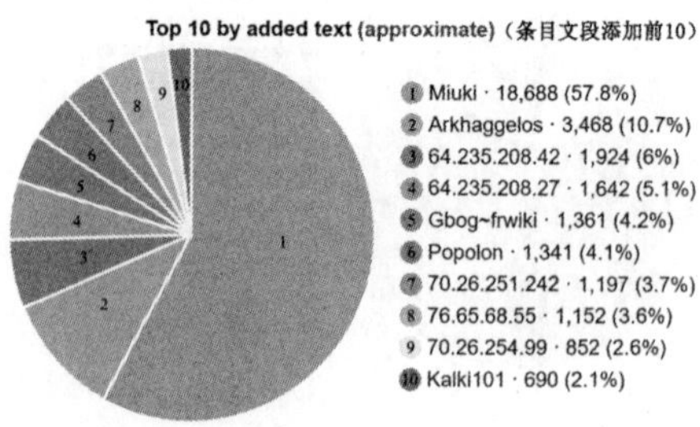

排名	用户名	编辑次数	首次编辑	末次编辑	添加（字节）
1	Miuki	40	2006-07-17	2017-04-15	18,688
2	FreCha	12	2012-09-24	2016-03-08	308
3	Irønie	11	2009-08-30	2012-12-31	247
4	Ordifana75	9	2008-05-29	2012-12-23	248
5	Hercule	8	2009-11-26	2011-10-24	240
6	MedBot	8	2004-05-28	2005-03-26	177
7	JLM	6	2009-11-22	2013-02-02	0
8	Lecheminlu	6	2009-09-30	2009-11-27	171
9	70.26.251.242	5	2013-05-21	2013-05-25	1,197
10	Arkhaggelos	5	2012-12-16	2012-12-22	3,468

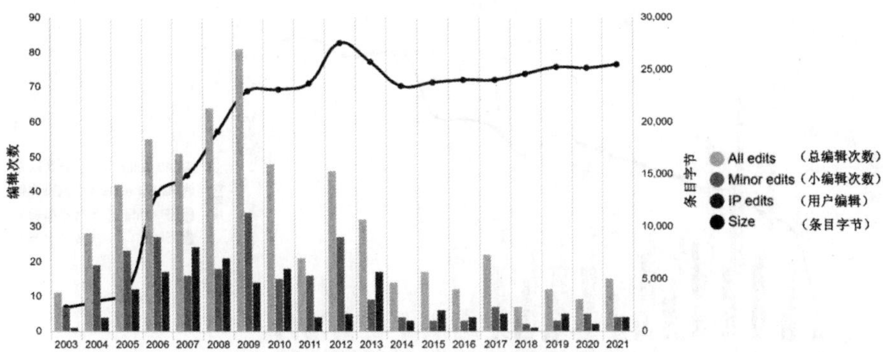

图15.10　法语社区的年编辑情况（2003—2021）

4. 德语社区

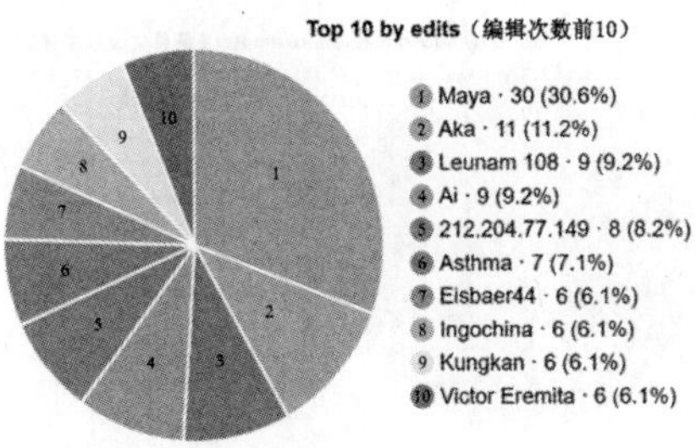

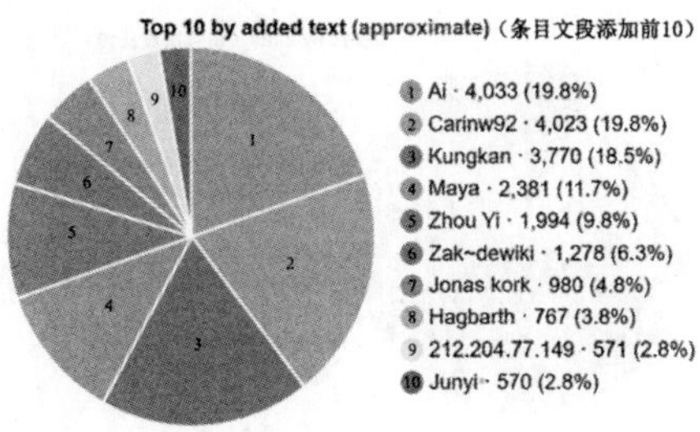

排名	用户名	编辑次数	首次编辑	末次编辑	添加（字节）
1	Maya	30	2004-09-29	2013-08-19	2,381
2	Aka	11	2006-01-07	2020-08-20	3
3	Leunam 108	9	2014-07-21	2016-01-25	338
4	Ai	9	2004-11-15	2005-12-01	4,033
5	212.204.77.149	8	2007-06-19	2009-11-03	571
6	Asthma	7	2006-12-01	2007-11-29	48
7	Eisbaer44	6	2013-02-20	2013-02-20	530
8	Ingochina	6	2014-10-28	2014-12-07	1
9	Kungkan	6	2013-08-07	2014-07-31	3,770
10	Victor Eremita	6	2006-01-07	2006-11-29	66

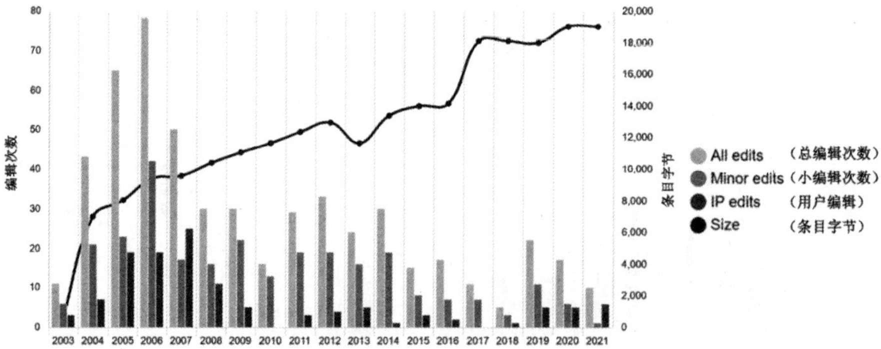

图15.11 德语社区的年编辑情况（2003—2021）

5. 意大利语社区

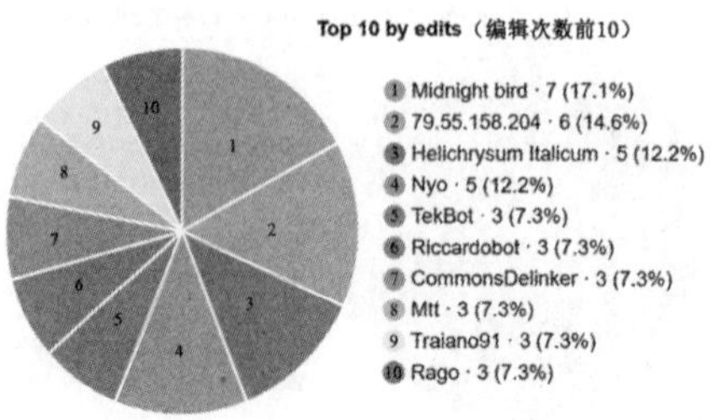

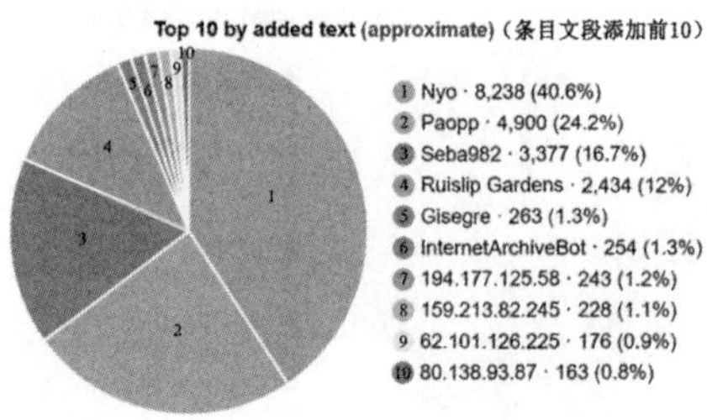

排名	用户名	编辑次数	首次编辑	末次编辑	添加（字节）
1	Midnight bird	7	2009-11-20	2015-03-05	67
2	79.55.158.204	6	2016-10-06	2016-10-07	17
3	Helichrysum Italicum	5	2014-05-07	2016-03-03	135
4	Nyo	5	2006-08-09	2007-06-08	8,238
5	TekBot	3	2007-01-05	2007-03-03	27
6	Riccardobot	3	2006-08-25	2006-08-26	29
7	CommonsDelinker	3	2007-08-29	2017-12-19	11
8	Mtt	3	2006-07-18	2006-11-16	55
9	Traiano91	3	2020-02-18	2020-02-18	158
10	Rago	3	2007-03-09	2007-03-09	0

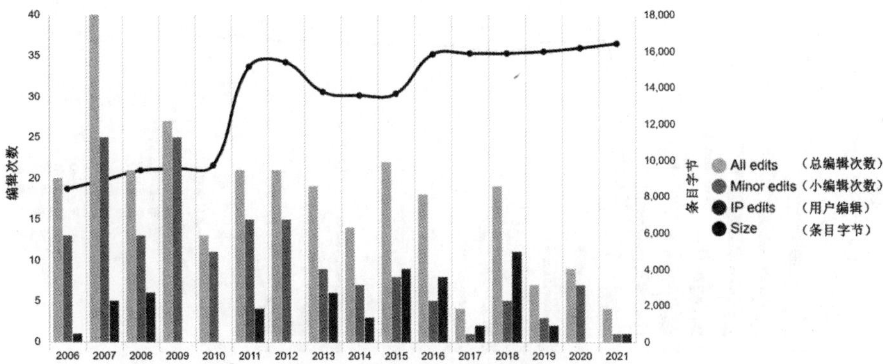

图15.12　意大利语社区的年编辑情况（2006—2021）

6. 日语社区

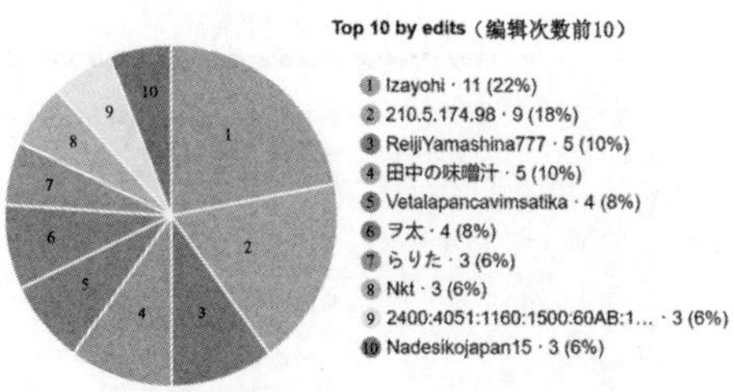

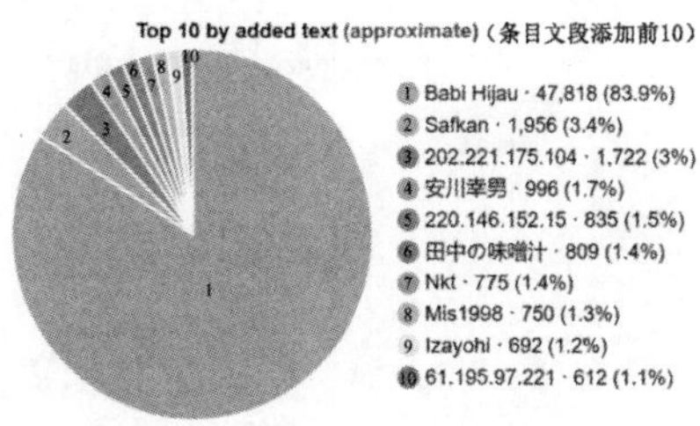

排名	用户名	编辑次数	首次编辑	末次编辑	添加（字节）
1	Izayohi	11	2004-12-05	2010-10-10	692
2	210.5.174.98	9	2017-03-02	2018-10-25	53
3	ReijiYamashina777	5	2006-09-26	2011-10-28	327
4	田中の味噌汁	5	2019-11-14	2019-11-14	809
5	Vetalapancavimsatika	4	2020-07-10	2021-09-06	46
6	ヲ太	4	2006-02-23	2006-03-05	130
7	らりた	3	2003-12-16	2004-12-26	0
8	Nkt	3	2004-01-17	2004-02-18	775
9	2400:4051:1160:1500:60AB:13FE:39E9:14BB	3	2021-05-11	2021-05-11	34
10	Nadesikojapan15	3	2012-01-13	2012-03-03	0

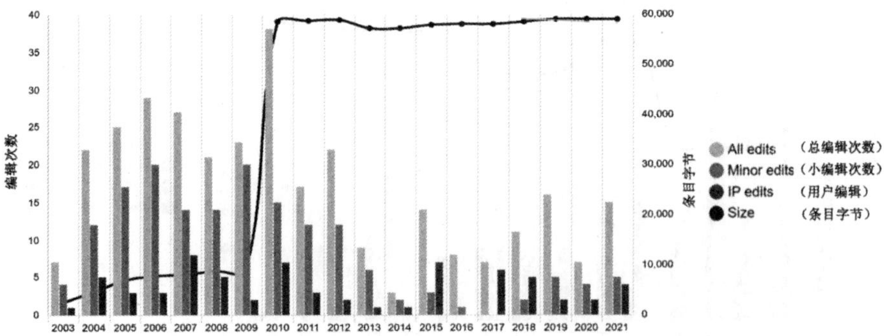

图15.13 日语社区的年编辑情况（2003—2021）

7. 波兰语社区

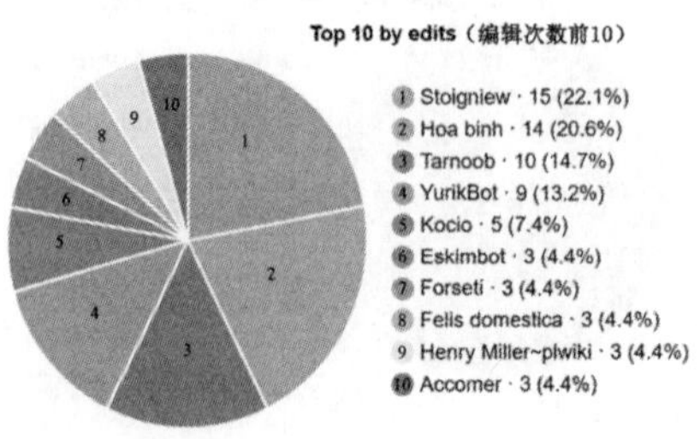

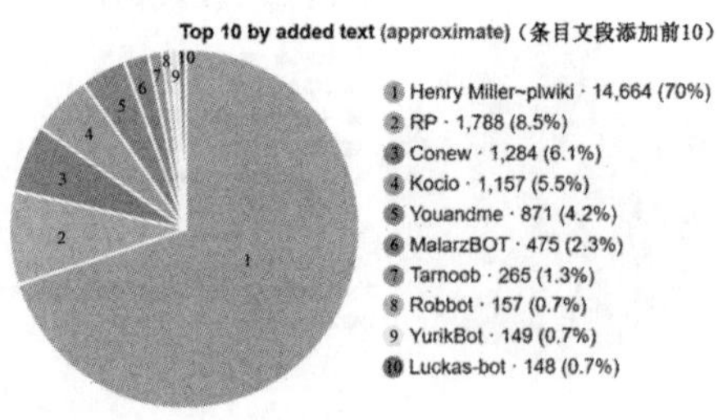

排名	用户名	编辑次数	首次编辑	末次编辑	添加（字节）
1	Stoigniew	15	2007–04–08	2010–09–24	132
2	Hoa binh	14	2010–11–19	2014–12–09	87
3	Tarnoob	10	2016–12–08	2018–09–21	265
4	YurikBot	9	2005–08–11	2006–07–01	149
5	Kocio	5	2004–12–23	2005–08–11	1,157
6	Eskimbot	3	2006–02–24	2006–07–20	70
7	Forseti	3	2005–03–18	2005–05–08	0
8	Felis domestica	3	2015–04–26	2016–11–01	0
9	Henry Miller~plwiki	3	2005–03–18	2005–03–18	14,664
10	Accomer	3	2015–03–13	2015–03–18	23

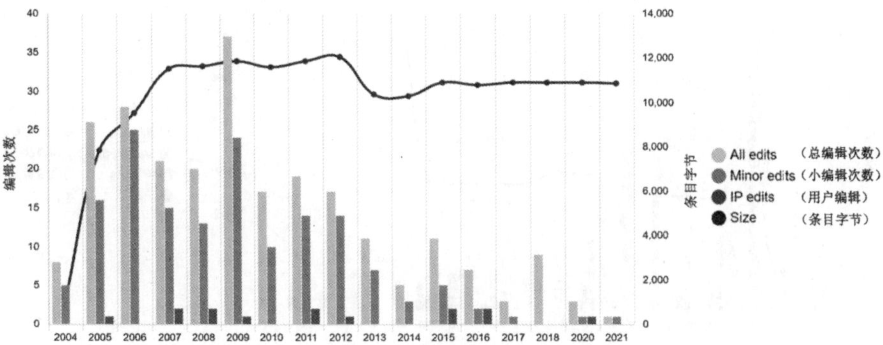

图15.14　波兰语社区的年编辑情况（2004—2021）

8. 葡萄牙语社区

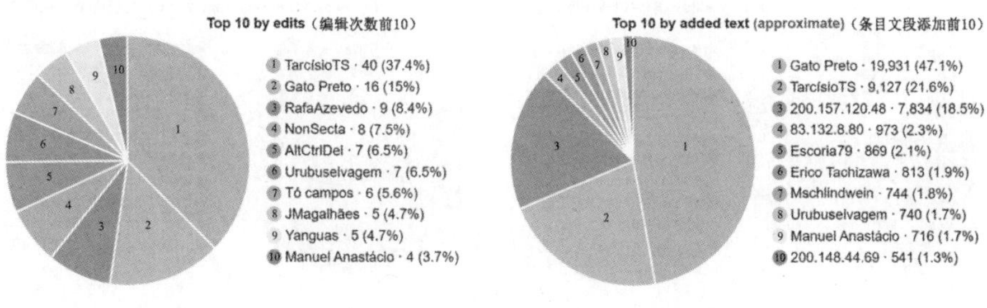

排名	用户名	编辑次数	首次编辑	末次编辑	添加（字节）
1	TarcísioTS	40	2006-04-23	2010-02-06	9,127
2	Gato Preto	16	2017-07-05	2017-07-06	19,931
3	RafaAzevedo	9	2010-03-22	2010-12-22	75
4	NonSecta	8	2017-07-05	2017-07-16	389
5	AltCtrlDel	7	2010-01-22	2010-03-22	86
6	Urubuselvagem	7	2014-05-25	2014-05-25	740
7	Tó campos	6	2010-12-20	2011-01-28	233
8	JMagalhães	5	2013-04-23	2016-04-21	345
9	Yanguas	5	2009-01-22	2015-01-27	0
10	Manuel Anastácio	4	2004-07-06	2006-02-28	716

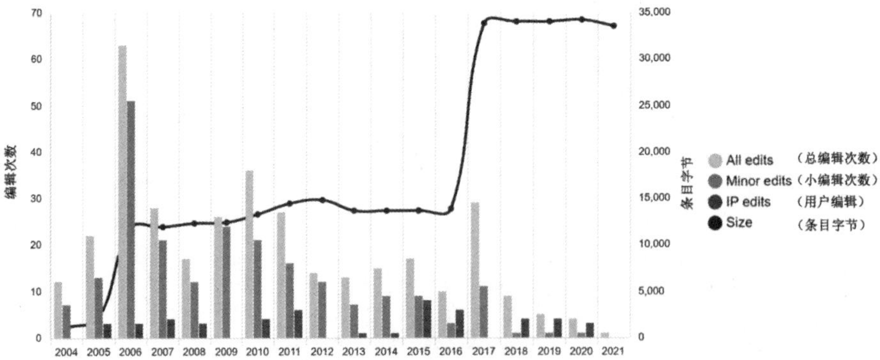

图15.15 葡萄牙语社区的年编辑情况（2004—2021）

9. 俄语社区

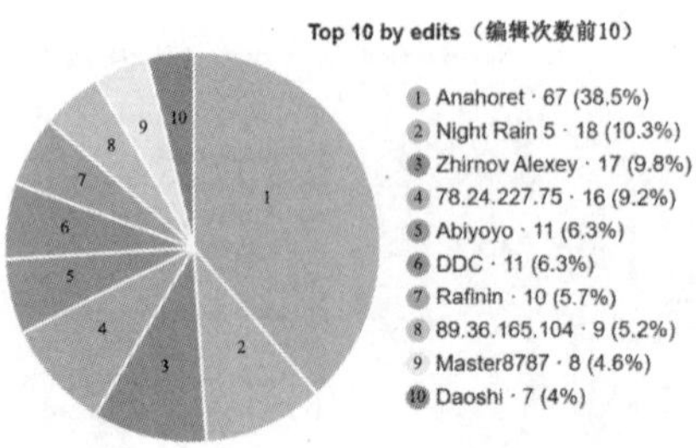

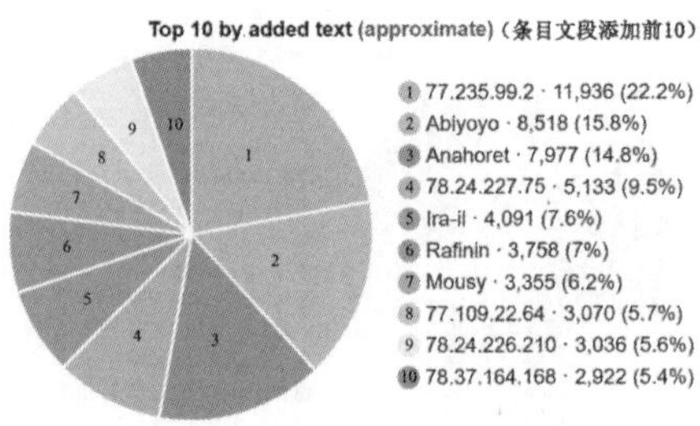

排名	用户名	编辑次数	首次编辑	末次编辑	添加（字节）
1	Anahoret	67	2013-04-24	2015-01-09	7,977
2	Night Rain 5	18	2013-04-15	2013-04-18	2,690
3	Zhirnov Alexey	17	2010-02-28	2010-02-28	2,298
4	78.24.227.75	16	2008-08-31	2008-08-31	5,133
5	Abiyoyo	11	2009-09-12	2013-01-23	8,518
6	DDC	11	2009-08-09	2019-03-17	2,082
7	Rafinin	10	2012-05-08	2019-09-12	3,758
8	89.36.165.104	9	2019-10-15	2019-10-15	211
9	Master8787	8	2012-09-25	2012-09-26	0
10	Daoshi	7	2006-01-14	2006-01-14	2,698

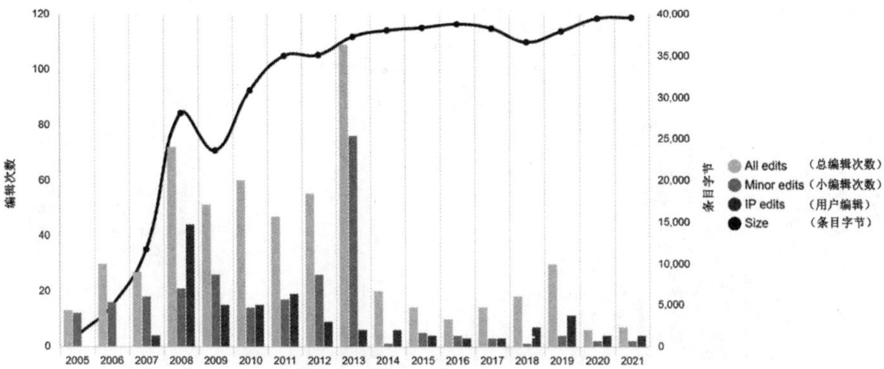

图15.16　俄语社区的年编辑情况（2005—2021）

10. 西班牙语社区

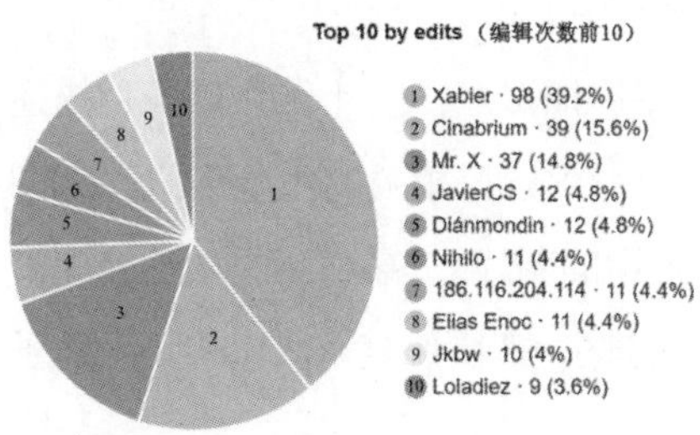

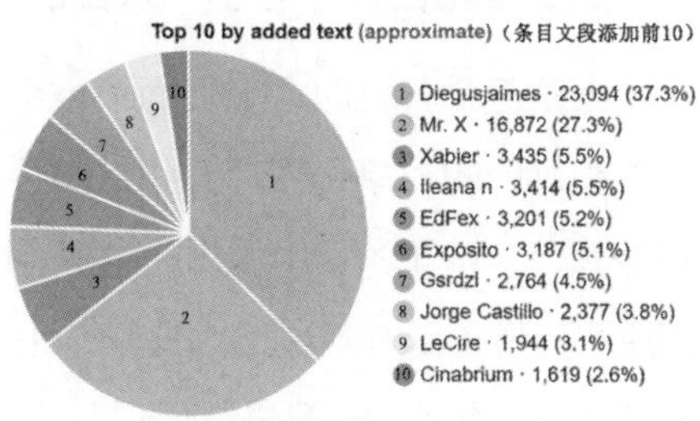

排名	用户名	编辑次数	首次编辑	末次编辑	添加（字节）
1	Maya	30	2004-09-29	2013-08-19	2,381
2	Aka	11	2006-01-07	2020-08-20	3
3	Leunam 108	9	2014-07-21	2016-01-25	338
4	Ai	9	2004-11-15	2005-12-01	4,033
5	212.204.77.149	8	2007-06-19	2009-11-03	571
6	Asthma	7	2006-12-01	2007-11-29	48
7	Eisbaer44	6	2013-02-20	2013-02-20	530
8	Ingochina	6	2014-10-28	2014-12-07	1
9	Kungkan	6	2013-08-07	2014-07-31	3,770
10	Victor Eremita	6	2006-01-07	2006-11-29	66

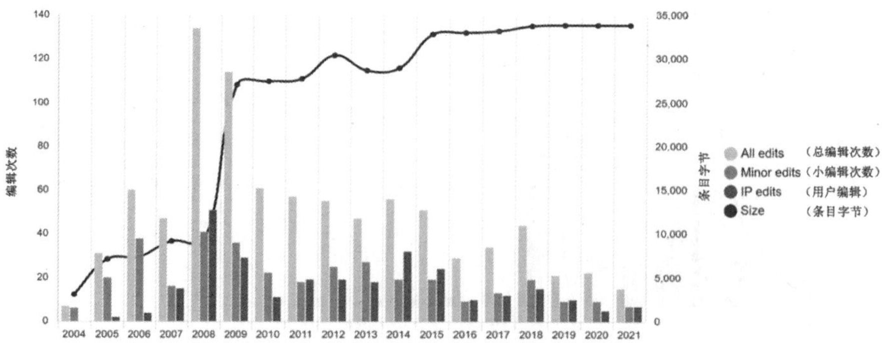

图15.17　西班牙语社区的年编辑情况（2004—2021）

四、维基百科“老子”条目的图片使用

维基百科条目的右上页面通常会配有图片知识框，以此作为与条目描述对象相对应的形象化图片介绍，图片下通常罗列条目相关的重要信息，如图15.18所示。除了条目中使用的主图（图片框中的图片），条目正文中也会配有相应图片与条目内容对应，即为条目插图。插图一般围绕老子故事传说、老子相关建筑、老子作品等进行展示。

维基平台中有专门存放图片的维基共享资源（Wikimedia Commons）[①]，所有在维基百科平台使用的图片都需存储上传至共享资源进行审核，通过后方可使用。共享资源会根据图片类型、描述对象等进行分类。所有在共享资源里的文件皆可免费使用。

以下罗列了137个语言社区中所有老子条目的主图情况，其中16个语言社区未设置主图，在下图中已标明。

（一）维基百科语言社区中“老子”条目的主图使用分析

综合全部语言社区的老子图片进行分析，可归纳为以下四类：老子骑牛图、老子雕像图、老子肖像图、老子故事传说图。

图15.18　英语社区中的“老子”条目图片知识框

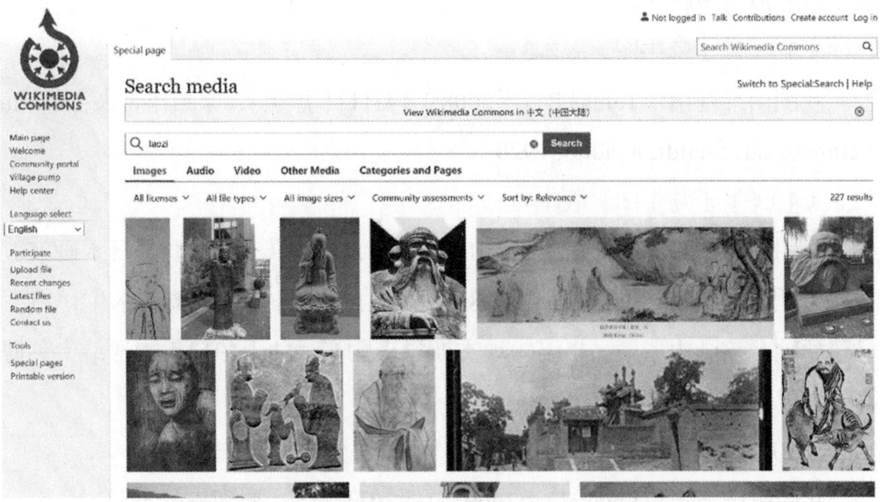

图15.19　在维基共享资源里搜索“laozi”的图片结果

① Wikimedia Commons是一种媒体存储库，可免费使用图像、声音、其他媒体和JSON文件。它是维基媒体基金会的一个项目，来自维基共享文件，可以在所有维基媒体项目中使用，包括维基百科、维基导游、维基文库、维基语录、维基词典、维基新闻、维基学院和维基物种，或下载异地使用。截至2021年3月，该存储库包含超过7,000万个可免费使用的媒体文件，由注册志愿者管理4和编辑。

1. 老子骑牛图

“老子骑牛图”记录的是老子骑牛出函谷关之事。传说老子不忍见周朝衰落，同时也为避祸而西出函谷关之前，被时任守关要职“关令”（官名）的尹喜讨教周礼。老子对其留下五千言一书，又称《老子》，道教称《道德经》，倒骑青牛而去。老子骑牛过函谷关的传说流传至今，“紫气东来函谷关，老子著书五千言”一说也由此而来，历代不少文人留下诗句与墨宝以纪念称颂这一传说。维基百科也援引其作为条目图文介绍。

（1）《老子骑牛图》版本1

此图由维基用户Stout256于2010年3月27日上传[①]，原图名《明张路老子骑牛图》，是中国明代画家张路创作的国画作品，画中描述的是老子骑在牛背上注视飞蝠的景象。现藏于台北故宫博物院。

（2）《老子骑牛图》版本2

此图由维基用户Ivanko于2006年5月29日上传[②]，原图是宋代晁补之创作的纸本水墨画《老子骑牛图》，根据历史典故“老子西出函谷关”所作。现藏于台北故宫博物院。

（3）《老子骑牛图》版本3

此图由维基用户Tomáš Páv于2008年4月11日上传[③]，原图作者来自O Tau a ctnosti, Jar. Šnajdr, Kladno, 1920。

（4）《老子骑牛图》版本4

此图由维基用户Aiaiaiaiaia于2018年3月14日上传[④]，原图是日本画家五十岚浚明（Igarashi Shunmei）在18世纪所创作，图为老子骑着水牛，右手拿着卷轴。该画由威廉·格温·埃文斯爵士购买，并于1913年赠送给大英博物馆，现藏于大英博物馆。

（5）《老子骑牛图》版本5

此图由维基用户Phang77于2009年1月30日上传，原图出处不明。[⑤]

---

① 图片来源：https://commons.wikimedia.org/wiki/File:Zhang_Lu-Laozi_Riding_an_Ox.jpg.

② 图片来源：https://commons.wikimedia.org/wiki/File:Laozi.jpg.

③ 图片来源：https://commons.wikimedia.org/wiki/File:Lao-c_2.jpg.

④ 图片来源：https://commons.wikimedia.org/wiki/File:Lao_Zi_by_Ikarashi_Shunmei.jpg.

⑤ 图片来源：https://commons.wikimedia.org/wiki/File:ThaySangLawCin.jpg.

《老子骑牛图》版本1

《老子骑牛图》版本2

《老子骑牛图》版本3

《老子骑牛图》版本4

《老子骑牛图》版本5

图15.20　各版本的《老子骑牛图》

2. 老子雕像图

此雕像为道教老君（老子身份之一）造像，是我国现存最大的道教石雕，雕于宋代，据《泉州府志》记载：“石像天成，好事者为略施雕琢。”石像高5.1米，厚7.2米，宽7.3米，席地面积为55平方米。目前该景点位于福建省泉州市丰泽区清源山风景名胜区主景区内，为全国重点文物保护单位。

图15.21　老子雕像

（1）《老子雕像图》版本1

此图由维基用户Thanato本人拍摄上传。[①]

（2）《老子雕像图》版本2

此图由维基用户Dirrival发布，原图为作者Tom@HK于2008年1月7日在福建老君岩拍摄。

《老子雕像图》版本1

《老子雕像图》版本2

图15.22 各版本的《老子雕像图》

3. 老子肖像图

（1）《老子肖像图》版本1

此图由维基用户Xgoni于2005年6月15日上传[②]，原图来源于爱德华·西奥多·查默斯·维尔纳（Edward Theodore Chalmers Werner）于1922年所著的《中国神话传说》第72页插图，原作者未知。有趣的是，作为道家创始人的老子身披佛教袈裟，该图在诸多维基社区中使用，包括中文、英语维基社区。

（2）《老子肖像图》版本2

此图由维基用户Nyo于2007年8月26日上传[③]，原图出处不明。

（3）《老子肖像图》版本3

此图由维基用户三木于2006年7月18日上传[④]，原图来源于网站http://taoism.org.hk。

① 图片来源：https://commons.wikimedia.org/wiki/File:Laozi_002.jpg.

② 图片来源：https://commons.wikimedia.org/wiki/File:Lao_Tzu_-_Project_Gutenberg_eText_15250.jpg.

③ 图片来源：https://commons.wikimedia.org/wiki/File:Representation_of_Laozi.PNG.

④ 图片来源：https://commons.wikimedia.org/wiki/File:LaoGod.jpg.

《老子肖像图》版本1

《老子肖像图》版本2

《老子肖像图》版本3

图15.23　各版本《老子肖像图》

4. 老子故事传说图

（1）《老子故事传说图》版本1

此图由维基用户Tischbeinahe于2008年1月5日上传①，原图为元代画家史杠所作《孔子见老子图》，描绘了春秋末期的孔子问礼于老子这一事件。

（2）《老子故事传说图》版本2

此图由维基用户Ramtears于2008年5月30日上传②，原图是明代丁云鹏所作的《三教图》，描绘了孔子、老子、红衣罗汉坐于树下共同探究玄理的场景。现藏于北京故宫博物院。

《老子故事传说图》版本1

《老子故事传说图》版本2

图15.24　各版本老子故事传说图

① 图片来源：https://commons.wikimedia.org/wiki/File:Konfuzius-laozi.jpg.

② 图片来源：https://commons.wikimedia.org/wiki/File:Confucius_Lao-tzu_and_Buddhist_Arhat_by_Ding_Yunpeng.jpg.

（二）137个语言社区中“老子”条目的主图分析

综合下表可知，老子主图使用频率最高的分别是：明代张路《老子骑牛图》（38个社区使用）、《中国神话传说》老子肖像图（30个社区使用）、福建老君岩老子雕像图（28个社区使用）。

表15.4　137个语言社区中老子条目的主图使用情况

	明代张路 《老子骑牛图》	《中国神话传说》 老子肖像图	福建老君岩老子 雕像图
图片			
语言社区数量	38	30	28
语言社区分布	英文、中文、阿拉伯语、埃及阿拉伯语、阿斯图里亚斯语、阿塞拜疆语、白俄罗斯语（古典拼写）、保加利亚语、波斯尼亚语、捷克语、楚瓦什语、威尔士语、希腊语、西班牙语、巴斯克语、法语、爱尔兰语、加利西亚语、豪萨语、希伯来语、亚美尼亚语、拉丁国际语、伊多语、格鲁吉亚语、拉丁语、马达加斯加语、马拉雅拉姆语、缅甸语、书面挪威语、新挪威语、波兰语、葡萄牙语、罗马尼亚语、塞尔维亚—克罗地亚语、斯洛文尼亚语、瑞典语、乌尔都语、沃拉普克语	巴什基尔语、白俄罗斯语、布列塔尼语、俄罗斯布里亚特语、车臣语、丹麦语、芬兰语、赣语、圭亚那克里奥尔语、斐济印地语、匈牙利语、伊洛克语、日语、卡拉卡尔帕克语、库尔德语、吉尔吉斯斯坦语、卢森堡语、马其顿语、蒙古语、俄罗斯语、撒丁语、斯洛伐克语、斯瓦希里语、泰米尔语、泰语、塔加洛语、鞑靼语、乌克兰语、佛罗语、粤语	南非语、阿拉贡语、南阿塞拜疆语、闽东语、爱沙尼亚语、埃斯特雷马杜拉语、波斯语、瑞士德语、冰岛语、意大利语、牙买加克里奥尔语英语、爪哇语、利古里亚语、拉汀语、拉脱维亚语、米兰德斯语、奥克西坦语、西西里语、苏格兰语、萨莫吉希亚语、乌兹别克语、维普森语、瓦瑞语、约鲁巴语、壮语

五、维基百科“老子”条目正文分析

（一）条目架构分析

完整的维基百科条目内容一般分为五大部分：条目名及文字总介绍，图片框，目录，正文，参考（包括参见、注释、参考文献）。每个模块之间用横线隔开，彼此之间并无逻辑和因果上的顺承关系，可以随意变动秩序或者添加和删除条目内容。

目录 [隐藏]

1 生平
  1.1 出生
    1.1.1 身份之争
    1.1.2 故里之辩
  1.2 孔子问道
  1.3 著写五千言的传说
    1.3.1 个人思想
    1.3.2 道家学说
  1.4 去世
    1.4.1 隐居广阳山的六年说
    1.4.2 老子化胡说
2 家族
3 作品
  3.1 五千言
    3.1.1 流传版本
    3.1.2 作者争议
4 宗教的人格神化
  4.1 道教创立与神话
  4.2 非遗文化的申报
5 后世悼怀
  5.1 名家评价
  5.2 唐代尊号
  5.3 纪念建筑
    5.3.1 老君台
    5.3.2 太清宫
    5.3.3 洞霄宫
    5.3.4 老君岩
6 参见
7 注释
8 参考文献
  8.1 引用
  8.2 来源
9 延伸阅读
  9.1 人物传记
  9.2 教作评说
10 外部链接
  10.1 相关阅读
  10.2 影视作品

图15.25　条目目录

老子

画老子骑牛，台北国立故宫博物院藏

本名	利贞、李耳、李聃、老聃
出生	苦县厉乡曲仁里（今河南省鹿邑县，一说，安徽省亳州市）
逝世	今甘肃临洮
时代	春秋时期
地区	中国中原
学派	道家
著名思想	道、朴素辩证法、无为而治
影响于	显示▼

图15.26　条目图片框

生平 [编辑]

出生 [编辑]

身份之争 [编辑]

历史上对老子的身份确认并不详细，《史记》一书的《老子韩非列传》认为老子疑似有三个可能，分别是：李耳、老莱子及太史儋。

- 一是老聃，担任东周的守藏史藏书室官员，在洛阳管理周室的藏书及档案。史记中有记载老子是楚国苦县厉乡曲仁里人，今属河南省鹿邑县。《史记·老子韩非列传》："老子者，楚苦县厉乡曲仁里人也。姓李氏，名耳，字聃，周守藏室之史也。"。老子，老姓李氏，名耳，字聃。另外在《史记正义》中记载，"老子，楚国苦县厉乡曲仁里人也。姓李，名耳，字伯阳。一名重耳，外字聃。身长八尺八寸，黄色美眉，长耳大目，广额疏齿，方口厚唇，日月角悬，鼻有双柱。周时人，李母怀胎八十一年而生。"。老姓出于老童，颛顼之后也。而李氏出于皋陶，"理"、"李"古通，该族以官为氏。理官即今之司法官也，掌审判。后人或称其姓李，或谓老为生而白首，或愈说愈玄，实为姓氏不分，而大作文章所致。一说先秦典籍中没有提及"李耳"，此二字或由"老聃"二字转出亦有可能。"耳"与"聃"字义相应。"老"和"李"古音同，"李"姓或由"老"姓转出，如荀卿转为孙卿。老子即老聃或许是可以确认的，如《庄子》文中时常称老聃，见于《天运》篇，《庚桑楚》篇等。

作品 [编辑]

五千言 [编辑]

主条目：老子 (书)

老子像

《德道经》，又被人们广泛称为《道德真经》、《老子》。书名是后来的称谓，最初这本书称为《老子》而无《道德经》之名，或可能始于韩非子"解老"、"喻老"两篇更前之先。全书形成于东周末期至春秋战国时期，分上下两篇，原文顺序上篇为《德经》，下篇为《道经》，篇文不分章，相传是老子留下约五千言的著作。近几年考古工作后，与原通传于世的西汉河上公本作比对，人们发现一些重要内容有明显差别[注 8]，因而有一种观点认为西汉初年这本书还没有统一得到定本，帝王和儒家为巩固自身华夏正统地位，而故意密谋篡改此书[注 9]。

《道德经》虚用第五："天地不仁，以万物为刍狗；圣人不仁，以百姓为刍狗。"《说文》："刍，刈艸也。象包束艸之形。"段注：

参考文献 [编辑]

引用 [编辑]

1. ^ *Heidegger's Hidden Sources: East-Asian Influences on His Work* by Reinhard May, 1996.
2. ^ 皇甫谧. 高士传 商容.
3. ^ 《道家倫理思想》. 翼报. [2014-01-19].
4. ^ 《老子韩非列传》"老子者，姓李氏，名耳，字聃，周守藏室之史也。……或曰：老莱子亦楚人也，著书十五篇，言道家之用，与孔子同时云。……而史记周太史儋见秦献公曰："始秦与周合，合五百岁而离，离七十岁而霸王者出焉。"或曰儋即老子，或曰非也，世莫知其然否。……"
5. ^ 老子出生地的行政归属. 中华老子网. 2009-12-31 [2013-01-20].（原始内容存档于2014-01-21）.
6. ^ 6.0 6.1 鹿邑涡阳争夺老子出生地 两地网友老死不相往来. 大河网. 2009-09-09 [2013-01-20].
7. ^ 涡阳：老子出生地. 城之道. 2013-10-15 [2013-01-20].（原始内容存档于2014-02-01）.

图15.27 正文部分截取内容

目录 [隐藏]

图15.28 中文社区"老子"条目目录

（二）条目目录分析

“老子”条目属于人物类条目，一般围绕老子的身份、生平、思想、著作、影响等方面展开，各个语言社区中条目内容较为接近。以中文、英语、西班牙语、法语、德语五大语言社区的条目目录为例：

Contents [hide]	目录
1 Names	1 姓名
2 Historical views	2 历史观点
3 *Tao Te Ching*	3 道德经
3.1 Taoism	3.1 道教
4 Influence	4 影响
5 References	5 参考文献
5.1 Citations	5.1 引用
5.2 Sources	5.2 来源
6 Further reading	6 延伸阅读
6.1 Translations into English	6.1 翻译成英文
7 External links	7 外部链接

图15.29　英语社区“老子”条目目录（中文翻译参考）

Sommaire [masquer]	目录
1 Mythe ou personnage réel ?	1 神话还是真人?
1.1 Image traditionnelle	1.1 传统形象
1.2 Sources du Lao Tseu historique	1.2 历史老子的来源
1.2.1 Sources en détail	1.2.1 详细来源
1.3 Signification du nom	1.3 名称含义
2 Lao Tseu dans le taoïsme religieux	2 宗教道教中的老子
3 Dans *Le Voyage en Occident*	3 西游记
4 Notes et références	4 注释和参考
5 Hommage	5 致敬
6 Voir aussi	6 另见
6.1 Bibliographie	6.1 参考书目
6.2 Articles connexes	6.2 相关文章
6.3 Liens externes	6.3 外部链接

图15.30　法语社区“老子”条目目录（中文翻译参考）

Inhaltsverzeichnis [Verbergen]	目录
1 Biographie	1 传记
2 Laozi als Gottheit	2 老子为神
3 Rezeption im Westen	3 西方认知
4 Einflüsse	4 影响
5 Zitate	5 引
6 Siehe auch	6 另见
7 Literatur	7 文学
8 Übersetzungen	8翻译
9 Weblinks	9 网页链接
10 Einzelnachweise	10 引用

图15.31 德语社区“老子”条目目录录（中文翻译参考）

Índice [ocultar]	目录
1 Nombre	1 姓名
2 Biografía	2 传记
3 Obra	3 作品
3.1 Enseñanzas	3.1 教义
3.1.1 Tao	3.1.1 道
3.1.2 El no nombre	3.1.2 无名
4 Véase también	4 另见
5 Notas y referencias	5 注释和参考
6 Bibliografía	6 参考书目

图15.32 西班语语社区“老子”条目目录（中文翻译参考）

（三）条目内容分析

尽管语言社区不同，但各社区对“老子”的条目编辑内容基本都沿用了类似的框架，主线是基本的人物介绍。以下将从不同角度，针对跨文化社区（除中文及其汉语相关社区外）在具体的条目编辑过程中出现的重要议题，梳理“老子”是如何在不同视域中通过不同的诠释方式被建构出来的。

1. 参照中外名家及思想流派建构老子身份及地位

在叙述老子传说时，由于老子身份的多重性和出生节点的模糊性，再加之跨文化者对中国人物及历史的陌生性，因此跨文化社区一般会以在西方社会更熟悉的重要时间节点及人物为准绳，去建构老子的生活年代及身份。此话语诠释模式将中外人物进行连接，将老子与海外知名哲学家或宗教人物类比，试图以本文化社区更熟悉的文化内容去对异质文化进行二次加工理解，一方面的确赋予了老子及其思想在全球文化体系中较高的地位，但另一方面却又容易陷入以西方哲学标准建构中国学术思想的藩篱。中国学术思想虽鲜与西方相合，不能全以西方哲学为标准来判定，但也可以通过选择与中国哲学思维相通的国外思想来交流对话，从而对老子及其思想在全球传播有着积极意义。以下表格选取了条目正文内容及涉及正文内容的部分讨论区议题做具体分析。

下文以表格形式整理了一些典型社区如何参照中外名家及思想流派从而建构老子身份及地位的案例。

表15.5 参照中外名家及思想流派建构老子身份及地位

所在语言社区	文本呈现	中心主旨	参照双方
英语社区讨论区	这件作品（《道德经》）当然是中国哲学的一部分，但它也有宗教背景，至少汉学家说。	《道德经》与宗教的关系	老子—宗教
英语社区条目正文	哲学家罗德里克·龙认为道家思想中的自由主义主题实际上是从早期儒家那里借来的。	道家的自由主义源自儒家	老子—儒家
	普遍的看法是，老子根本就不存在，即使他确实存在，关于他与孔子的年代关系的问题也还很遥远。	老子与孔子不是同时代人	老子—孔子
日语社区讨论区	中国佛教和道教具有意识形态上的相互影响是很自然的。	道教与佛教的影响关系	道教—佛教
	中国人很容易理解佛教的“空性”，因为道家的“无为自然”是第一位的。	道教影响佛教	道教—佛教

续表

所在语言社区	文本呈现	中心主旨	参照双方
日语社区讨论区	道教不是由道家思想产生的，而是自然存在或人为产生的与老子无关的道教，将老子置于创始人的位置。	老子与道教的关系	老子—道教
英语/葡萄牙语/意大利语/波兰语社区条目正文	老子远道印度，是佛陀乔达摩·悉达多的老师。有人说他自己就是佛。	老子与佛陀释迦牟尼的关系	老子—释迦牟尼
西班牙语社区条目正文	在对老子的存在和他所生活的时代的怀疑中，人们认为他可能是孔子的同时代人。	老子与孔子是同时代人	老子—孔子

从古至今，学派与宗教向来与老子的关系密切，尤其以道、佛、儒为首，以道解老、以佛解老、以儒解老的学术脉络延续至今，且这种解读思路在中西方对老子的研究中都被广泛运用。

（1）老子与佛教—释迦牟尼

在上述文本中，老子与佛教重要人物释迦牟尼进行了关系比较，葡萄牙语社区在“老子”条目的“历史观点”章节中提到，“老子远道印度，成为了佛陀乔达摩·悉达多的老师。有人说他自己就是佛”。日语社区条目同样列出，“老子最后前往印度传播思想。相传是老子教佛，或曰老子后来自己成佛”。据考证，20世纪50年代，学者谭戒甫曾提出老子本系“胡人”的假说，但当时这个推论受到了诸多质疑。①学者朱大可认为老子的“国籍”存在着两种可能：他是来自印度的移民或是游学印度的中国人。但迄今为止，还没有足够的证据能肯定或否定任何一种猜想。老子可能是最早抵达印度的楚国学者，投身于印度沙门运动后返回中国，从而孕育了一种崭新的哲学。②

通常来说，老子被奉为道教的创始者及领军人物。关于老子与佛教关系的传说来源于“老子化胡说”。传说老子在天竺乘日精进入净饭王妃净妙腹中，出生后自号释迦牟尼，建立了佛教，并开始对印度人实行教化，释迦牟

① 顾颉刚. 古史辨（第二册）［M］. 上海：上海古籍出版社，1982.

② 朱大可. 老子学说的印度原型［J］. 探索与争鸣，2014（06）:43—47.

尼就是老子的一个化身。一说这是道教为打压佛教而兴起的传说，也有说是佛教作为外来宗教，在中国的传播过程中借助本土宗教道教的影响力而产生的传说。许理和认为，化胡说将佛教作为“道教的外国分支”，增强了中国老百姓对其的亲和力。[①]学者姜生指出，老子化胡说是在一个有利于佛教落地生根的思想生态之中、在佛教甘愿为黄老所用的心态之下形成的。[②]南朝刘宋时期天师道道士徐氏作《三天内解经》也有提及老子乘白象转生为佛，这来源于佛教关于佛陀的母亲摩耶夫人梦见白象而受孕的故事。早期佛教与道教之间关于老子与佛陀相伴相生的各种传说，一方面加强了早期道教的信仰扩张，另一方面也促进了佛教在中国的传播。如日语“老子”条目有“老子八十一化图”这一章节，即令狐璋和史志经在全道教的道士李志常的指导下创作而成，以画像的形式展示老子的生平。日语条目指出，“这本书的一部分抄袭了佛祖的传记……这是为了降低佛教的相对地位，在全真道的长春真人会见成吉思汗以来除了不断发展的道教宣传活动之外，还强调‘化胡说’”。

由于日本受佛教影响较深，因此在诠释道教及道家思想时，更倾向于将佛道相联系。编辑渡里佳指出佛教与道教存在一定关系，因为中国人很容易理解佛教的“空性”，因为道家的“无为”“自然”思想。“由于道教的影响，佛教似乎也有更强烈的朝拜佛的倾向。”编辑沙夫坎（Safkan）则删除了“道教影响了佛教，‘无’的思想在道教中有渊源”这一描述，他认为中国佛教和道教在思想上相互影响是很自然的，但是并没有充足的证据使他相信，因此删减了这一句话。此外，他添加了“根据后人的说法，老子出走的目的地是印度西部，在那里老子的思想变成了佛教。然而，这些理论似乎是声称道教优于儒教和佛教的传说”这一段文字。

但作为一个历来备受学者争议的议题来说，维基百科对于老子与佛教的关系论述描述较少，且没有引用足够充足的论据，基本上只是做一个结论性的描述，比如许多社区涉及的“有人说老子就是佛”此类说法没有明确来源，也没有故事背景补充。这其实不利于建构读者对老子身份的清晰认知，

---

① 许理和. 佛教征服中国：佛教在中国中古早期的传播与适应［M］. 南京：江苏人民出版社，2003:497.

② 姜生. 汉代老子化胡及地狱图考［J］. 文史哲，2018（2）:73—85, 166.

甚至容易造成文化误读。这在维基社区中老子的图像传播中也有所体现，一张身披佛教袈裟的老子图像被大部分的维基社区引用作为老子人物描述图，后文将详细描述。

（2）老子与儒教—孔子

孔子作为中华文化的又一经典人物，为广大跨文化受众所熟知。同为中国历史上的重要思想家，生活年代又十分相近，但对于老子与孔子的关系，有着截然不同的两种说法。一种认为老子与孔子是同时代人，另一种认为老子与孔子不是同时代人。《史记·孔子世家》中“鲁南宫敬叔言鲁君曰：‘请与孔子适周。’鲁君与之一乘车，两马，一竖子俱，适周问礼，盖见老子云”[①]这一记载是最早有关“孔子问礼于老子”的史书记载，《史记·老子韩非列传》中也记载了“孔子适周，将问礼于老子”的内容。[②]此外，《庄子》中也多次记载这一典故。

中文维基百科直接援引了《史记·老子韩非列传》中孔子向老子请教关于礼的问题的记载。原文如下：

> 孔子适周，将问礼于老子。老子曰：“子所言者，其人与骨皆已朽矣，独其言在耳。且君子得其时则驾，不得其时则蓬累而行。吾闻之，良贾深藏若虚，君子盛德容貌若愚。去子之骄气与多欲，态色与淫志，是皆无益于子之身。吾所以告子，若是而已。”[③]

俄语社区的“老子”条目则重点记录了孔子对老子的评价，认为老子像“一条龙”。具体译文如下：公元前517年，老子与孔子有一次著名的会面。老子对他说：“朋友，放过你的狂妄、野心和神话计划，这一切对你自己都没有价值。我没有什么要跟你说的了！”孔子回来对弟子说：“我知道鸟会飞，鱼会游泳，猎物会跑……但龙如何乘风破云上天，我不明白。现在我看到了老子，我认为他就像一条龙。”

① 司马迁.《史记·卷四十七·孔子世家》. 北京：中华书局，1959:1909.

② 司马迁.《史记·卷六十三·老子韩非列传》. 北京：中华书局，1959:2140.

③ 老子［EB/OL］. 2021-5-12. https://zh.wikipedia.org/wiki/%E8%80%81%E5%AD%90.

但在多个社区的讨论页中，许多编辑对这一典故抱有怀疑态度。这主要因为，历史上对老子的身份确认并不详细，《史记·老子韩非列传》认为老子疑似有三个可能，分别是李耳、老莱子及太史儋，司马迁本人对老子的真实身份也并不确定。

（3）老子与道教

诸多思想流派与宗教中，老子与道家及道教的关系是最紧密的，老子是道家创始人这一说法也受到广泛认同。在维基百科社区中，许多社区就着重强调了老子与道家及道教的关系，并将其作为一个完整章节介绍。英语社区的“老子”条目介绍，自汉代以来，老子的故事就带有浓厚的宗教色彩。“随着道教的扎根，老子被奉为神明。在后来成熟的道教传统中，老子开始被视为道的化身。宗教道教常认为‘老子’写了《道德经》后并没有消失而是终其一生游历于道。”

德语社区的“老子为神”章节介绍了老子形象从2世纪汉朝开始发展为道教至高神，被认为是道教万神殿中的三清神之一。人们认为老子住在北斗七星星图之中，作为天人之间的中介而起伏变化。老子随着时间的循环而变化，形式多样。和道一样，可以无限扩展，也可以无限缩小。对于老子与道及道教的关系，条目这样描述：

> In einigen daoistischen Schulen wurde sogar angenommen, Laozi sei das Dao selbst. So geht gemäß diesen Schulen seine Existenz dem Universum voraus, und er tritt in ihm als Gestalter der kosmischen Ordnung auf. In unzähligen Inkarnationen ist er der weise Berater der Kaiser und unterweist die daoistischen Adepten, so dass er als immer wiederkehrender Lehrer und Verkünder der unterschiedlichen Schulen des Daoismus erscheint.（一些道家流派甚至认为老子就是道本身，因此，按照这些流派的主张，老子的存在先于宇宙，并作为宇宙秩序的塑造者出现。在无数的化身中，他既是皇帝的明智顾问，也是道士的指引者，这使他成为道教各派永远的老师和传道者。）[①]

---

① Laozi［EB/OL］. 2021-07-15. https://de.wikipedia.org/wiki/Laozi.

2. 以西方思想及学说构建老子经典思想

下文以表格形式整理了一些典型社区如何以西方思想及学说构建老子经典思想的案例。见下表。

表15.6　以西方思想及学说构建老子经典思想

所在语言社区	文本呈现	中心主旨	参照思想
英语社区讨论区	道家的本质在传统派中找到了最接近的相似之处	老子与西方思想传统派的共同点	道家—传统派
	（老子）与传统主义学派的相似性相当弱，而与古希腊斯多葛主义的相似性要强得多	老子与古希腊斯多葛主义的相似性	老子—古希腊斯多葛主义
英语社区条目正文	老子是本质上无政府主义概念的最早支持者之一	老子支持无政府主义	老子—无政府主义
	约翰·P. 克拉克和乌苏拉·K. 勒金等无政府主义者以各种方式写下了无政府主义与道教的结合	老子、道教与无政府主义思想的结合	老子—无政府主义
	老子与许多18世纪的自由主义者一样，“认为尽量减少政府的作用，让个人自发发展，最能实现社会和经济的和谐”	老子与自由主义者的共同点	老子—自由主义
	左翼自由主义者尤其受到老子的影响——无政府工团主义作家和活动家鲁道夫·洛克在1937年的著作《民族主义与文化》中称赞老子的“温和的智慧”以及对政权与人民及社区文化活动之间对立的理解	老子与左翼自由主义思想的共同点	老子—左翼自由主义
德语社区条目正文	右翼自由主义经济学家默里·罗斯巴德认为老子是第一个自由主义者，将老子的政府思想比作弗里德里希·哈耶克的自发秩序理论	老子的政府思想与弗里德里希·哈耶克的自发秩序理论的相似性	老子—自发秩序
俄罗斯语/巴什基尔语社区条目正文	老子的思想教义接近吠檀多不二论	老子与吠檀多教义的接近性	老子—吠檀多不二论
俄罗斯语社区条目正文	老子是现代意义上的神秘主义者和无为主义者	老子与古希腊思想的共同点	老子—神秘主义、无为主义

俄语和巴什基尔语社区的“老子”条目都提到，老子的思想教义接近吠檀多不二论（Advaita Vedānta）。吠檀多不二论是印度哲学与世界精神、人类精神的身份的学说，主要思想为人的精神和至高无上的精神是一体的，注重从当前生活获得解脱的最终目的。此外，条目还通过类比古罗马神话中的雅努斯（Janus）来评价老子对于生死两面性的看法，表明老子的教义认为一个人不应该追求过度的教育、博学或精明——相反，一个人应该回到“原本”的状态，或者回到“婴儿”的状态。所有的对立面都密不可分，相辅相成，相互影响。死亡是生命的终结，同时也是另一个生命的开始。而“死”的结束，又是另一个“生”的开始。

俄语条目还指出，老子是现代意义上的神秘主义者和寂静主义者，教导完全依赖于内在沉思的非官方的教义。条目引用了《道德经》第二十五章部分：“有物混成，先天地生，寂兮寥兮，独立而不改，周行而不殆，可以为天地母。吾不知其名，强字之曰：道。”条目据此解释称老子是一个现代意义上的神秘主义者、无为主义者，他崇尚的是一种完全依靠内心沉思的非官方学说。人通过从自我欺骗中解放出来而获得真理，以神秘的心境完成对现实的探索，从而获得真理。

英语“老子”条目撰写了多位西方学者对老子的评价（这里的评价是指条目的章节板块“评价”部分，属于知识生产内容，与下文维基用户在讨论区的评价态度有所区别），将其列在“影响”（Influence）这一章节中，并且直接将评价作为对老子的定性描述，如“老子是有限政府的支持者”“老子是本质上无政府主义概念的最早支持者之一”。编辑以无政府工团主义作家和活动家鲁道夫·洛克（Rudolf Rocker）为例，指出在其1937年的著作《民族主义与文化》中曾称赞老子的“温和的智慧”，以及约翰·克拉克（John P. Clark）和乌苏拉·勒金等无政府主义者特别强调了老子的教义与无政府主义的结合。条目部分原文如下：“在对《道德经》的演绎中，勒金写道：老子‘不认为政权是魔法。他认为政权是努力得来的，不法之权是篡夺的……他认为牺牲自己或他人是权力的堕落，遵循道的人自然能获得权力。难怪无政府主义者和道家是好朋友’。”

对于老子的自由主义者的身份，英语条目这样写道：“右翼自由主义经济学家默里·罗斯巴德（Murray Rothbard）认为老子是第一个自由主义者，将老子的政府思想比作弗里德里希·哈耶克（Friedrich Hayek）的自发秩序理论。”但后续并未阐述自发秩序理论的内涵及与老子政府思想的相同之处。此外，条目以詹姆斯·多恩的评价为例，指出老子与许多18世纪的自由主义者存在相似之处，认为“最大限度地减少政府的作用，让个人自发发展，最能实现社会和经济的和谐”。中文维基百科也有提到名人对老子的评价，大多集中在中国文人学士如孔子、庄子、苏辙、朱熹等古代中国著名人物，除此之外，也援引了德国著名哲学家弗里德里希·尼采的评价。

可以看到中文与英语“老子”条目在老子影响及评价上的差异：英语“老子”条目笔墨更多，且多类比国外思想家的言论，从而将老子置于英语群体更为熟悉的人物框架与环境中，将老子思想类比外国哲学思想体系，从而更好地让读者理解老子的“意义”。中文“老子”条目则是一笔带过，主要是评价者对老子思想的赞扬。这或许是由于中文读者本身对老子及其思想较为熟悉，不需要再类比其他思想进行再次阐释与理解。

但这就涉及了一个问题：老子及其思想究竟是否能与这些被描述的国外思想契合？老子思想能否脱离中国语境从而被正确地运用到跨文化者的语境中进行深层理解？是否会存在相应的文化误读现象？

无政府主义、自由主义都是起源于左翼政治的一种政治哲学思想形式，即争取最大限度的自治和政治自由，强调自由结社，自由选择，个人主义和自愿联合。如默里·罗斯巴德主张反对对他国事务的一切军事、政治和经济干预[①]，并用“无政府资本主义”来形容他的政治意识形态，提出私有财产制度应由保护机构执行，保护机构在自由市场中竞争，并由选择使用其保护和司法服务的消费者自愿支持。德国无政府主义作家鲁道夫·洛克则相信无政府主义思想流派的首要目标是“确保个人和社会自由”。而老子思想中的“自由”则是建立在以“道”为前提的基础上，从道德出发内化人自身的自由。从政治观上来说，老子强调一种“无为而治”的政治主张，要求统治者少作为、不妄为、不乱为，恢复人与万物的自然状态，而并非完全是“无政府主义”。两者在一定程度上有相似之处，主张削弱政府的权力，但深入分析而言，老子强调让事物按照自然本性去活动，因此老子的观点本质是自然

① Casey, Gerard. Meadowcroft, John (ed.). Murray Rothbard. *Major Conservative and Libertarian Thinkers*［M］. London: Continuum. 2010:4–5, 129.

主义。而自由主义的“自由”是人的意志，以人为中心进行意志行动，更趋向于意志主义的代表。此外中外政府的本质不同也导致了两种理论适用性的差异，需要结合实际应用语境进行论述。且老子主张对政府的限制作用更多只是理论层面的说劝，而非制度的建构。①

因此直接将老子的自然主义思想等同于西方的自由主义思想这一做法存在偏颇，以西方为中心阐释老子的思想也是不合适的，需要做到论证二者的相似性的同时，指明其差异性，才能更好地做到两种思想体系的比较研究。老子的思想教义不能归入西方哲学思想体系中，其属于独特的中国历史哲学环境下的诞生物，需要带有辩证性的思维，并且结合历史与现代的双重视域对其进行理解。正如德语“老子”条目中所引用的理查德·威廉所著的《老子〈道德经〉生活方式之书》（*Laotse. Tao te king. Das Buch vom Weg des Lebens*）中所言：“我们今天习惯称之为‘道’的东西其实与老子《道德经》所描述的完全不同。然而，将老子从中国哲学的关系网中剥离出来是错误的，因为它与之有千丝万缕的联系。”

反观日语社区，或源于与中国文化背景的接近性，对于老子知识的建构更倾向于联系中国老子研究历史进行。如针对老子的研究脉络，日语“老子”条目就沿用了中国学者郭沫若、梁启超等人的学术脉络讨论论证老子的存在与否等问题。如果这类知识得以普及与传播，或可避免一些社区针对老子存在性的问题进行争论却缺乏权威典籍与论据支撑的现象。具体表述如下：

> 老子の時代についてはさらに分かれ、胡適（『中国哲学史』、1926年）、唐蘭（『老聃的生命和時代考』）、郭沫若（『老聃・関尹・環淵』）、黄方剛（『老子年代之考察』）、馬叙倫（中国語版）（『辨「老子」非戦国後期之作品』他）、高亨（中国語版）（『重訂老子正詁』、1957年）、詹剣峰（『老子其人書及其道論』、1982年）、陳鼓応（中国語版）（『老子注釈与評介』、1984年）らは孔子とほぼ同時代の春秋末期とする「早期説」と唱え、梁啓超（1873年—1929年、「評論胡適之中国哲学史大綱」『飲冰室合集』）、钱穆（『関于老子成書年代

① 王程. 老子自由思想之探析［D］. 中国青年政治学院，2016.

之一種考察』)、羅根澤（中国語版）(『老子及老子書的問題』)、譚戒甫（中国語版）(『二老研究』) などは戦国末期と考える「晚期説」を主張した。老子の存在を否定する派では、孫次舟（『再評「古史辨」』）は老子を荘子学派が創作した架空の人物と主張し、1957年に刊行された杜国庠（中国語版）の『先秦諸子思想概要』では、中国思想の論理学派（孔子・荘子・墨子・荀子・韓非子など）を説明する中で老子に触れた項が無いだけでなく、一切老子に触れず道家の祖を荘子としている。[关于老子的时代，胡适（《中国哲学史》，1926年）、唐岚（《老子生活时代》）、郭沫若（《老聃・关尹・环渊》）、黄方刚（《老子年代之考证》）、马叙伦（中文版《辨〈老子〉非战国后期之作品》）、高亨（中文版《重订老子正诂》，1957年）、詹剑峰（《老子其人其书及其道论》，1982年）、陈鼓应（中文版《老子注译与评介》，1984年）等都认为老子和孔子同存于春秋末期，拥护老子存在的“早期论”。梁启超（1873—1929年，“评论胡适之中国哲学大纲”，《饮冰室合集》）、钱穆（《关于老子成书年代之一种考察》）、罗根泽（中文版《老子及老子书的问题》）、谭戒甫（中文版《二老研究》）等坚持战国时代结束时的“晚期论”。在否认老子存在的派系中，孙次舟（《再评〈古史辨〉》）声称老子是庄子学派的虚构人物，1957年出版的杜国庠（中文版）《先秦诸子思想概要》，不仅没有在解释中国思想起源的流派（孔子、庄子、墨子、荀子、韩非子）时提到老子，还将庄子认定为道家鼻祖。][1]

六、维基百科“老子”条目参考来源

一般来说，维基百科条目的组成部分必须包括“参考来源”，以保证文章内容准确且中立，不含编辑个人观点，因此参考来源的可靠性成为评判其价值的最关键要素之一。一篇文章中的引文或参考文献通常有两个部分。在第一部分中，基于或引用外部来源的文本的每个部分都标有内嵌引用。清楚来源标示的格式一般采用脚注的方式呈现，为标明数据源、文章补充注解的

① 老子［EB/OL］. 2021-07-13. https://ja.wikipedia.org/wiki/%E8%80%81%E5%AD%90.

一种方法。一般脚注会在文章内以符号或数字标示，并在文章末端列出所有的补充、数据源的详情。让编者补充细节之余，也不影响行文的聚焦，使版面显得更整齐。[①]第二个部分是完整的参考文献列表，它提供关于来源的完整、格式化的详细信息，以便任何阅读文章的人都可以找到并验证它。一般来说，引用类型包括：（1）图书；（2）期刊文章；（3）报纸文章；（4）网页；（5）录音；（6）电影、电视或录像；（7）维基数据；（8）其他。

为规范"参考来源"的可靠性，维基百科还设置了"可靠来源"（Wikipedia:Reliable sources）这一政策，指出文章应基于可靠、独立、已发表的来源，并且规定条目应该基于可靠的第三方的出版物，可以是一本书或网页。由于很多维基百科条目依赖于学术性内容，因此学术点评和教科书通常是最可靠的来源。政策指出，来源的类型可以有以下几种：（1）学术界。经过学术界审查的文章、书籍、专著或研究论文等材料一般被认为是可靠的，这些材料已由知名的同行评审来源或备受推崇的学术出版社发表。文章应尽可能从二级来源（secondary sources）中寻找。回顾现有研究的论文、评论文章、专著或教科书通常比论文研究更好。（2）新闻机构。事实内容和观点内容是新闻来源的主要组成。来自知名新闻媒体的新闻报道通常被认为是可靠的事实陈述，尽管即使最有信誉的报道有时也会包含错误。相反来自不太成熟的媒体的新闻报道通常被认为是不太可靠的事实陈述。（3）供应商和电子商务来源。尽管外部链接的内容指南禁止链接到"主要存在于销售产品或服务的个人网页"，但可以允许内联引用到电子商务页面，例如书商页面上的书籍或流媒体上的专辑——音乐页面，以验证标题和运行时间等内容。然而，如果有新闻和学术来源的话，电子商务链接应该用可靠的非商业来源来代替。（4）有偏见或固执己见的消息来源。维基百科的文章必须呈现中立的观点。然而可靠的消息来源并不要求是中立的、公正的或客观的。有时非中立来源是支持关于某个主题的不同观点的信息的最佳来源。偏见的常见来源包括政治、金融、宗教、哲学或其他信仰。尽管来源可能有偏见，但在特定情况下它可能是可靠的。因此在处理可能有偏见的来源时，编辑应考虑来源是否满足可靠来源的正常要求，例如事实核查的声誉以及与来源所涵

---

① 维基百科：列明来源［EB/OL］. 2021-12-02. https://zh.wikipedia.org/wiki/Wikipedia:%E5%88%97%E6%98%8E%E6%9D%A5%E6%BA%90.

盖主题的独立程度等。[①]

此外，政策补充，不要使用自行出版的书籍、杂志、网站、网络论坛、博客和推文作为关于在世人的材料的来源。

维基百科社区中“老子”条目的参考来源可分为以下四类：（1）学术图书来源；（2）相关网站来源；（3）权威百科全书来源；（4）其他来源，如期刊论文、维基词条等。

以下综合考虑所有社区的编辑情况，包括编辑字数、编辑人数、编辑次数、编辑频率，选取维基137个“老子”条目社区中活跃的15个语言社区，对其参考文献进行分类分析。该15个社区分别为中文、英语、西班牙语、日语、德语、法语、俄罗斯语、越南语、意大利语、葡萄牙语、芬兰语、波兰语、荷兰语、加泰罗尼亚语、保加利亚语。详见表15.7。

表15.7　15个活跃“老子”条目社区的参考文献情况

语言社区	学术图书来源	网站来源	权威百科全书来源	其他来源
中文	8	18	0	期刊：2；维基文库：1
英语	26	10	5	
西班牙语	20	4	0	
日语	29	18	5	
德语	18	5	0	
法语	24	4	2	
俄罗斯语	18	3	1	期刊：13
越南语	5	0	0	
意大利语	14	4	0	
葡萄牙语	31	12	1	
芬兰语	20	1	0	期刊：1
波兰语	6	0	1	
荷兰语	6	0	0	
加泰罗尼亚语	18	3	1	
保加利亚语	12	0	0	

① Wikipedia:Reliable_sources［EB/OL］. 2021-12-02. https://en.wikipedia.org/wiki/Wikipedia:Reliable_sources#Definition_of_a_source.

通过对137个社区的观察对比，笔者还发现从参考来源的角度分析，社区与社区之间存在相互影响与交叉，导致了“老子”条目在不同社区的解释与呈现存在一定的相似性与规律特点。笔者总结了影响条目编纂的两大社区因素，即核心社区与本土社区在“老子”条目的编纂过程中共同发挥作用。本土社区的影响作用是显而易见的，社区自身的视域必然会影响其诠释路径，而核心社区的影响力却可能发挥着更大的作用。整体来看，来自核心社区的信源权威性影响使得“老子”条目在部分社区形成了以下两种核心传播链路：以英语社区为核心的网状互传式传播链路；以某语族中的核心语言社区为中心的核心发散式传播链路。以下将具体展开论述。

（一）核心社区的信源权威性

1. 英语维基社区：以全平台为单位的网状互传式传播

综合分析137个语言社区中的老子条目内容，笔者发现，英语社区在整个维基百科社区中占据着重要甚至权威的地位，呈现着以全平台为单位的网状互传式传播特点。一方面英语本身是世界最主要通用语，使用的人群基数大，编辑力量强，英语维基百科条目数量在维基百科中也遥遥领先，因此英语条目内容可读性和权威性更高，经常为其他语言社区所借鉴，甚至被奉为条目内容质量的标杆和参考依据；另一方面英语社区“老子”条目成立时间早，编辑框架完整，编辑参与人数多且编辑频率高，因此整体编辑质量高。因此大多数语言社区中的“老子”条目都或多或少展现出英语社区条目的“影子”，甚至以英语条目内容为标准，进行大段的搬运。这种情况在小语种社区中出现的概率颇高，不少语言社区是通过翻译软件将英文“老子”条目直接转运到该社区中的“老子”条目。

基于参考文献是维基百科条目中必不可少的一环，从参考文献可总结条目文章的引用来源，也能根据参考文献对比判断不同社区条目的相似程度。因此以参考文献为例，可以发现各个语族的语言社区都存在与英文社区“老子”条目参考文献高度重复的现象，甚至连引用文献的章节、页数都相同。其中尤以Fowler, Jeaneane (2005)；Kohn, Livia (2000)；Kohn, Livia; Lafargue, Michael, eds. (1998)；Kramer, Kenneth (1986)；Long, Roderick T. (Summer 2003)；Le Guin, Ursula K. (2009)等人的文献都在多个语言社区中高频出现，每个语言族群中都涉及了多个语言社区与英语社区的条目知识重叠，可见英语社区的辐射力之广。

Sources [edit source]

- Boaz, David (1997), *The libertarian reader: classic and contemporary readings from Lao-tzu to Milton Friedman*, New York, NY: Free Press, ISBN 978-0-684-84767-2
- Dorn, James A. (2008). "Lao Tzu (C. 600 B.C.)". In Hamowy, Ronald (ed.). *The Encyclopedia of Libertarianism*. Thousand Oaks, CA: SAGE; Cato Institute. doi:10.4135/9781412965811.n169. ISBN 978-1-4129-6580-4. LCCN 2008009151. OCLC 750831024. Retrieved 12 May 2010.
- Fowler, Jeaneane (2005), *An Introduction to the Philosophy And Religion Of Taoism: Pathways To Immortality*, Brighton: Sussex Academic Press, ISBN 978-1-84519-085-9
- Kohn, Livia (2000), *Daoism Handbook (Handbook of Oriental Studies / Handbuch der Orientalisk – Part 4: China, 14)*, Boston: Brill Academic Publishers, ISBN 978-90-04-11208-7
- Kohn, Livia; Lafargue, Michael, eds. (1998), *Lao-Tzu and the Tao-Te-Ching*, Albany: State University of New York Press, ISBN 978-0-7914-3599-1
- Kramer, Kenneth (1986), *World scriptures: an introduction to comparative religions*, New York, NY: Paulist Press, ISBN 978-0-8091-2781-8
- Long, Roderick T. (Summer 2003), "Austro-Libertarian Themes in Early Confucianism" (PDF), *The Journal of Libertarian Studies*, 3, **17**: 35–62
- Le Guin, Ursula K. (2009), *Lao Tzu: Tao Te Ching: A Book about the Way and the Power of the Way* (2nd ed.), Washington, DC: Shambhala Publications Inc., ISBN 978-1-59030-744-1
- Luo, Jing (2004), *Over a cup of tea: an introduction to Chinese life and culture*, Washington, DC: University Press of America, ISBN 978-0-7618-2937-9
- Maspero, Henri (1981), *Taoism and Chinese religion*, Amherst: University of Massachusetts Press, ISBN 978-0-87023-308-1
- Morgan, Diane (2001), *The Best Guide to Eastern Philosophy and Religion*, New York, NY: St. Martin's Griffin, ISBN 978-1-58063-197-6
- Renard, John (2002), *101 Questions and answers on Confucianism, Daoism, and Shinto*, New York, NY: Paulist Press, ISBN 978-0-8091-4091-6
- Roberts, Moss (2004), *Dao De Jing: The Book of the Way*, Berkeley, CA: University of California Press, ISBN 978-0-520-24221-0
- Robinet, Isabelle (1997), *Taoism: Growth of a Religion*, Stanford: Stanford University Press, ISBN 978-0-8047-2839-3
- Simpkins, Annellen M.; Simpkins, C. Alexander (1999), *Simple Taoism: a guide to living in balance* (3rd Printing ed.), Boston: Tuttle Publishing, ISBN 978-0-8048-3173-4
- Van Norden, Bryan W.; Ivanhoe, Philip J. (2006), *Readings in Classical Chinese Philosophy* (2nd ed.), Indianapolis, Ind: Hackett Publishing Company, ISBN 978-0-87220-780-6
- Watson, Burton (1968), *Complete Works of Chuang Tzu*, New York, NY: Columbia Univ. Press (UNESCO Collection of Representative Works: Chinese Series), ISBN 978-0-231-03147-9
- Watts, Alan; Huan, Al Chung-liang (1975), *Tao: The Watercourse Way*, New York, NY: Pantheon Books, ISBN 978-0-394-73311-1
- Rocker, Rudolf (1997). *Nationalism and Culture*. Black Rose Books.

图15.33 英语社区“老子”条目的部分参考文献（学术著作来源）

虽然老子是中国哲学思想家，但由于语言的隔阂与障碍，除了一些有中文语言基础或者对老子的研究特别感兴趣的维基编辑，其他语言社区的编辑对中文维基社区的参考较少。而英语社区则集中了诸多对老子作品及其思想进行评述的二手参考来源，如上图所示。

通过研究对比发现，这些参考来源大致可分为两类：（1）专门研究老子与道教的著作书籍。如利维亚·堪（Livia Khon）和迈克尔·拉法格（Michael Lafargue）合著的《老子和道德经》（*Lao-Tzu and the Tao-Te-Ching*），艾伦·瓦兹（Alan Watts）所著的《道：水路之道》（*Tao: The Watercourse Way*）。（2）与老子存在相关性的著作书籍。如大卫·鲍兹所著的《自由主义读者：从老子到米尔顿·弗里德曼的经典与当代读物》，罗静（Jing Luo）的作品《喝杯茶：中国生活和文化介绍》（*Over a cup of tea: an introduction to Chinese life and culture*）等。①

这些作品基本上都不是十分权威的学术研究专著，而是倾向于介绍老子、道教、中国的科普类读物。而维基百科的设立初衷就是以简洁的语言向

① Laozi [EB/OL]. 2021-04-08. https://en.wikipedia.org/wiki/Laozi.

公众进行知识科普，因此编辑们也习惯从一些思路清晰、接地气的二手资料中进行知识搬运。由于老子所在的中国文化语言氛围普遍存在晦涩难懂的现象，再加之中文语言的阅读难度高，这类老子相关的英语读物在异文化人群中接受度更大，也就造成了其在维基社区中参考影响的范围之广。

从之前介绍的15个“老子”条目活跃社区中，笔者通过对比发现，多个社区与英语参考来源存在部分相同的状况。具体见下表。

表15.8　15个活跃“老子”条目社区与英语社区的参考来源对比

语言社区	参考来源数量	来自英语社区的参考来源数量	参考来源借鉴度（%）
芬兰语社区	22	19	86.4
意大利语社区	18	14	77.8
葡萄牙语社区	44	34	77.3
加泰罗尼亚语社区	22	11	50.0
保加利亚语社区	12	5	41.7
西班牙语社区	24	9	37.5
德语社区	23	5	21.7
日语社区	52	9	17.3
法语社区	30	3	10.0

由上表可得，15个社区中有9个社区与英语社区的“老子”条目参考来源存在重复，其中有4个社区的重复度达到了50%以上，足见英语参考来源的辐射力度之强。

另外，从整个维基百科平台来看，若将维基社区按语系角度划分，每个语系几乎都有语言社区的参考来源与英语社区存在高度相似性，尤其以印欧语系为典型。这也缘于英语属于印欧语系中的日耳曼语族，因此对其他同属印欧语系的语族带有更明显的辐射性。如斯拉夫语族中的塞尔维亚语、伊朗语族中的波斯语、亚美尼亚语族中的亚美尼亚语、日耳曼语族中的瑞典语、阿尔巴尼亚语族中的阿尔巴尼亚语都大量引用了英语社区中的参考来源，在正文条目中也存在明显的相同描述。具体呈现如下：

Референце [уреди | уреди извор]

1. ^ „Definition of Lao-tzu". *Dictionary.com*. Приступљено 18. 3. 2018.
2. ^ „Laozi". *Plato.stanford.edu*. Stanford Encyclopedia of Philosophy by Stanford University. Приступљено 18. 3. 2018.
3. ^ „Laozi". *Enciklopedija.hr*. Hrvatska enciklopedija. Приступљено 18. 3. 2018.
4. ^ Laozi (Proleksis enciklopedija)
5. ^ а б в г д ђ е ж з и Ju-Lan 1977, стр. 112–123.
6. ^ Ju-Lan 1977, стр. 271–285.
7. ^ Fung Ju-Lan, Istorija kineske filozofije, Nolit, Beograd. (1977). pp. 124–138.
8. ^ а б в Kembridžova ilustrovana istorija religije, Stylos. . Novi Sad. 2006. pp. 116-117. ISBN 978-86-7473-281-6.
9. ^ а б в г taoizam (Hrvatska enciklopedija)
10. ^ Simpkins & Simpkins 1999, стр. 11–13.
11. ^ Morgan 2001, стр. 223.
12. ^ Van Norden & Ivanhoe 2005, стр. 162
13. ^ а б в Kohn 2000, стр. 22
14. ^ Watts 1975, стр. 78–86.
15. ^ Maspero 1981, стр. 41.
16. ^ Robinet 1997, стр. 63.
17. ^ Roberts 2001, стр. 1–2.
18. ^ Dorn, James A. (2008). „Lao Tzu (c. 600 B.C.)". Ур.: Hamowy, Ronald. *The Encyclopedia of Libertarianism*. Thousand Oaks, CA: SAGE; Cato Institute. стр. 282—83. ISBN 978-1-4129-6580-4. LCCN 2008009151. OCLC 750831024. doi:10.4135/9781412965811.n169.
19. ^ Black Rose Books 1997, стр. 256, 82
20. ^ „Britannica: Anarchism". Dwardmac.pitzer.edu. Приступљено 14. 11. 2011.
21. ^ Clark, John P. „Master Lao and the Anarchist Prince". Архивирано из оригинала 20. 10. 2017. г. Приступљено 19. 3. 2018.
22. ^ Le Guin 2009, стр. 20
23. ^ Rothbard, Murray (2005). Excerpt from "Concepts of the Role of Intellectuals in Social Change Toward Laissez Faire", *The Journal of Libertarian Studies*, Vol. IX, No. 2 (Fall 1990) at mises.org
24. ^ Rothbard, Murray (2005). "The Ancient Chinese Libertarian Tradition", *Mises Daily*, (December 5, 2005) (original source unknown) at mises.org
25. ^ Dorn 2008
26. ^ Boaz 1997
27. ^ Long 2003

图15.34 斯拉夫语族—塞尔维亚语社区“老子”条目的参考文献来源

सन्दर्भ [संपादित करें]

1. ↑ Lao-tzu and the Tao-te-ching, Michael LaFargue, SUNY Press, 1998, ISBN 978-0-7914-3599-1, ... *Lao-tzu Leo-tzu, the alleged Warring States philosopher and author of the Tao-te-ching, was elevated in Han bibliography to the status of 'founder' of the 'Taoist school'* ...
2. ↑ Opusculum de sectis apud Sinenses et Tunkinenses: A small treatise on the sects among the Chinese and Tonkinese, Adriano (di St. Thecla), SEAP Publications, 2002, ISBN 978-0-87727-732-3, ... *Laozi is a mythical rather than a historical figure. All the information about his life relies on later accounts. The information on him first appears as early as third century BCE in numerous places in the Zhuangzi* ...
3. ↑ Watson (1968, p. 8)
4. ↑ "Sages and Saints Part XV: Lao Zi, the Dragon". *Purple Cloud* (अंग्रेजी में). 2021-01-20. अभिगमन तिथि 2021-01-26.
5. ↑ Fowler (2005, p. 96)
6. ↑ Robinet (1997, p. 26)
7. ↑ Simpkins & Simpkins (1999, pp. 12–13)
8. ↑ Morgan (2001, pp. 223–24)

图15.35 印度语族—印地语社区“老子”条目的参考文献来源

پانویس [ویرایش]

۱. ↑ Luo (2004), p. 118.
۲. ↑ Kramer (1986), p. 118.
۳. ↑ Kohn (2000), p. 2.
۴. ↑ کپس، جنورگی (۱۳۶۸)، *زبان تصویر*، ترجمهٔ فیروزه مهاجر، سروش، ص. ص/ ۳۱

图15.36 伊朗语族—波斯语社区“老子”条目的参考文献来源

2. 语族中心社区：以语族为单位的核心发散式传播

著名语言学家徐通锵教授在其著作《历史语言学》中指出，对世界语言进行语系及语族划分的概念源于历史比较语言学，即用比较的方法确定语言之间的亲属关系以及这种关系的亲疏远近，把各亲属语言纳入母女繁衍式的直线发展关系中。①语系是从语言发生学的角度来研究语言之间的相互关系

① 徐通锵. 历史语言学［M］. 北京：商务印书馆，1991:11.

Ծանոթագրություններ [խմբագրել | խմբագրել կոդը]

1. ↑ [1,0 1,1 1,2] *Bibliothèque nationale de France* Record #11911025n // BnF catalogue général (ֆր.) — Paris: BnF.
2. ↑ New Book of Tang / O. Xiu, S. Qi — 1060. — (Twenty-Four Histories)
3. ↑ [3,0 3,1] **Քաղվածելու սխալ՝ Սխալ `<ref>` պիտակ՝ `baxsag` անվանումով ref-երը տեքստ չեն պարունակում:**
4. ↑ Franz, Alex et al. ed. Google corpus. 2008. Accessed 17 Jan;2014.
5. ↑ *Xinhua News Agency*. "Pinyin celebrates 50th birthday". 11 Feb 2008. Accessed 20 Sept 2008.
6. ↑ *Taipei Times*. "Hanyu Pinyin to be standard system in 2009". 18 Sept 2008. Accessed 20 Sept 2008.
7. ↑ «Lao Zi and the Canon of Virtue»: *sacu.org*: Արխիվացված է օրիգինալից 2018 թ. դեկտեմբերի 14-ին: Վերցված է 2018 թ. փետրվարի 24
8. ↑ 傅勤家 (1996): *道教史概論* (Chinese): Taipei: 臺灣商務印書館: էջ 82: ISBN 9570513241
9. ↑ Watson (1968, էջ. 8)
10. ↑ Watts (1975, էջ. xxiii)
11. ↑ Fowler (2005, էջ. 96)
12. ↑ Robinet (1997, էջ. 26)
13. ↑ «Laozi»: Stanford Encyclopedia of Philosophy by Stanford University: «The discovery of two *Laozi* silk manuscripts at Mawangdui, near Changsha, Hunan province in 1973 marks an important milestone in modern *Laozi* research. The manuscripts, identified simply as "A" (jia) and "B" (yi), were found in a tomb that was sealed in 168 BCE. The texts themselves can be dated earlier, the "A" manuscript being the older of the two, copied in all likelihood before 195 BCE.

    Until recently, the Mawangdui manuscripts have held the pride of place as the oldest extant manuscripts of the *Laozi*. In late 1993, the excavation of a tomb (identified as M1) in Guodian, Jingmen city, Hubei province, has yielded among other things some 800 bamboo slips, of which 730 are inscribed, containing over 13,000 Chinese characters. Some of these, amounting to about 2,000 characters, match the *Laozi*. The tomb...is dated around 300 BCE.»
14. ↑ Simpkins & Simpkins (1999, էջեր. 12–13)
15. ↑ Morgan (2001, էջեր. 223–24)
16. ↑ Latourette, Kenneth Scott (1934), *The Chinese: their history and culture, Volume 1* (2 տպ.), Macmillan, p. 191, վերցված է February 8, 2012, «T'ai Tsung's family professed descent from Lao Tzu (for the latter's reputed patronymic was likewise Li)»
17. ↑ Woolf, Greg (2007): *Ancient civilizations: the illustrated guide to belief, mythology, and art*: Barnes & Noble: էջեր 218–19: ISBN 978-1-4351-0121-0
18. ↑ Hargett, James M. (2006): *Stairway to Heaven: A Journey to the Summit of Mount Emei*: SUNY Press: էջեր 54–: ISBN 978-0-7914-6682-7
19. ↑ Simpkins & Simpkins (1999, էջ. 12)
20. ↑ Kohn & Lafargue (1998, էջեր. 14, 17, 54–55)
21. ↑ **Քաղվածելու սխալ՝ Սխալ `<ref>` պիտակ՝ `Simpkins 1999 pp 12-132` անվանումով ref-երը տեքստ չեն պարունակում:**
22. ↑ Morgan (2001, էջեր. 224–25)
23. ↑ Kohn & Lafargue (1998, էջ. 55)
24. ↑ [24,0 24,1] Kohn (2000, էջեր. 3–4)
25. ↑ Simpkins & Simpkins (1999, էջեր. 11–12)
26. ↑ Morgan (2001, էջ. 303)

图15.37　亚美尼亚语族—亚美尼亚语社区“老子”条目的参考文献来源

Noter [redigera | redigera wikitext]

1. ^ [a b c d] Ellenberger, Bengt; Hasselqvist, Per Johan; Lång, Öjevind; Nyqvist, Per; Tunek, Viveka (2009). Hammarström, Stina. red. *Allt du behöver veta för att överleva i det 21:a århundradet.* Italien: Prisma. sid. 297. ISBN 978-91-518-5098-6
2. ^ [a b] Loden, Torbjörn: *Lao Zi*, i Nationalencyklopedins nätupplaga. Läst den 8 juni 2010.
3. ^ Luo, Jing (2004). *Over a cup of tea: an introduction to Chinese life and culture.* Washington, D.C: University Press of America. sid. 118. ISBN 0-7618-2937-7
4. ^ Kramer, Kenneth (1986). *World scriptures: an introduction to comparative religions.* New York, NY: Paulist Press. sid. 118. ISBN 0-8091-2781-4
5. ^ Kohn, Livia (2000). *Daoism Handbook (Handbook of Oriental Studies / Handbuch der Orientalisk — Part 4: China, 14).* Boston: Brill Academic Publishers. sid. 2. ISBN 90-04-11208-1.
6. ^ Kohn, Livia (2000). *Daoism Handbook (Handbook of Oriental Studies / Handbuch der Orientalisk — Part 4: China, 14).* Boston: Brill Academic Publishers. sid. 720. ISBN 90-04-11208-1
7. ^ Drompp, Michael Robert (2004). *Tang China And The Collapse Of The Uighur Empire: A Documentary History.* Brill Academic Publishers. sid. 254. ISBN 9004140964
8. ^ Fowler, Jeaneane (2005). *An Introduction To The Philosophy And Religion Of Taoism: Pathways To Immortality.* Brighton: Sussex Academic Press. sid. 153. ISBN 1-84519-085-8

图15.38　日耳曼语族—瑞典语社区“老子”条目的参考文献来源

的一种假设，人们根据语言亲属关系的亲疏远近把有关的语言归入语系、语族、语支、语群、语言、方言、土语等分类的层级体系之中。语言是分出来最大的类，一个语系包含几个语族，一个语族包含几个语支。[①]这种理论框架将杂乱的语言现象组织起来并条理化。徐通锵和胡吉成两位教授将世界语言分类为13个语系，45个语族。

在较大的语族群中，往往会出现知识的交叉重叠和互动传播现象。典型的例子是在日耳曼语族（属于印欧语系）社区中，“老子”条目常出现大

① 徐通锵. 历史语言学［M］. 北京：商务印书馆，1991:37.

篇幅的相似性，这主要是由于日耳曼语中的英语社区具备了绝对辐射性，使得同语族社区对其借鉴和参考比进入异语族社区来说更为便捷。由于英语语言社区的特殊性较强，大部分社区都或多或少对其有所参考，因此在此主要列举其他语族社区做探讨，语族相对语系而言范围更小，又包含了维基划分的语言社区，能够更明显地看清其核心发散的路径。以下以斯拉夫语族为例展开论述。斯拉夫语族属于印欧语系，处于东欧，普遍采用西里尔字母，其中包括东斯拉夫语支、西斯拉夫语支和南斯拉夫语支。东斯拉夫语支包含俄语、乌克兰语和白俄罗斯语。①西斯拉夫语支包含波兰语、捷克语和斯洛伐克语。南斯拉夫语支包含保加利亚语、塞尔维亚语、克罗地亚语、斯洛文尼亚语、马其顿语、波斯尼亚语。②笔者发现，在斯拉夫语族中，同一语支之间存在一定的联系。

（1）俄罗斯语对白俄罗斯语和巴什基尔语的辐射

俄罗斯语和白俄罗斯语社区的“老子”条目内容有极高的重合度，除了文字，连图片的使用、章节的布局都基本契合。二者的条目创立时间分别为2005年和2011年，结合编辑历史分析，白俄罗斯语社区对俄语社区进行了老子条目的多段搬运和参考。③如下图所示，在“道德经”这一章节中，叙述了老子在周都居住时创作了《道德经》，且用词含糊不清。一些关键概念在英语或俄语中都没有确切的对应关系。詹姆斯·理雅格在对翻译的介绍中写道：“汉语的文字符号不代表文字，而是代表思想，这些符号的顺序代表的不是作者想说什么，而是他的想法。”条目原文写道：老子被认为是这本书的作者，因此有时会以他的名字来称呼这本书。然而，一些历史学家质疑它的作者。据推测，这本书的作者可能是孔子的另一位同时代人——老莱子。随即列出《道德经》中第二十章以第一人称写的一部分内容翻译，其原文如下④（图片阴影框中内容对应原文）：

---

① 卫志强. 当代跨学科语言学［M］. 北京：北京语言学院出版社，1992.

② 孙英杰. 现代汉语体系统研究［D］. 北京语言大学，2006.

③ Лаа-цзы［EB/OL］. 2021-07-14. https://be.wikipedia.org/wiki/%D0%9B%D0%B0%D0%B0-%D0%A6%D0%B7%D1%8B.

④ Лао-цзы［EB/OL］. 2021-07-14. https://ru.wikipedia.org/wiki/%D0%9B%D0%B0%D0%BE-%D1%86%D0%B7%D1%8B.

众人皆有余，而我独若遗。我愚人之心也哉！俗人昭昭，我独昏昏。俗人察察，我独闷闷。澹兮，其若海；飂兮，若无止。众人皆有以，而我独顽且鄙。我独异于人，而贵食母。

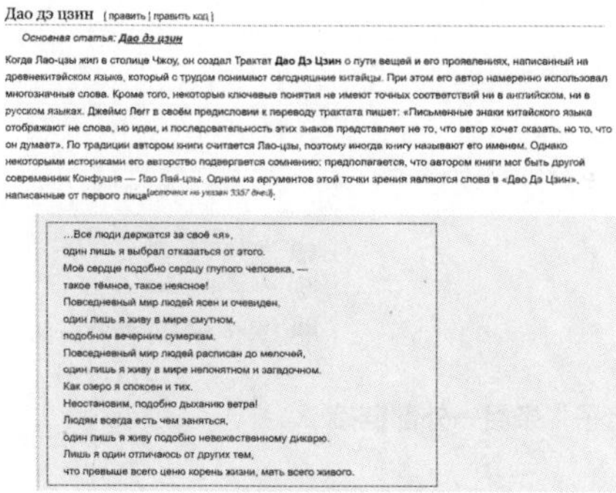

图15.39　俄罗斯语“老子”条目—道德经

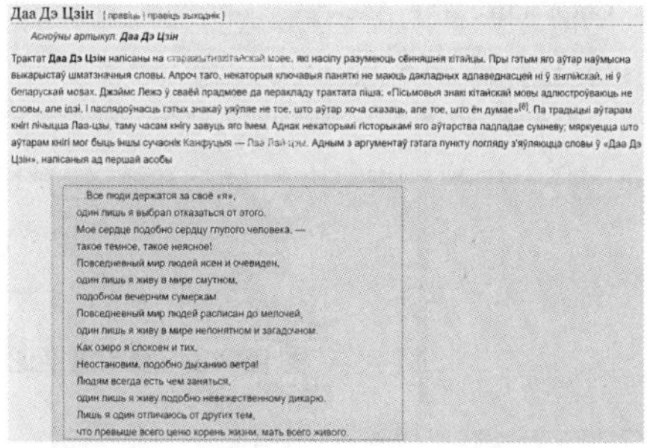

图15.40　白俄罗斯语“老子”条目—道德经

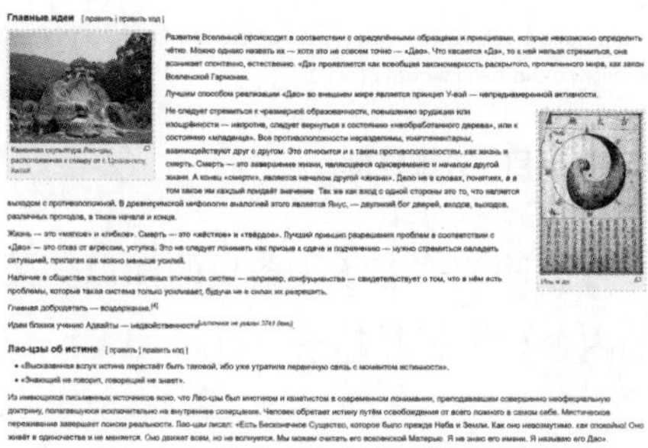

图15.41　俄语“老子”条目—主要思想

图15.42　白俄罗斯语“老子”条目—主要思想

巴什基尔语主要存在于俄罗斯的巴什科尔托斯坦共和国、哈萨克斯坦、乌兹别克斯坦，是俄罗斯巴什科尔托斯坦共和国的官方语言，因此与俄语关系也颇为紧密。

此外，编辑记录显示，Guram52于2013年1月26日创建了巴什基尔语社区的“Лао-цзы”（老子）条目，并使用谷歌翻译与9%的人工翻译从俄罗斯语社区条目“Лао-цзы”（老子）共搬运了24,145个字符至巴什基尔语社区，因此二者存在高度相似性。从参考来源来看，二者达到了近乎100%的相似度，从条目正文内容来看，巴什基尔语社区条目的主要内容源于俄罗斯语社区的“传记”和“哲学”两大章节，文字描述也近乎一致。

（2）塞尔维亚语、克罗地亚语、马其顿语的相互联系

同属南斯拉夫语族的塞尔维亚语[①]和克罗地亚语[②]也存在条目的相似性，二者在“外部链接”一栏中都引用了“克罗地亚百科全书—老子”，表明两个语言社区也存在参考与交流。

Спољашње везе [уреди | уреди извор] *（语言：克罗地亚语）• 老子（克罗地亚语百科全书）*

- (језик: хрватски) Laozi (Proleksis enciklopedija)
- (језик: хрватски) Laozi (Hrvatska enciklopedija)
- Лао Дзъ Дао Де Джинг: A paragon ebook, LAO ZI most-comprehensive ebook for FREE in PDF & HTM format, contains 50 translations in 6 different layouts, by Sanmayce.
- 老子 Lǎozǐ 道德經 Dàodéjīng Chinese+English+German (Dr. Hilmar KLAUS)

Више информација о чланку **Лаози** пронађите на Википедијиним сестринским пројектима:

Медији на Остави

Цитати на Викицитату

Подаци на Википодацима

图15.43　塞尔维亚语“老子”条目—外部链接

Vanjske poveznice [uredi | uredi kôd]

克罗地亚语百科全书-老子

- Hrvatska enciklopedija - Laozi
- www.duhovnaizgradnja.com - Lao Ce, *Knjiga o apsolutnom putu* i *Knjiga o vrlinama*
- Stanford Encyclopedia of Philosophy - Laozi **(engl.)**
- Internet Encyclopedia of Philosophy - Laozi **(engl.)**
- Taoism Initiation Page - Lao Tzu Page Inačica izvorne stranice arhivirana 5. veljače 2005., životopis i učenja Lao-Cea **(engl.)**
- The Nomadic Spirit - Lao Tse & Daoism Resources, popis mrežnih izvora o Lao-Ceu i taoizmu **(engl.)**

图15.44　克罗地亚语“老子”条目—外部链接

与此同时，塞尔维亚语和马其顿语[③]社区间的“老子”条目的知识交叉度更高，在条目的名称章节、传记章节的内容和排版都趋于一致。

Име [уреди | уреди извор]

Сматра се да је Лаозиово презиме било Ли (李, *пинјин:* Lǐ), лично име Ер (耳, *пинјин:* Ěr, букв. *уво*), а надимак Бо Јанг (伯阳, *пинјин:* Bó Yáng). Његово постхумно име било је Дан (聃, *пинјин:* Dān).

Име Лаози је заправо почасна титула: Лао (老, *пинјин:* Lǎo) значи *стари*, а титула Це (子, *пинјин:* zǐ) се додавала у знак поштовања уз презиме великих учитеља (нпр. Кунг Це, Менг Це, Џуанг Це, Гунг-сун Лунг Це и др.) тако да се титула Лаози може оквирно превести као *стари учитељ*.

Лаози је познат и под следећим именима:

- Стари Дан (老聃)
- Стари племенити господин (老君, *пинјин:* Lǎo Jūn)
- Стари племенити господин Ли (李老君, *пинјин:* Lǐ Lǎo Jūn)
- Крајња узвишеност или Преузвишени племенити господин (太上老君, *пинјин:* Tàishàng Lǎo Jūn)

Под последњим је именом прихваћен као највише даоистичко божанство са небеса Узвишене чистоте.

图15.45　塞尔维亚语“老子”条目—名称

① Лаози［EB/OL］. 2021-09-11. https://sr.wikipedia.org/wiki/%D0%9B%D0%B0%D0%BE%D0%B7%D0%B8.

② Lao Ce［EB/OL］. 2021-09-11. https://hr.wikipedia.org/wiki/Lao_Ce.

③ Лао-це［EB/OL］. 2021-09-12. https://mk.wikipedia.org/wiki/%D0%9B%D0%B0%D0%BE-%D1%86%D0%B5.

Име [уреди | уреди извор]

Се смета дека презимето на Лао-це било Ли (李, пинјин: *Lǐ*), личното име Ер (耳, пинјин: Ěr, буквално *уво*), а прекарот Бо Јанг (伯阳, пинјин: Bó Yáng). Неговото посмртно име било Дан (聃, пинјин: Dān), па понекогаш се споменува и како Ли Дан (李 聃).[1][2][3]

Името Лао-це е почесна титула, при што Лао (老, пинјин: Lǎo) значи *стар*, а це (子, пинјин: zǐ) се додава на презимето како знак на почит кон ценетите филозофи. Според тоа, титулата Лао-це слободно може да се преведе како *стар учител*.

Лао-це е благороден и по следните имиња:

- Стар Дан (老聃);
- Стар благороден господин (老君, пинјин: Lǎo Jūn);
    - Стар благороден господин Ли (李老君, пинјин: Lǐ Lǎo Jūn);
- Крајна возвишеност или превозвишен благороден господин (太上老君, пинјин: Tàishàng Lǎo Jūn).

Со последното име е прифатен како најголемо таоистичко божество на небото.

图15.46　马其顿语“老子”条目—名称

Смрт [уреди | уреди извор]

Нема поузданих података о његовој смрти осим легенди да је живео сто шездесет или двеста година.

У књизи Чуанг Це постоји прича о смрти Лаозиа. Кад је Лаози умро, његов пријатељ Чин Ши, који је дошао након смрти, критиковао је жестоке жалопојке других ожалошћених, говорећи:

> То је кршење начела природе и појачавање човекових осећања, заборављање оног што смо примили. То су древни мудраци називали казном за нарушавање начела природе. Кад је Учитељ дошао, то је било отуд што је имао прилику да се роди. Кад је отишао, једноставно је следио природни ток. Оне који су тихи у одговарајућој прилици и следе природни ток, не могу захватити туга или радост. Њих су древни сматрали божјим људима који су се ослободили ропства (гл. 3).[7]

图15.47　塞尔维亚语“老子”条目—传记部分

Смрт [уреди | уреди извор]

Нема доверливи информации за неговата смрт, освен тоа дека живеел сто и шеесет или двесте години.

Во *Чуанг Це* постои приказна за смртта на Лао-це. Кога Лао-це починал, неговиот пријател Чин Ши започнал да ги криткува сите оние кои ги оплакувале другите покојници, говорејќи им:

> „Тоа е кршење на начелата на природата и засилување на човечките чувства, заборавање на оној којшто го примивме. Тоа древните мудреци го нарекувале казна за нарушување на начелата на природата. Кога учителот дојде, тоа беше она што можеше да се роди. Кога тој си отиде, едноставно го следеше текот на природата. Оние кои се тивки во дадена прилика и го следат природниот тек, не може да се зафатат со тага или радост. Нив, девните мудреци ги сметале за божји луѓе кои се ослободувале од ропството.“[4]

图15.48　马其顿语“老子”条目—传记部分

（3）波兰语、斯洛伐克语、捷克语

值得强调的是，虽然同语族社区间具有一定的相似性，但也存在不同的侧重点，并非完全一致，这一定程度上丰富了“老子”条目的内涵。如波兰语社区①中的“老子”条目将更多的篇幅与重心放在老子的传说中，包括老子任职于周王宫廷、孔子问道于老子、老子西出函谷关、老子教导乔达摩·悉达多等内容；而其同属语族的斯洛伐克语社区②和捷克语社区③虽采用了相同的“老子”条目命名——Lao-c’，但斯洛伐克语条目更注重于老子的教义思想的知识编纂，包括“道”的内涵、老子的思想等，捷克语社区趋向于二者的平衡模式，老子传说及教义思想两部分皆有所涉及。

① Laozi［EB/OL］. 2021-09-14. https://pl.wikipedia.org/wiki/Laozi.

② Lao-c’［EB/OL］. 2021-09-14. https://sk.wikipedia.org/wiki/Lao-c%E2%80%99.

③ Lao-c’［EB/OL］. 2021-09-14. https://cs.wikipedia.org/wiki/Lao-c%E2%80%99.

Legenda [edytuj | edytuj kod]　　传说

Długo trwały spory, czy był postacią historyczną. Jego tradycyjna biografia znajduje się w „Zapiskach historyka" (Shiji) z II wieku p.n.e. Urodzić się miał 14 dnia siódmego miesiąca trzeciego roku panowania króla Dingwanga z dynastii Zhou, 54. roku 34. cyklu, czyli w 604 roku p.n.e., we wsi Quren, w gminie Lai, w okręgu Ku Xian, w chińskim państwie Chu. Jego nazwisko rodowe brzmiało Li, imię Er, pośmiertny przydomek Dan, dlatego znany był jako Laodan czyli „stary Dan" (Dan znaczy też „długie ucho", symbol długowieczności), zaś potomni nazywali go po prostu Laozi, co znaczy „Stary Mistrz", gdyż spośród wielkich mędrców wschodu pojawił się jako pierwszy.

Pracował na dworze króla z dynastii Zhou, gdzie piastował dość niski urząd archiwisty w państwowej bibliotece. Starał się żyć w odosobnieniu i unikał sławy. Był łagodny, wyrozumiały i skromny, nie pragnął zaszczytów ani bogactw. Mówiło się, że był mędrcem, który ukochał ubóstwo. Jego największy uczeń Zhuangzi, który jednak nigdy nie widział go na oczy, pisał:

> *„Wszyscy ludzie biorą to, co pełne, on sam jeden wybrał to, co puste. Nie gromadził i dlatego miał nadmiar i to jakże wspaniały nadmiar! Postępowanie jego było pełne godności, lecz bez wysiłku. Nie uprawiał działania i śmiał się z przemyślnej zapobiegliwości. Wszyscy ludzie szukają szczęścia, on jeden osiągnął całkowitość swej natury przez uleganie przyrodzonemu biegowi rzeczy. Głębię uważał za podstawę, a umiarkowanie za regułę. Mówił: to co twarde będzie rozkruszone, a to, co ostre, stępione. Był zawsze łagodny i wyrozumiały dla wszystkich i nigdy nie był napastliwy w stosunku do innych".*

Cytaty w Wikicytatach

Taoizm

道

Wierzenia [ukryj]

Dao · De · Wuji · Taiji · Yin i yang · Wu xing · Qi · Neidan · Wu wei

Święte księgi [ukryj]

Daodejing · Zhuangzi · Liezi · Daozang

Główni myśliciele [ukryj]

Laozi · Zhuangzi · Zhang Daoling · Zhang Jiao · Ge Hong · Chen Tuan ·

图15.49　波兰语“老子”条目—传说

Učenie Lao-c'a [upraviť | upraviť zdroj]　　学习老子　　Lao-c'

Nadväzuje na čínsku koncepciu nebeských princípov, a síce pojmom tao. Podľa Lao-c' a je tao chaotická jednota skutočnosti, prv než sa z nej odlúčili nebo, zem i vesmír. Tao je čosi celkom beztvaré, veľké a najväčšie, samostatné, nekonečné a neobmedzene sa pohybujúce, prirodzené a samozrejmé. Je to najjednoduchšia bezmenná entita, pramatka všetkého súcna, prvotný pramateriál, z ktorého vzniklo každé jestvovanie. Lao-c` hovorí: *Jestvovalo čosi chaotické, ale celistvé, čo určite bolo už pred nebom a zemou. nemalo ani hlas, ani formu. Jestvovalo samostatne, nevzrastalo ani sa nezmenšovalo, bolo v neustálom, nepretržitom, ničím nehatenom pohybe. Možno to pokladať za matku všetkých vecí na svete. Nepoznám jeho meno, teda to nazývam Tao a musím mu dať prívlastok veľké. Veľké je vzdialené, a ak je vzdialené, je veľmi ďaleko, a keď je veľmi ďaleko, odvracia sa na druhú stranu. Teda Tao je veľké, aj nebo je veľké, i zem je veľká a človek je veľký tiež. Na svete sú štyri veľké veci a človek je jednou z nich. Človek ide za príkladom zeme, zem za príkladom neba, nebo za príkladom Tao a Tao za vlastným príkladom. Je prirodzené a samozrejmé.* Tao je v sebe nedeliteľné a zároveň je začiatkom každej mnohosti, je vo večnom pokoji i prameňom pohybu a všetko zároveň samo vytvára. Jeho podstatou je neurčitosť, má beztvarý tvar a vzhľad nepredmetu, ale napriek tomu reálne a vecne jestvuje.[2][3]

图15.50　斯洛伐克语“老子”条目—学习老子

Legendy [editovat | editovat zdroj]　　传说

Od 2. století začaly vznikat Laovy hagiografie, plné různých legend. Podle jedné takové ho matka nosila 72 let v lůně, a proto měl již při narození šedé vlasy a plnovous, a odtud prý pramenila přezdívka „starý mistr ", již měl již od mládí.[5]

Podle jiné legendy žil 200 let. Připisování dlouhověkosti moudrým mužům bylo ve staré Číně obvyklé. Taoistické mýty též uvádějí, že Lao byl počat, když jeho matka hleděla na padající hvězdu. Při porodu se jeho matka prý opírala o švestku, proto se prý také jmenoval Li, což znamená právě „švestka ".

Taoisté rovněž tvrdí, že se Lao vtělil do několika historických osobností, aby posílil moudrost světa, velmi často je za takovou jeho inkarnaci označován Buddha. Nešlo však ze strany taoistů jen o vyjádření úcty k Buddhovi a synkretismus, také šlo o druh propagandistické války, kde cílem bylo ukázat, že buddhismus je jen podřadný druh taoismu. Z tohoto důvodu musely například císařské úřady ve 3. století zakázat šíření knihy *Lao-c' chu-chua-ťing* (*Laovo obrácení barbarů*), která právě s tvrzením o totožnosti Laa a Buddhy pracovala, a jíž se buddhisté cítili uraženi. Jeho inkarnací bylo dle legend celkem třináct, přičemž při poslední měl žít 990 let.

Učení [editovat | editovat zdroj]　　教义

Stejně jako u většiny ostatních starověkých čínských filozofů Lao často vysvětluje své myšlenky paradoxem, analogií, přivlastňováním starověkých výroků. Používá refrénovitost, symetrii, rýmy a udržuje rytmus.

Klíčový koncept *tao* Lao C' označuje za zdroj veškeré existence, kořen všech věcí. *Tao* je neviditelné, mocné, ale nikoli transcendentní. Je tiché a pokorné, nic po člověku nežádá, nezadává mu žádný úkol jako Bůh. Lao zdůrazňuje, že lidé mají svobodnou vůli a jsou tak schopni změnit svou vlastní podstatu. S *tao* jsou však v neustálém kontaktu svými činy a ovlivňují ho jimi. Mnoho lidí jedná „nepřirozeně ", což narušuje přirozenou rovnováhu *tao*. Lao chce vést studenty k návratu do přirozeného stavu v souladu s *tao*, do klidného stavu *wu wei* bez touhy. *Wu wei* (無為) lze přeložit jako „nedělat nic ", „nenutit ", „nejednat ", „nic nehrát ", „vytvářet nicotu ", „jednat spontánně " nebo „plynout s okamžikem ". Kevin Burns uvádí, že princip *wu wei* nelze chápat jako nečinnost, ale *„jako snahu nedělat nic, co by bylo v rozporu s přírodou "*.[6]

Kriticky se Lao vyjadřuje o jazyku. Považuje ho za nevyhnutelně pokřivený a umělý, což manifestuje paradoxy, které mají žákům naznačit, jak je marné se pokoušet s pomocí jazyka popsat podstatu. Také technologii Lao nevěří, může přinést jen falešný pocit pokroku, soudí. Až cynicky působí „politologické " pasáže *Tao te ťingu*, v nichž mistr nabádá vůdce a krále, aby udržovali svůj lid v nevědomosti. Někteří však namítají, že tyto pasáže mohou mít i metafyzický význam. Lao se na vládce také obrací s určitými etickými nároky, které jsou analogem stavu *wu wei* u jedince na duchovní cestě: dobrý vládce se vyhýbá válkám, tvrdým zákonům a vysokým daním, zdůrazňuje Lao.[7]

图15.51　捷克语“老子”条目

不同于英语社区的全方位全平台辐射，斯拉夫语族社区的“老子”条目往往是基于点对点的小范围交流与影响，这一方面源于语言通用性的区别，另一方面也源于不同语言社区间还是存在一定的隔阂和壁垒，无法做到完全的打通融合。但也由此丰富了“老子”条目的内涵，不同语言社区基于自身多元社区文化背景与社区编辑的个性化编纂，对老子进行差异化的解读与呈现，但整体上又维持了相似且基本正确的结构与脉络，让“老子”条目在维基百科平台上“开枝散叶”，蜿蜒出一幅继往开来的多元化路径图景。

（4）汉藏语系

对于汉藏语系，本研究采取了语言学者李方桂1973年在美国的《中国语言学报》(*Journal of Chinese Linguistics*）上发表的关于汉藏语言的系属意见，即汉藏语系包括汉语族、侗台语族、苗瑶语族和藏缅语族。①

其中，粤语、赣语、吴语、闽南语都属于汉语族中的方言。可以看到，以汉语为中心的其他汉语族方言社区中的“老子”条目完整度仍有待提高。相比较中文维基百科“老子”条目的篇幅，粤语、吴语、赣语、客家话、闽南语、闽东语等社区的“老子”条目普遍存在编辑篇幅少、条目完整度及活跃度低的情况，往往整篇条目只有寥寥数句加1—2幅图片，部分社区的条目编辑历史甚至都以机器人修订为主，缺少人类活跃编辑。当然，这其中不免受到这些方言社区本身条目少、编辑活跃度低等因素影响，相较于上文中基数较平均的斯拉夫语族社区来说，汉语方言社区与汉语社区的差异度明显偏高。

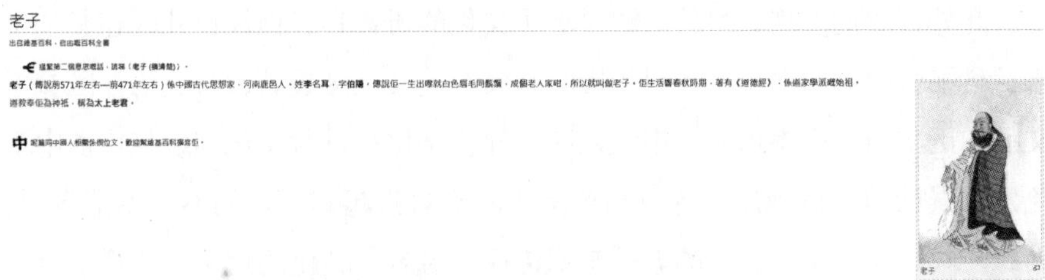

图15.52　粤语“老子”条目

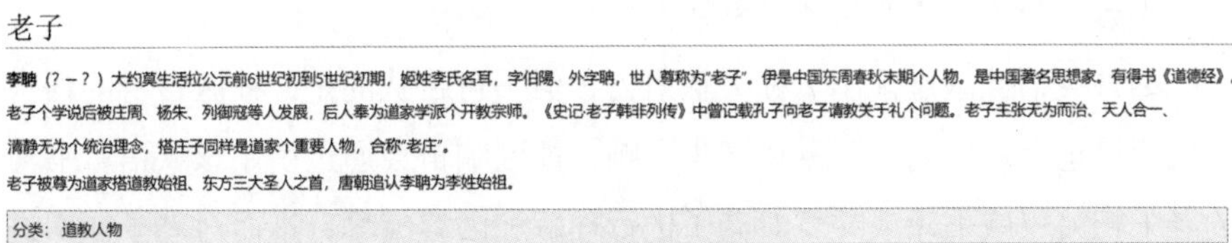

图15.53　吴语“老子”条目

中文社区应发挥好汉语族群的中心语言优势，发动熟悉方言的中文“老

① 李方桂. 中国的语言和方言［J］. 汉语史与汉藏语研究，2018（02）:279—290.

子”条目维基编辑，进行相应社区的条目补充，参照中文社区的条目内容进行内容优化，以加强各方言社区的“老子”条目内容完整度。在此基础上还可拓宽深度，提升“老子”条目的讨论度，以期与中文社区“交相辉映”，方言社区之间也可通过互动交流形成全通道式网络，进而对中文社区进行知识反哺，最终打造一个完整闭环的汉语“老子”条目知识生态圈。此外，针对整个汉藏语系来说，中文社区也应加强与其他语族的知识编纂联系，如壮语、缅甸语、越南语等。而这些社区的“老子”条目普遍都有待完善。

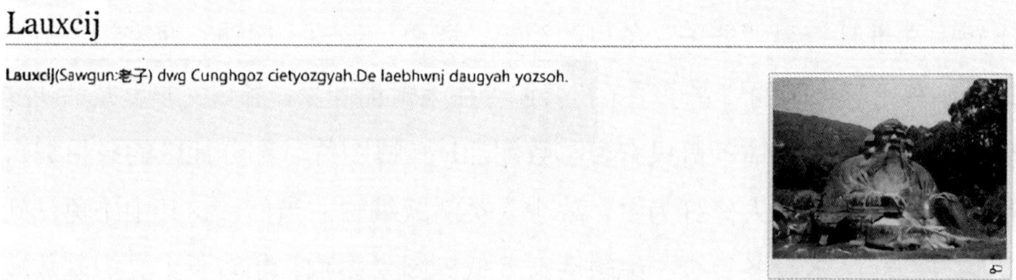

图15.54 壮语“老子”条目全文

此外，我们发现，尽管汉语是老子文化的母语言，但汉语社区在整个维基百科平台中对“老子”条目的影响并没有英文社区显著，对英语社区参考文献和正文的援引率远高于中文社区。异质文化在进行文化理解与传播中难免发生误读与走偏现象，这就需要文化源头对其起到一定的参考示范作用。因此，做好汉语文化社区的老子知识传播，对老子文化的跨文化传播是至关重要的起点环节，也有着长远的意义。

（二）本土社区的信源权威性

尽管英语社区展现出了强大辐射力，但不可否认的是，社区自身的语言文化背景也会对“老子”条目产生影响，社区编辑会通过引用该族语言书写的老子相关权威书籍或文章对老子进行理解和内容编纂，进而对老子知识进行本土化加工。

如希腊语社区[①]“老子”条目的“道教”章节占据了条目的主体篇幅，其

① Λάο Τσε [EB/OL] . 2021-12-10. https://el.wikipedia.org/wiki/%CE%9B%CE%AC%CE%BF_%CE%A4%CF%83%CE%B5.

引用了希腊塞萨洛尼基亚里士多德大学的一篇论文“赫拉克利特和老子：根据生成与和谐哲学对他们的思考进行比较的方法”作为主要参考文献，将老子思想与该文化社区的名人做比较，从而对自身文化与异质文化进行差异分析，在自身文化理解基础上更好地理解异质文化，并进行融合输出，撰写成该篇“老子”条目的中心内容——道教。此外，在参考文献的引用上，基本都采用本土语言文献对老子的阐释，这一定程度上展现出了异文化社区对老子文化的本土化理解与融合，而非仅是对文本的翻译及对权威社区的内容搬运。

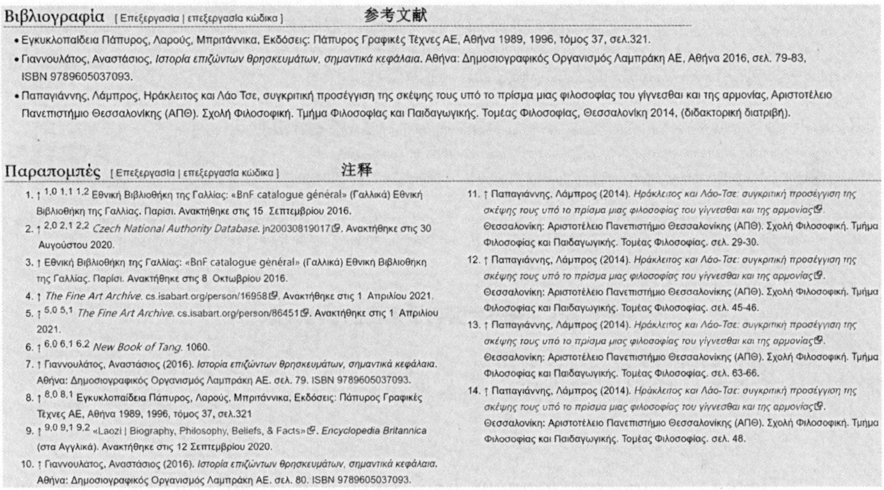

Βιβλιογραφία [Επεξεργασία | επεξεργασία κώδικα]　参考文献

- Εγκυκλοπαίδεια Πάπυρος, Λαρούς, Μπριτάννικα, Εκδόσεις: Πάπυρος Γραφικές Τέχνες ΑΕ, Αθήνα 1989, 1996, τόμος 37, σελ.321.
- Γιαννουλάτος, Αναστάσιος, *Ιστορία επιζώντων θρησκευμάτων, σημαντικά κεφάλαια*. Αθήνα: Δημοσιογραφικός Οργανισμός Λαμπράκη ΑΕ, Αθήνα 2016, σελ. 79-83, ISBN 9789605037093.
- Παπαγιάννης, Λάμπρος, Ηράκλειτος και Λάο Τσε, συγκριτική προσέγγιση της σκέψης τους υπό το πρίσμα μιας φιλοσοφίας του γίγνεσθαι και της αρμονίας, Αριστοτέλειο Πανεπιστήμιο Θεσσαλονίκης (ΑΠΘ). Σχολή Φιλοσοφική. Τμήμα Φιλοσοφίας και Παιδαγωγικής. Τομέας Φιλοσοφίας, Θεσσαλονίκη 2014, (διδακτορική διατριβή).

Παραπομπές [Επεξεργασία | επεξεργασία κώδικα]　注释

1. ↑ 1,0 1,1 1,2 Εθνική Βιβλιοθήκη της Γαλλίας: «BnF catalogue général» (Γαλλικά) Εθνική Βιβλιοθήκη της Γαλλίας. Παρίσι. Ανακτήθηκε στις 15 Σεπτεμβρίου 2016.
2. ↑ 2,0 2,1 2,2 *Czech National Authority Database*. jn20030819017. Ανακτήθηκε στις 30 Αυγούστου 2020.
3. ↑ Εθνική Βιβλιοθήκη της Γαλλίας: «BnF catalogue général» (Γαλλικά) Εθνική Βιβλιοθήκη της Γαλλίας. Παρίσι. Ανακτήθηκε στις 8 Οκτωβρίου 2016.
4. ↑ *The Fine Art Archive*. cs.isabart.org/person/16958. Ανακτήθηκε στις 1 Απριλίου 2021.
5. ↑ 5,0 5,1 *The Fine Art Archive*. cs.isabart.org/person/86451. Ανακτήθηκε στις 1 Απριλίου 2021.
6. ↑ 6,0 6,1 6,2 *New Book of Tang*. 1060.
7. ↑ Γιαννουλάτος, Αναστάσιος (2016). *Ιστορία επιζώντων θρησκευμάτων, σημαντικά κεφάλαια*. Αθήνα: Δημοσιογραφικός Οργανισμός Λαμπράκη ΑΕ. σελ. 79. ISBN 9789605037093.
8. ↑ 8,0 8,1 Εγκυκλοπαίδεια Πάπυρος, Λαρούς, Μπριτάννικα, Εκδόσεις: Πάπυρος Γραφικές Τέχνες ΑΕ, Αθήνα 1989, 1996, τόμος 37, σελ.321
9. ↑ 9,0 9,1 9,2 «Laozi | Biography, Philosophy, Beliefs, & Facts». *Encyclopedia Britannica* (στα Αγγλικά). Ανακτήθηκε στις 12 Σεπτεμβρίου 2020.
10. ↑ Γιαννουλάτος, Αναστάσιος (2016). *Ιστορία επιζώντων θρησκευμάτων, σημαντικά κεφάλαια*. Αθήνα: Δημοσιογραφικός Οργανισμός Λαμπράκη ΑΕ. σελ. 80. ISBN 9789605037093.
11. ↑ Παπαγιάννης, Λάμπρος (2014). *Ηράκλειτος και Λάο-Τσε: συγκριτική προσέγγιση της σκέψης τους υπό το πρίσμα μιας φιλοσοφίας του γίγνεσθαι και της αρμονίας*. Θεσσαλονίκη: Αριστοτέλειο Πανεπιστήμιο Θεσσαλονίκης (ΑΠΘ). Σχολή Φιλοσοφική. Τμήμα Φιλοσοφίας και Παιδαγωγικής. Τομέας Φιλοσοφίας. σελ. 29-30.
12. ↑ Παπαγιάννης, Λάμπρος (2014). *Ηράκλειτος και Λάο-Τσε: συγκριτική προσέγγιση της σκέψης τους υπό το πρίσμα μιας φιλοσοφίας του γίγνεσθαι και της αρμονίας*. Θεσσαλονίκη: Αριστοτέλειο Πανεπιστήμιο Θεσσαλονίκης (ΑΠΘ). Σχολή Φιλοσοφική. Τμήμα Φιλοσοφίας και Παιδαγωγικής. Τομέας Φιλοσοφίας. σελ. 45-46.
13. ↑ Παπαγιάννης, Λάμπρος (2014). *Ηράκλειτος και Λάο-Τσε: συγκριτική προσέγγιση της σκέψης τους υπό το πρίσμα μιας φιλοσοφίας του γίγνεσθαι και της αρμονίας*. Θεσσαλονίκη: Αριστοτέλειο Πανεπιστήμιο Θεσσαλονίκης (ΑΠΘ). Σχολή Φιλοσοφική. Τμήμα Φιλοσοφίας και Παιδαγωγικής. Τομέας Φιλοσοφίας. σελ. 63-66.
14. ↑ Παπαγιάννης, Λάμπρος (2014). *Ηράκλειτος και Λάο-Τσε: συγκριτική προσέγγιση της σκέψης τους υπό το πρίσμα μιας φιλοσοφίας του γίγνεσθαι και της αρμονίας*. Θεσσαλονίκη: Αριστοτέλειο Πανεπιστήμιο Θεσσαλονίκης (ΑΠΘ). Σχολή Φιλοσοφική. Τμήμα Φιλοσοφίας και Παιδαγωγικής. Τομέας Φιλοσοφίας. σελ. 48.

图15.55　希腊语社区“老子”条目的参考文献

而法语社区的“老子”条目的参考文献及注解①主要来源于三方面：（1）本土文献；（2）中文书目及汉语名词注解；（3）权威社区（如英文）的参考文献。

其中，在“宗教道教”这一章节中，法语条目深入阐述了老子在道教中的传说，包括老子作为三清神、太上老君、玄元皇帝的身份，与佛的关系等内容，同时还加入了诸多中文原词加以注解，加强了条目的知识来源，在了解老子文化来源的背景上对其进行理解和编纂。此外，法语社区也参考了英语社区、德语社区的部分引用，作为一些内容补充。

颇有意思的是，法语条目还有一个章节“西游记”描述了老子在《西游记》中作为太上老君的身份，与中国古代著名文学作品相联系，这也仅在法

① Lao Tseu [EB/OL] . 2021-12-22. https://fr.wikipedia.org/wiki/Lao_Tseu.

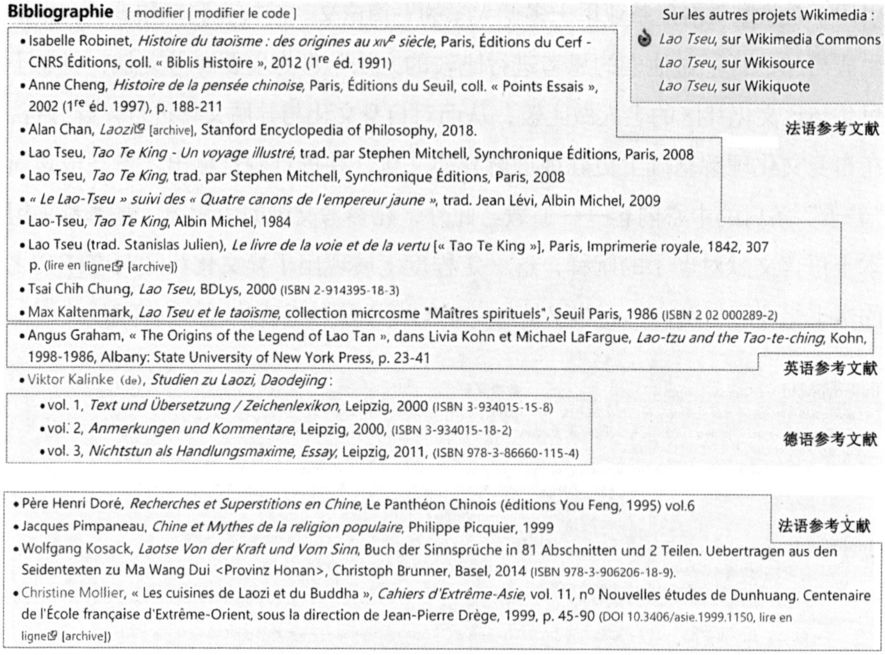

Bibliographie [modifier | modifier le code]

- Isabelle Robinet, *Histoire du taoïsme : des origines au XIVe siècle*, Paris, Éditions du Cerf - CNRS Éditions, coll. « Biblis Histoire », 2012 (1re éd. 1991)
- Anne Cheng, *Histoire de la pensée chinoise*, Paris, Éditions du Seuil, coll. « Points Essais », 2002 (1re éd. 1997), p. 188-211
- Alan Chan, *Laozi* [archive], Stanford Encyclopedia of Philosophy, 2018.
- Lao Tseu, *Tao Te King - Un voyage illustré*, trad. par Stephen Mitchell, Synchronique Éditions, Paris, 2008
- Lao Tseu, *Tao Te King*, trad. par Stephen Mitchell, Synchronique Éditions, Paris, 2008
- *« Le Lao-Tseu » suivi des « Quatre canons de l'empereur jaune »*, trad. Jean Lévi, Albin Michel, 2009
- Lao-Tseu, *Tao Te King*, Albin Michel, 1984
- Lao Tseu (trad. Stanislas Julien), *Le livre de la voie et de la vertu* [« Tao Te King »], Paris, Imprimerie royale, 1842, 307 p. (lire en ligne [archive])
- Tsai Chih Chung, *Lao Tseu*, BDLys, 2000 (ISBN 2-914395-18-3)
- Max Kaltenmark, *Lao Tseu et le taoïsme*, collection micrcosme "Maîtres spirituels", Seuil Paris, 1986 (ISBN 2 02 000289-2)
- Angus Graham, « The Origins of the Legend of Lao Tan », dans Livia Kohn et Michael LaFargue, *Lao-tzu and the Tao-te-ching*, Kohn, 1998-1986, Albany: State University of New York Press, p. 23-41
- Viktor Kalinke (de), *Studien zu Laozi, Daodejing* :
  - vol. 1, *Text und Übersetzung / Zeichenlexikon*, Leipzig, 2000 (ISBN 3-934015-15-8)
  - vol. 2, *Anmerkungen und Kommentare*, Leipzig, 2000, (ISBN 3-934015-18-2)
  - vol. 3, *Nichtstun als Handlungsmaxime, Essay*, Leipzig, 2011, (ISBN 978-3-86660-115-4)

Sur les autres projets Wikimedia :
Lao Tseu, sur Wikimedia Commons
Lao Tseu, sur Wikisource
Lao Tseu, sur Wikiquote

- Père Henri Doré, *Recherches et Superstitions en Chine*, Le Panthéon Chinois (éditions You Feng, 1995) vol.6
- Jacques Pimpaneau, *Chine et Mythes de la religion populaire*, Philippe Picquier, 1999
- Wolfgang Kosack, *Laotse Von der Kraft und Vom Sinn*, Buch der Sinnsprüche in 81 Abschnitten und 2 Teilen. Uebertragen aus den Seidentexten zu Ma Wang Dui <Provinz Honan>, Christoph Brunner, Basel, 2014 (ISBN 978-3-906206-18-9).
- Christine Mollier, « Les cuisines de Laozi et du Buddha », *Cahiers d'Extrême-Asie*, vol. 11, nº Nouvelles études de Dunhuang. Centenaire de l'École française d'Extrême-Orient, sous la direction de Jean-Pierre Drège, 1999, p. 45-90 (DOI 10.3406/asie.1999.1150, lire en ligne [archive])

图15.56 法语社区老子条目的参考文献

语社区的“老子”条目中出现过。原文如下：

Dans *Le Voyage en Occident*, Lao Tseu (老子，Laozi ou 老君，Laojun) intervient souvent, c'est lui qui arrête d'abord le singe rebelle, Sun Wukong (孙悟空)，avec l'aide de Guanyin (观音) et son cercle de métal, lui encore qui l'enferme dans son énorme four aux huit trigrammes, lui qui lui vient en aide par la suite lors de son voyage face à ses deux assistants, l'Enfant d'Or et l'Enfant d'Argent et son buffle sacré, devenus des monstres sur terre. [在《西游记》中，老子（老子、laozi或老君、laojun）经常出手干预，在观音和她的金属圈（金箍）的帮助下，是他首先阻止了叛逆的猴子（孙悟空），是他把孙悟空关在自己巨大的八卦炉里，他座下的两个童子，金童和银童，还有他的神牛变成了凡间的妖怪，当孙悟空在旅途中遇见他们时，他又来出手相助。][①]

① Lao Tseu [EB/OL]. 2021-12-22. https://fr.wikipedia.org/wiki/Lao_Tseu.

此外，法语社区的用户还曾在讨论页面多次开展对“老子”条目名称的讨论，关于是使用现代汉语拼音“Laozi”还是法国远东学院拼音“Lao Tseu”的话题爆发激烈争论。大部分法语社区编辑和用户认为，条目的名称和编纂应符合本社区文化和认知方式，支持选用法国传统的命名方式，“老子”条目的名称目前也被定为“Lao Tseu”。由此也可看出，社区的本土文化和认知思维相对于异质文化往往有着更为优势的地位，对异质文化的传播路径和形式起到了至关重要的影响。

七、维基百科“老子”条目的活跃社区及活跃用户特点

（一）活跃社区的特点

目前维基百科共有323个语言社区，其中137个语言社区中创设有“老子”条目。选取语言社区中活跃的维基用户进行统计，综合分析所有社区编辑人数，从社区编辑人数的多少观测该社区的条目编辑频度；同时根据社区单人编辑次数的多少观测该社区条目的黏度，二者共同构成社区的条目编辑活跃度。

1. 条目编辑广度

从知识社区活跃度来看，社区参与知识编辑的人数对其有重要决定作用，将其定位为条目编辑的广度。对所有5,359位“老子”条目的维基编辑进行分析，其中以英语社区为首的9个语言社区条目编辑数达到100位以上，这些头部社区的知识编辑参与者共3,147位，占所有样本总体的58.7%，其他128个语言社区的知识编辑共占所有样本的41.3%。头部社区中英语社区编辑1,391位，占样本总体的26.0%，中文社区编辑387位，占样本总体的7.2%，西班牙语社区编辑298位，占样本总体的5.6%。

2. 条目编辑黏度

除条目编辑广度以外，一个社区拥有持续多次进行知识生产的编辑力量展示出该知识社区的黏度，即吸引编辑为维护和优化该条目从而进行长期关注和不间断的知识编辑的核心动力。因此，笔者分析了137个社区中老子条目的单人编辑次数情况，将其分为三个区段：（1）拥有4位及以上持续编辑5+次的条目编辑的社区；（2）拥有1—3位持续编辑5+次的条目编辑的社区；（3）无持续编辑5+次的条目编辑的社区。

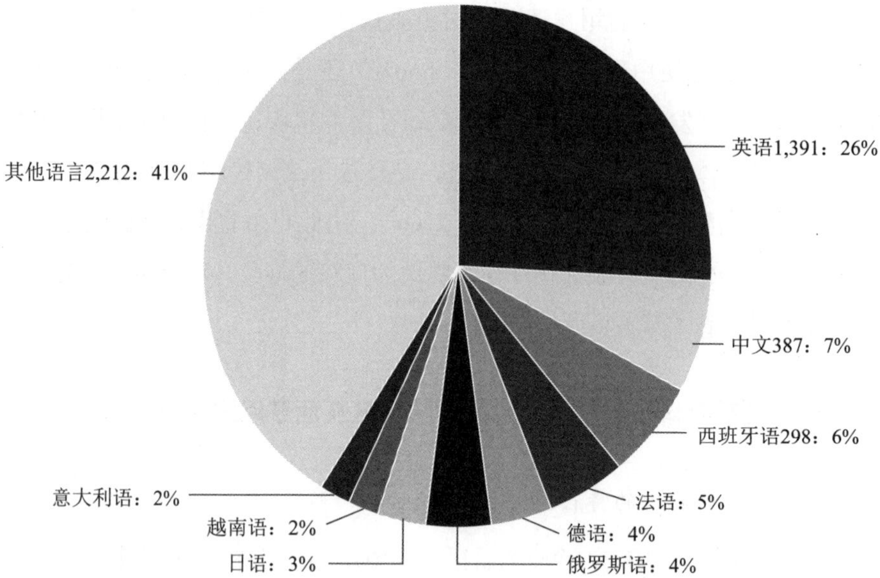

图15.57　137个社区中条目编辑参与总数的分布情况

3.“老子”条目编辑的整体社区活跃度

通过将以上两个要素整合，即条目编辑广度和黏度，共同构成社区综合活跃度。条目编辑的广度代表着条目参与编辑的群体基数，显示有多少编辑基于共同的兴趣与特长进行知识产出，条目编辑黏度则代表条目对编辑的吸引力，吸引其持续关注并进行知识贡献。

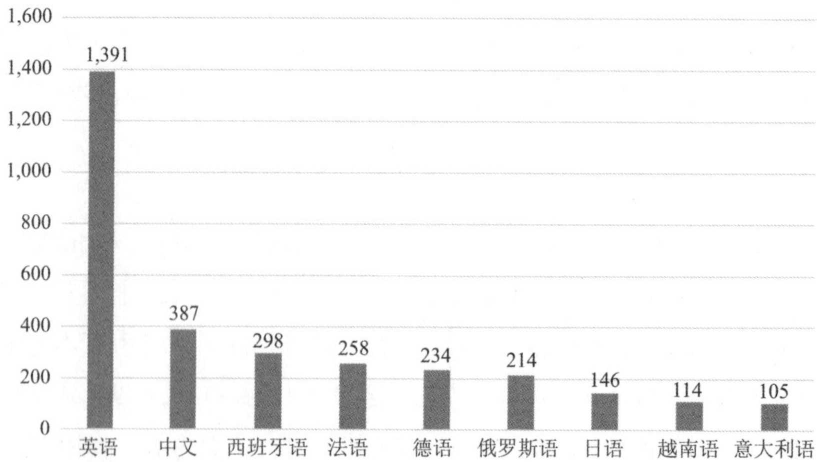

图15.58　条目编辑参与人数100+的社区分布情况

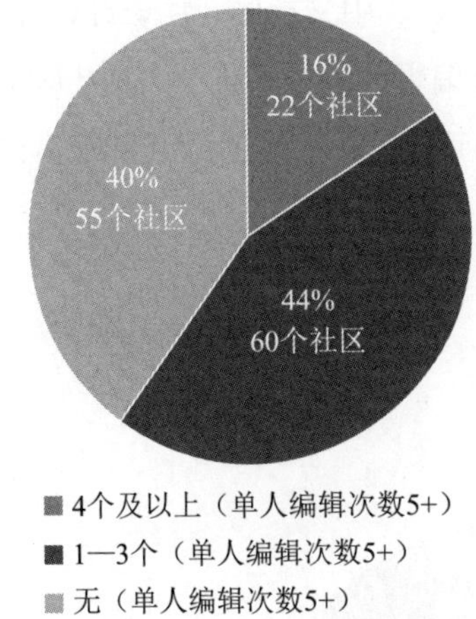

图15.59　137个社区中拥有持续编辑5+次的编辑数的社区分布情况

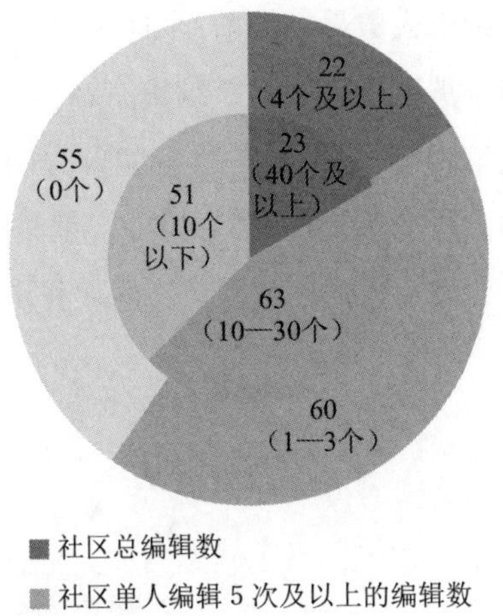

图15.60　“老子”条目社区综合活跃度情况

（二）活跃用户的特点

除了上述对活跃社区的宏观描述外，聚焦到社区用户的情况描述能从微观上展现老子条目是如何由庞大社区中一个个编辑用户的个体编辑合力诠释出来的。以下对一些典型的活跃编辑用户进行了个体跟踪和数据分析，整理归纳了这些对“老子”条目抱有高度编辑热情的活跃编辑们的分布特点以及群体特征。

1. 活跃用户的分布特点

正如头部社区承担了超过半数的编辑工作，每个社区中的活跃编辑也承担了条目的主要编辑内容，他们对社区条目的构建与维护起着至关重要的作用。通过对所有137个社区的编辑分析，选取了所有编辑次数12次及以上的编辑作为活跃编辑，共计71位。对这71位编辑按照社区归属、编辑时间、有效编辑字数及次数等标准进行分类，以窥得“老子”条目中活跃编辑的分布特点。

2. 活跃用户的社区分布

根据下图所示，所有编辑次数12次及以上的活跃编辑共计分属28个社区：英语、西班牙、俄语、法语、葡萄牙语、塞尔维亚语、巴什基尔语、德语、中文、书面挪威语、文言文、加泰罗尼亚语、希伯来语、保加利亚语、世界语、瓦瑞语、波兰语、塔加洛语、拉丁语、斯洛文尼亚语、马其顿语、马来语、瓦隆语、越南语、加西利亚语、匈牙利语、瑞典语。其中，拥有活跃编辑人数最多的前3个社区分别为：英语社区、中文社区、西班牙语社区。属于英语社区的活跃编辑有25位，约占所有编辑的35%；属于中文社区的活跃编辑有7位，约占所有编辑的10%；属于西班牙语社区的活跃编辑有5个，约占所有编辑的7%。另外，俄语社区共4位，加泰罗尼亚语社区共3位，法语、葡萄牙语、波兰语、匈牙利语社区各2位，其余社区均为1位。

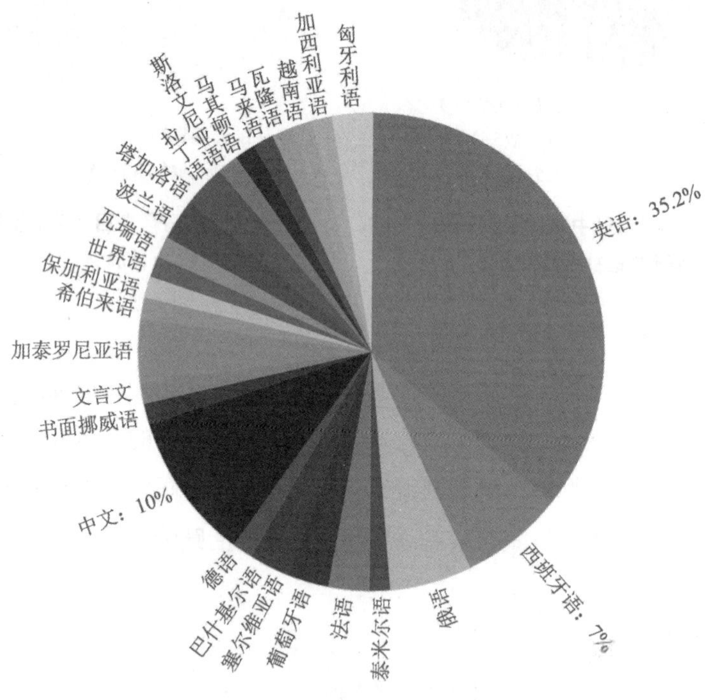

图15.61　71位活跃“老子”编辑的所属社区分布

由此可见，活跃编辑与活跃社区的活跃程度整体呈正相关，编辑频率、编辑黏度越高的活跃社区也拥有着更多活跃编辑。因此，活跃编辑可以称为评判社区活跃度的最重要的指征之一。

3. 活跃用户的编辑时间分布

根据下图所示，从活跃编辑的编辑持续时间来看，大部分活跃编辑对“老子”条目进行了长时间的持续编辑，超过半数的编辑在该条目上持续关注并编辑了1,000天以上，且在编辑总次数最多的前10位编辑中，9位编辑的编辑持续时间超过365天，6位编辑的编辑持续时间超过1,000天，可见活跃编辑的活跃度与编辑持续时间呈现一定的相关性。

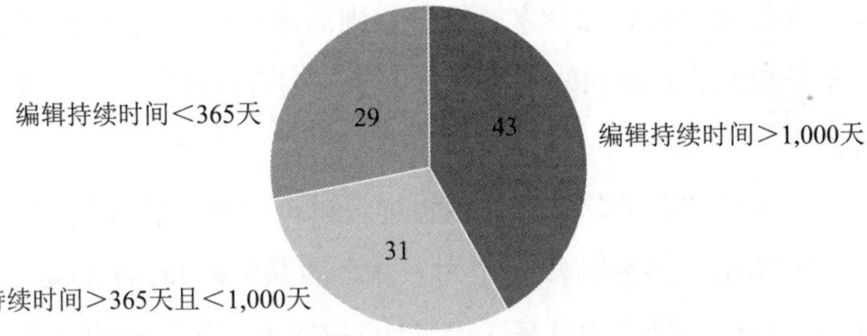

图15.62　71位活跃“老子”编辑的编辑持续时间

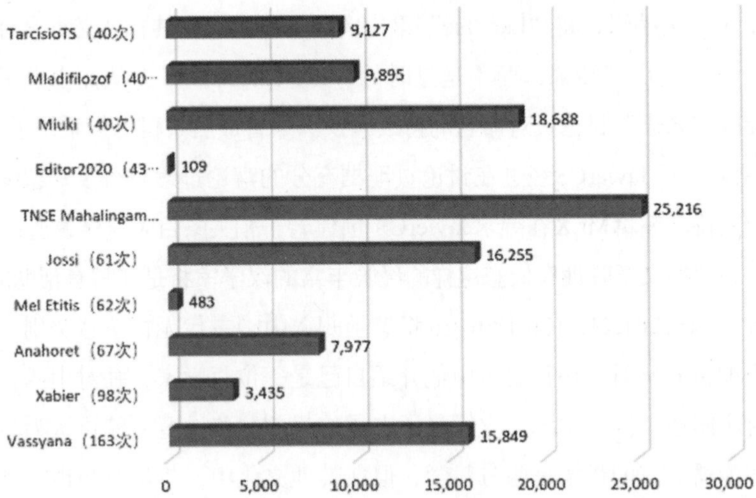

图15.63　编辑次数最多的10位编辑的持续编辑时间

（三）活跃用户的群体特征

通过对一些活跃编辑文化身份的考察，发现他们具备共同的群体特征，可一定程度上解释他们积极贡献知识的普遍原因。[①]由于部分活跃编辑未在维基百科中开设页面介绍自己的真实身份，因此以下样本统计仅限于部分典型的可获知信息的编辑群体。

1. 具备相关领域的专业知识储备

相比于儒家知识，老子及其思想即使在中国也并非人皆通晓的知识学说，理解老子需要一定的道家学说思想和国家政治等方面的知识背景。如果

① 周夏宇. 网络社区中关于“中国文化”的知识生产与其跨文化问题［D］. 武汉大学，2017.

是对老子进行知识编辑和分享，构建一则清晰正确、内容夯实的百科条目，除了对老子知识的兴趣和熟知之外，更要求编者具备较高的相关学术水平和知识储备。

在西班牙语“老子”条目的编辑中，可谓“藏龙卧虎”，集汉学家、哲学家、心理学家等多种高知人才为一体。活跃编辑JavierCS是一名汉学家。作为以西班牙语为母语的维基人士，JavierCS拥有接近母语水平的中文能力和英语知识能力，并且对于希腊语和拉丁语也有着熟练的读写技能，其对汉学有着一定兴趣与研究。JavierCS于2009年9月2日对西班牙语“老子”条目进行了第一次编辑，将“Lao Tse”重定向至“Laozi”，其称“文章名称必须使用最标准的拼音转录，而不是过时的Wade-Giles转录”，从而引发了西班牙语社区“老子”讨论页对命名的持续争议。尽管最后条目仍然采用了“Lao Tse”命名，但JavierCS经过在讨论页理据充分的辩论过程赢得了一票编辑的尊重与支持。编辑Mr.X在寻求JavierCS 创建老子相关条目时这样说道:“在创建如此必要的文章时拥有像您这样的经验丰富的汉学家将是非常有帮助的。”

匿名编辑201.212.130.180由于将老子归入中国古代无神论者类别，遭到了多位编辑的反对。在讨论页中他介绍自己是一位哲学家，并对中西哲学进行了对比阐述，结合中国历史解释了老子的思想脉络。匿名编辑认为尽管最发达和传播最广的哲学是西方哲学，但在其他文化中，哲学思想也得到了发展，并且东方哲学是最丰富的。

与此同时，身为西班牙语社区“老子”条目中的活跃编辑之首，拥有着98次编辑记录的编辑Xabier，2006年9月18日至2020年12月26日一直进行持续性的编辑，实为“老子”条目的忠实编辑者。Xabier自称是一名心理学家，对东西方哲学抱有极大的兴趣。从其主页描述中可看到，Xabier对30多个哲学人物词条进行了编纂，并且参与了心理学的包括精神分析类、分析心理学类、神话学家在内的90多个条目的编辑，其知识贡献力可见一斑。Xabier在一开始主要对“老子”条目的参考来源进行修正，彼时条目内容还不成熟，整体篇幅较少，基本没有争议议题，处于逐渐积累成长的阶段。后来，Xabier更多作为一个“监督者”，热衷于撤销各类他认为有问题的编辑，也正是由于他对匿名编辑201.212.130.180关于“老子”类别归属的反复撤销编辑行为引起了讨论区对这个话题的关注和讨论。

另一位活跃编辑Mr.X则表示自己是一名道士，正向一名道教研究所老师和一些中国道教朋友学习“道”的相关知识。Mr.X从2008年10月22日至2015年10月2日持续对西班牙语“老子”条目进行编辑，共计编辑36次，添加有效字符17,835个，并在讨论页中积极发言，对各项议题参与讨论，尤其是在命名争议与无神论者争议中投入了不少精力与编辑贡献。

2. 拥有丰富的跨文化经验与能力

对经验的开放度是跨文化交流能力的内部因素，表现为个人对开放心态、想象的、敏感的和接受异见的倾向度。[①]经研究发现，多位活跃编辑有着丰富的跨文化经验与能力，通常掌握多门语言，因此容易在不同文化之间自由穿梭，对知识编辑与分享有着更高的热情，在处理文化差异与冲突的问题时也更愿意进行友善的讨论。

举例来说，德语社区的“老子”条目编辑Ingochina多次出现在德语讨论页中，就老子的标题命名以及参考来源等议题发表看法。面对将“老子”条目以汉语拼音的方式命名的质疑，Ingochina表示未来更多威妥玛式拼音名称会向汉语拼音转变，一系列地名如“Nanking”变为“Nanjing”（南京）、“Kanton”变为“Guangzhou”（广州）已经验证了这个趋势。从Ingochina的个人主页中所贴的标签可看到，该用户“以德语为母语”“能用地道的中文进行交流”“能以高级英语水平做出贡献”“能用简单的日语进行交流”。出生于1960年的Ingochina，在苏黎世和北京全职从事民族学和汉学的工作。此外，他还学习了哲学，并自学了几年蒙语。他还是个旅游爱好者，在其主页上记录了自己到访的20多个国家和地区。Ingochina称自己对地理及历史非常感兴趣，尤其是1820年政治边界内的中国以及中国非汉族统治的朝代，如清朝。从编辑历史中可看出，Ingochina的编辑持续时间并不长，仅为两个月不到的时间，并且自从2014年12月7日就停止了对“老子”条目的持续维护与编辑。2010年1月10日，一位想念Ingo China的维基编辑Babel fish甚至在讨论区发起召唤“我们想念你，Ingo”，由此可见Ingochina在德语“老子”条目编辑中的卓越贡献以及在德语“老子”条目编辑团队中建立的威信。

---

① Mccrae R R.. Social consequences of experiential openness[J]. *Psychological Bulletin*, 1996, 120(3): 323–337.

此外，华人群体也是跨文化社区传播中不可忽视的一股力量。英语社区的编辑Huaiwei，其用户主页称自己是一名新加坡华人，2005年毕业于新加坡国立大学地理专业，有着17年维基百科的使用历史。Huaiwei能以熟练的中文、英语进行交流，还具备初级的闽南语读写能力。在针对“老子”命名的讨论中，Huaiwei坚决支持采用汉语拼音“Laozi”，面对“Lao Tzu”拼写更为常见的呼声时，Huaiwei反驳其无法解释当代权威文本更多使用“Laozi”的现状，并要求其展示华人社区中最常见的“老子”拼写方式。Huaiwei对维基百科知识编辑有着极高热情，他表示自己的用户名是其真实名字，表达了他对维基知识编辑的高度热爱。

3. 占据较高的社区地位

（1）拥有号召力的资深编辑

Vassyana可以说是维基百科社区中对于“老子”条目编辑最为热切的编辑，拥有163次英语“老子”条目编辑的他占据了137个社区的“老子”编辑榜首。2007年5月24日，Vassyana正式开始对英语“老子”条目展开编辑，删除条目信息框，使用参考资料完全重写了传记部分，规范参考来源的格式，并将未引用的书籍分开到“进一步阅读”部分，并在讨论区留言“我将删除老子信息框的名称。如果有人反对我的编辑，请告诉我并解释原因。我将非常乐意解决任何问题。我还打算重写‘道教’部分并增加‘来源’和‘影响’部分”。这一举动带动了其他编辑对其做出回应，编辑jossi认为信息框是一种有用的工具，并与Vassyana进行互动讨论，最终决定保留并修改信息框，使其呈现更完整、更简洁的信息传递功能。诸如此类的讨论及编辑在之后的几个月中持续进行着，Vassyana一直对“老子”条目进行小幅度的修改，更新参考来源，进行各种修缮。编辑abexy称赞了Vassyana的编辑工作，“你所做的改变看起来很棒。感谢您的工作，文章需要关注”。Vassyana也在讨论区中陈列了自己的工作进展和计划，并在讨论区中征集意见，号召大家一同修缮条目。

2007年11月4日，Vassyana和jossi共同提交了“老子”条目的“优良条目”提名，希望将英语“老子”条目列为“优良条目”。管理员Drewcifer和lywrch对条目提出了一些修缮意见，并给予编辑7天的时间来处理修改条目以通过“优良条目”题目。Vassyana在讨论区及时进行回复并承诺马上进行修订，最终，在2008年1月18日，英语“老子”条目正式通过了“优良条目”评选，成为一篇真正的“Good Article”。在之后的多年内，被其他多个社区广泛借鉴，形成了辐射全平台的“老子”知识传播中心。而这一切，都离不开以Vassyana为首的编辑团队的不懈努力与贡献。

（2）拥有管理权限的管理员

在维基百科社区中，虽然理论上人人都有平等的编辑权，没有所谓的“权力结构”或“执法人员”，但社区中还设置了多个头衔以鼓励有杰出贡献的编辑者，并对一些符合资格的编辑赋予管理头衔，来稳定与维护这个自组织社区中的各项活动。最典型的即维基百科中的“管理员”（Stewards）。由于维基媒体基金会认识到需要将用户权限管理与软件开发和系统管理分开，因此设立了管理员职位。管理员属于维基志愿者编辑，拥有所有维基媒体上的维基界面访问权限，包括更改任何和所有用户权限和组的能力，这意味着维基管理员与维基百科仲裁委员会一起拥有用户核查（Checkuser）和监管（Oversight）权利。他们的任务是社区共识的技术实施、处理紧急情况以及干预跨维基破坏行为。[①]

编辑Mel Etitis在英语“老子”条目的编辑与讨论中也有着不容忽视的贡献。除了是英语社区的管理员，Mel Etitis还是一名哲学家，在牛津大学任教多年（其主页描述中写道）。这些或许都造就了Mel Etitis在该条目中拥有较高的发言权。在英语“老子”条目的命名争议中，Mel Etitis是支持汉语拼音“Laozi”的领头者，尽管两次投票都是支持威妥玛式拼音命名的派系获得胜利，但Mel Etitis以未达成共识为由撤销了其他编辑的移动（将“Laozi”改为“Lao Tzu”）行为，并称“如果再次移动，我将必须保护该文章，并在W：AN / I上提出此问题”。这无疑显示了其作为管理员的权限。之后没有编辑再次做出此类行为。Mel Etitis在2005—2006年间对“老子”条目进行了62次编辑，仅次于编辑Vassyana，主要编辑内容为撤销一些其认为不合适的编辑内容，做好条目的维护与管理工作。在讨论区中，Mel Etitis也在各项议题中积极发言，由于其充沛的知识储备和对哲学的深刻了解，Mel Etitis同

① Wikipedia: Administration［EB/OL］. 2021-12-11. https://en.wikipedia.org/wiki/Wikipedia:Administration#Editors.

样受到了诸多编辑的认可和尊重。

（3）遍布短暂“停留”的匿名者

在研究活跃用户的过程中，本研究发现在老子讨论区中有许多匿名用户（或未注册用户）在其中进行了积极的互动。或是出于对自身安全隐私的考量，或是并非长期在维基百科进行知识生产活动，他们选择了以IP地址为代号的未注册用户方式，对一些他们所感兴趣的知识话题进行知识生产及互动对话，但在结束后就失去踪影，很少会专注一个条目进行长期的贡献（由于IP地址具有动态性，无法确切判断IP用户的互动次数）。比如在英语条目的命名投票中，许多匿名用户贡献了自己的一票，并为自己的观点进行辩证。西班牙社区“老子”条目同样有一位匿名用户就“老子无神论”的观点舌战群儒，与其他几位活跃编辑展开激烈探讨。

然而许多时候注册用户对于这些“蒙面人群”会带有一些不信任与不友善。在英语“老子”条目的命名投票中，注册用户Huaiwei表示自己“确实觉得与选择匿名参与谈话页面的人打交道有点恼火”，这受到了匿名用户的强烈反击。匿名132.205.45.148认为“注册”用户的精英将匿名的人视为肮脏，而匿名者并没有做任何不体面的事情。他表示“拥有一个‘名字’意义不大，因为任何人都可以随时（在维基百科平台）注册一个名字并使用一次”。Huaiwei质问匿名者其观点究竟是代表匿名社区的观点，抑或是反映他自己的敏感性甚至不安全感。

注册用户Tonymec解释注册用户名通常是更高承诺的标志，也更容易识别。由于大多数用户都使用动态IP地址，这意味着他们每次互动的域名显示并不总是相同的，识别诸如“John Dalton”或“Patrick O’Callaghan”此类的用户名称总比识别“123.45.67.89”或“217.136.71.175”这类代码更容易。此时，用户Jonathunder加入了对话。他表示匿名132.205.45.148确实有一些历史，不仅有知识贡献，还有讨论页贡献。具体表述如下：

> 维基百科确实有一些长期且有价值的贡献者，无论出于何种原因，他们仅从IP地址进行编辑。在某种程度上，总是在IP下编辑的人，特别是如果它是同一个IP，可能不如使用用户名的人更为匿名化，因为会

有人知道如何轻松查找此编辑器来自何处。用户名的一个好处是隐私。此外还有其他好处。

Jonathunder表示他会回应Tonymec的温和鼓励，获得一个账号并登录。（此处推测Jonathunder本是一位匿名用户，在这场对话后注册了用户账号。）

但更多时候，针对这类活跃的匿名用户，他们往往不专注于长效的互动，只是在条目编辑中输出自己的知识产出或在条目讨论区中留下观点便悄然而去，对同一条目进行持续编辑的可能性较小，仅仅是短暂停留，甚至因为IP的动态性不断变化，不同的评论互动或许由同一人展开，这令与之对话的注册用户摸不着头脑，也加深了其对匿名用户的一丝“敌意”。然而，匿名用户仍然为条目的知识贡献做出了卓越努力，即使是短暂在讨论区进行对话互动，往往也会有较为专业化的观点输出，从而维护整个条目的知识准确性。以中文、西班牙语两大活跃社区的“老子”条目编辑数据为例，前10位编辑次数最多的用户中，也随处可见匿名用户的身影。他们或许是为了保留自己在互联网上的隐私性，或许是对维基百科知识编辑的热情度不高，只是偶尔一瞥产生了编辑兴趣从而加入老子知识编辑，又或许是披上了一层马甲的某个维基注册用户的秘密小号，这都不得而知。但无可争议的是，他们与那些注册的积极维基用户一样，在这个条目中进行了知识贡献与传播，共同组成了活跃的对话成员。

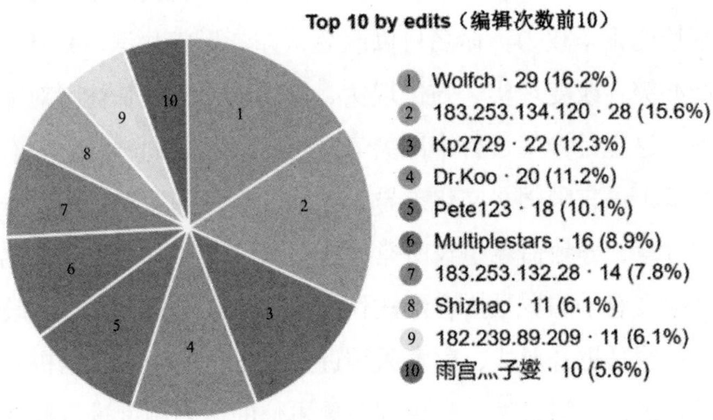

图15.64　中文“老子”条目编辑次数前10（数字IP地址即匿名编辑）

排名	用户名	编辑数	百分比（%）
1	Mr. X	11,768	40.7
2	Cinabrium	3,478	12
3	EdFex	2,400	8.3
4	Xabier	2,269	7.8
5	Serg!o	1,230	4.3
6	111.249.59.167	1,085	3.8
7	Rosarino	934	3.2
8	65.60.37.194	770	2.7
9	Mar del Sur	764	2.6
10	Pablers	443	1.5
	60 others	3,777	13.1%

图15.65　西班牙语“老子”条目编辑次数前10

八、结　论

通过对“老子”条目文本内容的研究，发现组成条目最重要的三个元素是条目标题、条目正文与条目参考来源，它们在“老子”条目的编纂与诠释过程中起着不同作用。条目标题命名决定了被诠释的主体的传播形态，条目正文内容包含了老子知识被诠释的生产和评价态度，条目参考来源展示了维基社区各语言视域的独立影响及相互间的交叉影响作用。

条目标题的命名建构了条目知识被他人认知的现实形象，也反映了命名者对其所掌控的话语权力。命名可以改变认知、形成共识、凝结人群、产生行动、制造冲突、改变现实、强化现实、影响未来。维基社区对命名权的归属一向重视，这也是维基百科中冲突最激烈、最频繁的领域之一。由于不同语言社区间基于语言隔阂、文化差异、政治立场等问题难以对同一条目的名称命名形成合意，导致命名争议时常发生。就“老子”条目的命名来看，其实都认可以中文老子的罗马拼音形式作为最佳命名进行传播，分歧和对立指向的是细化的罗马拼音形式，究竟采用近些年推行的新型汉语拼音还是旧有的各地拼音系统，还需通过一套更规范更可信的命名制度进行抉择。在商讨命名的过程中，可以看到维基编辑们是如何运用自身知识积累、维基命名方针政策、维基平台争议解决程序等各种手段为自己的合法性背书，从而在追求共识的目标征途中展露各自鲜明的观点和意识形态。但也应警惕少数守旧派和敌对派抱有挑衅、煽风点火的态度，试图在其中夹杂不友善的政治阴谋论或文化霸权论，其扰乱了老子知识在全球社区中的良好传播。

条目正文内容是条目的主体部分，也是维基编辑知识生产的主战场。编辑们采取不同的知识框架编纂老子知识，或是参照中外名家及思想流派建构老子身份及地位，或是以西方思想及学说构建老子经典思想，跳出老子所在的中方视域，融合了外界视域理解下的老子形象，更易为其他文化范畴下的读者所接受，这一定程度上为老子的跨文化传播注入了新生动力。同时，在客观的知识生产传播中，不同语言社区的编辑也加入了自身主观的情感态度，可分为认可与支持、理解与思辨、质疑与否定三种类型，丰富了老子条目的多元类型，同时展示了一副摇曳生姿的老子知识谱系图。

参考来源是维基百科条目来源的直接途径，可以说是支撑条目形成的主要知识来源，维基编辑是知识生产者，但更多时候承担的是知识搬运者和加工者的作用，而参考文献才是最重要的知识来源。因此，在选择参考文献并进行知识生产之时，应强调参考来源的规范性和正确性，尽可能采用声誉良好的权威出版物，避免那些尚未考证过的不实信息混淆视听。在参考来源的信源追溯中，研究发现语言社区这项背景因素在“老子”条目的编纂过程中发挥重要作用，同时参考来源也映射出“老子”在整个维基百科全书中的传播路径及特点。由于核心社区在维基社区中有重要影响力，这使得“老子”条目在部分社区中形成了以下两种核心传播链路：以英语社区为核心的网状互传式传播链路、以某语族中的核心语言社区为中心的核心发散式传播链路。英语社区的强大辐射力推动多社区皆对其参考借鉴，而又因为世界各语族中的中心语言对其语族其他语言的辐射性，使得其传播链路呈现环环相扣的相似性。但与此同时，有些语族中心语言的辐射性较弱，与其周边方言并不呈现相关性。同理，一些本土社区的“老子”条目也呈现较高的独立性和差异性，并未与其他社区产生互动及影响。

最后，研究重点从条目内容转向动态的条目编纂者的对话内容，分析“老子”条目的编辑社区和编辑用户的特点以及语言社区围绕条目编纂的对话内容背后的互动机制。结合分析情况来看，活跃的对话成员一般分布在有限的活跃社区内，受语言社区自身活跃度的影响，大部分活跃“老子”社区属于大语言社区，如共计英语、中文、西班牙语、法语、德语、俄罗斯语、日语、意大利语、越南语9个社区中拥有100位以上的“老子”条目编辑者，这些社区的“老子”条目编辑占整个维基百科平台的半数以上（具体为58.7%）。对于活跃用户的身份分析，观察得到他们通常具备以下特点：拥有相关领域的专业知识储备、拥有丰富的跨文化经验与能力、占据较高的社区地位。此外，有一批专业的匿名者也在关注“老子”条目，但他们并未注册账号，而是将自己隐藏起来，默默地进行老子知识生产。

对于类似于老子这类东方文化人物的条目来说，维基百科需要更多的专家以保证知识生产的准确性和权威性，同时为该类条目增加更多的关注度和更新率。但鉴于依赖传统专家模型的类似尝试都惨遭失败，如Citizendium、Scholarpedia 和其他项目，维基百科欢迎专家，但他们必须在现场证明自己的价值，而不是依靠现实世界的证书资质。本质上，维基百科模式放弃了对现实世界凭证的信任和验证的必要性，转而信任程序，即通过编辑键输出令人信服的知识内容，并受到其他网络在线者的围观与审视。因此，想要参与的机构和专家只能掌握这些程序加入知识生产的队伍，这就相当于遵循学术界的相关标准一样。而专家们证明自己权威性的方法则可以转变成举出一系列权威度高的参考来源，这远比高呼自己的专业性来得简洁有力。

本着为人类生产智慧知识的初衷，我们应尊重不同语言社区的文化习惯和模式，差异性在跨文化传播过程中应该得到尊重而非剔除。此外，不同视域不断相遇或融合可拓宽我们的思考视野。在维基百科平台的不同语言社区中，探究其视域形成的前因后果，通过交流与协商促成彼此视域的理解与融合，形成对“老子”知识的全新诠释。在这个过程中，既要克服随意地使用西方哲学的范畴、框架与话语去解读中国文化思想，同时又要克服对西方哲学的盲目排斥，慎重选择确实与中国哲学思维相通的思想来对话，尝试以西方更能理解的框架形式进行全球传播。

第三节　未来维基百科的老子知识传播展望

基于137个维基百科语言社区关于“老子”条目的梳理，本研究从条目文本、老子图像、编辑用户等多方面整合了维基百科不同的跨文化视域下如何对老子知识进行诠释，最终形成一个全球化的老子文化有机生态圈，擘画出一条独特的老子跨文化传播路径。

本研究认为老子在维基百科中的跨文化传播目前虽已形成较为清晰的分布图景和较为全面的知识建构，但要形成规范化的可借鉴的域外老子思想传播体系，还面临着以下挑战。

（一）“老子”条目名称缺乏统一规范

整体来看，汉语拼音形式目前是维基百科社区中相对来说最常用的命名方式，这也源于近年来我国对汉语拼音的大力推广普及。尽管汉语拼音已跃升为国际中文交流的通用标准，但其他旧有的罗马拼音形式仍在部分地区更多被使用。在“老子”条目的标题命名问题上，多个社区就这一问题展开过激烈探讨，尤以英语社区为例。这其实是西方话语霸权的长期存在以及中国文化国际传播力不足而综合产生的结果，统一“老子”条目的命名名称实际上也是对未来老子跨文化传播规范化、系统化的必备环节。

（二）“老子”条目多以西方视域诠释老子相关议题，且存在一些误读现象

维基百科作为一个非精英诠释的互联网百科全书，提供了诠释老子的全新知识框架。这极大区别于历代学者对老子著作的注解、评析等其他形式，而是从大众阶层的视域，整合全球的跨文化者共同对老子进行理解与解释。然而在将老子与海外知名哲学家或宗教人物类比的过程中，试图以本文化社区更熟悉的文化内容去对异质文化进行二次加工理解，一方面的确赋予了老子及其思想在全球文化体系中较高的地位，但另一方面却又容易陷入以西方哲学标准建构中国学术思想的藩篱。比如英语社区中将老子的思想等同于“自由主义”“无政府主义”“希腊斯多葛主义”，并受到了大量其他社区的借鉴与模仿，还衍生出了“神秘主义者”“寂静主义者”“老子即佛”等描述，许多社区还使用身披佛教袈裟的老子图片作为其图像描述，造成了一定的误读，不利于老子的跨文化传播。

（三）“老子”条目社区缺乏有影响力的中文编辑

维基百科的社区之间并不是割裂的，存在彼此联系与影响，尤以英语社区为主。英语社区在整个维基百科社区中占据着重要甚至权威的地位，呈

现着以全平台为单位的网状互传式传播特点。多数语言社区中的老子条目都或多或少展现出英语社区条目的“影子”，与英语社区的内容重合度高。反观中文社区则呈现相对孤立性，其他社区对中文“老子”条目的参考非常有限，且其他社区中也甚少出现有影响力的中文维基参与条目编辑。这使得中文社区在维基百科平台中对于“老子”的传播缺乏一定的话语权和威信力。但从跨文化传播研究来说，应加入多元认知与多方观点，尤其是对文化目标具有权威影响力和研究的文化主体。

针对上述挑战，本研究认为，在未来的维基百科“老子”知识编纂中，跨文化研究学者应主动出击，积极参与组织一系列老子对外传播活动，以维基百科全书为平台加入老子知识的协同编纂。以下是本研究的一些可供参考的建议。

一、选择并推广一类接受度高、辐射性广的老子命名方式

尽管“老子”条目的汉语拼音形式命名“Laozi”相对来说已经是维基百科语言社区中最常使用的命名方式，但仅占所有语言社区的35.8%。对于要在维基百科平台中系统化进行老子跨文化传播的目标来说，尽可能统一使用权威的“老子”命名形式是重中之重。这里可就两种不同翻译形式种类的语言社区进行探讨。

（一）对于采用罗马拼音形式命名的社区

作为现代标准汉字罗马拼音的国际转录标准，汉语拼音目前受到了大部分国家和地区的认可和推行。但其正式使用年限较其他罗马拼音转录法而言更短，在1958年2月11日才正式由全国人民代表大会通过该方案，被用来拼写中文。对于跨文化者来说，某些汉字更习惯用其他拼音转录进行使用，这也在情理之中。

因此，对于采取罗马拼音形式命名“老子”的语言社区，应该采取针对性的方式，共同探究哪种罗马拼音命名方式更适用于各社区。如威妥玛式拼音虽然普遍已被汉语拼音罗马化系统所取代，但一些最常用的地名和人名以及其他专有名词的罗马化形式仍广泛应用于其他部分地区。因此应找到权威根据，确定“老子”在该社区范围内的最合适命名，避免持续争议，更要谨

防在这个过程中可能暗藏的意识形态斗争。

（二）对于采用文字转译形式命名的社区

在维基百科的命名政策中，对于外来语的命名，一般社区规定，可以翻译时尽量进行本社区语种的相应翻译，罗马化是在缺乏社区语言本土来源，且确实难以翻译时才可以接受的方法。因此对于其他采用文字转译形式命名的社区，应该采取尊重的态度去进行理解与沟通，可以尝试组织一些有中文和该社区语言文化背景的编辑进行深入了解与研究，在讨论区中进行和谐的讨论，在此基础上确定最终的“老子”命名方式。

二、研制出一套既融入中华老子知识阐释视域，又符合国际认知理解的跨文化老子传播话语策略

从诠释学来看，跨文化传播就是不同视域相遇、交汇、协商和融合的过程。如何从传统中国文化中汲取精粹，在传统与现代的视域融合中丰富思维，澄清跨文化传播中的误读与误解，更好地促进跨文化传播过程中的相互理解？如何在当下语境中研制出一套既融入中华老子知识阐释视域，又符合国际认知理解的跨文化老子传播话语策略？这些都是推动老子进行跨文化传播的中国学者所面对的课题。可以就以下两点措施进行展开。

（一）及时纠偏老子知识误读现象

针对一些老子文化误读现象，要及时组织专业人士进行纠偏，防止跨文化社区对老子的理解与阐释走向更深的误区。例如，不止一位编辑曾在讨论区对身披袈裟的老子图像进行质疑，认为老子属于道教人士不应穿佛教袈裟，但由于并未形成集中讨论以及没有权威编辑进行纠偏，目前大部分的社区仍采用这一图片对老子进行描述。因此，应当及时有规模化的专业编辑针对部分误读议题进行讨论，达成共识后尽快进行条目正文编辑，改正错误的描述，传递正确的老子知识。

面对老子文化在维基百科中的误读，需要正视这类误读并非将文化误读合理化，以误读为契机，对错误的老子知识进行溯源，了解为何会有误读现象发生并探讨其存在的可能性与合理性，再有的放矢，正面分析其误读的缘由，从而更好地实现文化间的理解互通。从中华传统老子知识研究视域着

手，以丰富的老子文本知识与有条理的论证去证实老子知识内容，甚至更进一步，结合国外社区对老子的认知理解去扩充自我文化的内涵，以更加丰富有效的方式促进文化的对外传播。

（二）加强协商与交流，推进中外老学视域融合

创新老学对外传播方式，通过简洁有力的科普知识积极在维基百科等平台上进行老子等相关中国传统文化知识的生产，进一步提升老子知识的接近性与诠释度，是目前推动中国老子在维基百科中进行跨文化传播的重要任务。而这基于维基百科平台中跨社区的互相交流与协商，从而推进中外老学视域融合。在这个过程中，寻找中外文化共通之处的认知，在对话中挖掘外国民众对老子知识的兴趣点，并着重进行阐释。

但直接将老子的思想等同于西方的诸如自由主义等思想这种生搬硬套模式存在偏颇，以西方为中心阐释老子的思想也是不合适的，需要做到论证二者的相似性的同时，指明其差异性，才能更好地做到两种思想体系的比较研究。老子的思想教义不能归入西方哲学思想体系中，其属于独特的中国历史哲学环境下的诞生物，需要带有辩证性的思维，并且结合历史与现代的双重视域对其进行理解。

通过挑选一些合适的老子议题在维基百科讨论页进行输出，或鼓励编辑在西方社区条目中添加一些中文参考来源以增加中国视域的知识传播，从而可以对老子与西方思想学派的异同点进行辩论，丰富“老子”条目的知识视域，并尝试通过交流达成共识，再合作进行“老子”条目的维护编辑。比如西班牙语社区针对“老子是否是无神论者”这一议题展开了长达数万字的辩论，多位编辑共同参与据理力争，在和谐友好的学术探讨范围下最终决定构建一个新条目“道教无神论”来适配老子的独特思想。这就是通过交流协商最终达成的中外视域融合，形成了既适应中华老子知识阐释，又符合国际认知理解的话语知识框架，值得借鉴与学习。

（三）鼓励并培养一批有老子研究背景且具备影响力的中文编辑参与跨文化老子知识编辑

目前，中国大多数从事老子研究学者并不了解维基百科平台的运行规则，而熟悉平台规则的网民又未必能准确诠释并传播老子思想。因此，中国

亟需鼓励并培养一批既熟悉维基百科平台运行规则，又能正确输出老子知识的维基百科平台意见领袖，参与到老子知识的对话互动中，将这些意见领袖集合起来组建成“平民专家”化的编辑团队，保证老子知识能在百科条目中正确、有效地传达。

1. 优化中文本土语言社区的“老子”条目

尽管汉语是老子文化的母语言，但汉语社区在整个维基百科全书平台中对“老子”条目的影响并没有英文社区显著，其他社区对英语社区参考文献和正文的引用率远高于中文社区。异质文化在进行文化理解与传播中难免发生误读与走偏现象，这就需要文化源头对其进行一定的矫正与引导。如果要以中文社区作为参考标杆，那必然要提升中文社区“老子”条目的内容质量，同时由于受到语言隔阂因素影响，又要在一定程度上调整话语策略以便其他社区理解和借鉴。

目前来看，中文“老子”条目社区主要围绕老子的生平、家族、作品、宗教神话、后世悼怀等内容展开，对老子思想的解读反而有所欠缺。且多使用古文援引出处，如《汉书·艺文志》谓、《论六家要旨》谓等，却没有实质知识内容，更缺少专业权威解读，阻碍了异质社区进入中文社区并进行阅读与理解。因此，做好中文社区的老子知识编辑工作，对老子文化的跨文化传播是至关重要的起点环节，也有着长远的意义。从这个意义上来看，更需要鼓励并培养一批有老子研究背景的志愿者在维基百科平台创建和维护编辑账号，首先针对中文本土语言社区的知识内容进行优化，提升内容质量，增加中文“老子”条目的知识可读性，进一步加强其他语言社区“老子”条目的可读性和参考性。

2. 利用优势语言社区进行辐射传播

在老子跨文化传播过程中，要善于利用优势语言社区进行辐射性传播。比如，英语作为最具影响力和权威性的社区，诸多社区对其“老子”条目进行参考与借鉴。但英语编辑大多缺乏对老子系统的知识经验和相关的中华文化知识背景。因此，应组织兼具英语语言背景与中文老子知识研究的专业人士在英语社区中进行活跃发言与讨论，修改并丰富相关老子知识编辑。在此基础上，能够潜移默化地带动其他受英语社区影响的语言社区进行联动编辑，并呈现网状式的辐射传播效应。另外，也要注重一些大语族社区的核心语言的影响力，如斯拉夫语族中俄罗斯语对其他斯拉夫语有一定的影响，俄罗斯语与白俄罗斯语的“老子”条目之间存在极高的相似度，同属斯拉夫语族的塞尔维亚语、克罗地亚语、马其顿语之间也存在“老子”条目的相似性。因此，把握好典型的有影响力的少部分社区优先展开“攻势”，会起到事半功倍的效果。一方面需要不间断地在这些核心社区中进行条目编辑与维护，方便目标群体对老子知识进行正确的理解和传播；另一方面更需要经常在社区讨论中阅读并回应其他编辑的修改和评论，引起全平台社区内老子知识的趣缘群体共同参与知识编辑，努力在优势语言社区的网络编辑中树立自身的公信力，进而辐射到全球其他维基社区中。

最后，本研究目前所存不足之处，在此一一说明并反思：

其一，研究将进一步跟进对维基百科不同语言社区“老子”条目的最新编辑情况进行对比研究。由于受语言局限，成果重点研究英语、德语、法语、西班牙语、俄语、日语等研究内容较丰富的语种社区，对其他社区需要进一步跟进分析。

其二，研究目前仅对维基百科中的“老子”这一条目进行研究分析，下一步将继续对“老子”相关条目进行拓展研究，如“《道德经》”“无为”“自然”等条目，以补充丰富老子知识在维基百科的传播图景。

陆 媒介空间视域下老子著作与思想域外传播的思考和建议

重视现实层面老子思想与著作传播的共通与拓展，重视学术研究层面老子思想与著作传播的共享与丰富，是促进老子著作与思想更加广泛深入展开域外传播的两个策略。

第十六章　推进老子著作与思想更广泛深入地展开域外传播

习近平总书记指出："中华优秀传统文化是中华民族的突出优势，是我们最深厚的文化软实力，更是中华民族对人类文明发展的重大贡献"，"要更好地推动中华文化走出去，以文载道、以文传声、以文化人，向世界阐释推介更多具有中国特色、体现中国精神、蕴藏中国智慧的优秀文化"。作为中华优秀传统文化的杰出代表，老子思想对于化解人类与自然的矛盾，消融文明间的冲突，抚慰人们的精神，促进人类文明共同体的建构，具有强大的推动作用。老子思想与著作的域外传播是当下文化与传播工作者的使命和责任。目前，在人类文明交流互鉴美美与共的旗帜下，消解不同国家人民语言、文化以及价值观念上的障碍，促进老子思想与著作持久、有效地对外传播，是学界所关注的重要议题。

一、现实层面老子思想与著作传播的共通与拓展

（一）确立重视共通的传播理念

重视共通，落实到传播过程，即是在平等交流、互鉴互惠的基础上，寻求语言风格、叙述方式的友好，寻找传受双方内在精神的契合点。

首先，使用简明和易于接受的语言。《道德经》作为中国古代文化典籍，内容包涵广博、寓意深远。语言则为古汉语，文意玄奥、修辞多元，这使得其文本的可读性与可译性门槛都很高。出版机构可以专门给域外读者发行

《道德经》海外版，推出明白易懂的现代汉语注释本，增强文本的易读性与易译性。进一步，可推出平易晓畅的外文版本。

其次，采用亲和友善的叙述方式。老子思想在西方流传的原因之一是其生活哲学的睿智。因此，应选择海外受众乐于接受、乐于共享的叙述和阐释方式展开对外传播。在对老子思想和著作进行介绍时，尽量不用美化式叙述，而是采用对话式的叙述方式。如英国《卫报》一些涉及老子思想与著作的报道通常通过第一人称视角自然切入。相比起中立、客观地介绍老子和《道德经》，一方面能够鲜明地表达作者的看法和态度，另一方面仿佛在与读者进行朋友般自然的交流，分享自身的阅读经历和感受，读者也更易对叙述者产生信任感，对叙事内容产生代入感。《卫报》除了“I”这样的第一人称单数视角，还会使用第一人称复数“We”营造出“共同体”的叙事视角。这样的叙述方式，淡化了《道德经》来源于东方文明这一背景，强调作为共同体的“我们”都可以从《道德经》中获得启示，从而让域外读者更容易在一个“人类共同体”中获得对老子思想的认同，产生共鸣。

再次，建立价值观念和认知方式的连接。《道德经》包含有丰富的、包容性强的普适价值理念，如道法自然、返璞归真、不言之教、物极必反，等等。《道德经》在域外的传播，应当结合时代需求，向世界展示老子思想中具有当代价值、普世意义的文化元素，与其他文明在价值观念和认知世界的方式上建立连接，帮助域外受众更加便捷地认识和接纳中国传统文化。比如老子著作与思想在阿拉伯世界的传播和被接受，与阿拉伯哲学中苏菲思想的精神共通，就是一种极为重要的结合因素。再比如，《道德经》深受西方嬉皮士和反主流文化人士的喜爱，是因为其思想迎合了这些群体对健康、运动和环境保护的热衷。

（二）推动传播主体的多元化

新媒体技术的赋权特征，改变了受众在传统媒体中的被动地位，任何一个个体都有可能成为跨文化传播活动中的行为主体。因此，对外传播老子思想与著作时应当注重促进传播主体的多元化，吸纳新鲜力量。早期中国传统文化典籍西传的过程中，传教士、禅僧和来华使节是重要的传播媒介。最早《道德经》的英、法、俄、德译本和相关研究著作皆出自于传教士之手，这些人士对于中国文化经典和思想向西方传播起着重要的启动和推进作用。进入20世纪后，传播主体的组成日渐多样，海外汉学家、作家以及新闻工作者在传播过程中扮演重要角色，他们较多倾向于从学术性以及专业性的角度为西方受众推介老子思想与著作。但在文本内容更具明确性和思想性的同时，其传播渠道相对狭小，受众层面较为单一。为了改变这一现状，应当有意识地开发、培养新的传播主体，如海外华侨和留学生、西方国家的民间文化团体、来华的外国留学生等，加强与他们的协同合作，为老子思想与著作的域外传播注入新的力量。

当下，网络传播对当代民众具有重要而广泛的影响，因此需要发现和发展一批有一定学术基础，掌握一门外语，又能熟练运用新媒体传播技巧的人士投入其中，进行外文社交媒体公共主页的建设与维护，作为意见领袖组织、引领国际网络空间中的老子思想与著作传播活动，尽力消除外界误读，向世界简明诠释、积极传播老子的思想。比如，在当下的维基百科平台，137个语言社区中有“老子”条目，人与机器人编辑共有5,469个，其中英语社区编辑1,391个，中文社区编辑387个，近两个月的浏览量是33.1053万次。但中国大多数从事老子研究的学者并不了解维基百科平台的运行规则，而熟悉平台规则的网民又未必能诠释并传播老子思想。我们亟需鼓励并培养一批既熟悉维基百科平台运行规则，又能明晰解读老子思想的维基百科平台意见领袖和管理员，并组建核心编辑团队，保证老子思想能在百科条目中有效地传达。

（三）全方位开拓传播渠道

一直以来，中华优秀传统文化的对外传播以书籍、广播电视、海外宣传片为主要载体。而随着互联网的发展，新媒体技术营造出的网络交往空间，为世界信息与文化交流，为老子思想与著作在域外的传播提供了新的环境。我们应该把握社交媒体和移动终端迅速崛起的机会，拓展线上平台，借力近年来兴起的海外主流视频播放平台和网络社交媒体平台的力量，“破圈”跨文化传播。立足海外社交网络，开设信息发布平台，加强高质量短视频和直播平台的资源建设，探索中华优秀传统文化的新媒体表达，向世界传播多元、立体、文明的老子形象与智慧、包容、和平的老子思想。比如，开设一个或数个油管频道，利用丰富的人力物力资源，定期上传动画、历史故事、学者的讲解等视频。比如在多种互联网平台中引领和建立各种老子思想与著作的趣缘群体，激活并持久化这些趣缘群体的活动。再比如，英语纪录片中尚未发现以老子为主题的影片，可以以纪录片为媒介，推进老子思想与著作的海外传播。起步阶段，应积极寻求海外合作，本着互利共赢的原则，充分利用西方媒体资源和营销渠道，以西方观众能理解和接受的方式，“讲好中国故事”，让世界领略“老子”文化的魅力。老子文化的域外传播还可与电影文化作品“走出去”项目互搭便车，从而借助热播影视作品的热度，提升老子文化的海外传播效果。线下可以举办国际会议、课程观摩、论坛研讨、课题研究、学术沟通和文化旅游等活动。组建团队推进老子文化的国际传播，打造老子思想与著作对外传播的文化链。总之，充分发挥各渠道优势，协同努力，建设全方位、立体化、差异化的传播方阵。

（四）注重传播形式向“生活文本”转化

域外传播，传播形式受到受众欢迎至关重要。就老子思想与著作的传播形式而言，当前的文本译介以及文化交流通道过于狭窄，老子思想与著作的传播途径应当从“文学文本”与“文化文本”转向“生活文本”。比如旅游化推介、商品化推介等。旅游化推介可以通过老子故乡的旅游推荐，老子形象大使的塑造（智慧、亲和、善良、可爱等），老子戏剧表演等活动展开，外国游客通过参与丰富多彩的旅游活动的实际体验与感悟，增加对老子思想的认知与理解。而商品化推介，可以通过将神秘、可敬的老子形象和《道德经》中的“金句”转化成各种商品形式，如造型精美的塑像、设计独具匠心的茶具、各种可爱小巧的旅游纪念品，等等，并涵盖多种语言。在坚守老子核心思想的前提下，外表形象的塑造可依时间、地域的转变进行差异解读、变异阐述与个性重塑。“生活文本”能够让老子的思想从无形、抽象转为有形、具象，更接地气更易于接受。

二、学术研究层面老子思想与著作传播的共享与丰富

（一）增强质化研究

目前我们对于老子思想与著作在西方世界、阿拉伯世界和亚洲各国的传播历史，做了清晰的梳理。下一步，质化研究应当作为突破方向。在老子思

想域外传播相关学术研究中增加质化研究，如针对某一《老子》译本进行文本分析，并深入探讨其在当时历史和社会大背景中的意义，可以丰富研究成果的形式、有效提高研究深度以及便于将研究成果在英文期刊中发表。

（二）共享研究资源

一方面，目前我国为研究老子思想而设立的外文网站或新媒体账号的数量还较为稀少，存在着极大的不足。应当基于当下老子研究取得的丰硕成果，进而对研究成果进行归纳整理，利用数字人文技术，系统地在互联网上展示，引起更多国内外学者关注，促进了解与合作，扩大社会影响力。另一方面，支持国内学者组成专题小组，参与海外相关学术会议，积极增进与西方学术界（尤其是汉学界）的联系，针对项目进行沟通与交流，把握老子思想域外传播研究的主动权、主导权。比如，组织线上国际学术会议或者论坛，请国内外学者就这一课题开展讨论，或通过介绍会形式，向人们展示研究成果。介绍会或者项目网站可通过社交媒体和国外各大邮件列表（mailing list）进行推广宣传，如British Association for Chinese Studies，European Association for Chinese Studies，等等。同时，也可请国内研究老子思想域外传播的知名学者撰文，或以访谈的形式介绍这一领域的研究成果和趋势，并通过微信公众号和播客进行传播，提升国内学者和成果的知名度，以及民众对这一领域的知识水平。还可以成立老子研究基金会，联合海外华人学者以及国外老子研究学者，定期举行线下、线上研讨会，发表最新研究成果。

（三）推进外译

加强中外译者合作译介模式，将《道德经》与老子思想相关著述主动"译出去"。中国相关机构、部门、学术团体等，可以有计划有目的地推动"老子思想域外翻译与传播"项目，谋划译介经费，组织中外译者一起，探讨合作翻译的具体实施方案，通过发起、协助、组织出版等，让译作在保证译文内容的准确性、可读性等的同时，推动老子著作及思想"走出国门"。

（四）规范译名

核心概念译名的规范、稳定和权威，是老子思想与著作域外传播的一个关键因素。比如维基百科中"老子"的译名，尽管"老子"条目的汉语拼音形式命名"Laozi"相对来说已经是最常使用的命名方式，但就维基百科语言社区而言，这一译名仅占所有语言社区的35.8%，普及度和一致性仍有待提升。对于要在传统媒体和互联网平台中，系统化进行老子跨文化传播的目标来说，统一使用规范的世界通用的"老子"命名形式是重中之重。

作为中华优秀传统文化之一的老子思想，其著作译本、价值理念在全球范围内得到了一定的传播，老子思想域外传播的学术研究也获得了较为丰硕的成果。但跨文化传播及其研究中不可避免地存在较多因文化差异、文化误读产生的交流与研究障碍，仍需国内外共同努力，促进对话，使老子思想的海外推广与国内研究形成良性互动，为老子思想与著作的域外传播开创新局面，为人类文明的交流互鉴注入新动能。

附录

附录一　罗维前、森舸澜教授谈老子思想域外传播及其现实意义

围绕“老子、文化使命与健康人文”以及“道家‘无为’思想与当代科学的联系及其跨学科意义”，“老子思想域外传播与接受研究”项目特约研究员、英国剑桥大学克莱尔堂及剑桥李约瑟研究所赵静一研究员深度访谈了英国医学史学家、伦敦大学学院教授罗维前（Vivienne Lo），加拿大不列颠哥伦比亚大学教授森舸澜（Edward Slingerland），肯定了老子学说对中医的发展、现代科学和哲学，特别是道德心理学具有深远的影响与借鉴意义。

探索自我认同的中国文化根源——访英国医学史学家、伦敦大学学院教授罗维前

英国医学史学家罗维前的父亲来自中国，母亲是英国人，她的父辈和祖辈致力于搭建文化桥梁、促进跨文化理解。在英国20世纪六七十年代的反主流文化（counterculture）潮流中，罗维前开启了一段非同寻常的学习中国文化的经历，从叛逆少年转变为针灸师，最终毕业于剑桥大学。她当今的工作具有重要的跨学科意义，且涉及多项跨国合作，在医学史、电影、健康人文等方面都取得了一定的突破。

本次访谈，罗维前教授首先讲述了她的跨文化身份和青少年时期结缘中国文化的特殊经历。其次，她谈及《老子》对中医发展的深远影响，指出道

家思想在近代西方的传播离不开西方反主流文化风潮。最后，罗教授谈及医学人文和健康人文的重要性，并对电子医疗的未来给出了独特的见解。

一、在反主流文化大背景下找寻家族渊源

赵静一：罗教授，非常感谢您抽出宝贵时间接受我的访谈。我们先从您的英中血统开始吧！您的父亲罗孝建（Kenneth Lo，1913—1995）先生曾先后在燕京大学和剑桥大学研读学习，后来以中国外交官的身份开始了他的职业生涯。他将中国的餐饮介绍给英国，被视为20世纪50年代最知名的中国食品专家。您的曾祖父罗丰禄曾任中国驻英公使。显而易见，您出生在一个人才辈出的家庭环境里。能否介绍一下您的童年经历，以及您后来学习中文的情况？

罗维前：从小到大，总有人和我说，你对中国兴趣浓厚，是因为你有身份认同感。对此，我一直有自己的看法，即每个人对于身份认知都存在问题，我是一名世界公民，这些事情无关紧要。但后来我逐渐发觉这些事情的重要性，也越来越认识到，对我的家族渊源的追溯，对培育了我父亲的文化底蕴的探寻，的确影响了我年轻时所做的许多选择。

作为一个跨种族家庭，那个时代确实会面临严重的身份危机。我们时常因为族裔问题受到攻击，最后不得不在街上大打出手。这段经历有着特别的意义，为了不受欺负，我随后学习了武术。可以说，我和中日文化的接触很大程度上也得益于空手道。13岁开始学习太极和不同门派的武术，是我成长过程中的重要一环，我哥哥也是如此。对我们家来说，虽然我父亲接受过良好的教育，有很好的教养，但是他在赚钱方面实在是不敢恭维。他这一生都没能签到一个好的出版合同[①]，所以我们的生活并不富裕，几个孩子读的学校都很差。

赵静一：不得不说，您的经历让我感到很吃惊。

罗维前：这的确让人大跌眼镜。其原因在于我父亲和其他传统中国家庭的父亲大不相同，而且我们没有一个“虎妈”。我们的母亲是农民的女儿，对教育比较反感。从某种意义上来说，我父亲算是出身贵族，年轻时就很富有，这也注定他不可能扮演那种传统家庭里的父亲角色。20世纪三四十年代，我父亲在英国剑桥大学攻读第二个学位，与他交往的大多是文人，都

---

① 罗孝建先生撰写了40余本中国菜谱等烹饪文化著作，在欧美产生了广泛影响。——作者注

算不上特别传统。我想，如果我父亲当时不是左派人士的话，情况就不同了。他刚到剑桥时正值西班牙内战，加入了一个具有雄心壮志的文人群体。因我父亲周围的人，比如威斯坦·休·奥登（W. H. Auden，诗人、文学评论家）、李约瑟（科学家、科学史学家）都是左派，所以自然而然他也更倾向于左派。这也是我们没有得到良好教育的原因，因为他对公共教育体系充满信心。[①]他在培育孩子的过程中不怎么循规蹈矩，对于我的教育并不上心，也没要求我上大学，父亲的教育风格如此随性，所以子女们都变得无拘无束。我们是很典型的六七十年代的年轻人，也是国际反主流文化运动的推崇者。我的两个哥哥后来成了彻头彻尾的工人阶级，直至今天他们还是工人，对于教育和文化丝毫不感兴趣。他们的孩子也是一样，不过现如今也正在发生变化，至少接受了更好的教育。所以我是我们四个孩子中唯一受过高等教育的人，而且直到30岁才上大学。

赵静一：请问您的第一个学位是在哪里获得的？

罗维前：我的第一个学位是在剑桥大学获得的。但那之前，我还有一段教育经历，即17岁的时候开始在一家针灸学院学习针灸。毕业后，我在伦敦当针灸师。我的针灸事业还比较成功，开的诊所算是当时欧洲最大的针灸诊疗机构。不过老实说，我对自己在英国学习和实践的那种针灸逐渐变得越来越不满意。

在我的人生中，很讽刺的一点在于，我接触的所有和中国文化有关的东西，除了中餐之外，都是来自白人老师。太极，是从一位澳大利亚歌剧明星那里学来的，而他的老师，则是一位叫格达·格迪斯（Gerda Geddis，将太极引入英国的人）的英国人，后者是从香港一个年轻家庭学来的。我师从杰克·沃斯利（Jack Worsley）学针灸，他是五行针灸法的信徒，但完全是由白人中产阶级定义的一套疗法，对于中医药的认识充满幻想。

我逐渐意识到这些老师的局限性：不会说中文，没人能阅读中文经典著作。于是我带着一大一小两个孩子来到剑桥，成为剑桥大学露西·卡文迪许学院（Lucy Cavendish College）的一员。这是唯一能够接纳我的剑桥学院，毕竟我没有受过任何高等教育，而且只是取得了平平无奇的A-level成绩。

---

① 在英国，实际上私校教育水准普遍高于公校。——作者注

此外，我在剑桥大学接触的中文教学大多来自犹太老师，斯劳斯博士（Dr. Sloss）教我语言，历史则师从我钟爱的鲁惟一（Michael Loewe）、陆威仪（Mark Edward Lewis）等先生。

赵静一：那么，谁对您的影响最大？

罗维前：真正对我人生产生深远影响的人其实是我的大伯罗孝超（Charles Lo），他是美国哥伦比亚大学教授古代汉语的老师。大伯每年都会来家里看望我们，每次来他总是吟诵《孟子》和《庄子》，因为他接受过古文经典的洗礼。当时的我就听得入了迷，然后他会给我上一节关于古代汉语的课，对一个十几岁的孩子来说，那是一件特别有意思的事情。

那时我很叛逆，就像我哥哥们一样，我惹了很多麻烦。在那样的情况下，我的父母无计可施，便把我送到了纽约。当时我才13岁，穿着阿富汗风格的外套和嬉皮士的服装，而且还吸着毒，我母亲完全绝望了，而我的哥哥们那时还在监狱里坐牢。

在纽约，我和大伯一起待了10天，他完全改写了我的人生。虽然他带给我的影响并没有即刻显现出来，但心里埋下的种子却慢慢发芽长大了，并在我之后的人生中结出了果实。我时常听到他在洗澡时吟咏《庄子》。对中国人而言，我所有的家人都不算是传统一派，我大伯对于美国掀起的反主流文化运动也很熟悉，因为那是20世纪70年代，他在哥伦比亚大学的学生是一帮打扮成嬉皮士的孩子。所以他从不要求我：你必须学习中文，必须去周日学校，必须这样做、那样做——完全没有。

我的这位大伯人很好。他带我去看望身居美国的中国家人，带我去哥伦比亚大学结识了狄培理（William Theodore de Bary）等著名的汉学家，带我到图书馆，并向我展示那些中文书籍。他还为我下厨，做离奇古怪的牛腱肉给我吃，还带我去格林尼治村的爵士俱乐部，等等。在我人生大部分生涯里，他都是我的精神导师。

赵静一：那时候，对您来说，中国文化的魅力在哪里？您大伯当时都教了您什么？《庄子》《孟子》最吸引您的是哪些方面？您当时是把这些当成一种异邦文化，还是作为自己文化根源的一部分而产生了共鸣？

罗维前：我的确感受到了共鸣。那些文字听起来很美，给了我一种平静的感觉。这是一种发自内心、贯至全身的东西，书本对我来说也带了几分神秘感。但真正让我感到共鸣的是他吟诵文本的形式。他房间里的宁静，他做这件事时的专注，还有他的吟诵方式似乎打开了时空，就好像可以回到任何时代。我感觉到，吟诵让他回忆起了儿时，与过去建立起了某种联系。通过和他一起聆听吟诵，我多多少少能够体会到他的那种境界。

很显然，查理大伯绝对是我能去剑桥大学的直接因素。青少年时期的最后几年我接受了大伯的教导，对中国奇异的文化特性产生了兴趣。有趣的是，我的英国朋友及欧洲朋友，还有所有在伦敦的来自不同文化、不同种族的朋友，对武术、太极、老子、庄子等中国元素都颇感兴趣，他们对那些文本里的思想，包括其中涵盖的那些反主流文化、迎合嬉皮士文化的思想，都充满了浪漫幻想。

父亲曾经送给我一本《老子》译本，译者的名字我已经记不清了，但是我记得书里有着绝美的树叶和水的图片，它融入了我十几岁时喜欢的小而美的环保文化元素。这其实也是一种反主流文化，是对标准职业家庭出身、中产阶级出身和主流世界观的否定。所以我说，我过得很随性，年轻时我还在维珍唱片公司上过班，有一阵子还迷恋性手枪乐队（The Sex Pistols），而且并不在乎别人的闲言碎语。我也在剧院里工作过，并在同一时期接受针灸培训。这一切就是我为什么会对《老子》感兴趣的原因所在。

二、老子和中国医学

赵静一：《老子》本身并不被大家视作科学文本，但它确实从一定意义上在中国科学史上发挥了重要作用。您如何总结它对于中国科学史和医学史的影响？

罗维前：我觉得要说科学史话题太大了，不过我倒是可以讲讲它对医学史发展的影响。当然，书中关于水的概念，以及水影响气的概念是人们自然而然就可以理解的。老子关于水穿过身体、飞流直下以及指导气的概念的思想，贯穿在我的博士论文以及所有其他研究文献之中。所以，老子的思想不只是可以带入到《黄帝内经》中，就是放到其他提升自我修养的典籍里也能够贯通。我在十二三岁的年纪就开始学习太极，所以在某种程度上，我能很自然地理解其中的意味，这种气的具象的体现，在身体里感觉到气，要归功于《老子》的指导。你可以在《老子》里找到最早阐述气的核心概念，还可以从冥想、导引以及后来的医药学中找到这一概念。所以，我能看到《老子》学说对中医治疗和针灸方面的影响，也知道中国人会以气、体内阴阳平衡等理念去表达自己身体的感受，这种感受是不可能用英语表达出来的。

医学人文世界的构建是建立在患者描述和经历基础上的。在这方面，中国历史、老子的精神遗产、水的哲学、经验医学或身体体验等学说在欧洲产生了巨大的影响力。随着笛卡尔主义的兴起，人们开始将身体割裂成多个单独的部分去看，一旦得了病，他人就只关注疾病本身，而忽略了患者对于病痛的体验。所以，我认为，中国的医疗理念有力地填补了这一空白，而且对我们当下的世界影响深远。在中医和替代医学（alternative medicine，即由西方国家划定的常规西医治疗以外的补充疗法）蓬勃发展的背景下，患者对于疾病的体会得到认定，因为人们会问他们情况如何，而不是把患者仅仅当成一个病例样本。

赵静一：您说得很有意思。您提到，中医和中国哲学被反主流文化者和嬉皮士们所接受，它被视作另一种非主流的东西。在您看来，情况现在有所改观吗？接受中医的群体现在是否变得更加多元化了？

罗维前：这个很难说，从某种程度上讲，中医受到了新的法律的约束，之前之所以在这里大受欢迎，也是因为这边的法律很宽松，尤其是在英国。但我确实认为，中医在这里蓬勃发展，是因为它站在挑战专业领域的最前沿，而且也是对于生物医学将人体组织分开诊断这种方式的挑战，填补了这部分的空白。其实公共卫生并不将人体划分成几部分来看，而是像古代医学一样谈论养生之法，比如每天要吃五种蔬菜水果、要锻炼身体，这些可能是我们医学中最重要的东西，能保证大部分人的健康。但问题是，人们总是被告知要这样做，却往往不去履行，反而是武术文化、佛教的素食主义或其他所谓“反科学”的文化更加有效，更能引导人们多加运动、合理膳食。早在20世纪六七十年代，嬉皮士和反文化人士就非常热衷于健康、运动和环境保护的文化，凸显了如何引导世界发展更好的一种健康文化理念。

赵静一：中医和西医是在两个完全不同的体系下运作的。您认为，向西方听众传达中医思想的最佳方式是什么？

罗维前：我其实并不认为他们一定要在不同的模式下运作，因为老实说，生物医学本身就有很多不同的运作模式。不管你是走进药房，走进内分泌科还是走进外科，他们都用不同的从业知识去看诊，中医也是一样。中医的独特之处就是它的“多重用药”——你一次会用到很多种不同的药材，所以这也是无法说服现代医学研究者的原因，因为无法取证。在以证据为基准的医学领域里，你无法从多重用药获得证据，因为没有人知道这些药物之间是如何相互作用的；而一旦建立临床试验，便意味着失去中药模型的特殊性。你不可能每次诊治都为病人更改处方，并在此基础上提出和设计一个临床试验。其实在中医史里，也有很长的用单一药物治疗疾病的历史，可以说，传统中医和西方医学之间相互连接大有可为。

说到中医的锻炼传统，太极就是一个很好的例子。在轮椅上，你可以练太极，病情严重或者采取保守疗法时，也可以打太极。推拿按摩是中医非常擅长的东西，它成为每个人生活的一部分。饮食疗法也是，你不需要大量的证据就知道，少吃一点、均衡膳食对你的健康有好处，而中国文化可以让你有很多机会吃得好、吃得健康。

事实上，即使对那些完全信服现代生物医学的人来说，汉语本身已经注入了一种文化，帮助你更好地理解你的身体情况，以及你在日常生活中如何应对不适，反观欧洲国家的语言就不具备这些。你没有生病，但是你有些不适，在欧洲很难有一套语言用以描述这些状态并且教你如何应对。

三、文化使命与健康人文

赵静一：除了关于中国科学史的专题文章外，您2020年还写了一篇关于李约瑟遗产的文章，题为“21世纪的我们要如何重新定义李约瑟对国际社会的看法”。在父辈和祖辈致力于搭建文化桥梁和促进跨文化理解的家庭中长大，您认为自己在这一事业中的使命是什么？

罗维前：我得说，我是在剑桥大学和伦敦大学亚非学院的时候真正“发现”了我的家庭。那时我去了福州，我的本科论文是关于福州的一个道教女神[①]，她是主管百姓生育的神。这对于我来说非常有意义，因为传闻她在变成女神之前还属于人类，而她就住在我家的祖屋后面。她还是一位剑客，这一点让我十分兴奋，因为我自己就喜欢剑术。我个人对道教、对她的故事非

① 陈靖姑，传说767年出生，有舜天圣母、临水夫人之称。

常感兴趣，因为她可谓一位“Me Too”女性，早在唐朝，就已经被奉为受欺压女性的复仇女神和妇女生育的保护神了。

作为一名学者，我2020年获得了教授职位，但比起这个职位，我更珍惜我前些年在北京大学获得的客座教授身份。我实际上是在那样的背景下明确了自己的使命，并从多个层面思考这个问题。从我的历史学著作来说，你和我一起完成了比较研究的工作。[①]不过，实际上我最喜欢的还是有关文化传播的工作和跨文化/跨国事务交往史。这是我工作中重要的一环。我最开始是对敦煌，对丝绸之路医药学、医药史和科学史感兴趣。因为涉及语言问题，要从事那种工作困难重重，所以我对那些在该领域内认真工作的人们怀有深深的敬意。我和北京大学的朋友、波斯研究教授王一丹曾经在这方面有过一些合作。

我现在更关注的是搭建人员网络，以及在亚洲医药方面的工作。我在荷兰博睿学术出版社（Brill）创立《亚洲医药》的初衷，就是为了在中医从业者、人类学家和历史学家之间建立一种联系，而这一点的确已经实现了。不过这个项目已经有10来年不由我负责了。令人欣慰的是，在下一代人类学家和古医学史学家的手中，这一项目正在大放异彩。

同时，在拉希德·丁著作的基础上，我对中世纪晚期中国和大不里士（Tabriz，伊朗西北部城市）之间的联系也做了一些研究。当时因为与一些专家合作研究西藏文化和阿拉伯科学与医学，让我有了一个愿景，即把那些解读“不同文化在中世纪丝绸之路上发生联系”的人聚集在一起。我想，这应该是我要写的最后一本专著，即关于拉希德·丁在中世纪蒙古、波斯背景下是如何解读中医的。

说到我的职业生涯，我在北京大学开设了一个医学人文的双学位课程，这是出于现代人对医疗健康与人文学科方面的需求考虑而增设的。我尝试着把英中两国学者聚在一起，思考医学以及医学中的人文底蕴。这让我很振奋，特别令人着迷的是它还把我带进了电影领域。

我感到特别兴奋和愉悦，能和电影评论家、电影制片人和电影史学家们合作，比如克里斯·贝里（Chris Berry）、迈克尔·克拉克（Michael

---

① 赵静一与劳埃德教授编撰的《古代希腊与中国比较研究》（*Ancient Greece and China Compared*. Cambridge University Press, 2018）论文集中收录了一篇罗维前教授的文章。

Clark），尤其是我的朋友帕特里齐亚·利伯拉蒂（Patrizia Liberati），她在北京意大利驻华大使馆文化处工作了大半辈子。我们一直在做的研究是如何通过电影来理解健康人文。我们分析社会文化，观看关于生物医药的电影，如医生这一职业的出现、妇女以及她们在20世纪六七十年代的表现，以及中国试图改变大众对获得性免疫力缺陷综合征（HIV）和艾滋病（AIDS）认识的工作。还有那群不可思议的纪实电影制片人，他们试图改变中国人对残疾者的态度，同时关注矿工的职业健康问题，以及那些在被允许的边界做同性恋权利研究相关课题的人。我认为，这些电影方面的工作弥足珍贵。这些电影制作人正从方方面面改变中国，而且电影也是让世界各地的人们更容易知晓中国当下情况的一种媒介。

赵静一：我想多了解一下您在北京大学的工作，以及您所开设的课程。我在伦敦大学学院的新闻版面上看到一篇文章，其中引用了您说的一段话，说这门课“旨在培养中国历史和当代文化领域的未来领导者”。那么，您认为科学史在培养下一代领导者方面发挥了什么作用？它提供了哪些管理或商务学科无法提供的东西？

罗维前：关于健康人文学科，它并不是特指科学史，准确来说这其实算是两个概念。在健康人文学科的范畴里，我们的学生会站在不同领域去关注中国资源管理和医疗健康方面的改善。例如，2021年我们有两个很出色的学生报名参加双学位课程。这一课程隶属于一门更为大型的课程，其中有三个学生在研究分析电子医疗和互联网医院改变中国的方式。

赵静一：电子医疗是未来发展的一个大方向。

罗维前：是的，这势必会成为未来的发展方向，因为这是一种获得医疗机会的方式，但它也衍生了各种与在线服务质量有关的问题。患者与医生之间真的能完全转化为线上看诊吗？缺失了面对面的沟通环节会对结果造成哪些影响？对于那些没有网络、无法使用网络的人怎么办？那些不识字的人，那些由于身体缺陷而不能上网的人，还有中国大西南边缘地区的人们，他们没有这些硬件设施。而且对于网上开出的中药配方缺乏监管措施，没有和经验丰富的中医面对面望闻问切，意味着某些药物的潜在毒性和药物的质量控制方面可能会出大问题。此外，中国的更新步伐太快，还有一大堆问题没有解决，在这个领域的法律监管还不完善。我在北京大学开设的双学位课程，旨在探讨诸如此类医学人文方面的内容。我与郭莉萍教授，还有其他北京大学医学人文学院的学者进行了友好的沟通与合作。还有一个我认为很重要的方面就是创新，当然那也是李约瑟难题的核心。有人说，中国死记硬背式的教育体系中没有创新的理念，中国教育的制约因素不利于创新，我曾写文章反对过这种观点，因为我在中国看到了许多不同方面的创新。对老师的尊重和仿效并不意味着照搬、复现老师的教案，创新其实有很大的空间，我们只需集百家之所长，无论观点来自不同的哲学家还是不同的科学实践，那才是创新产生的方式。其实并没有什么事物是全新的，它都来自之前观点的再发现和再创造。所以我认为，理解中国的创新方式对未来十分关键。

道家“无为”思想与现代科学的融合——对话加拿大不列颠哥伦比亚大学教授森舸澜

森舸澜教授是加拿大不列颠哥伦比亚大学的“杰出大学学者”，他的研究的独特体现在为中国哲学思想与当代认知科学构建联系。加之在科普领域的贡献，森舸澜教授的工作引起学界和媒体的高度关注。他曾在TED演讲中介绍道家“无为”思想，所授edX慕课“中国思想：古代智慧遇上现代科学”（Chinese Thought: Ancient Wisdom Meets Modern Science）颇受好评。

在本次访谈中，森舸澜教授指出，科学家在实证研究中遇到的诸多问题，实际上在中国早期学说中就已给出解答。老子和其他中国先哲都认识到了人类心理层面的问题，其思想对现代科学和哲学，特别是道德心理学有一定的借鉴意义。同时，森舸澜教授还以“无为”这一概念为例，分享了如何从认知心理学的层面阐释道家与儒家思想，从而有效地在古代与现代、东方与西方、人文与科学之间建立联系。

一、非同寻常的学术经历

赵静一：森舸澜教授，非常感谢您接受我的访谈。我们先从您学习汉语讲起吧！您在普林斯顿大学学习生物学和汉语时，就已经尝试将科学和人文联系起来，这在当时肯定也是一次超乎寻常的学科融合。

森舸澜：其实事情的发展有点一波三折。我当时还是生物系的大一新生，想要读分子生物学专业。可是后来我发现我的有机化学学得不太好，对分子生物学的学生来说，这可不算什么好事。于是我就转学海洋生态学。

我那时对汉语很感兴趣，特别是对《庄子》。十几岁的时候，我在阅读科幻小说时发现了这本书。因此，虽然生物学是我的主攻科目，但同时我也在学习汉语。19岁时，我决定从普林斯顿大学辍学，重塑自我。我转学到了斯坦福大学，在那里，开始主攻汉语，因为我觉得人文学科跟我本人更契合。在斯坦福大学获得学士学位后，我又在加州大学伯克利分校拿到了汉语言专业的硕士学位。

我在头几年接受的训练算是标准的人文学科教育：汉语言、宗教学等。应该说获得博士学位之后，我才真正开始涉猎跨学科内容，而且变得有点儿“特立独行”。

赵静一：可以看出，您很早就对科学产生了兴趣。这么多年过去了，您认为大学的教学体系有没有发生大的变化？您在书中提到过大学教育的“两极化”（biversity），即艺术人文和科学类学科彼此间的分离。对于目前的情况您怎么看？我们可以采取哪些措施，以便在不同学科之间搭建桥梁？

森舸澜：情况还是不太乐观。我觉得这是由于大学校长、教务主任甚至系主任之间的想法有矛盾而导致的。在大学高层，大家一直在提倡跨学科，认为这是一件很棒的事。而实际上，招聘、升职等很多现实问题都摆在面前，所有影响你职业生涯的因素都取决于不同学科的内部评价，学科内部对于研究方法及相关问题通常都很保守。

当我在不列颠哥伦比亚大学带研究生时，在这一点上就很难达到平衡。一方面，我希望我的学生能够学习和运用跨学科技能，同时也希望他们能够顺利就业，看上去像传统的汉学家。然而，问题就在于，真正影响人们的是跟聘用和任期有关的决定，这种情况很受单一学科的限制。此外，做跨学科的工作得不到奖励，我本人就有这个问题。不过幸运的是，在完成了很多常规工作并获得终身教职后，我就开始从事跨学科领域的工作了。我撰写了《无为：早期中国的概念隐喻与精神理想》，在这本书里加上了一些隐喻理论，读起来会有点“怪”，不过不算太出格。随后我出版了《论语》的英译本，并提供了注释，这对于汉学家来说也很自然。正是由于取得终身教职，我才有大量的时间和精力重新提升自己，大概用了五六个年假重新学习了社会心理学和认知科学。这也许就是得到终身教职的意义吧!

赵静一：您认为中国哲学和当代科学可以建立怎样的联系呢？2,000多年前战国时期的思想言论和当代科学之间建立怎样的关联，才算有效而可行呢?

森舸澜：我们可以向科学界人士展示，他们在实证研究中遇到的问题，实际上早在中国早期的儒家学说里就已经给出了解答。说到道德心理学（moral psychology），你可以看到一种有趣的趋势，那就是人们越发关注这一学科了。之前，人们了解的只有道义论（deontology）和功利主义（utilitarianism）两种道德理论。后来人们逐渐发现，人实际上还是理性的，他们的道德动机来自情感，而且看上去并不只有一种道德情感——有多种道德情感覆盖不同的场域，如同情心、同理心、正义感等，每一种情感似乎都有自己的触发点以及独特的表现。同时，似乎还有很多未经引导的情感也有一定作用，而且可以通过多种方式来培养这些情感，比如榜样示范、音乐，还有所谓的“礼”。所以从实证方面来说，人们正在重新探索发现美德伦理学，特别是道德心理学，这和《孟子》里面的思想很贴近。事实上，很多不同的道德情感可以通过不同的方式培养起来，这听起来很像孟子“四端”的比喻。我想强调的是，这些关于人类心理方面的发现，实际上和早期中国思想中构建的人类思维模式十分相似。

二、超越东方主义的误读

赵静一：您的著作《早期中国的身心观念：超越东方主义和整体主义的误读》，证实“中国思想不存在身心二元论”这一论断实为谬论。同时指出，文化本质主义和东方主义，即将中国视为一个陌生而具有异国情调的“他者”，存在诸多问题。您认为这种倾向从何而来？为什么人们会相信在中国没有身心二元论?

森舸澜：对西方学者来说，中国一直被视为一面镜子、一个截然不同的地方。在书中，我追溯了这种把中国描绘成异国他乡的历史——这里的一切都是欧洲所没有的。我们可能更熟悉这种表达方式的负面说法，如黑格尔认为中国“没有历史”——中国没有对立（tension），所以什么都在原地踏步。不过也有积极的东方主义者。像莱布尼茨和伏尔泰这样的人，他们认为中国是完全不同的，相比欧洲它甚至更好，我们可以向中国学习。比如，伏尔泰希望我们不再信奉上帝，不要把我们的伦理观依附于宗教。有人说，如果你不信上帝，就没有道德可言，会导致礼崩乐坏。他说，不，你看看儒家，他们是世俗的，没有所谓的“上帝”可言，但他们同样保持良好的道德水准。对伏尔泰来说，道德不依赖于对上帝的信奉。

中国人不信奉神明，也没有宗教信仰这一说法有一段历史了。实际上，19世纪末20世纪初，中国学者自身也支持这种东方主义的说法。他们说，对，我们在孔子时代就是不信宗教的，这也是我们会走在你们前面的原因。这一情况的产生有一系列的历史性原因。自20世纪六七十年代起，这一趋势逐步加剧，因为那时人文学科研究中盛行着非常强烈的社会建构主义观点，而且至今它可能依旧占据人文学科研究的主流。所以，如果你是一个忠实的社会建构主义者，那么你就会认为，面对一个有着如此不同语言的文化系统，我们的思维方式会有很大的差异。

我认为，摆脱这种状况的方法就是我所说的具身认知（embodied cognition）。我们不是自由漂浮的能指，不是生活在一个话语世界。我们有实在的躯体，是生物实体，我们思考的方式当然受到语言和文化的影响，可以以各种有趣的方式构建成型，但也有一部分是基因赋予我们的。这就给我们提供了一种方法，来探讨为什么我们都有着某种共性，为什么我能看懂一部战国时期的书籍。比如我读《庄子》，里面提到容器和出入的概念，还有自由和被外物束缚的概念。我能理解是因为我有过亲身体验，我知道容器是什么样的。再比方说，孟子用“端”的比喻，我之所以能理解他的想法，是因为我具备同他一样的基本思维。全世界的人类都以相似的方式生活。中国古代有农田，就像古希腊也有农田一样。我能够进入他们的思想理念中，我们在生活方式上有足够的相似之处，所以我们有着共同的理解架构。

我认为，一旦你采用这种具象化的观点（embodied view），你在解读文本时就会从不同的角度出发。从诠释学的角度来说，就是出发点改变了。在我读研时期，出发点是寻找根本上的不同，把汉语视为完全不同的语言。这就导致我们在深度阅读某个文本时，会试图从最奇怪的角度去解读它。而现在，我认为一个更好的诠释学出发点是体现共性。这样当你深入文本里面，你才能去发现真正有趣的差异是什么。

三、老子思想的当代意义

赵静一:《老子》(又名《道德经》)一直被视作一个晦涩难懂、极具神秘感的文本。您给学生们讲授这一文本的体会是什么?您又是如何将它与学生的生活建立联系,帮助学生理解其含义的呢?

森舸澜:我试着让学生们明白,这里面涉及的问题都是他们所熟悉的。我认为《道德经》是对儒家思想,或者笼统地说,是对"文明"某种意义上的回应。它的出发点即是文明带来了某种不幸,带来了个体的痛苦及不平等。而解决的方法就是原始主义,即回归一种简单的生活方式,不去追求那些难以实现的东西。我尝试着让他们理解,事实上这种对文明的态度在西方也有过。

在课堂上,在我的专著《无为:古代中国、现代科学及自发性的力量》中,我将《老子》和20世纪60年代的反主流文化运动进行了比较。人们称老子为最早的嬉皮士:远离社会,回归农耕,回归大自然。《老子》一书含有一些重要思想,而且我还导入了认知心理学。这才是人类共性里真正重要的部分。所以当老子提到"五色,令人目盲;五音,令人耳聋;五味,令人口爽;驰骋畋猎,令人心发狂;难得之货,令人心妨",他其实认识到了一个真正的人类心理学问题,那就是适应。比如,当我刚搬进来时,我的公寓里有一台噪音很大的冰箱。当时我觉得它很烦人,然而现在我不怎么注意它了。因为我们感知到它以后,会逐渐适应这种刺激。享乐也是如此。当你喝一种品质很好的葡萄酒时,一开始,你会觉得这酒很好。但大约持续一个月后,它就变得稀松平常了。然后,如果你再去喝品质一般的酒,对你而言就成了劣质酒。这是人类的一个问题,它也被称为"快乐水车"①。我们谈论的快乐,通常是得到新鲜事物时那种快乐的感觉,人们以为这是持久的,而其实并不是。你得到一部新的手机,很喜欢,觉得这是最好的一部手机了。而后新款出来了,你又会喜欢新的,因为它有一个更好的摄像头。这就是说,人类是生而不知足的,我希望我的学生们能理解这一点。老子明确地指出了这一问题——我们从来不懂得知足。他提出的解决方法是"放下",放下追逐那些遥

① the hedonic treadmill,意为人被带动着一直向前跑,追求某一目标,然而实际上很快被带回原地,并没有因此变得更快乐。——作者注

远的事物，只把我们的关注点放在基本的生存上，而不是眼中的欲望。

赵静一：老子有一个理想，就是让我们回到自然或者本我的状态。但是在科技愈发具备影响力的世界里，我们的生活有了越来越多的非自然成分，导致我们控制不住地分心，离开了技术产物无法存活。现在要回归到老子主张的那种自然的状态是不是愈发困难？

森舸澜：我们离这种自然状态越来越远了，我们的大脑也随着科技的进步而改变着。我自己也注意到了这一点。我现在研读书本的能力不如以前了，静坐读书，尤其是一本学术书籍，很难控制自己不被手机打扰。智能手机让我们的生活方式焕然一新，使我们更加依赖于短暂的快乐。很显然，手机很容易让人上瘾，我们真的很喜欢盯着屏幕。这十分令人担忧。

不过，我认为老子对人性的描述也有不切实际的地方。如果回归乡野，人们还会重新发明新东西，也会想着出行增长见识。因此，我觉得最好的方式是把老子学说视为对文明过度开化的一种矫正。如果你认真考虑老子所说的，你可能不会把手机丢进海里，而是下午抽出时间把它放在一边，不去看它，或者规定自己晚饭后的时间不使用电子产品，而是和家人在一起，听听音乐或者玩玩桌游。其实有很多方法去纠正这种过度依赖，而不是严格杜绝科技和文明。

赵静一：您的学生怎样看待《道德经》这样的文本呢，这对他们来说是不是很陌生？

森舸澜：他们可以理解这些思想，就像我前面说过的，因为这些都是人类共通的思想。你可以从德国浪漫主义学说中看到它的影子。这种观念认为简单更好，我们需要回归大自然，文明正在腐蚀和破坏我们对事物的自然享受。这是人类对世界的普遍认识。所以学生们完全能够领会其中的含义，他们喜欢《道德经》，甚至说，这是他们最喜欢的文本之一。

四、无为与当代科学

赵静一：我们来谈一谈您关于“无为”的研究吧，这和前面提到的关于是否能回归到这种自然状态有一定关联。想要做到无为也是如此——当代社会，我们都重视目标导向的行动，并为实现特定目标付出了很多努力。您认为，要达到无为和顺其自然（spontaneity）会越来越难吗？

森舸澜：这是肯定的。一部分原因是来自像智能手机这样先进的技术产物。我认为，我们已经失去了像过去那样能让我们自由思考的空间。正如我在《无为：古代中国、现代科学及自发性的力量》一书中提到的，有充足的证据表明，创造力和幸福感都需要心智游移（mind wandering），要求你暂停接受外界信息，顺其自然。而现在很难做到这一点，因为只要我们想要，就可以不断地以某种方式获取信息。放下智能手机，出去散步、划皮划艇、做园艺栽培等，这需要一种非常强的自律。我比较担心的是我女儿这一代由智能手机陪伴长大的人，他们“拔下插头”（摆脱外界干扰）的能力是否减弱了。

赵静一：无为存在多种解释，包含多种悖论。有人说，实际上你得具备坚实的基础，并且下大功夫，才能表现得毫不费力。我联想到水上游的鸭子，它们看起来就像漂浮在水面上，但实际上，它们必须在水下大力地划水才行。那么，我们要如何解开这些有关无为的悖论呢？

森舸澜：是的，有些事情看上去随心所欲，其实需要长时间的训练才能达到。罗杰·费德勒的正手击球，看起来很轻松，不费吹灰之力，但这是因为他五六岁就开始训练正手击球了。我在《无为：古代中国、现代科学及自发性的力量》一书中说，这也是儒家的修身方式，《论语》倡导在很长一段时间内努力训练，直到最终达到那个境界。对于孔子而言，直到70岁的年纪，他才达到从心所欲的境界。从心所欲，但永远不会违背道德，可那是孔子花了70年才实现的。《庄子》里也有类似的例子，不是吗？比如庖丁，他也是经过了大量的练习，刀工才在牛身上游刃有余。所以某些类型的顺其自然，就其本质而言，需要先训练，然后才能毫不费力。但在另一些情景下，你真的需要无所作为。

比如，第一次约会时，你想表现得风趣迷人，给人留下深刻印象，但如果你刻意做这做那，结果反而会很糟糕。你真正要做的就是放松，倾听和享受那一刻。但这就是一种悖论，不是吗？因为你知道不去刻意表现你会做得更好，但是当你想要达到你所希望的结果时，你又如何做到无为呢？《道德经》提到了以弱胜强的悖论。如果你想变强，那你就要“拥抱”弱，但你不能战略性地这么做。因为你不可能空想着变强，你必须发自真心地喜欢软弱。这就是悖论所在。《论语》里也有与此相关的内容。孔子说，你可以践行礼，牢记所有准则。但如果你不是发自内心地热爱礼、热爱道，那么你只是一个乡愿，一个不辨是非的人，一个伪君子。

“无为”涉及了人类大脑的意识结构，涉及了人身体的共性。刻意变得无意识，本质上是我们大脑所不能完成的。唯一的解决方法，就是想出一些技巧或者妙招，能够帮助你进入那种状态，而不是主动去追求进入那种状态。

赵静一：您认为，“无为”的概念是否具有一定的独特性？您能想到西方经典中的一些对等词语吗？

森舸澜：我想，在亚里士多德的论述里我们能看到这一点，对他来说，真正的美德无疑是“无为”，是自我激励的，不涉及反思，应该是不自觉的。我觉得，要说战国时期所谓的“主流思想家”儒家和道家有什么独特于西方的地方，就是他们明确地把无为作为一种理想，想方设法去实现。他们提出了很多好的想法让我们绕过无为的悖论，那些想法很有价值。

赵静一：在我看来，这是一个完美的连接科学与哲学思想的切入点。在顺其自然的背后蕴藏着许多科学概念。这种顺其自然的思想就是您的新书《醉：我们是如何啜饮、跳舞和蹒跚着走向文明的》的灵感来源吧？

森舸澜：是的，没错。写这本书的灵感得益于关闭前额叶皮层这一想法。前额叶皮层很重要，但对于某些事情，比如创造力、和他人建立彼此信任的关系、解决某些合作性难题等，它就成了我们的“敌人”，会形成一定的阻碍。不过有多种方法可以解决这一难题，其中一种便是冥想。《道德经》里有一些内容暗示了呼吸吐纳以及冥想的技巧。另一种方法就是酒精，它的主要作用之一就是下调并抑制你的前额皮质的活性。

读了《庄子》里的一段话，我很受启发。“夫醉者之坠车，虽疾不死。”喝醉酒的人从车上摔下来，虽受伤，却不会摔死。因为他是“神全”的。换句话说，他的前额叶皮层已经因为酒精的作用失效了，所以就“乘亦不知也，坠亦不知也”。这是《庄子》里的一个隐喻，他说，既然你从醉酒中尚且能“得道”，那如果能隐于天地，是否更能保全心境呢？这让我开始思考：人能够在需要时关闭前额叶皮层，如通过冥想和不同的艺术形式，是一种独特的能力；但有一种更直接的方法，就是用酒类将它释放出来。于是乎，我开始思考人们是怎样通过酒精来解决这个无为的矛盾的。这是让你在一段时间内能够回归自然状态的一种方式。

赵静一：我想到了“李白斗酒诗百篇”，酒在他发挥创造力方面起了很大的作用。

森舸澜：对，还有陶渊明，以及所有其他和酒有关联的诗人。创造力是一个古老的话题，全世界不管在什么文化背景下，创造和发现都跟酒精和饮酒有着莫大的联系。同时，当一个人喝醉时很难撒谎，也很难伪装自己。这听起来可能有点奇怪，你喝醉时，实际上变成了一个更好的测谎仪，因为人们意识清醒时实际上并不擅长检测谎言，也不擅长去刻意发现谎言。但如果能够关闭前额叶皮层，在检测对方是否撒谎时，直觉实际上比我们有意识的判断更准确。

赵静一：这一点很有趣。我能越来越清晰地看到您过去和现在的研究之间存在有机联系了。

森舸澜：是的，联系之一便是“自发性”与“信任”之间的关系。但在《无为：古代中国、现代科学及自发性的力量》一书中，我强调的是“无为”和“德”之间的联系，对中国而言可以说涉及了神学层面。一个人达到无为的境界，“天”就会欣赏他并且赋予他“德”来获得大成。我认为这个出发点是基于人类心理学的。我们相信那些在我们看来返璞归真（spontaneous）的人，因为我们知道他们没有不可告人的动机，他们对人声称的自己就是真实的自我。所以说，“信任”与“自发性”之间存在的联系是说得通的，这也是我对不同文化通过酒精达到这一目的感兴趣的原因。

赵静一：我很喜欢您所做的推广和普及“无为”理念的工作，不只把它带入对话中，还和其他概念建立联系。我认为，中国的古代文献有很大的潜力跟当下的热点研究，甚至是人工智能道德建立关联。我们如何将道德灌输给机器？所有这些问题都令人非常振奋。

森舸澜：说得没错，人工智能的道德性的确是个有趣的问题。让我着迷的一个问题，便是AI研究员试图让AI做出良好的道德决策。他们先尝试了道义论，试着给人工智能一种规则感，不过随后他们发现生活实在太复杂了，不能用规则来概括。后来他们又尝试应用功利主义，大致上是想让AI核算结果然后设计算法。不过，他们发现这也不管用。再后来，他们偶然发现，可以以故事的形式训练这些机器，给它们讲那些做了正确事情的人的故事，于是便输入100个这样的故事。听起来就像《论语》，对吧？基本上可以说是美德伦理学的内容。

AI研究员试图让AI建立起属于它们自己的道德体系，然后磕磕绊绊地找到了儒家的美德伦理学。如果他们一开始就选择了这一途径，会节省很多时间。

附录二 《道德经》域外翻译和出版译者、出版时间、出版地、出版语种一览表[①]

序号	书名	书名（中文）	译者姓名	译者姓名（中文）	出版社所在地	语种	出版时间
1	《老子》梵本	《老子》梵本		玄奘		梵文	647
2	『老子經國字解三卷』	《〈老子经〉国字解三卷》	金蘭齋	金兰斋	大阪	日语	1761
3	『老子兵解8卷』	《老子兵解8卷》	岡崎良梁	冈崎良梁		日语	1772
4	『王注老子國字解』	《王注老子国字解》	太田元九	太田元九		日语	1773
5	『老子国字解』	《老子国字解》	海保青陵	海保青陵	东京	日语	1817
6	Mémoire sur la vie et les opinions de Lao-Tseu	《论老子的生平与学说》	Jean Pierre Abel Rémusat	雷慕沙		法语	1823
7	Добродетель в Дао или Моральная Философия Лаоцзы	《道中之德抑或老子之道德哲学》	Д.П. Сивиллов	西维洛夫		俄语	1823
8	Mémoire sur l'origineet la propagation de la doctrine du Tao	《论道教源流与传播》	Guillaume Pauthier	鲍狄埃		法语	1831
9	Sur la philosophie indienne	《论印度哲学》	Guillaume Pauthier	鲍狄埃	巴黎，莱比锡	法语	1833

① 资料截至2022年3月。感谢国内外学者毕晶晶、李佳、刘同坤、谈欢、邵鹏洁、潘妮妮、游辉彩、武银江、尼玛卓嘎、毛佩筠、森娜（Hadhri Sana）参与艰苦繁多的资料搜集工作。表格由刘子潇汇总整理。受客观史料遗存情况和搜集能力所限，一些信息暂时空缺。

续表一

序号	书名	书名（中文）	译者姓名	译者姓名（中文）	出版社所在地	语种	出版时间
10	Tao Te King	《道德经》	Guillaume Pauthier	鲍狄埃		法语	1838
11	LAO TSEU TAO TE KING Le livre de la voieet de la vertu	《老子道德经：道路与道德之书》	Stanislas Julien	儒莲		法语	1842
12	『老子鬳斋口义注』	《老子鬳斋口义注》	林罗山	林罗山	东京	日语	1868
13	The Speculations on Metaphysics, Polity, and Morality, of "The Old Philosopher", Lao-Tsze	《老子玄学、政治与道德律之思辨》	John Chalmers	湛约翰	伦敦	英语	1868
14	Táo-tĕ-king—Der Weg zur Tugend	《〈道德经〉——美德之路》	Reinhold von Plaenckner	波莱恩克那教士		德语	1870
15	LAO TSE'S TAO TE KING	《老子的道德经》	Victor von Strauss	史陶斯		德语	1870
16	Taoist Texts: Ethical, Political and Speculative	《道教文献：伦理，政治和投机》	Frederick Henry Balfour	弗雷德里克·亨利·巴尔弗	伦敦	英语	1884
17	Книга Дао и Истины, написанная китайским святым	《中国圣贤老子撰写的道和真理之书》	Лев Николаевич Толстой	列夫·托尔斯泰		俄语	1884
18	The Remains of Lao Tzu	《老子遗集》	Herbert A. Giles	翟理斯	香港	英语	1886
19	Taotekking von Laotsee	《老子的〈道德经〉》	Friedrich Wilhelm Noak	弗里德里希·威廉·诺克	柏林	德语	1888
20	The Sacred Books of the East（39）	《东方圣书》第三十九卷	James Legge	詹姆斯·理雅格	伦敦	英语	1891
21	Textes TÃ¢oistes	《道教文本》	Charles Joseph de Harlez	查尔斯·约瑟夫·德哈雷兹	巴黎	法语	1891
22	Дао дэ цзин	《道德经》	Е.И. Попов	叶·伊·波波夫		俄语	1894
23	Le Tao de Laotseu	《老子之道》				法语	1894
24	The Book of the Path of Virtue	《美德之道》	Walter R. Old	沃尔特·R. 奥尔德	金奈	英语	1894
25	Lâo-Tsze: The Great Thinker, with a Translation of His Thoughts on the Nature and Manifestations of God	《老子：伟大的思想家，翻译了他关于上帝的本质和表现的思想》	Major-General G.G. Alexander	少校-亚历山大将军	伦敦	英语	1895

续表二

序号	书名	书名（中文）	译者姓名	译者姓名（中文）	出版社所在地	语种	出版时间
26	The Sacred Books and Early Literature of the East	《东方早期文学》	Charles F. Horne	查尔斯 · F. 霍恩	纽约	英语	1895
27	Theosophie in China: Betrachtungen über das Tao-Teh-King (Der Weg, die Wahrheit und das Licht hartmann)	《中国的神学：对〈道德经〉的思考（道路，真理与光明）》	Franz Hartmann	弗兰茨 · 哈特曼	莱比锡	德语	1897
28	"Lao-Tsze's Tao Teh King." The Monist, 7(4), 571-601; Lao-Tze's Tao-Teh-King	《老子〈道德经〉》	Paul Carus	保罗 · 迦耳斯	芝加哥	英语	1897
29	The Canon of Reason and Virtue	《理性与美德的经典》	Paul Carus	保罗 · 迦耳斯	拉萨尔	英语	1897
30	Weisheit und Schönheit aus China	《老子哲学：东方的智慧与生活》	Henri Borel	亨利 · 保罗尔	哈勒	德语	1898
31	"The Tao-Teh King" The China Review, 23, 1–14, 75–85, 125–142, 191–207, 261–264	《〈道德经〉中国评论》	P.J. Maclagan	麦克拉根		英语	1898
32	Tao teh King	《道德经》	Thomas W. Kingsmill	托马斯 · 金斯米尔	上海	英语	1899
33	Le Livre de la Voie et de la Ligne-droite	《道路与直线之书》	Alexandre Ular	亚历山大 · 乌拉		法语	1900
34	Lao-tsi und seine Lehre	《老子及其学说》	Rudolf Dvorak	鲁道夫 · 德沃夏克	明斯特	德语	1903
35	Die Bahn und der rechte Weg des Lao-Tse	《老子的轨道与正道》	Alexander Ular	亚历山大 · 乌拉	莱比锡	德语	1903
36	The Light of China: The Tao Teh King of Lao Tsze	《中国之光：老子之道》	I.W. Heysinger	海森格	费城	英语	1903
37	Taoism and the Tao Te Ching	《道教与〈道德经〉》	Edward Haper Parker	爱德华 · 哈珀 · 帕克		英语	1903
38	The Tao Te Ching or Providential Grace Classic: Studies in Chinese Religion	《〈道德经〉或〈天意经典〉中国宗教研究》			伦敦	英语	1903

续表三

序号	书名	书名（中文）	译者姓名	译者姓名（中文）	出版社所在地	语种	出版时间
39	The Simple Way, Laotze	《老子，简单的方法》	Walter R. Old	沃尔特· R. 奥尔德	伦敦	英语	1904
40	The Sayings of Lao Tze	《老子的话》	Lionel Giles	莱昂内尔·吉尔斯	伦敦	英语	1904
41	Tao Teh King: A Short Study in Comparative Religion	《〈道德经〉：比较宗教研究》	Chades Spurgeon Medhurst	梅殿华	芝加哥	英语	1905
42	Lao-tse: Il libro della via e della virtù	《老子：道与德之书》	Guglielmo Evans	威廉·埃文斯	都灵	意大利语	1905
43	Tao Teh Ch'ing : the simple way or the path of virtue	《〈道德经〉：简单的方法或美德的道路》	W. Loftus Hare	W. 洛夫特斯·黑尔		英语	1906
44	Textes Philosophiques: Impremerie de la mission catholique	《哲学文本：天主教传教处的印刷机》	Léon Wieger	莱昂·维格		法语	1906
45	Des Morgenlandes grösste Weisheit: Laotse	《东方最大的智慧：老子》	Joseph Kohler	约瑟夫·科勒	柏林，莱比锡	德语	1908
46	LAO-TSEU	《老子》	Jules Besse	朱尔斯·贝塞		法语	1909
47	『老子谚解』	《老子谚解》	山本洞雲	山本洞云	东京	日语	1909
48	『老子講話』	《老子谈话》	沢庵宗彭	泽庵宗彭	东京	日语	1910
49	『和訳老子．和訳荘子』	《日译〈老子〉〈庄子〉》	田岡嶺雲	田冈岭云	东京	日语	1910
50	『老子新积』	《老子新释》	久保天随	久保天随	东京	日语	1910
51	Lao-tszes Buch vom h9chsten Wesen und vom h9chsten Gut (Tao-te-king)	《最高本质和最善的老子之书〈道德经〉》	Julius Grill	朱利叶斯·葛理渥		德语	1910
52	Laotzu'Tao and Wu Wei	《老子"道"与"无为"》	Dwight Goddard	德怀特·戈达德	纽约	英语	1910
53	Изречения китайского мудреца Лао-Тзе, избранные Л. Н. Толстым	《中国圣贤老子的名言》	Лев Николаевич Толстой	列夫·托尔斯泰		俄语	1910
54	Laotse, Tao Te King, Das Buch des Alten vom Sinn und Leben	《老子，道德经——老子的"道"与"德"之书》	Richard Wilhelm	卫礼贤	耶拿	德语	1911

续表四

序号	书名	书名（中文）	译者姓名	译者姓名（中文）	出版社所在地	语种	出版时间
55	The Inner Life and the Tao-The King	《内在生命与〈道德经〉》	Carl H.A. Bjerregaard	卡尔·贝拉雷加德	伦敦	英语	1911
56	Lao-Tseu	《老子》	Henri Cordier	亨利·科迪尔		法语	1911
57	The Sayings of Lao-tze, with a Note about the Essence of Lao-tze' Teaching	《老子语录，兼论老子教学的精髓》				英语	1912
58	Laozi Daodejing или Книга Морали	《老子道德经或道德之书》	Лев Николаевич Толстой	列夫·托尔斯泰	莫斯科	俄语	1913
59	Tao Te King Lao Tseu	《老子〈道德经〉》				法语	1913
60	『老子道德经講義』	《老子〈道德经〉讲义》	喰代豹蔵	喰代豹藏	东京	日语	1914
61	Lao-tsze, ein vorchristlicher Wahrheitszeuge	《老子，公元前的真理见证人》	Johannes Hesse	约翰内斯·黑塞	巴塞尔	德语	1914
62	『新譯老子詳解』	《新译老子详解》	杉原夷山	杉原夷山	东京	日语	1915
63	El libro del sendero y de la línea-recta	《道德经》	Edmundo Montagne	艾蒙多·蒙特雷	布宜诺斯艾利斯	西班牙语	1916
64	The Road and the Right Way ofLao Tse	《老子的道路与正确的道路》	Summer Crosby	萨默·克罗斯比	波士顿	英语	1916
65	Tao Te King	《道德经》	Isabella Mears	伊莎贝拉·米尔斯	伦敦	英语	1916
66	Universismus	《宇宙主义》	Johann Jakob Maria de Groot	约翰·雅各布·玛丽亚·德·格鲁特	柏林	德语	1918
67	Des Laotse Tao Te King	《老子〈道德经〉》	F. Fiedler	费德勒	耶拿	德语	1918
68	Laotzu's Tao and wu-wei	《老子的道与无为》	M.E. Reynolds	雷诺兹		英语	1919
69	『国訳老子』	《日译老子》	小柳司気太	小柳司气太	东京	日语	1920
70	Tao Teh King: Vom Geist und seiner Tugend	《〈道德经〉：其精神与美德》	Hertha Federmann	赫塔·费德曼	慕尼黑	德语	1920
71	Weisheitsworte des Lao-tsze	《老子的智慧之言》	Hans Haas	汉斯·哈斯	莱比锡	德语	1920
72	The Tao Teh King: A Chinese Mysticism	《〈道德经〉：中国神秘主义》	A.E. Anderson	安德森		英语	1920

续表五

序号	书名	书名（中文）	译者姓名	译者姓名（中文）	出版社所在地	语种	出版时间
73	The Wisdom of the Chinese: Their Philosophy in Sayings and Proverbs	《中国人的智慧：他们的谚语和谚语哲学》	Brian Brown	布赖恩·布朗	纽约	英语	1920
74	『老子.列子：現代語訳』	《〈老子〉〈列子〉：现代语译》	野村岳陽	野村岳阳	东京	日语	1921
75	Mensch, werde wesentlich! LaoTse	《人，将变得本质！老子》	Alfred Henschke (Klabund)	阿尔弗雷德·亨施克（克拉彭德）	柏林	德语	1921
76	The Tao Teh King: Lao Tse's Book of the Way and of Righteousness.	《〈道德经〉：老子的道路与公义》	Charles Johnston	查尔斯·约翰斯顿		英语	1921
77	『老子』	《老子》	坂本健一	坂本健一	东京	日语	1922
78	『老子.庄子.列子』	《〈老子〉〈庄子〉〈列子〉》	塚本哲三	塚本哲三	东京	日语	1922
79	Tao Te King	《道德经》	F. Fiedler	费德勒	汉诺威	德语	1922
80	Laotse	《老子》	Karl Maria Heckel	卡尔·玛丽亚·赫克尔	慕尼黑	德语	1922
81	Das Buch Vom göttlichen Gesetz	《神律书》	Rafael Seligman	拉斐尔·塞利格曼	柏林	德语	1923
82	Lao-Tze's Tao-Te-king	《老子的〈道德经〉》	John Gustav Weiss	约翰·古斯塔夫·韦斯	伦敦	英语	1923
83	Le Livre de la Voie et de la Vertu: Tao Te King de Lao Tseu	《道与德之书：老子的〈道德经〉》	Pierre Salet	皮埃尔·萨莱特	巴黎	法语	1923
84	Il libro della via e della virtù	《道与德之书》	Julius Evola	朱利叶斯·埃沃拉		意大利语	1923
85	Lao-Tse's Tao Te King	《老子的〈道德经〉》	Victor von Strauss	史陶斯	莱比锡	德语	1924
86	Laotse: Wollen ohne Wahl	《老子：没有选择的欲望》	Elisabeth Hahn	伊丽莎白·哈恩	鲁多尔施塔特	德语	1924
87	The Simple Way of Lao Tsze	《老子的简单方法》	James Stephens, Iris Clare Wise	詹姆斯·史蒂芬斯，艾里斯·克莱尔·怀斯	萨里	英语	1924
88	『新訳老子講話』	《新译老子谈话》	山田愛剣	山田爱剑	东京	日语	1925

续表六

序号	书名	书名（中文）	译者姓名	译者姓名（中文）	出版社所在地	语种	出版时间
89	Tao: A Poetic Version of the Tao Teh Ching	《道：诗意版本的〈道德经〉》	Charles H. Mackintosh	查尔斯·麦金托什	芝加哥	英语	1926
90	The Philosophy of Lao Tze	《老子的哲学》	Dryden Linsley Phelps	德莱顿·林斯利·菲尔普斯（吴德慈）		英语	1926
91	Saggezza cinese: Scelta di massime, parabole, leggende da Confucio Mencio, Mo-ti, Lao-tze, Yang-chu, Lieh-tze, Chuang-tze	《中国智慧：孔子格言、寓言、传说的选择：孟子、墨子、老子、杨朱、列子、庄子》	Giuseppe Tucci	朱塞佩·图奇	都灵	意大利语	1926
92	『老子』	《老子》	西田長左衛門	西田长左卫门	东京	日语	1927
93	Tao und Teh: Jenseits und Diesseits, Die Sinnsprüche des Laotse	《道和德：天堂与凡尘，老子格言》	Curt Böttger	柯特·伯特格	位于符腾堡的普富林根	德语	1927
94	Der Taoismus	《道教》	Erich Schmitt	埃里希·施密特	图宾根	德语	1927
95	Lao Tse: Tao-te-king	《老子:〈道德经〉》	John Gustav Weiß	约翰·古斯塔夫·韦斯	莱比锡	德语	1927
96	La regola celeste di Lao-Tse: Tao tê ching	《老子的天道：道德经》	Alberto Castellani	阿尔贝托·卡斯特拉尼	佛罗伦萨	意大利语	1927
97	Laotse: Tao Te King	《老子:〈道德经〉》	Walter Jerven	瓦尔特·也文	慕尼黑	德语	1928
98	Laotse, Tao The King	《老子,〈道德经〉》	Shuten Inouye	井上秀天	东京	英语	1928
99	Lau Dan	《老聃》	Hans Jürgen von der Wense	汉斯·于尔根·旺斯	普鲁士	德语	1930
100	El evangelio del Tao: del libro sagrado Tao te ching	《道的福音：来自圣书道德经》	Pedro Guirao	佩德罗·吉拉奥	巴塞罗那	西班牙语	1931
101	Lao Tse: Tao Te King: Das Buch vom rechten Weg und Sinn	《老子：道德经：正确的道路和意义》	Robert Brasch	罗伯特·布拉施	维也纳	德语	1932
102	Three Chinese Philosophers, or, The Dooe to All Spirituality: Studies from the Yellow Emperor, Lao Tze, and the Poet Shao Yung in English and Chinese for Students studying English	《通向所有灵性之门的三位中国哲学家：黄帝，老子和诗人邵雍的英汉对照研究》	A.J. Brace	布莱斯		英语	1932

续表七

序号	书名	书名（中文）	译者姓名	译者姓名（中文）	出版社所在地	语种	出版时间
103	『老子．上の巻』	《老子上卷》	五十沢次郎	五十泽次郎	镰仓	日语	1933
104	『英和双訳「老子．大学．中庸」全』	《英日双译:〈老子〉〈大学〉〈中庸〉》	広瀬又一，清水起正	广濑又一，清水起正	东京	日语	1933
105	Anthologie de la littérature chinoise des origines à nos jours	《源起至今的中国文学选集》	Hsu Sung-nien	许成年	巴黎	法语	1933
106	Laotse: Die Bahn des Alls und der Weg des Lebens	《老子：宇宙之轨与生活之道》	Ernst Schröder	恩斯特・施罗德	慕尼黑	德语	1934
107	The Way and Its Power, Lao Tzu's Tao Te Ching and Its Place in Chinese Thought	《道与德:〈道德经〉及其在中国思想中的地位》	Arthur Waley	亚瑟・韦利		英语	1934
108	Tao-teh-king	《道德经》	R.M. Pedretti	佩德雷蒂	巴黎	法语	1934
109	Vom Seinsollenden: Deutsch nach Worten Laotse's	《应然：老子之言德语版》	Wilhelm Zaiss	威廉・蔡斯	海德堡周边的海利格克罗伊茨斯泰纳	德语	1935
110	Laotzu's Tao and Wu-Wei: A New Translation	《老子的道与无为：新译本》	Dwight Goddard, Bhikshu Wai-tao	德怀特・戈达德，比舒维陶	佛蒙特	英语	1935
111	Lao Tzu, Tao Teh Ching	《老子〈道德经〉》	Hu Tse-ling	胡子霖		英语	1936
112	Tao Teh King of Lao Tzu	《老子〈道德经〉》	A.L. Kitselman II	基瑟曼二世	帕洛阿尔托	英语	1936
113	Das Buch vom Weg und Wandel	《道与变化》	Herbert Lange	赫伯特・兰格	汉堡	德语	1937
114	Tao Te Ching	《道德经》	Ch'u Ta-kao	初大告	伦敦	英语	1937
115	Lao Tze's Tao Teh King: The Bible of Taoism	《老子〈道德经〉：道教圣经》	Au-Young Sum-nung	欧阳心农	纽约	英语	1938
116	『老子講義』	《老子讲义》	西晋一郎	西晋一郎	广岛	日语	1938
117	Lao Tzu's The Tao and Its Virtue	《老子的道及其美德》	John C.H. Wu	吴经熊		英语	1939
118	El libro del sendero y la virtud	《道与德之书》	Juan F. Aschero, Ernesto B. Rodríguez	胡安・F. 阿切罗，埃内斯托・B. 罗德里格斯	布宜诺斯艾利斯	西班牙语	1940
119	『老子の新研究』	《老子的新研究》	山縣初男	山县初男	东京	日语	1940
120	Lau Dse, Dau do Djing: Des alten Meisters Kanon vom Weltgesetz und seinem Wirken	《老子〈道德经〉：大师的世界法则及其影响》	Franz Esser	弗朗兹・埃瑟	北京	德语	1941

续表八

序号	书名	书名（中文）	译者姓名	译者姓名（中文）	出版社所在地	语种	出版时间
121	Lão Tử	《老子》	Ngô Tất Tố	吴毕素	海防	越南语	1942
122	『老子諸注大成』	《老子注集大成》	関儀一郎	关仪一郎	东京	日语	1942
123	Lau-dse: Das Eine als Weltgesetz und Vorbild	《老子：作为世界法则和模板的“一”》	Vancenz Hundbausen	文岑茨·洪德豪森	北京	德语	1942
124	Lau-dse, Führungen und Kraft aus der Ewigkeit (Dau-Dö-Ging)	《老子，永恒的引导和力量:〈道德经〉》	Erwin Rousselle	鲁雅文	莱比锡	德语	1942
125	Acht Kapitel des Tao-te-king	《道德经八章》	Kurt Wulff	库尔特·武尔夫	哥本哈根	德语	1942
126	“Tao Te Ching.” Chinese Philosophy in Classical Times	《〈道德经〉中国古典哲学》	Ernest R. Hughes	欧内斯特·休斯	伦敦	英语	1942
127	The Wisdom of Laotse	《老子的智慧》	Lin Yutang	林语堂	纽约	英语	1942
128	『老子』	《老子》	武内義雄	武内义雄	东京	日语	1943
129	『老子．莊子』	《〈老子〉〈庄子〉》	森三樹三郎	森三树三郎	东京	日语	1944
130	The Way of Life According to Lao Tzu	《老子的生活方式》	Witter Bynner	威特·拜纳	纽约	英语	1944
131	Laotse Tao-Te-King: Die Weisheit des Ostens	《老子道德经：东方智慧》	O. Sumitomo	住友	苏黎世	德语	1945
132	Ho-Shang-Kung’s Commentary on Lao Tse	《何尚功对老子的评论》	Eduard Erkes	爱德华·埃克斯	瑞士	英语	1945
133	Tao-Te-King: Auswahl	《道德经：摘选》	O. Sumitomo	住友	法国	德语	1946
134	Essai de traduction poétique du Tao Te King	《〈道德经〉诗意译文》	Houang Kia-Tcheng, Pierre Leyris	黄家城，皮埃尔·莱里斯		法语	1946
135	Tao Te King: Das Buch des Alten vom Weltgrund und der Weltweise	《道德经：世界根本与世界智者》	Haymo Kremsmayer	海莫·克雷姆斯迈尔	萨尔茨堡	德语	1947
136	Kleines Laotse-Brevier Zur Stärkung u. Erleuchtung des Herzens in der Bedrängnis des Tages zusammengestellt aus dem Tao te king	《老子要义小手册用于加强和照亮困境中的心灵——道德经汇编》	Ferdinand Holzmann	费迪南德·霍尔茨曼	海德堡	德语	1948
137	Das verborgene Juwel: Laotses Verkündigung	《隐藏的珍宝：老子的告知》	Josef Tiefenbacher	约瑟夫·蒂芬巴赫	斯图加特	德语	1948

续表九

序号	书名	书名（中文）	译者姓名	译者姓名（中文）	出版社所在地	语种	出版时间
138	The Tao The of Laotse	《老子的道》	Frederick Benjamin Thomas	弗雷德里克・本杰明・托马斯	奥克兰	英语	1948
139	The Book of Tao & Teh: Being the Tao Teh King of Lao Tse	《道教书与老子道德经》	Dorothy Manners, Margaret Ault	多萝西・曼纳斯，玛格丽特・奥特	英格兰	英语	1948
140		《道德经》		杨兴顺		俄语	1948
141	Lao-Tse: Tao-Te-King	《老子：道德经》	Rudolf Backofen	鲁道夫・巴克芬	纳沙泰尔	德语	1949
142	The Words of Tao Tzyy: Truth and Nature, Popular Known as Daw-Der-Jing	《道教：真理与自然，广为人知》	Cheng Lin	程琳	台北	英语	1949
143	The Great Sinderesis: Being a Translation of thr Tao Te Ching	《〈道德经〉的翻译》	Orde Poynton	奥德・波因顿	阿德莱德	英语	1949
144	Lao-Tsee il taoismo	《老子道教》	Baldo Peroni	巴尔多・佩罗尼	米兰	意大利语	1949
145	Das Buch von der grossen Weisheit: Laotse, Tao Te King	《大智慧之书：老子，道德经》	André Eckardt	安德烈・厄卡德特	美因河畔法兰克福	德语	1950
146	Lautse	《老子》	Gustav Mensching	古斯塔夫・门鑫	凯沃拉尔	德语	1950
147	La sabiduría de Laotsé	《老子的智慧》	Floreal Mazía	弗洛里亚尔・马兹雅	布宜诺斯艾利斯	西班牙语	1951
148	Wenn ein Blatt sich bewegt, kann auch der Ast erzittern: Gedanken chinesischer Weiser	《一叶动，树枝摇：中国智者思想》	Anna von Rottauscher, Heinrich Tieck	安娜・冯・罗陶舍，海因里希・蒂克	维也纳	德语	1951
149	Tao Te King: Le Livre du Tao et de sa Vertu	《道德经：道书及其美德》	Marc Haven, Daniel Nazir	马克・哈文，丹尼尔・纳齐尔	里昂	法语	1951
150	Tao-teh-king (El libro del camino recto)	《道德经（道之书）》	Cristóbal Serra	克里斯托瓦尔・塞拉	马略卡岛帕尔马	西班牙语	1952
151	So spricht Laotse	《老子如是说》	Walter Jerven	瓦尔特・也文	慕尼黑	德语	1952
152	Lao-Tse Tao-Te-King: Älteste und Lehrer als Führer zum echten Leben	《老子〈道德经〉：长者和老师作为现实生活的向导》	Edwin Müller	埃德温・穆勒	比尔–巴登	德语	1952
153	Tao Te King	《道德经》	Evrard de Rouvre	埃弗拉尔・德・鲁弗尔	巴黎	法语	1952
154	『老子眼蔵』	《老子核心》	伊福部隆彦	伊福部隆彦	藤泽	日语	1953

续表十

序号	书名	书名（中文）	译者姓名	译者姓名（中文）	出版社所在地	语种	出版时间
155	TAO TÖ KING：LE LIVRE DE LA VOIE ET LA VERTU	《道德经：道与德之书》	J.J.L. Duyvendak	戴闻达	巴黎	法语	1953
156	『老子の講義』	《老子讲义》	諸橋轍次	诸桥辙次	东京	日语	1954
157	Tao Te Ching: The Book of the Way and its Virtue	《道德经：道与德之书》	J.J.L. Duyvendak	戴闻达	伦敦	英语	1954
158	LE TAO TE KING e LAO TSEU	《老子〈道德经〉》	Paule Reuss	鲍尔·洛丝		法语	1955
159	Bücher des Wissen: Laotse	《知识之书：老子》	Gerolf Coudenhove	杰洛夫·库登霍夫	美因河畔法兰克福/汉堡	德语	1955
160	Der chinesische Philosoph Laudse und seine Lehre	《中国哲学家老子及其学说》	Gerhard Kahlenbach	格哈德·卡伦巴赫	柏林	德语	1955
161	The Way of Life Lao Tzu: Tao Te Ching a New Translation	《老子的生活方式：〈道德经〉的新译本》	R.B. Blakney	布拉克尼		英语	1955
162	The Way of Life: Lao Tzu	《生活方式：老子》	Raymond B. Blakney	雷蒙德·布莱克尼	纽约	英语	1955
163	La sagesse chinoise selon le Tao	《根据道的中国智慧》	René Brémond	雷内·布雷蒙德	巴黎	法语	1955
164	Das Buch von der grossen Weisheit: Laotse, Tao Te King	《大智慧之书：老子，道德经》	Andre Eckardt	安德烈·厄卡德特	美因河畔法兰克福	德语	1956
165	The Existence of Intangible Content in Architectonic Form: Based upon the Practicality of Laotzu's Philosophy	《建筑形式中无形内容的存在：基于老子哲学的实践性》	Amos I.T. Chang	阿莫斯·张	普林斯顿	英语	1956
166	El Tao Te King de Lao Tse	《老子的道德经》	Adolfo P. Carpio	阿道夫·卡尔皮奥	布宜诺斯艾利斯	西班牙语	1957
167	Philological Notes on Chapter One of the Lao-tzu	《老子》第一章的词义注释	Peter Boodberg	彼得·博德伯格		英语	1957
168	L'esprit du Tao	《道之精神》	Jean Grenier	约翰·格雷尼尔	巴黎	法语	1957
169	Vertu du Tao	《道之美德》	Kermor	克莫尔	巴黎	法语	1957
170	Tao Teh King	《道德经》	Archie Bahm	阿奇·巴姆	阿布奎基	英语	1958
171	Lão Tử Đạo Đức Kinh	《老子〈道德经〉》	Hạo Nhiên Nghiêm Toản	浩然严缵	胡志明市	越南语	1959
172	Zen for the West	《西方禅》	Shohaku Ogata	绪方宗博	伦敦	英语	1959

续表十一

序号	书名	书名（中文）	译者姓名	译者姓名（中文）	出版社所在地	语种	出版时间
173	The Lao Tze	《老子》	Hsu Chao	徐照	台北	英语	1960
174	Tao Teh King: El libro del camino recto	《道德经：道之书》	Caridad Díaz-Faes	卡里达·迪亚兹·法斯	马德里	西班牙语	1961
175	La gnosis taoísta del Tao Te Ching	《道德经的真知》	Carmelo Elorduy	杜善牧	奥尼亚	西班牙语	1961
176	Lao-Tse Tao-Teh-King: Weg-Weisung zur Wirklichkeit	《老子道德经：走向现实的道路指南》	Karl Otto Schmidt	卡尔·奥托·施密特	位于符腾堡的普富林根	德语	1961
177	Die Sprüche des Lao-Tse Li Pe-Jang	《老子格言》	Tankred Schneller	坦克雷德·施内勒尔	卡尔斯鲁厄旁格伦威特斯巴赫	德语	1961
178	Tao Teh Ching	《道德经》	John C.H. Wu	吴经熊	纽约	英语	1961
179	A Recent Japanese Study of Lao-Tzu	《日本对老子的最新研究》	Leon Hurvitz	莱昂·赫维兹		英语	1961
180	Lao-Tse Tao-Te-King	《老子道德经》	Günther Debon	君特·德博	斯图加特	德语	1961
181	Il libro della norma e della sua azione	《道德经》	Rosanna Pilone	罗莎娜·皮隆	米兰	意大利语	1962
182	Lau Dse Dau Dö Djing: Das Buch vom rechten Wege und von der rechten Gesinnung	《老子道德经：正确的道路与思想》	Jan Ulenbrook	坚·乌伦布鲁克	不来梅	德语	1962
183	The Book of Tao	《道德经》	Frank J. Machovac	弗兰克·麦克霍瓦克	纽约维蒙山	英语	1962
184	The Late Dr, Inazo Nitobe's Unfinished Translation of Lao-tzu and the Kojiki	稻田大三未完成的《老子》和《曲集》的翻译	Inazō Nitobe	新渡户稻造	东京	英语	1962
185	Lão Tử Tinh hoa	《老子精华》	Thu Giang Nguyễn Duy Cần	秋江阮维勤	胡志明市	越南语	1963
186	El libro del camino y de la virtud	《道路与美德之书》	Eduardo Vivancos	爱德华多·维万科斯	墨西哥	西班牙语	1963
187	Laotse Taoteking	《老子〈道德经〉》	Wilhelm Folkert	威廉·福尔克特	乌尔姆	德语	1963
188	The Tao te ching by Lao Tzu	《老子的道德经》	D.C. Lau	刘殿爵		英语	1963

续表十二

序号	书名	书名（中文）	译者姓名	译者姓名（中文）	出版社所在地	语种	出版时间
189	The Way of Lao Tzu: Tao-te ching	《老子之道:〈道德经〉》	Wing-tsit Chan	陈荣捷	纽约	英语	1963
190	เมธีตะวันออก	《东方哲人》	เสถียร โพธินันทะ	沙田·菩提南塔	曼谷	泰语	1963
191	『老子』	《老子》	奥平卓	奥平卓	东京	日语	1964
192	『老子講義』	《老子讲义》	五井昌久	五井昌久	东京	日语	1965
193	『新釈漢文大系　第7：老子．荘子』	《新译中文大系：老子·庄子》	阿部吉雄	阿部吉雄	东京	日语	1966
194	Tao: Das heilende Geheimnis	《道：治愈的秘密》	Gustav Arthur Gräser	古斯塔夫·亚瑟·格拉泽	乌尔施普灵	德语	1966
195	Psychedelic Prayers after the Tao Te Ching	《道德经后的迷幻祈祷》	Timothy Leary	蒂莫西·里瑞	纽约	英语	1966
196	บ่อเกิดลัทธิประเพณีจีน	《中国传统习俗起源》	จำนง ทองประเสริฐ	章依·冬布拉瑟	曼谷	泰语	1967
197	كتاب الطاو والفضيلة	《道路与美德》	عبد الغفار مكاوي	阿卜杜·格法尔·麦卡维	开罗	阿拉伯语	1967
198	『老子』	《老子》	山室三良	山室三良	东京	日语	1967
199	Tao Te King: Das Buch vom Weltgesetz und seinem Wirken	《道德经：世界的法则及其影响》	Walter Jerven	瓦尔特·也文	伯尔尼，慕尼黑，维也纳	德语	1967
200	Philosophie taoïste, partie I, Lao-Tseu, Tchouang-Tseu, Lie-Tseu	《道家哲学，第一辑：老子、庄子、列子》	Liou Kia-hway	刘家槐	巴黎	法语	1967
201	『世界の名著　第4：老子．荘子』	《世界的名著第4：〈老子〉〈庄子〉》	小川環樹	小川环树	东京	日语	1968
202	『老子』	《老子》	福永光司	福永光司	东京	日语	1968
203	Commentaries on Lao Tzu's Tao Te Ching	《老子的〈道德经〉评论》	Ko Lien-hsiang	葛连祥	台北	英语	1968
204	『世界の大思想第2期第1（孔子·孟子·老子·庄子）』	《世界的大思想第2期第1（孔子·孟子·老子·庄子）》	木村英一，加地伸行	木村英一，加地伸行	东京	日语	1968
205	Wisdom of Dao	《道的智慧》	Tang Zi-chang	唐子长	圣拉斐尔	英语	1969
206	Lao-Tse: Tao-Te-King	《老子：道德经》	Rudolf Backofen	鲁道夫·巴克芬	慕尼黑	德语	1970
207	Laudse: Daudedsching	《老子：道德经》	Ernst Schwarz	恩斯特·施瓦茨	莱比锡	德语	1970

续表十三

序号	书名	书名（中文）	译者姓名	译者姓名（中文）	出版社所在地	语种	出版时间
208	The Philosophy of Taoism	《道家哲学》	T.H. Yu	余天休	旧金山	英语	1970
209	『老子』	《老子》	山田勝美	山田胜美	东京	日语	1971
210	『対校孝经．老子道経积文集成』	《对校孝经·老子道德经释文集成》	経典釈文総合研究孝经．老子道経班	经典释文综合研究孝经·老子道德经班	东京	日语	1971
211	Tao: A Poetic Version of the Chinese Classic of the Sixth Century B.C	《道：公元前六世纪中国经典的诗意版本》	Michael Hartnett	迈克尔·哈特奈特	达布林	英语	1971
212	The Taoist Vision	《道观》	William McNaughton	威廉·麦克诺顿	安娜堡	英语	1971
213	Lao Tzu and the Tao Te Ching	《老子与道德经》	Bennett B. Simms	贝内特·西姆斯	纽约	英语	1971
214	Tao Te King	《道德经》	Juan José Cussó, Claus F. Richard	胡安·何塞·库索，克劳斯·F. 理查德	布宜诺斯艾利斯	西班牙语	1972
215	Tao Te Ching de Lao Tzu	《老子道德经》	Onorio Ferrero	奥诺里奥·费雷罗	利马	西班牙语	1972
216	Tao Te King	《道德经》	Roberto Pla	罗伯托·普拉	墨西哥	西班牙语	1972
217	Tao Te King	《道德经》			马德里	西班牙语	1972
218	Lao Tzu: Tao de ching, A New Translation, Vintage Books	《老子〈道德经〉新译》	Gia-fu Feng, Jane English	冯家福，简·英格里希		英语	1972
219	The Bible of the Loving Road: Lao Tzu's Tao Teh Ching	《慈爱之路的圣经：老子的〈道德经〉》	Robert Finley	罗伯特·芬利	卡本戴尔	英语	1972
220	The Great Art of Laotse	《老子的伟大艺术》	A.Roger Home	罗杰·霍姆	埃克赛特	英语	1972
221	The Tao The King: Sayings of Lao-tzu	《道德经：老子的话》	Charles Spurgeon Medhurst	梅殿华	伊利诺伊州惠顿，伦敦	英语	1972
222	Lao Tzu TAo Te Ching.Classics in Chinese Phyilosophy	《〈老子道德经〉，中国哲学经典》	Dagobert D. Runes	达戈伯特·鲁尼斯	纽约	英语	1972
223	Echoes from the Orient: Wisdom of Lao-Tse with Parallels in Western Thought	《东方的回声：老子的智慧与西方思想的平行》	Robert Aldace Wood	罗伯特·阿尔达斯·伍德	堪萨斯城	英语	1972
224	เต๋า	《道》	จ่าง แซ่ตั้ง	陈壮	素叻府	泰语	1973

续表十四

序号	书名	书名（中文）	译者姓名	译者姓名（中文）	出版社所在地	语种	出版时间
225	Tao Te King	《道德经》	José Tola	何塞·托拉	巴塞罗那	西班牙语	1973
226	『老子』	《老子》	金谷治	金谷治	东京	日语	1973
227	Lao tse Tao: Tao, Te und das innere Reich der Mitte	《老子的道：道，德和中国》			莱比锡	德语	1973
228	The Ch'u Silk Manuscript: Translation and Commentary	《楚丝绸手稿：翻译与评论》	Noel Bamard	诺埃尔·巴马尔	堪培拉	英语	1973
229	The Sayings of Lao-tzu	《英译老子道德经》	Shi Junchao	史俊超	香港	英语	1973
230	Tao Tê Ching: Il libro della Via e della VirtÃ	《道与德之书》	Anna Devoto	安娜·德沃托	米兰	意大利语	1973
231	Path ka Prabhav. Tao-te-Ching	《道德经》	Jagadish Chandra Jain	贾格迪什·钱德拉·杰恩	新德里	印地语	1973
232	คัมภีร์เหลาจื๊อ	《老子经典》	ล.เสถียรสุต	劳·萨田拉索	曼谷	泰语	1974
233	Lão Tử Đạo Đức Kinh	《老子道德经》	Thu Giang Nguyễn Duy Cần	秋江阮维勤	胡志明市	越南语	1974
234	Classics in Chinese Philosophy	《中国哲学经典》	Wade Baskin	韦德·巴斯金	托托瓦	英语	1974
235	A Rhetorical Analysis of the Tao Te Ching, Some Taoist Figures of Speech.	《对〈道德经〉的修辞分析，一些道家修辞》	Alice Dawn Lloyd	爱丽丝·丹·劳埃德		英语	1974
236	Le Tao et la Vertu	《道与德》	Joseph L. Liu	约瑟夫·刘	巴黎	法语	1974
237	Tao Te King	《道德经》	Étienne Perrot	艾蒂安·佩罗		法语	1974
238	Tao: A New Way of Thinking	《道：一种新的思维方式》	Chang Chung-yuan	张钟元	纽约	英语	1975
239	Tao Te Ching.	《道德经》	Aleister Crowley, Stephen Skinner	艾丽斯特·克劳利，斯蒂芬·斯金纳	加利福尼亚	英语	1975
240	Notes on Lao Tse. Bulletin of the Museum of Far Eastern Antiquities	《“关于老子的笔记”远东古物博物馆的公告》	Bemhard Karlgren	伯恩哈德·卡尔格伦		英语	1975
241	Tao-Teh-Ching: Lao Tzu's Book of Life	《道德经：老子的生平》	Leone Muller	利昂·穆勒	累克芒特	英语	1975
242	Tao Te King	《道德经》	Juan Fernández Oviedo	胡安·费尔南德斯·奥维耶多	布宜诺斯艾利斯	西班牙语	1976

续表十五

序号	书名	书名（中文）	译者姓名	译者姓名（中文）	出版社所在地	语种	出版时间
243	Zhong-Ying Duizhao Laozi Zhangju Xinbian: A Reconstructed Lao Tzu, with English Translation	《英对照老子张菊新编：老子改制，附英语翻译》	Chu Ping-yi	朱秉义	台北	英语	1976
244	Lao Tzu Tao Te Ching: Il libro della Via e della Virtù	《老子道德经：道与德经》	Virgilio Gracci	维吉里奥·格拉西	蒙扎	意大利语	1976
245	Dos grandes maestros del Taoísmo	《道教的两位大师》	Carmelo Elorduy	杜善牧	西班牙马德里	西班牙语	1977
246	Laotse Tao te King: Ein Gedichtzyklus	《老子 道德经：诗歌丛书》	Ernst Otto Marti	恩斯特·奥托·马蒂	苏黎世	德语	1977
247	The Explicated Tao	《道的说明》	George Burtt	乔治·伯特	洛杉矶	英语	1977
248	Lao Tze, Tao Te Ching	《老子，道德经》	Y.T. Hsiung			英语	1977
249	A Translation of Lao Tzu's Tao Te Ching and Wang Bi's Commentary	《老子〈道德经〉和王弼评论的译本》	Paul Lin	保罗·林	密歇根州安阿伯	英语	1977
250	Tao and War	《道与战争》	Charles Leroy Scamahorn	查尔斯·勒罗伊·斯卡马霍恩		英语	1977
251	The Tao Is Slient	《道无声》	Raymond M. Smullyan	雷蒙德· M. 斯穆利安	纽约	英语	1977
252	Lao Tzu: Text, Notes & Comments	《老子：文字，注释和评论》	Rhett Y.W. Young, Roger T. Ames	杨瑞德·杨，安乐哲	旧金山	英语	1977
253	Tao Te King: Le livre de la Voie et de la Vertu	《道德经：道与德之书》	Claude Larre	克劳德·拉雷	巴黎	法语	1977
254	El Libro del Tao	《道之书》	Iñaki Preciado Idoeta	伊纳基·普雷西亚多·伊多埃	马德里	西班牙语	1978
255	Tao Te King: Lao Tse	《道德经：老子》	Gabriele Fontél	加布里埃尔·丰特尔	哈尔登旺	德语	1978
256	Lao Tse: Tao-te-king	《老子：道德经》	Reinhold Knick	莱因霍尔德·尼克	达姆施塔特	德语	1978
257	Tao Te King	《道德经》	Sylvia Luetjohann	西尔维亚·吕特约翰	哈尔登旺	德语	1978
258	Tao: Umschreibungen des Wegs nach Laotse	《道：老子道的意译》	Theodor Scheufele	西奥多·舍费尔	罗琴根	德语	1978

续表十六

序号	书名	书名（中文）	译者姓名	译者姓名（中文）	出版社所在地	语种	出版时间
259	Tao Te Ching, Lao Tzu	《道德经，老子》	Raghavan Iyer	拉格万·艾耶	圣塔芭芭拉	英语	1978
260	El camino y su poder: El Tao Tê Ching y su lugar en el pensamiento chino	《道和道的力量：道德经及其在中国思想中的地位》	Héctor V. Morel	赫克托尔·莫雷尔	布宜诺斯艾利斯	西班牙语	1979
261	Tao: Das heilende Geheimnis	《道：治愈的秘密》	Gustav Arthur Gräser	古斯塔夫·亚瑟·格拉泽	韦茨拉尔	德语	1979
262	Lao-tse: Jenseits des Nennbaren	《老子：无名》	Linde von Keyserlingk	林登·冯·凯瑟琳克	弗莱堡	德语	1979
263	The Complete Works of Lao Tzu	《老子全集》	Ni Hua-ching	倪华清	马里布	英语	1979
264	Commentary on the Lao Tzu by Wang Pi	《王弼评老子》	Arinle Rump, Wing-tsit Chan	阿琳·卢普，陈永锡	火奴鲁鲁	英语	1979
265	Lao Tzyy Dow Der Jing	《老子道德经》	Yang Ju-chou	杨汝舟	台北	英语	1979
266	كتاب التاو	《道德经》	هادي العلوي بالتعاون مع الدكتور سامي مسلم	哈迪·阿莱维	贝鲁特	阿拉伯语	1980
267	Lao Tse y “su tratado sobre la virtud del Tao” (Tao Te Ching)	《老子与“他的道德专论”（道德经）》	Samuel Wolpin	塞缪尔·沃尔平	布宜诺斯艾利斯	西班牙语	1980
268	Tao Te King	《道德经》			马德里	西班牙语	1980
269	Philologie, Philosophie und Politik in der Zhengshi-Ära (240–249): die Laozi-Schriften des Philosophen Wang Bi.	《正史时代（240—249）的政治，哲学和政治：来自哲学家王弼的老子著作》	Rudolf Georg Wagner	鲁道夫·瓦格纳	柏林	德语	1980
270	The Way of the Dao: An Interpretation of the Writings of Lao Tzu	《道之道：对老子著作的诠释》	Christopher C. Canolé	克里斯托弗·C. 卡诺雷	拉由拉	英语	1980
271	Tao Teh Ching: Classic of the Way and Its Nature	《道德经：经典之道及其本质》	John R. Leebrick	约翰·里布里克	厄巴纳	英语	1980
272	The Wisdom of the Taoists	《道家的智慧》	D.Howard Smith	霍华德·史密斯	伦敦	英语	1980
273	Philosophes taoistes	《道家哲学家》	Liou Kia-hway	刘家槐	巴黎	法语	1980
274	Tao Te King: Lao Tse	《道德经：老子》	Gabriele Fontél	加布里埃尔·丰特尔	慕尼黑	德语	1981

续表十七

序号	书名	书名（中文）	译者姓名	译者姓名（中文）	出版社所在地	语种	出版时间
275	Lao-tse Tao-Teh-King	《老子 道德经》	Tsutomu Itoh	伊东勉	岐阜	德语	1981
276	Das Buch des Li pe-jang, genannt Lao Tse	《李伯阳即老子之书》	Mondrian W. Graf von Lüttichau	蒙德里安· W. 格拉夫·冯·吕蒂绍	海德堡	德语	1981
277	The Way to Life: At the Heart of the Tao Te Ching	《生活之道:〈道德经〉的核心》	Benjamin Hoff	本杰明·霍夫	纽约	英语	1981
278	Lao-Tzu: My Words Are very Easy to Understand	《老子：我的话很容易理解》	Tam C. Gibbs	谭·吉布斯	里士满	英语	1981
279	Il libro della virtÃ e della via: Il Te-tao-ching secondo il manoscritto di Ma-wang-tui	《德行书：根据马王推手稿的德道经》	Lionello Lanciotti	莱昂内洛·兰乔蒂	米兰	意大利语	1981
280	Il tao-te-king	《道德经》	Paolo Siao Sci-Yi	萧师毅	罗马–巴里	意大利语	1982
281	Lao tse Tao Te Ching: Das Buch des Alten Meisters vom Tao und der Demut	《老子 道德经：大师的道与谦卑》	Eberhard Cold	埃伯哈德·科尔德	柯尼希施泰因	德语	1982
282	Lao-Tse: Weisheiten	《老子：智慧》	Jörg Weigand	约格·韦根	慕尼黑	德语	1982
283	『老子』	《老子》	瀬尾信蔵	濑尾信藏	东京	日语	1982
284	Tao: The Way of the Ways	《道：方式之道》	Herry Maurer	赫里·莫瑞	纽约	英语	1982
285	The Tao: The Sacred Way	《道：神圣之道》	Tolbert McCarroll	托尔伯特·麦卡罗尔	纽约	英语	1982
286	Lao Tzu Talks to “Be”: An Interpretation of the Tao Te Ching	《老子谈“是”：〈道德经〉解读》	Alan B. Taplow	艾伦·塔普洛		英语	1982
287	The Guiding Light of Lao Tzu	《老子的指导光芒》	Henry Wei	魏伟	惠灵顿	英语	1982
288	Tao Te Ching	《道德经》	Alberto Laurent	阿尔贝托·洛朗特	巴塞罗那	西班牙语	1983
289	Los místicos taoístas	《道教神秘主义者》	Jorge A. Sánchez Rottner	豪尔赫·桑切斯·罗特纳	巴塞罗那	西班牙语	1983
290	Tao Te Ching	《道德经》			布宜诺斯艾利斯	西班牙语	1983
291	『老子．列子』	《〈老子〉〈列子〉》	麦谷邦夫	麦谷邦夫	东京	日语	1983

续表十八

序号	书名	书名（中文）	译者姓名	译者姓名（中文）	出版社所在地	语种	出版时间
292	ลัทธิเต๋า	《道家学说》	โมทยากร	莫塔亚功	曼谷	泰语	1983
293	Morgengabe alter chinesischer Weisheit: Wahrheit aus dem Tao te king des Laotse	《中国古代智慧的晨礼：老子道德经的真理》	Peter A. Thomas	彼得・托马斯	维也纳	德语	1983
294	คัมภีร์คุณธรรม	《道德经典》	สมเกียรติ สุขโขแปล เนาวรัตน์ พงษ์ไพบูลย์ ร้อยถ้อย	颂吉雅・素可译，纳瓦拉・蓬派布恩编写	曼谷	泰语	1984
295	เต๋าที่เล่าแจ้ง, เต๋า วิถีแห่งทาง	《道可说》	บุญมาก พรหมพ้วย, สมภพ โรจนพันธุ์	布恩玛・颇龙佩，宋颇・洛扎纳番	曼谷	泰语	1984
296	Tao Upanisad	《道奥义书》	Manohar Balvant Divan	摩诺哈尔・巴尔文特・迪万		印地语	1984
297	Tao te king	《道德经》			马德里	西班牙语	1984
298	Tao-Te-Ching (el libro del recto camino)	《道德经（道路之书）》	Antonio Roig	安东尼奥・罗伊格	塞哥维亚	西班牙语	1984
299	『老子』	《老子》	木村英一	木村英一	东京	日语	1984
300	Weg und Weisung des alten Lehrers: Tao-Te-King des Lao-Tse	《老师的道与指导：老子道德经》	Hermann Levin Goldschmidt	赫曼・勒文・戈尔德施密特	苏黎世	德语	1984
301	『老子』	《老子》	楠山春樹	楠山春树	东京	日语	1984
302	Wisdom of the Daoist Masters: The Words of Lao zi, Lie Zi, Zhuang Zi	《道家智慧：老子，列子，庄子的话》	Derek Bryce	德里克・布莱斯	兰彼得	英语	1984
303	Lao-tze: In English Version from the Chinese	《老子：中文译成英文》	Francis Y. Chang	张发榕	台湾	英语	1984
304	The Way of Lao Tzu	《老子之道》	Marie Patrice Chou	玛丽・帕特里斯・周	密尔沃基	英语	1984
305	The Tao of Leadership	《领导之道》	John Heider	约翰・海德	亚特兰大	英语	1984
306	LAO-TSEU Tao Te King Le livre de la voie et de la vertu	《老子〈道德经〉道与德之书》	Ma Kou			法语	1984
307	Tao-tö king: La tradition du Tao et de sa sagesse	《道德经：道的传统及其智慧》	Bernard Botturi	伯纳德・博图里	巴黎	法语	1984
308	Tao Te Ching	《道德经》	Carmelo Elorduy	杜善牧	巴塞罗那	西班牙语	1985

续表十九

序号	书名	书名（中文）	译者姓名	译者姓名（中文）	出版社所在地	语种	出版时间
309	Tao Te Ching	《道德经》	Leonor Calvera	莱昂诺尔·卡尔维拉	巴塞罗那	西班牙语	1985
310	Tao Te King	《道德经》	Miguel Shiao	米盖尔·肖	马德里	西班牙语	1985
311	Lao-tseu Tao tö king	《老子〈道德经〉》	Liou Kia-hway	刘家槐	巴黎	法语	1985
312	Lau-dse, Führungen und Kraft aus der Ewigkeit (Dau-Dö-Ging)	《老子，永恒的引导和力量:〈道德经〉》	Erwin Rousselle	鲁雅文	莱比锡	德语	1985
313	Die Weisheit des Laotse	《老子的智慧》	Gerolf Coudenhove	杰洛夫·库登霍夫	美因河畔法兰克福	德语	1985
314	Lao Tse: Tao-Te-King	《老子：道德经》	Hans Knospe, Odette Brändli	汉斯·诺斯佩，奥黛特·布朗德里	苏黎世	德语	1985
315	Laotse: Der alte Mann und die Sprüche	《老子：老者及其格言》	Edgar Wüpper	埃德加·伍珀	基尔	德语	1985
316	Tao Te Ching.	《道德经》	H.G. Ostwald	奥斯特瓦尔德	伦敦	英语	1985
317	คัมภีร์เต๋าฉบับสมบูรณ์พร้อมอรรถกถา	《道德经全译本及注释》	ฉัตรสุมาลย์ กบิลสิงห์	查素曼·伽毕行	曼谷	泰语	1986
318	เต๋าคือเต๋า	《道可道》	ทองสด เมฆเมืองทอง	佟素·梅蒙彤	曼谷	泰语	1986
319	เต๋าสำหรับผู้จัดการยุคใหม่	《适应现代管理者的道家思想》	บุญมาก พรหมพ้วย, สมภพ โรจนพันธุ์	布恩玛·颇龙佩，宋颇·洛扎纳番	曼谷	泰语	1986
320	Tao Te King	《道德经》	Ramón Hervás	拉蒙·赫尔瓦斯	巴塞罗那	西班牙语	1986
321	Tao-te-king	《道德经》	Gloria Peradejordi	格洛丽亚·佩拉德约第	巴塞罗那	西班牙语	1986
322	Lao-Tse ausgewählte Texte	《老子选篇》	Hans Christian Meister	汉斯·克里斯汀·梅斯特	慕尼黑	德语	1986
323	The Tao of power: a new translation of the Tao te ching	《权力之道:〈道德经〉的新译本》	R.L. Wing	R.L. 翁		英语	1986
324	Lao Yzu's Tao-Te Ching	《老子的道德经》	Unsong Kim	金云松	首尔	英语	1986
325	เหล่าจือสอนว่า	《老子说》	ทองแถม นาถจำนง	佟田·纳章依	曼谷	泰语	1987
326	ปรมัตถ์เต๋า	《道之真谛》	จ่าง แซ่ตั้ง	陈壮	曼谷	泰语	1987
327	Tao-Te-Ching	《道德经》	Susana Cano Méndez	苏珊娜·卡诺·曼德斯	马德里	西班牙语	1987

续表二十

序号	书名	书名（中文）	译者姓名	译者姓名（中文）	出版社所在地	语种	出版时间
328	Taotejing: En el camino de lo siempre posible	《道德经：在永远有可能的道路上》	José Luis Padilla Corral	何塞·路易斯·帕迪拉·科拉尔（中文名：巴汉生）	马德里	西班牙语	1987
329	LAO-TSE-Das illustrierte Buch vom Tao	《老子——关于道的插图书》	Hertha Federmann	赫塔·费德曼	慕尼黑	德语	1987
330	Der Weg und die Kraft: Laotses Tao-te-king als Orakel und Weisheitsbuch	《道路与力量：道德经作为先知和智慧书》	Peter Kobbe	彼得·科布	慕尼黑	德语	1987
331	Tao Teh Chin: The Taoist's New Library	《道德经：道家的新图书馆》	Shi Fu Hwang	黄世福	奥斯汀	英语	1987
332	『老子の思想タオ．新しい思惟への道』	《老子的思想道．新思维的道路》	上野浩道	上野浩道		日语	1987
333	Tao: I grandi testi antichi	《道：伟大的古代文献》	Fausto Tomassini	福斯托·托马西尼	都灵	意大利语	1987
334	Tao Te King	《道德经》	Pedro Lozano Mitter	佩德罗·洛萨诺·密特	巴塞罗那	西班牙语	1988
335	『新积老子』	《新释老子》	守屋洋	守屋洋	东京	日语	1988
336	Lao Tse: Tao-te-king	《老子：道德经》	Reinhold Knick	莱因霍尔德·尼克	达姆施塔特	德语	1988
337	Lao Tse Tao-Te-King: Das heilige Buch vom Tao und der wahren Tugend	《老子 道德经：道与真正美德的圣书》	Wolfgang Kopp	沃尔夫冈·科普	因特拉肯	德语	1988
338	Tao der Führung: Laotses Tao Te King für eine neue Zeit	《领导之道：新时代的老子道德经》	René Taschner	雷内·塔施纳	巴塞尔	德语	1988
339	Die chinesische Gnosis. Kommentare zum Tao Teh King von Lao Tse	《中国的灵知，老子道德经评注》	Jan van Rijckenborgh, Catharose de Petri	扬·范·里肯伯格，卡萨罗斯·德·佩特里	哈勒姆	德语	1988
340	Aus dem Tao-Te-King	《道德经》	Ulrich Soppa	乌尔里希·索帕	魏恩加滕	德语	1988
341	Tao Te Ching: The Book of Meaning and Life (Arkana)	《道德经："意义与生命之书"（阿卡纳语）》	Richard Wilhelm	卫礼贤		英语	1988
342	『老子』	《老子》	服部武	服部武	东京	日语	1988

续表二十一

序号	书名	书名（中文）	译者姓名	译者姓名（中文）	出版社所在地	语种	出版时间
343	The Tao of Being	《存在之道》	Ray Grigg	雷・格里格	亚特兰大	英语	1988
344	The Tao of Relationships: A balancing of Man and Woman	《关系之道：男人和女人的平衡》	Ray Grigg	雷・格里格		英语	1988
345	Tao Te Ching	《道德经》	Johnathan Star	乔纳森・斯塔	普林斯顿	英语	1988
346	Spirit of the Tao Te Ching	《道德经的精神》	Jeff Rasmussen	杰夫・拉斯穆森	印第安纳波利斯	英语	1988
347	I Maestri del Tao: Lao-tseu, Lie-tseu, Tchouang-tseu	《道家：老子、列子、庄子》	Emanuela Costa	伊曼纽拉・科斯塔	热那亚	意大利语	1988
348	Tao Te King	《道德经》	Marie Wohlfeil, Manuel P. Esteban	玛丽・沃尔菲，马努埃尔・P. 埃斯特万	马拉加	西班牙语	1989
349	Aus dem Tao-Te-King	《道德经》	Ulrich Soppa	乌尔里希・索帕	魏恩加滕	德语	1989
350	Tao Te Ching: Definitions, Concordance, and Etymologies	《道德经：定义，一致性和词源》	Johnathan Star	乔纳森・斯塔	普林斯顿	英语	1989
351	The Tao Te Ching	《道德经》	Ellen Chen	陈艾伦	纽约	英语	1989
352	Lao Tzu Te-Tao Ching	《老子道德经》	Robert G. Henricks	韩禄伯	纽约	英语	1989
353	Tao Te Ching	《道德经》	Stephen Mitchell	斯蒂芬・米切尔	纽约	英语	1989
354	The Book of Lao Tzu (The Tao Te Ching)	《老子的书（〈道德经〉）》	Yi Wu	吴怡	旧金山	英语	1989
355	El Libro del Tao	《道之书》	Juan Ignacio Preciado (Iñaki Preciado Idoeta)	伊纳基・普雷西亚多・伊多埃	马德里	西班牙语	1990
356	Tao Te King Libro del Tao y de su virtud	《道德经：道与美德之书》	Gaston Soublette	路易斯・苏莱特	圣地亚哥	西班牙语	1990
357	LAO-TSEU TAO TÖ KING LE LIVRE DE LA VOIE ET DE LA VERTU	《老子〈道德经〉：道与德之书》	Conradin Von Lauer	康拉丁・冯・劳尔		法语	1990
358	Reise zum Tao: T’ ai Chi und die Weisheit des Tao Te King	《道家之旅：太极拳与道德经的智慧》	John Lash	约翰・拉什	巴塞尔	德语	1990
359	My Tao: The Tao Te Ching of Lao Tse	《我的道：老子的道德经》	Peter Land	彼得・兰德	奥克兰	英语	1990
360	Tao Te Ching: The Classic Book of Integrity and the Way	《道德经：诚信经典之道》	Victor H. Mair	威克多・迈尔	纽约	英语	1990

续表二十二

序号	书名	书名（中文）	译者姓名	译者姓名（中文）	出版社所在地	语种	出版时间
361	Lao-Tzu: Precetti	《老子：戒律》	Serge d'Urach	谢尔盖·杜拉赫	日内瓦	意大利语	1990
362	Дао дэ цзин	《道德经》	В.Ф. Перелешин	瓦·弗·佩列列申		俄语	1990
363	เต๋าย่อมไร้นาม	《道当无名》	บุญมาก พรหมพ้วย	布恩玛·颇龙佩	曼谷	泰语	1991
364	Laotse: Das gute Wacht in uns	《老子：我们的好守卫》	Peter A. Thomas	彼得·托马斯	弗莱堡	德语	1991
365	Laotse Tao Te King: Vom Weg und für Unterwegs	《老子 道德经：源于道，践于行》	Helmut W. Brinks	赫尔穆特·布林克斯	哥廷根	德语	1991
366	Wasser ist stärker als Stein: Die zeitlose Weisheit des Lao Tse	《水强于石：老子的永恒智慧》	Alex Ignatius	亚历克斯·伊格纳修斯	艾特朗	德语	1991
367	Tao Te King: Der Quellentext Taoismus	《道德经：道教的源文本》			弗莱堡	德语	1991
368	Further teachings of Lao-Tzu: un-derstanding the mysteries	《老子的进一步教：了解奥秘》	Thomas Cleary	托马斯·克莱里	波士顿	英语	1991
369	Two Vision of the Way	《两种方式的道》	Alan K.L. Chan	陈家伦	奥尔本	英语	1991
370	The Essential Tao	《必不可少的道》	Thomas Cleary	托马斯·克莱里	旧金山	英语	1991
371	The Tao of Motherhood	《母亲之道》	VImala Schneider McClure	维玛拉·施耐德·麦克卢尔	斯普林斯	英语	1991
372	Lao Tse	《老子》	Rongpei Wang, William Puffenberger	王荣培，威廉·普芬伯格	沈阳	英语	1991
373	Лаоцзы	《老子》	А. ЕЛукьЯНОв	埃卢克亚诺夫	莫斯科	俄语	1991
374	الطريق إلى الفضيلة = Tao Te Ching : نص صيني مقدس	《通往道德之路》	علاء أديب	阿拉欧·迪布	科威特	阿拉伯语	1992
375	Innere Geborgenheit durch Tao Te King. Dialog mit Laotse	《通过道德经获得内心安全感，与老子对话》	Hubert Braunsperger	休伯特·布朗斯珀格	维也纳	德语	1992
376	Lao Tse: Tao Te King	《老子：道德经》	Hans Knospe	汉斯·诺斯佩	美因河畔法兰克福	德语	1992
377	Weg zur Kraft: Tao Te King	《力量之道：道德经》	Manfred Ullmer, Hartmut Waldenfels	曼弗雷德·乌尔默，哈特穆特·瓦尔登费尔斯		德语	1992
378	Tao te ching	《道德经》	J.J.L. Duyvendak	戴闻达		英语	1992

续表二十三

序号	书名	书名（中文）	译者姓名	译者姓名（中文）	出版社所在地	语种	出版时间
379	The Tao of the Tao Te Ching: A Translation and Commentary	《〈道德经〉中的“道”：翻译与评论》	Michael LaFargue	迈克尔·拉法格		英语	1992
380	Tao Te Ching: About the Way of Nature and Its Powers	《道德经：关于自然之道及其力量》	Thomas H. Miles	托马斯·米尔斯	纽约	英语	1992
381	Esoteric Tao The Ching	《深奥的道德经》	Ni Hua-ching	倪华清	圣莫尼卡	英语	1992
382	『タオのリーダー学：新時代を生きぬくための 81 の戦略』	《道的领导学：在新时代生存的81个战略》	上野圭一	上野圭一	东京	日语	1992
383	タオーヒア・ナウ	《道——在当下》	加島祥造	加岛祥造		日语	1992
384	Происхождение Дао: древний китайский мир	《道之本源：中国古代世界》	A.E. Лукьянов	卢基扬诺夫		俄语	1992
385	เต๋า	《道》	มงคล สีห์โสภณ	蒙昆·斯素珀恩	曼谷	泰语	1993
386	Tao Te King: Versión de John C. H. Wu	《道德经：吴经熊版本》	Alfonso Colodrón	阿方索·科洛德隆	马德里	西班牙语	1993
387	Tao Te Ching	《道德经》	Inés Frid	伊内斯·弗里德	布宜诺斯艾利斯	西班牙语	1993
388	Tao Te King	《道德经》			马德里	西班牙语	1993
389	El Tao del Amor	《爱之道》	Esperanza Meléndez	埃斯佩兰萨·萨梅伦德斯	波哥大	西班牙语	1993
390	『老子』	《老子》	真崎守	真崎守	东京	日语	1993
391	Lao Tzu: Tao Te Ching	《老子：道德经》	Stephen Addiss, Stanley Lombardo	斯蒂芬·艾迪斯，斯坦利·隆巴多	印第安纳波利斯	英语	1993
392	Tao Te Ching: A New Approach	《道德经：一种新方法》	Jeny O. Dalton	珍妮·道尔顿	纽约	英语	1993
393	Eswin's Tao: Being a Rough Translation of Selections from Lao Tze's Tao The Ching	《埃斯温：道：粗略地翻译老子的〈道德经〉》	Edwin Denby	埃德温·登比	纽约	英语	1993
394	Tao Te Ching: A Window to the Tao through the Words of Lao Tzu	《道德经：通过老子的话通往道的窗口》	Carol Deppe	卡罗尔·德佩	科瓦利斯	英语	1993
395	The Book of Lao Zi	《老子的书》	He Guanghu, Gao Shining	何光虎，高光	北京	英语	1993

续表二十四

序号	书名	书名（中文）	译者姓名	译者姓名（中文）	出版社所在地	语种	出版时间
396	Another Way: The Tao of Lao Tzu	《另一种方式：老子之道》	Gerald Kaminski	杰拉尔德·卡明斯基	贝尔蒙特	英语	1993
397	Tao Te Ching	《道德经》	Kwok Man-Ho, Manin Palmer, Jay Ramsay	郭敏镐，曼宁·帕尔默，杰伊·拉姆齐	沙夫茨伯里	英语	1993
398	A Warrior Blends with Life: A Modern Tao	《战士与生活融合：现代道》	Michael LaTorra	迈克尔·拉托拉	伯克利	英语	1993
399	Three Smaller Wisdom Books: Lao Zi's Dao De Jing	《三本智慧小书：老子的道德经》	Patrick Edwin Moran	帕特里克·埃德温·莫兰	拉纳姆	英语	1993
400	Reflections on the Tao Te Ching	《关于〈道德经〉的思考》	David K. Reynolds	戴维·雷诺兹	纽约	英语	1993
401	La voie du coeur selon un sage: Une interprétation du Tao Te King de Lao-Tseu	《圣人心道：老子〈道德经〉解读》	Daniel Laguitton	丹尼尔·拉吉顿		法语	1993
402	Il Libro degli insegnament di Lao-Tzu	《老子的教书》	Claudio Lamparelli	克劳迪奥·兰帕雷利	米兰	意大利语	1993
403	Tao. Il libro della via e della virtù	《道德经》	A.G. Teardo	A.G. 泰阿尔多	罗马	意大利语	1994
404	Tao Te King de Lao-Tse: El Taoísmo y la Inmortalidad	《老子道德经：道教与永生》	Antonio Medrano	安东尼奥·梅德拉诺	马德里	西班牙语	1994
405	Silencioso Tao: Reflexiones de un científico al otro lado del espejo	《沉默的道：一位科学家在镜子另一边的倒影》	Fernando Pardo	费尔南多·帕尔多	巴塞罗那	西班牙语	1994
406	Дао дэ цзин. Книга пути и благодати (сборник)»	《道德经》	И.С. Лисевич	伊·萨·李谢维奇		俄语	1994
407	『老子細読』	《老子细读》	深津胤房	深津胤房	东京	日语	1994
408	『老子訳注』	《老子译注》	坂出祥伸，武田秀夫	坂出祥伸，武田秀夫	东京	日语	1994
409	Bücher des Wissen: Laotse	《知识之书：老子》	Gerolf Coudenhove	杰洛夫·库登霍夫	美因河畔法兰克福，汉堡	德语	1994
410	Tao (Lao-tzu: Tao-te-king, Chuang-tzu: Innere Lehren)	《道（老子：道德经，庄子：内篇）》	Gerhard Riemann	格哈德·里曼	慕尼黑	德语	1994

续表二十五

序号	书名	书名（中文）	译者姓名	译者姓名（中文）	出版社所在地	语种	出版时间
411	Laotse: Das Tao der Stärker, Meditationen für Manager	《老子：强者之道，对管理者的沉思》	Peter Thomas Ruggenthaler	彼得·托马斯·鲁根塔勒	维也纳	德语	1994
412	Tao Te Ching: An Illustrated Journey	《道德经：插图之旅》	James Legge	詹姆斯·理雅格	纽约	英语	1994
413	Tao and Method	《道与法》	Michael LaFargue	迈克尔·拉法格	奥尔巴尼	英语	1994
414	『老子』	《老子》	大野桂	大野桂	东京	日语	1994
415	The Tao at Work	《工作中的道》	Stanley M. Herman	斯坦利·赫尔曼		英语	1994
416	Getting Right with the Tao: A Contemporary Spin on the Tao Te Ching	《与道相处：〈道德经〉的当代旋转》	Ron Hogan	罗恩·霍根		英语	1994
417	The Little Book of the Tao Te Ching	《关于〈道德经〉的小书》	John R. Mabry	约翰·马布里	沙夫茨伯里	英语	1994
418	Tao Te Ching: Of the Way and Interity	《道德经：正直之道》	Michael Silver Dragon	迈克尔·西尔弗·德劳贡	赫梅斯普韦布洛	英语	1994
419	The Tao of Learning	《学习之道》	Pamela Metz	帕梅拉·梅斯	亚特兰大	英语	1994
420	LAO TSEU Tao Te King	《老子 道德经》	Claude Larre	克劳德·拉尔	巴黎	法语	1994
421	Le opere dei padri del taoismo	《道教之父的著作》	Chiara Carminati	基亚拉·卡米纳蒂	米兰	意大利语	1994
422	คัมภีร์เต๋า ปรัชญาเหลาจื๊อ	《道德经：老子说》	บัญชา ศิริไกร	班查·斯利盖	曼谷	泰语	1995
423	แสงสว่างแห่งสัจจะธรรมและคุณธรรมเต๋า	《道家真理、美德之光》	บุญสิริ สุวรรณเพ็ชร	布恩斯利·素万培得	曼谷	泰语	1995
424	ปรัชญาจีน	《中国哲学》	ทองหล่อ วงษ์ธรรมา	佟娄.翁丹玛	曼谷	泰语	1995
425	كتاب التاو (لاوتسه/و تشوانغ تسه)	《道之书：老子与庄子》	هادي العلوي	哈迪·阿莱维	贝鲁特	阿拉伯语	1995
426	Il libro del Tao. Tao-teh-ching	《道德经》	Girolamo Mancuso	吉罗拉莫·曼库索	罗马	意大利语	1995
427	Lão Tử Đạo Đức Huyền Bí	《老子：奥秘道德》	Giáp Văn Cường	郑文强	同奈	越南语	1995
428	Tao Te Ching	《道德经》	José Ramón Alvaréz	何塞·拉蒙·阿尔瓦雷斯（中文名：雷孟笃）	布宜诺斯艾利斯	西班牙语	1995

续表二十六

序号	书名	书名（中文）	译者姓名	译者姓名（中文）	出版社所在地	语种	出版时间
429	Las mil y una noches: El libro del Tao	《一千零一夜：道之书》	Jesús Cabanillas	赫苏斯·卡巴尼利亚斯	布宜诺斯艾利斯	西班牙语	1995
430	El Tao esencial: La sabiduría eterna del Tao Te Ching y Chuang-tzu	《必不可少的道：〈道德经〉与〈庄子〉的永恒智慧》			布宜诺斯艾利斯	西班牙语	1995
431	Fluyendo con el cambio: La sabiduría del Tao	《与变化同在：道的智慧》	Ernesto Nesh	埃内斯托·内什	墨西哥	西班牙语	1995
432	Tao Teh Ching: La obra clásica de Lao Tzu	《道德经：老子的经典作品》	Mark Sánchez-Piltz, Olga Vilaplana Barrero	马克·桑切斯·皮尔茨，奥尔加·维拉普拉纳·巴雷罗	圣莫尼卡	西班牙语	1995
433	Tao Te Ching: el libro clásico de la sabiduría china	《道德经：中国智慧经典》			巴塞罗那	西班牙语	1995
434	Tao der Führung: Laotses Tao Te King für eine neue Zeit	《领导之道：新时代的老子道德经》	René Taschner	雷内·塔施纳	巴塞尔	德语	1995
435	Laotse Tao Te Ching	《老子 道德经》	Kwok Man-ho	郭敏镐	柏林	德语	1995
436	Laotse, Tao Te King: Die Seidentexte von Mawangdui	《老子，道德经：马王堆帛书版》	Hans-Georg Möller	汉斯–格奥尔格·穆勒	美因河畔法兰克福	德语	1995
437	Lao Tse: Tao Te King	《老子：道德经》	Wolf Peter Schnetz	沃尔夫·彼得·史耐兹	布卢登茨	德语	1995
438	Tao Te Ching	《道德经》	Stephan Schuhmacher	斯蒂芬·舒马赫	比勒菲尔德	德语	1995
439	The Tao Te Ching of Lao Tzu: A New Translation	《老子的道德经》：新译本	Brian Browne Walker	布莱恩·布朗·沃克		英语	1995
440	Laozi's Daodeing: From Philosophical and Hermeneutical Persoectives	《老子的〈道德经〉：从哲学和诠释学的角度》	Lee Sun-chen	李善臣	布卢明顿	英语	1995
441	Lao Tzu's Tao Te Ching	《老子的〈道德经〉》	Timothy Freke	蒂莫西·弗雷克	伦敦	英语	1995
442	"Tao Te Ching." MS 7820	《道德经》	Harry Glathe	哈里·格拉特		英语	1995
443	The New Lao Tzu: A Contemporary Tao Te Ching	《新老子：当代道德经》	Ray Grigg	雷·格里格	波士顿	英语	1995
444	Lao Zi: The Book of Tao and The	《老子:〈道德经〉》	Gu Zhengkun	辜正坤	北京	英语	1995

续表二十七

序号	书名	书名（中文）	译者姓名	译者姓名（中文）	出版社所在地	语种	出版时间
445	Lao Tzu Dao De Jing: Chapter	《老子道德经》	Tom Tam	汤姆·谭	波士顿	英语	1995
446	Paroles du Tao	《道之言》	Marc de Smedt	马克·德·史密特	巴黎	法语	1995
447	Colloqui con Lao Tzu: Tao Te Chinge mondo moderno	《与老子对话：道德经现代世界》	Carlo Moiraghi	卡罗·莫伊拉吉	米兰	意大利语	1995
448	Laozi: La via in cammin	《老子：路上的路》	Luciano Parinetto	卢西亚诺·帕里内托	米兰	意大利语	1995
449	Il libro della norma: Tao-tê-ching	《规范之书：〈道德经〉》	Domenico Sebatstianelli	多梅尼科·塞巴斯蒂安内利	米兰	意大利语	1995
450	La via della vita secondo Lao Tze: Due versioni parallele del Tao Te Ching	《老子的生活方式：〈道德经〉的两个平行版本》	Franco Spagnoli	弗朗科·斯帕格诺利	佛罗伦萨	意大利语	1995
451	คัมภีร์เต๋า เต้ จิง	《道德经》	ประยงค์ สุวรรณบุปผา	布拉永·素万布帕	曼谷	泰语	1996
452	La Luz del Tao: Con una nueva versión del Tao-Te-King de Lao-Tse	《道之光：新版老子〈道德经〉》	Antonio Medrano	安东尼奥·梅德拉诺	西班牙马德里	西班牙语	1996
453	Лао-Цзы. Дао Дэ Дзин	《老子·道德经》	О. Барушко	奥·勃鲁什科		俄语	1996
454	Bücher des Wissen: Laotse	《知识之书：老子》	Gerolf Coudenhove	杰洛夫·库登霍夫	美因河畔法兰克福，汉堡	德语	1996
455	Das Tao des Seins: Ein Arbeitsbuch zum Denken und Handeln	《存在之道：思考和行动的工作簿》	Theo Kierdorf, Hildegard Höhr	西奥·基多夫，希尔德加德·霍尔	帕德伯恩	德语	1996
456	Unterweisung in der Wirkkraft und im leitenden Prinzip	《关于效力和领导原则的说明》	Peter Kobbe	彼得·科布	慕尼黑	德语	1996
457	Lao-Tze und der Taoismus	《老子与道教》	Manfred Porkert	曼弗雷德·波克特	美因河畔法兰克福	德语	1996
458	Laotse: Den rechten Weg finden	《老子：寻求正道》	Christa Zettel	克里斯塔·泽特尔	慕尼黑	德语	1996
459	The Yin-Yang Journal: An Alternate Reading of the Tao Te Ching	《阴阳日记：〈道德经〉的替代读本》	Rupert C. Allen	鲁珀特·艾伦	图森	英语	1996

续表二十八

序号	书名	书名（中文）	译者姓名	译者姓名（中文）	出版社所在地	语种	出版时间
460	Way of Life: The Tao Te Ching	《生活方式:〈道德经〉》	Gary N. Arnold	加里·N. 阿诺德		英语	1996
461	The Wisdom Bible: From Ancient China, India, Greece, the Middle East and Rome	《智慧圣经：来自中国古代，印度，希腊，中东和罗马》	Sanderson Beck	桑德森·贝克		英语	1996
462	The Treasures of Lao-tze	《老子的宝藏》	Lena Chiang	蒋丽娜	台北	英语	1996
463	Lao Tzu: The Book and the Man	《老子：书与人》	Paulos Zhan Zhu Huang	黄保罗	赫尔辛基	英语	1996
464	Wisdom of Tao	《道的智慧》	John O'Toole	约翰·奥图尔	纽约	英语	1996
465	Lao-tzu's Taoteching: With Selected Commentaries of the Past 2000 Years	《老子的道教：近2000年评析》	Bill Porter	赤松	旧金山	英语	1996
466	『タオの言葉』	《道的词语》	荒俣宏	荒俣宏		日语	1996
467	Tao Te King-Ou le livre de la Voie et de la Vertu	《道德经》	Stanislas Julien, Catherine Despeux	斯坦尼斯拉斯·朱利安，凯瑟琳·德佩		法语	1996
468	Tao Te King: El libro del Tao	《道德经：道之书》	Esteve Serra	埃斯特夫·塞拉	马略卡岛帕尔马	西班牙语	1997
469	Дао Дэцин	《道德经》	A. A. Маслов	阿·阿·马斯洛夫		俄语	1997
470	Lao Tse Tao Te King	《老子 道德经》	Marie-Luise Bergoint	玛丽-路易斯·伯格	诺伊豪森	德语	1997
471	Gebete: Psychedelische Gebete nach dem Tao-te-King	《祈祷：依据道德经的迷幻祈祷》	Michael A. Binder	迈克尔·A. 宾德	埃尔巴赫	德语	1997
472	Notizen der Weisheit Tao	《道的智慧笔记》	Franz Derdak	弗朗兹·达达克	沃韦	德语	1997
473	Das Tao ist Stille	《道即是静》	Robert Riedel	罗伯特·里德尔	美因河畔法兰克福	德语	1997
474	Tao te đing	《道德经》	H.G. Ostwald	奥斯特瓦尔德	贝格拉德	英语	1997
475	Lao Tzu: Tao Te Ching	《老子：道德经》	Ursula K. Le Guin	乌苏拉·K. 勒金	波士顿	英语	1997
476	The Creative Tao	《道的创意》	Pamela Metz	帕梅拉·梅斯	亚特兰大	英语	1997
477	Tao Te Ching	《道德经》	Charles Muller	查尔斯·穆勒	纽约	英语	1997
478	Early Daoist Scriptures	《早期道教圣经》	Stephen R. Bokenkamp	斯蒂芬·博肯坎普	伯克利	英语	1997

续表二十九

序号	书名	书名（中文）	译者姓名	译者姓名（中文）	出版社所在地	语种	出版时间
479	『老子無知無欲のすすめ』	《老子无知无欲的推荐》	金谷治	金谷治		日语	1997
480	สามลัทธิศาสนาที่น่าสนใจ	《三大宗教教义》	อาจารย์สัมปันโน	阿占杉班诺	曼谷	泰语	1998
481	كتاب التاو-إنجيل الحكمة التاوية والتوس	《道德经：中国道家智慧的圣经》	فراس السواح	费拉斯·萨瓦赫	大马士革	阿拉伯语	1998
482	Lão Tử Đạo Đức Kinh	《老子道德经》	Nguyễn Hiến Lê	阮宪黎	胡志明市	越南语	1998
483	Đạo và đức: Bản dịch mới trọn bộ Đạo Đức Kinh của Lão Tử	《道与德：老子〈道德经〉新译本》	Đinh Sĩ Trang	丁士庄	加利福尼亚	越南语	1998
484	Tao Te King	《道德经》	Pepe Aguado, Juan S. Paz	贝贝·阿瓜多，胡安·帕兹	马德里	西班牙语	1998
485	Libro del curso y de la virtud	《道路与美德书》	Anne-Hélène Suárez	安妮·海伦·苏亚雷斯	马德里	西班牙语	1998
486	Tao Te Ching	《道德经》			巴塞罗那	西班牙语	1998
487	Lao Tse: Tao Te King	《老子:〈道德经〉》	Wolf Peter Schnetz	沃尔夫·彼得·史耐兹	布卢登茨	德语	1998
488	Die Lehren des Tao	《道的学说》	Marita Böhm	玛丽塔·勃姆	柏林	德语	1998
489	The Living Tao: Meditations on the Tao Te Ching	《活着的道：对道德经的沉思》	Stephen F. Kaufman	斯蒂芬·考夫曼	波士顿	英语	1998
490	A New Translation of the Tao Scriptures: Lao Tzu's Tao De Jing	《道教新译本：老子的〈道德经〉》	Yijun Liu	刘义军	巴纳比	英语	1998
491	The Book of the Way and Virtue	《道德经》	Yeshe Palden	耶什·帕登	圣克鲁斯	英语	1998
492	The Tao Te Ching and the Christian Way: A New English Version	《道德经与基督教之道：新英文版》	Joseph Petulla	约瑟夫·彼得拉	玛利诺会	英语	1998
493	The Gate of All Marvelous Thing: A Guide to Reading the Tao Te Ching	《万物之门:〈道德经〉阅读指南》	Gregory C. Richter	格里高里·里希特	旧金山	英语	1998
494	The Classic of the Dao: A New Investigation	《道经典：一项新的调查》	Keping Wang	王柯平	北京	英语	1998
495	The Tao of Living on Purpose	《有目的地生活的道》	Andre de Zanger, Judith Morgan	安德烈·德·桑格，朱迪斯·摩根	佛罗里达州	英语	1998

续表三十

序号	书名	书名（中文）	译者姓名	译者姓名（中文）	出版社所在地	语种	出版时间
496	LAO TSEU-CHENG MAN CH'ING LAO TSEU: "MES MOTS SONT FACILES À COMPRENDRE"	《老子易知解 郑曼髯注》	Tam C. Gibbs (traduites du chinois), Mairet (traduites de l'anglais)	谭・吉布斯（译自中文），梅雷（译自英文）		法语	1998
497	『聖人之門：老子解积』	《圣人之门：老子解释》	濁水	浊水	东京	日语	1998
498	Дао дэ цзин: уцение о Пути и Благой Силе с параллелЯми из Библии и Бхагавад Гиты	《道德经：与圣经和博伽梵歌相似的道与善力量的教义》	С.Н. Батонов	巴托诺夫	圣彼得堡	俄语	1998
499	Lão Tử Đạo Đức Kinh	《老子〈道德经〉》	Nguyễn Tôn Nhan	阮尊颜	河内	越南语	1999
500	El Tao de los líderes: El Tao Te-King de Lao Tse adaptado a una nueva era	《领导人之道：适应新时代的老子的〈道德经〉》	Martín Benigno	马丁・贝宁	布宜诺斯艾利斯	西班牙语	1999
501	Tao Te King	《道德经》	Francisco Páez de la Cadena	弗朗西斯科・佩斯・德拉卡德纳	马德里	西班牙语	1999
502	Tao Tê King: Libro del camino y de la virtud	《道德经：道路与美德之书》	J. J. López	J. J. 洛佩兹	马德里	西班牙语	1999
503	Maestros orientales. Tao Te King	《东方大师〈道德经〉》	Alberto Laurent	阿尔贝托・洛朗特	巴塞罗那	西班牙语	1999
504	El Tao para todos	《所有人的道》	Richardo A. Parada	理查德・A. 帕拉达	布宜诺斯艾利斯	西班牙语	1999
505	El poder verdadero: Lecciones del Tao Te King para la empresa	《真正的力量：道德经中的公司课程》	Alejandro Pareja Rodríguez	亚历杭德罗・帕雷亚・罗德里格斯	布宜诺斯艾利斯	西班牙语	1999
506	Tao Te King: Versión de Stephen Mitchell	《道德经：斯蒂芬・米切尔的版本》	Jorge Viñes Roig	豪尔赫・比涅斯・罗伊格	马德里	西班牙语	1999
507	Illusion der Kontrolle: Das Tao Te King für Führungskräfte	《控制的幻觉：致高管们的〈道德经〉》	Pier Hänni, Thomas Mennichen	皮尔・汉尼，托马斯・门尼克	伯尔尼	德语	1999
508	Mein Tao Te King	《我的道德经》	Erwin Jaeckle	欧文・贾克尔	沙夫豪森	德语	1999
509	Der Daodejing-Kommentar des Chan-Meister Hanshan Deqing (1546–1623)	《禅师憨山德清的道德经评论（1546—1623）》	Henrik Jäger	亨里克・杰格	马尔堡	德语	1999

续表三十一

序号	书名	书名（中文）	译者姓名	译者姓名（中文）	出版社所在地	语种	出版时间
510	Daodejing. Bd. 1. Text und Übersetzung nebst Zeichenlexikon und Konkordanz	《〈道德经〉第1卷文本和翻译，以及字符词典和词语索引》	Viktor Kalinke	维克多・卡林克	莱比锡	德语	1999
511	"Das Tao Te King." Der Equinox: Das Magazin für wissenschaftlichen Illuminismus	《〈道德经〉昼夜平分点：科学物质世界幻想说杂志》	Ralf Löffler	拉尔夫・洛夫勒	吕肖	德语	1999
512	Real Power: Lessons for Bussiness from the Tao Te Ching	《真正的力量：〈道德经〉中的商业经验》	James A. Autry Stephen Mitchell	詹姆斯・A. 奥特里，斯蒂芬・米切尔	伦敦	英语	1999
513	Tao Te Ching for the West	《西方的道德经》	Richard Degen	理查德・迪根		英语	1999
514	The Great Way of All Beings	《万物的伟大方式》	Paul Ferrini	保罗・费里尼	马萨诸塞州	英语	1999
515	Lao Zi zhi Dao De Jing Word for Word	《老子之道的境经》	Bradford Hatcher	布拉德福德・哈彻		英语	1999
516	Lao Tzu: Tao Te Ching; Translation Based on His Taoism	《老子〈道德经〉：根据道家思想翻译》	Sun Chen Org Lee	李新晨		英语	1999
517	The Classic of the Way and Virtue	《道德经典》	Richard John Lynn	理查德・约翰・林恩	纽约	英语	1999
518	The Parent's Tao Te Ching: A New Inetrpretation, Ancient Advice for Modern Parents	《父母的道德经：新的诠释，现代父母的古老忠告》	William Mantin	威廉・曼汀	纽约	英语	1999
519	The Couple's Tao Te Ching: Ancient Advice for Modern Lovers	《夫妻的道德经：现代恋人的古老建议》	William Mantin	威廉・曼汀	纽约	英语	1999
520	Of Nourishment and Grace, Stillness, and Compassion: An Interpretation of the Tao Teh Ching, a Collection of Ancient Tao Wisdom	《〈道德经〉的诠释》	Louisa Milne	路易莎・米尔恩	温伯恩	英语	1999
521	Christ the Eternal Tao	《基督永恒之道》	Gi-Ming Shien, Hieromonk Damascene	申基明，大僧		英语	1999
522	Дао-Дэ цЗин	《道德经》	E.A. ТорЧИнОв	托普奇诺夫	圣彼得堡	俄语	1999

续表三十二

序号	书名	书名（中文）	译者姓名	译者姓名（中文）	出版社所在地	语种	出版时间
523	Лао-цзы: обрести себЯ в Дао	《老子：在道中找到自己》	И.И. Семененко	塞缅年科	莫斯科	俄语	1999
524	ศึกษาคัมภีร์เต้าเต๋อ	《〈道德经〉研究》	ชาตรี แซ่บ้าง	冯裕灼	曼谷	泰语	2000
525	El tao de la paz: El arte de manejar la dinámica de los conflictos	《和平之道：管理冲突动态的艺术》	Alejandro Pareja Rodríguez	亚历杭德罗·帕雷亚·罗德里格斯	马德里	西班牙语	2000
526	Лао-цзы. Дао дэ цзин: Поэма	《老子·道德经：长诗》	В.Ф. Перелешин Д. Н. Воскресенский	瓦·弗·佩列里申	莫斯科	俄语	2000
527	Thomas Baumhekel: Zerbrochenes Holz, Kalligraphien (Broken wood, Calligraphies)	《托马斯·鲍姆海克：折木，书》	Viktor Kalinke	维克多·卡林克	莱比锡	德语	2000
528	Daodejing. Bd. 2. Anmerkungen und Kommentare: Nach Kapiteln geordnet	《〈道德经〉第2卷：注释和评论》	Viktor Kalinke	维克多·卡林克	莱比锡	德语	2000
529	The Tao of the Circles: Lao Tzu's Tao Te Ching Adapted for New Visions	《老子的道德经适应新视野》	Carl G. Garant	卡尔·加兰特	亚特兰大	英语	2000
530	Lao Tzu's Tao Te Ching: A Translation of the Startling New Documents Found at Guodian	《老子的〈道德经〉：郭店发现的惊人文献译本》	Robert G. Henricks	韩禄伯	纽约	英语	2000
531	Tao Te Ching, Lao Tzu	《老子，道德经》	David Hinton	大卫·欣顿	华盛顿	英语	2000
532	The Sage's Tao Te Ching: Ancient for the Second Half of Life	《贤者的道德经：生命下半叶的古代人》	William Mantin	威廉·曼汀	纽约	英语	2000
533	Tao Te Ching	《道德经》	John H. McDonald	约翰·麦克唐纳	华盛顿	英语	2000
534	The Tao of Loss and Grief: Lao Tzu's Tao Te Ching Adapted for New Emotions	《悲痛之道：老子的〈道德经〉适应新的情感》	Pamela K. Metz	帕梅拉·K. 梅茨	亚特兰大	英语	2000
535	The Tao of God: A Restatement of Lao Tsu's Tao Te Ching Based on the Teachings of The Urantia Book	《神的道：根据〈乌兰蒂亚书〉的教导重述老子的〈道德经〉》	Richard S. Omura	理查德·大村	圣何塞	英语	2000

续表三十三

序号	书名	书名（中文）	译者姓名	译者姓名（中文）	出版社所在地	语种	出版时间
536	The Tao of Peace	《和平之道》	Ralph D. Sawyer	拉尔夫·索耶		英语	2000
537	The Way: According to Lao Tzy, Chuang Tzu, and Seng Tsan	《方式：根据老子，庄子和圣三》	Gerald Schoenewolf	杰拉尔德·斯科内沃尔夫		英语	2000
538	Laoism: The Complete Teachings of Lao Zi	《老子全书》	Tao Huang	黄涛	亚特兰大	英语	2000
539	Le Tao	《道》	Gérard Leconte	杰拉德·莱孔特	巴黎	法语	2000
540	واتلا	《道》	بلشم اينار	拉尼娅·梅斯莱布	贝鲁特	阿拉伯语	2001
541	Đạo Đức Kinh dễ hiểu	《易解道德经》	Phan Ngọc	番玉	河内	越南语	2001
542	Дао Дэцин	《道德经》	E.A. Торчинов	叶·阿·托尔钦诺夫		俄语	2001
543	Лао Цзы. Книга о пути и силе	《老子：关于道路与力量》	A.B. Кувшинов	阿·维·古夫申诺夫	圣彼得堡	俄语	2001
544	Textstudium des Laozi: Daodejing	《老子文本研究：道德经》	Jörn Jacobs	约恩·雅各布斯	美因河畔法兰克福	德语	2001
545	"Tao Te King: Das Buch von der Wahren Kraft des Tao." (In: Tao. Mehr Energie, Sinnlichkeit und Lebensfreunde, 153–235)	《道德经：道 真正的力量》	Aljoscha Andreas Schwarz, Ronald Pierre Schweppe	阿辽沙·安德烈亚斯·施瓦兹，罗纳德·皮埃尔·施韦普	慕尼黑	德语	2001
546	Tao Te King für Paare	《给伴侣们的道德经》	William Martin	威廉·马丁	苏黎世	德语	2001
547	Tao te ching	《道德经》	David Leeming	戴维·李明		英语	2001
548	The Ancient Classics Collection: The Art of War & Tao Te Ching (Capstone Classics)	《古代经典作品集：〈孙子兵法〉和〈道德经〉》	Howard Hughes	霍华德·休斯		英语	2001
549	The Dowdy King: An Alternative Translation Tao te Ching, Lao Zi's Taoist Classic	《老子的道家经典〈道德经〉》	Cliffrord Borg-Marks	克俚福	布卡拉顿	英语	2001
550	Door to All Wonders: Application of the Tao te Ching	《通向奇迹的大门：〈道德经〉的应用》	Mantak Chia, Tao Huang	孟达嘉，黄涛	清迈	英语	2001
551	Laozi.Readings in Classical Chinese Philosophy	《老子——中国古代哲学著作》	Philip J. Ivanhoe	菲利普·伊凡霍	纽约	英语	2001
552	Lao-tzu: The Way and Its Virtue	《老子：道路与美德》	Toshihiko Lzutsu	津俊俊彦	东京	英语	2001

续表三十四

序号	书名	书名（中文）	译者姓名	译者姓名（中文）	出版社所在地	语种	出版时间
553	Dao De Jing: The Book of the Way;Laozi	《道德经：老子》	David H. Li	李大卫	洛杉矶	英语	2001
554	The Spirit of Lao Tsu	《老子的精神》	Robert Stevenson	罗伯特・史蒂文森	富士宫	英语	2001
555	Дао-Дэ-Цзин	《道德经》	Феано	费阿诺		俄语	2001
556	Tao-te-king	《道德经》	Etienne Perrot	艾蒂安・佩罗	巴黎	法语	2001
557	الطريق وطاقته	《道路能量》	يوحنا قمير	尤汉娜・科米尔	贝鲁特	阿拉伯语	2002
558	Tính Mệnh Khuê Chỉ Toàn Thư (Thuật Tu Tiên Của Đạo Lão)	《性命圭旨全书》	Nhân Tử Nguyễn Văn Thọ	人子阮文涛	加利福尼亚	越南语	2002
559	Tao del liderazgo	《领导之道》	Martín Benigno	马丁・贝宁	蒙特雷	西班牙语	2002
560	Tao te king	《道德经》	Santiago Jubany i Closas	圣地亚哥・朱巴尼和克洛萨斯	巴塞罗那	西班牙语	2002
561	『老子』	《老子》	阿部吉雄，山本敏夫	阿部吉雄，山本敏夫	东京	日语	2002
562	Die magische Kraft der Vernunft	《理性的魔力》	Eduard Maier	爱德华・迈耶	卡尔斯鲁厄	德语	2002
563	Laotse: De Dao De King fom Laodse uf Schwäbisch fom Ede Maier g'schriba, Ein buch für Menschen die alles können außer Hochdeutsch und chinesische Weisheiten gerne in der eigenen Sprache lesen	《老子：一书适合除德语之外用自己的语言阅读中国智慧的人》	Eduard Maier	爱德华・迈耶	卡尔斯鲁厄	德语	2002
564	Jesus und Lao-Tse: Eine Botschaft zwei Stimmen: Paralelle Aussagen der zwei großen Weisheitlehrer der Menschheit	《耶稣和老子：一个信息，两个声音：两位伟大智者的思想》	Jörg Wichmann	约格・威奇曼	慕尼黑	德语	2002
565	The Tao of Christ: A Christian's Reading of the Daodejing of Laozi, from an Original Translation by Lin Yutang	《基督之道：基督教徒对老子〈道德经〉的解读》	Anthony D. Duncan	安东尼・邓肯	加利福尼亚	英语	2002

续表三十五

序号	书名	书名（中文）	译者姓名	译者姓名（中文）	出版社所在地	语种	出版时间
566	Walking the Mystery Path: Poetic Variations on the Tao Te Ching	《走神秘之路：〈道德经〉的诗意变奏》	Brian Michael Hassett	布赖恩·迈克尔·哈塞特	加利福尼亚	英语	2002
567	Tao Te Ching: A New Translation and Commentary	《道德经：新译本与评论》	Stephen Hodge	史蒂芬·霍奇	纽约	英语	2002
568	A New Perspective on the Dao De Jing: Classic of the World and Integrity	《道德经的新视角：世界经典与诚信》	Victor C.C. Khor, Graeme Chapman	维克多·C. 霍尔，格雷姆·查普曼	雪兰莪	英语	2002
569	Reading Lao Tzu: A Companion to the Tao Te Ching with a New Translation	《读老子：〈道德经〉新译本》	Ha Pong Kim	哈庞金	费城	英语	2002
570	Something to Ponder: Reflections from Lao Tzu's Tao Te Ching	《思考的东西：老子〈道德经〉的反思》	Colin Mallard	科林·马拉德	库特奈	英语	2002
571	Tao Te Ching: The Greatest Wisdom of Lao-tzu	《道德经：老子的最大智慧》	Theresa Sun	孙莉莉	台北	英语	2002
572	Lao Zi: A Modern Chinese and English Translation	《老子：现代汉英翻译》	Xiaolin Yang, Irene Yang	杨晓琳，杨怡琳	康舍霍肯	英语	2002
573	The Book of Balance: Lao Tzu's Tao Teh Ching	《平衡之书：老子〈道德经〉》	Yasuhiko Genku Kimura	木村康彦	韦恩斯伯勒	英语	2002
574	LAO TSEU Le Véritable Tao Ke King	《老子道德真经》	Eulalie Steens	尤拉莉·斯廷斯		法语	2002
575	Tao-te-king	《道德经》	Marcel Conche	马塞尔·康切	巴黎	法语	2002
576	Завет Пути Силы: современное проЧтение Дао-Дэ цзин	《权道之约：道德经的现代解读》	Мариной Соловьева	玛丽娜·索洛维耶娃	莫克巴	俄语	2002
577	Дао Дэ цзин, Ле-цзы, Гуань-цзы: Даосские каноны	《道德经、列子、管子：道教经典》	В.В. МалЯВин	马利亚文	莫斯科	俄语	2002
578	เต้าเต๋อจิง	《道德经》	กลินสุคนธ์ อริยฉัตรกุล	格林素昆·阿利亚查昆	曼谷	泰语	2003
579	La puerta de todas las maravillas	《所有奇迹之门》	Miguel Iribarren Berrade	米格尔·伊里巴伦·贝拉德	马拉加	西班牙语	2003

续表三十六

序号	书名	书名（中文）	译者姓名	译者姓名（中文）	出版社所在地	语种	出版时间
580	Tao Te Ching	《道德经》	Jordi Fibla	乔迪·菲布拉	马德里	西班牙语	2003
581	Tao Te King	《道德经》	Fermín Navascués	费尔明·纳瓦斯库斯	马德里	西班牙语	2003
582	Tao Te King: El libro del recto camino	《道德经：道路之书》	Hoa Nhán	华南	布宜诺斯艾利斯	西班牙语	2003
583	Tao Te King	《道德经》	Norberto Tucci	诺贝托·图奇	马德里	西班牙语	2003
584	El Tao Te Ching de Lao-Tze: El libro del Tao y la Virtud, comentado	《老子的道德经：道与美德评论之书》	Tseng Juo-ching, Ángel Fernández de Castro	曾若镜，安赫尔·费尔南德斯·德卡斯特罗	罗马诺内斯	西班牙语	2003
585	Das Tao des Erwachens: Tao-Weisheit für den Weg in die Freiheit	《觉悟的道：通往自由之道的智慧》	Amir Ahler, Samira Ahler	艾米尔·艾勒，萨米拉·艾勒	尼比尔	德语	2003
586	Laotse Tao Te King: Eine zeitgemäße Version für westliche Leser	《老子道德经：面向西方读者的当代版本》	Peter Kobbe	彼得·科布	慕尼黑	德语	2003
587	Der Goldene Kreis des Drachen und die zeitlose Weisheit von Laozis Daodejing	《龙的黄金圈与老子道德经的永恒智慧》	Luc Théler	吕克·泰勒	萨尔布吕肯	德语	2003
588	Tao Te Ching: A Literal Translation With an Introduction, Notes, and Commentary	《〈道德经〉：直译，引言，注释和评论》	Chichung Huang	黄继忠		英语	2003
589	Tao Te Ching: An Illustrated Journey	《道德经：解说之旅》	Stephen Mitchell	斯蒂芬·米切尔	纽约	英语	2003
590	Dao De Jing: A Philosophical Translation	《道德经：哲学翻译》	Roger T.Ames, David L. Hall	罗杰· T. 埃姆斯，戴维德·霍尔	纽约	英语	2003
591	Tao Te Ching: Lao Tzu's Classic Taoist Text in 81 Cards	《道德经：老子的经典道教文字（81章）》	Chen Chao-Hsiu	陈超秀	伦敦	英语	2003
592	The Tao Te Ching Interpreted and Explained	《〈道德经〉的口译和解释》	Daniel R. Condron	丹尼尔·康德隆	肯塔基州	英语	2003
593	The Chinese Classic of Taoism	《中国道教经典》	William Dolby	威廉·杜比	爱丁堡	英语	2003

续表三十七

序号	书名	书名（中文）	译者姓名	译者姓名（中文）	出版社所在地	语种	出版时间
594	Tao Te Ching, by Lao Tzu	《老子的〈道德经〉》	Hubert H. Lui, Tem Horwitz, Susan Kimmelman	休伯特·吕，特姆·霍维茨，苏珊·金梅尔曼	芝加哥	英语	2003
595	Scriptures from the Orient	《东方经文》	Anthony John Monaco	安东尼·约翰·摩纳哥	布卢明顿	英语	2003
596	The Wisdom of Lao Zi: A New Translation of Dao De Jing	《老子的智慧：〈道德经〉的新译本》	Han Hiong Tan	韩孝坦	昆士兰州	英语	2003
597	A Chinese Reasing of the Daodejing: Wang Bi's Commentary on the Laozi with Critical Text and Translation	《读〈道德经〉中文版：王弼批判性地翻译〈老子〉》	Rudolf G. Wagner	鲁道夫·瓦格纳	奥尔巴尼	英语	2003
598	Tao and the City: Lao Tzu's Tao Te Ching	《道与城：老子的道德经》	Betsy Wyckoff	贝茜·威科夫	巴里敦	英语	2003
599	Tao Te King: Le livre de la voie et de la vertu	《道德经：道与德之书》	Agatha Miller	阿加莎·米勒	蒙特利尔	法语	2003
600	Дао дэ цзин, или Трактат о Пути и Морали	《道德经》	ЛИ.Кондрашова	李康德拉绍娃	莫斯科	俄语	2003
601	วิถีเต๋าของท่านเล่าจื๊อ	《老子之道》	ภาวิช ทองโรจน์	帕维·佟洛	曼谷	泰语	2004
602	Tao Tê Ching. Il libro della via e della virtù	《道德经》	Anna Devoto	安娜·德沃托	米兰	意大利语	2004
603	Lời dạy của Lão Tử, Trang Tử, Khổng Tử, Mạnh Tử	《老子，庄子，孔子，孟子的教话》	Dương Thu Ái, Nguyễn Kim Hanh	杨秋爱，阮金亨	河内	越南语	2004
604	Tao Teh King	《道德经》	Francisco Bermejo Fernández	弗朗西斯科·贝尔梅霍·费尔南德斯	马拉加	西班牙语	2004
605	Tao Te Ching: El libro clásico de la sabiduría china	《道德经：中国智慧经典》	Cecilia Montesinos	塞西莉亚·蒙特西诺斯	巴塞罗那	西班牙语	2004
606	Tao Te Ching: La teoría de la génesis natural del universo; El principio básico del Yi-Tao y el método analítico del Bagua	《道德经：宇宙自然起源的理论；易道的基本原理及八卦的分析方法》	Ning Zeng	曾宁	布宜诺斯艾利斯	西班牙语	2004

续表三十八

序号	书名	书名（中文）	译者姓名	译者姓名（中文）	出版社所在地	语种	出版时间
607	Tao Te King	《道德经》	Maria Àngels Comella i Olivé	玛丽亚·昂格尔斯·科梅拉·奥利维	巴塞罗那	西班牙语	2004
608	『老子．莊子　中国の古典』	《〈老子〉〈庄子〉：中国的古典》	野村茂夫	野村茂夫	东京	日语	2004
609	『新訳「老子」：古代中国「気」論』	《新译〈老子〉：中国古代的“气”论》	柳谷隆幸	柳谷隆幸	东京	日语	2004
610	Livre de la Voie et de la Vertu “Laozi-Dao De Jing” à l’usage des acupuncteurs	《道与德之书：针灸师使用的老子〈道德经〉》	Dr. Henning Støm			法语	2004
611	Lao-tzeu La voie et sa vertu	《老子道与德》	François Houang, Pierre Leyris	弗朗索瓦·黄，皮埃尔·莱里斯	巴黎	法语	2004
612	Tao Te Ching : Le célèbre texte taoïste présenté sur 81 cartes	《道德经：道家经典》	Claire Sachsé Fontaine	克莱尔·萨克塞·方丹		法语	2004
613	Tao das Buch von der wahren Kraft des Dao	《道的真实力量》	Aljoscha Long Schwarz	阿辽沙·朗·施瓦兹	宾德拉	德语	2004
614	Best of Laotse: Mehr als 80 seiner schösten Weisheiten	《最美老子：老子80多种最美的智慧》	Frank Schütze	弗兰克·舒兹	施伟特	德语	2004
615	Lao-Tse’s Tao Te King	《老子的道德经》	Victor von Strauss	弗里德里希·维克托·斯特劳斯	苏黎世	德语	2004
616	Tao Te Ching: A New Translation and Commentary	《〈道德经〉：新译本和评论》	Ralph Alan Dale	拉尔夫·艾伦·戴尔		英语	2004
617	Your Dao De Jing (Tao Te Ching)	《你的道德经》	Nina Correa	妮娜·科雷亚		英语	2004
618	Tao Te Ching	《道德经》	Curt Dornberg	柯特·多恩伯格	图森	英语	2004
619	Tao Te Ching: A New Version for All Seekers	《道德经：面向所有寻求者的新版本》	Guy Leekley	盖·里克利	得克萨斯州	英语	2004
620	The Tao Te Ching: The Way of the Power	《道德经：权力之道》	Len Losik	伦·洛西克		英语	2004
621	Dynamic Tao and Its Manifestations: A Field Theory Analysis of Lao-tzu Tao Te Ching	《动态道及其表现：老子〈道德经〉的场论分析》	Wayne L. Wang	韦恩·王	达里恩	英语	2004

续表三十九

序号	书名	书名（中文）	译者姓名	译者姓名（中文）	出版社所在地	语种	出版时间
622	Tao Te Ching: An Ultimate Translation with the Principle of Oneness	《〈道德经〉：统一原则的终极翻译》	Wayne L. Wang	韦恩·王		英语	2004
623	Tao Te Jing in Plain English	《英语的〈道德经〉》	Thomas Z. Zhang, Jackie X. Zhang	托马斯·张，杰基·张	布卢明顿	英语	2004
624	Laozi: Genesi del Daodejing	《老子：道德经的起源》	Attilio Andreini	阿提利奥·安德烈尼	都灵	意大利语	2004
625	La Regola Celeste: Il libro del Tao	《天道：道之书》	Paolo Ruffilli	保罗·鲁菲利	米兰	意大利语	2004
626	Tê Tao Ching: Il libro della virtù della via	《德道经：道之德书》	Augusto Vitale	奥古斯托·维塔莱	贝加莫	意大利语	2004
627	ผู้นำที่แท้ มรรควิธีของเล่าจื๊อ	《真正的引领者：老子之道》	ประชา หุตานุวัตร	布拉查．乎达努瓦	曼谷	泰语	2005
628	كتاب الطاو (لاوتسي تشوانج)	《道德经》	محسن الفرجاني	穆赫辛·法尔贾尼	开罗	阿拉伯语	2005
629	Las enseñanzas de Lao Tsé: El Tao Te King para la vida moderna	《老子的教导：现代生活的道德经》	Pedro Bayona	佩德罗·巴约纳	墨西哥	西班牙语	2005
630	Dao De Jing	《道德经》	Samuel Lapaz Torralba	塞缪尔·拉帕兹·托拉尔巴	巴塞罗那	西班牙语	2005
631	Laotse: Tao Te King	《老子：道德经》	Heinz Klein	亨兹·克莱因	德累斯顿	德语	2005
632	Tao Te King: Das geheimnisvolle Buch des Lao Tse	《道德经：老子的神秘之书》	Hans Christian Meister	汉斯·克里斯汀·梅斯特	柏林	德语	2005
633	Das Tao Te King für Eltern: Alte Weisheit für moderne Eltern	《父母的道德经：老智慧赠予现代父母》	Ulla Rahn-Huber	乌拉·拉恩·休伯	比勒菲尔德	德语	2005
634	"Lau Dan: Das Buch von Sinn und Geist." (In: Werke, Band 2: Von Aas bis Zylinder, 1120–1159.)	《老聃：意识与精神之书》	Hans Jürgen von der Wense	汉斯·于尔根·旺斯	美因河畔法兰克福	德语	2005
635	Lao Tzu on Politics from "Tao Te Ching"	《老子从〈道德经〉谈政治》				英语	2005
636	Tao Te Ching (Barnes & Noble Classics)	《道德经》	Charles Muller, Yi-Ping Ong	查尔斯·穆勒，王一平		英语	2005

续表四十

序号	书名	书名（中文）	译者姓名	译者姓名（中文）	出版社所在地	语种	出版时间
637	Another Way: Poems Derived from the Tao Te Ching	《另一种方式：诗源自〈道德经〉》	David B.Axelrod	戴维·阿克塞尔罗德		英语	2005
638	The Way Thru Change	《改变的方式》	Johnl R.Bomar	约翰· R. 博马尔		英语	2005
639	Tao Te Ching: The Book About the Power of the Word and Its World	《道德经：关于词的力量及其世界的书》	Daniel Deleanu	丹尼尔·德莱努	伦敦，纽约	英语	2005
640	Tao Te Ching: A New Translation	《道德经：新译本》	Sam Hamill	山姆·哈米尔	森巴拉	英语	2005
641	Revealing the Tao Te Ching: In-Depth Commentaries on an Ancient Classic	《揭示〈道德经〉：一部古代经典的深入评论》	Xuezhi Hu	胡学志	洛杉矶	英语	2005
642	Tao Te Ching: A Literal Translation	《道德经：直译》	Peter Land	彼得·兰德	凯科希	英语	2005
643	Tao te Ching	《道德经》	Gregory P. Lee	格里高利·李	北阿特尔伯勒	英语	2005
644	The Tao Te Ching: A Contemporary Translation	《〈道德经〉：当代翻译》	Joseph B. Lumpkin	约瑟夫·伦普金	布朗茨维尔	英语	2005
645	A Path and a Practice: Using Lao Tzu's Tao Te Ching as a Guide to an Awakened Spiritual Life	《路径与实践：以老子的〈道德经〉作为唤醒精神生活的指南》	William Martin	威廉·马丁	纽约	英语	2005
646	Daode Jing	《道德经》	Thomas Meyer	托马斯·迈耶	芝加哥	英语	2005
647	Finding the Way: A Tao for Down-to-Earth People	《一个扎实的人道》	Susan Montag	苏珊·蒙塔格	伯威克	英语	2005
648	Tao Te Ching: The Art and the Journey	《道德经：艺术与旅程》	Holly H. Roberts	霍利· H. 罗伯茨		英语	2005
649	LAO TSEU Tao Te King	《老子 道德经》	Marcel Conche	马塞尔·孔什		法语	2005
650	Lao Tzu: Tao te Ching	《老子：道德经》	Claudio Lamparelli	克劳迪奥·兰帕雷利	米兰	意大利语	2005
651	Läotze krta Tão te china		Sañjva Misra			印地语	2005
652	เต๋า ทางแห่งธรรมชาติ	《道：自然之路》	ทองหล่อ วงษ์ธรรมา	佟娄·翁丹玛	曼谷	泰语	2006
653	Tao Te Ching: Los libros del Tao	《道德经：道教书》	Iñaki Preciado Idoeta	伊纳基·普雷西亚多·伊多埃	马德里	西班牙语	2006

续表四十一

序号	书名	书名（中文）	译者姓名	译者姓名（中文）	出版社所在地	语种	出版时间
654	LAO TSEU Tao te king ou Livre de la Voie et de la Vertu	《老子〈道德经〉或〈道与德之书〉》	Stanislas Julien	儒莲		法语	2006
655	Laotse und das Tao Te King	《老子和道德经》	Matthias Claus	马蒂亚斯·克劳斯	维恩哈姆	德语	2006
656	Tao Te King Meditationskarten: Anleitung und Inspiration	《道德经冥想卡：指导和启发》	Isolde Schwarz	伊索尔德·施瓦兹	诺伊豪森	德语	2006
657	Laws Divine and Human and Pictures of Deities	《道德经与神仙画》	Xu Yuanchong	许渊冲		英语	2006
658	『老子』	《老子》	池田知久	池田知久	东京	日语	2006
659	Seven Verses from the Tao Te Ching	《道德经七诗》	William Bolinger	威廉·波林格	佛蒙特州格林河	英语	2006
660	The Whole Heart of Tao	《道的核心》	John Bright-Fey	约翰·布莱菲		英语	2006
661	Thoughts on Becoming a Sage: Interpretation of Lao Tzu's Tao Te Ching, the Guidebook to Leading a Virtuous Life	《成圣之思辨:〈道德经〉解读》	Dan C. DeCarlo, Gu Binhe	丹·C. 德卡罗，古滨河	北京	英语	2006
662	Poems of the Universe: Lao Tzu's Tao Te Ching	《宇宙之诗：老子的〈道德经〉》	Brian Donohue	布赖恩·多诺休	北卡罗来纳州	英语	2006
663	Tao Te Ching by Lao Tzu	《老子〈道德经〉》	Gu Danke	顾丹柯	上海	英语	2006
664	Tao Te Ching: Annotated & Explained	《道德经：注释与解释》	Derek Lin	林信介	伍德斯托克	英语	2006
665	Laozi Dao De Jin	《老子道德经》	Tom Te-wu Ma	马德五	台北	英语	2006
666	Wisdom of the Tao Te Ching: The Code of a Spiritual Warrior	《道德经的智慧：精神战士的守则》	Ashok Kumar Malhotra	阿肖克·库马尔·马尔霍特拉	奥尼昂塔	英语	2006
667	Tao. Te Ching: A New Version, with Introduction, Notes, Glossary and Index	《道德经：一个新版本，包括简介，注释，词汇和索引》	Keith Seddon	基思·塞登	北卡罗来纳州	英语	2006
668	The Light with No Shadow	《无影之光》	Alan Sheets, Barabara Tovey	艾伦·希茨，巴拉巴拉·托维		英语	2006
669	The Tao Te Ching: A Zen Poet's View	《道德经：禅诗人的观点》	D.R. Streeter	斯特雷特	林顿	英语	2006

续表四十二

序号	书名	书名（中文）	译者姓名	译者姓名（中文）	出版社所在地	语种	出版时间
670	Lao Zi Says	《老子说》	Wang Qin, Jiang Fangzhen	王琴，姜防震	北京	英语	2006
671	Lao tzu—The Eternal Tao Te Ching	《老子：永恒的道德经》	Xu Yuanxiang, Yin Yongjian	徐远翔，印永健	北京	英语	2006
672	『心が安まる老子』	《心安的老子》	伊藤淳子	伊藤淳子	东京	日语	2006
673	『タオ』	《道》	加島祥造	加岛祥造		日语	2006
674	『図解雑学：老子』	《图解杂学：老子》	蜂屋邦夫	蜂屋邦夫	东京	日语	2006
675	Дао Дэ Щзин	《道德经》	С. ХоДЖ		莫斯科	俄语	2006
676	Tao Te King (El libro del medio)	《道德经（中之书）》	Cristóbal Serra	克里斯托瓦尔·塞拉	马略卡岛帕尔马	西班牙语	2007
677	Tao Te Ching	《道德经》	Marcos Chang	马尔克斯·张	布宜诺斯艾利斯	西班牙语	2007
678	Lao Tsé: Tao Te Ching	《老子：道德经》	Alfredo Salazar, Anton Teplyy	阿尔弗雷多·萨拉查，安东·特普利	安大略省	西班牙语	2007
679	『老子：自由訳』	《老子：自由译》	新井満	新井满	东京	日语	2007
680	Laotse: Das Tao der Stärker, Meditationen für Manager	《老子：强者之道，对管理者的沉思》	Peter Thomas Ruggenthaler	彼得·托马斯·鲁根塔勒	维也纳，慕尼黑	德语	2007
681	Das unvollendete Tao De King	《未完成的道德经》	Heinz-Günther Bärsch	亨氏·冈瑟·贝施		德语	2007
682	Daodejing (Laozi): complete translation and commentary	《道德经（老子）：完整的翻译和评论》	Hans-Georg Moeller	汉斯-乔治·莫勒		英语	2007
683	Tao Te Ching	《道德经》	Stephen Addiss, Stanley Lombardo	斯蒂芬·阿迪斯，斯坦利·伦巴多		英语	2007
684	道德经译解	《道德经译解》	罗志元	罗志元	扬州	英语	2007
685	Lao Tse-Tao Te Chng	《老子道德经》	Vladimir Antonov	弗拉基米尔·安东诺夫	安大略	英语	2007
686	A Tao Te Ching for Christians	《基督徒的道德经》	Paul Brennan	保罗·布伦南		英语	2007
687	Change Your Thoughts, Change Your Life: Living Wisdom of the Tao	《改变思想，改变生活：道家的生存智慧》	Wayne W. Dyer	韦恩·戴耶	卡尔斯巴德	英语	2007

续表四十三

序号	书名	书名（中文）	译者姓名	译者姓名（中文）	出版社所在地	语种	出版时间
688	It Is the Way It Is	《这就是它的方式》	Jay Lamb	杰伊・兰姆		英语	2007
689	Daodejing: The Vew, Highly Readable Translation of the Life-Changing Ancient Scripture Formerly Known an the Tao Te Ching	《道德经：改变人生的古代经文的俗语》	Hans-Georg Moeller	汉斯・乔治・莫勒	纽约	英语	2007
690	The Art of Peace: A New Reading of the Philosophical Poem Tao Te Ching	《和平的艺术：哲学诗的重新解读道德经》	John Patterson	约翰・帕特森	惠灵顿	英语	2007
691	Tao Te Ching De-Coded: Book of Wisdom, Path of Virtue	《〈道德经〉解密：智慧之书，道德之道》	Kevin M. Thomas	凯文・托马斯	布卢明顿	英语	2007
692	The Way of leading People: Unlocking Your Integral Leadership Skills with the Tao Te Ching	《领导方式：通过道德经释放您的综合领导技能》	Patrick J. Warneka, Timothy H. Warneka	帕特里克・J. 沃内卡，蒂莫西・H. 沃内卡	俄亥俄州	英语	2007
693	Дао-Дэ цзин: Книга о Пути и его силе	《道德经：道书与情欲力量》	А. Костенко	考斯坚科	莫斯科	俄语	2007
694	ปรัชญาเต๋า วิถีแห่งธรรมชาติ วิถีแห่งคน วิถีแห่งใจ	《道家学说：自然、为人和心灵之法则》	ชาตรี แซ่บ้าง	冯裕灼	北榄府	泰语	2008
695	Las enseñanzas secretas del Tao Te Ching	《道德经的秘密教义》	Miguel Iribarren Berrade	米格尔・伊里巴伦・贝拉德	马德里	西班牙语	2008
696	El Tao de la gracia: Selecciones del Tao-te King de Lao Tzu	《恩典之道：老子道德经选篇》	Gregory Johanson, Ronald S. Kurtz	格雷戈里・约翰逊，罗纳德・柯兹	圣地亚哥	西班牙语	2008
697	La palabra y el tao: tres textos, un solo tao	《词与道：三个文本，一个道》	Mario Conde	马里奥・康德	科尔多瓦	西班牙语	2008
698	Tao Te Ching	《道德经》			巴塞罗那	西班牙语	2008
699	Дао Дэцин	《道德经》	А.Е. Лукьянов, В.П. Абраменко	阿・叶・卢基扬诺夫，维・普・阿布拉缅科	莫斯科	俄语	2008
700	Завет пути силы	《道的遗训》	Марина Соловьева	玛・索洛维耶娃	莫斯科	俄语	2008
701	Книга о пути и силе	《关于道路和力量的书》	В.В. Косова	弗・弗・科索娃	莫斯科	俄语	2008

续表四十四

序号	书名	书名（中文）	译者姓名	译者姓名（中文）	出版社所在地	语种	出版时间
702	『老子』	《老子》	蜂屋邦夫	蜂屋邦夫	东京	日语	2008
703	Lao tseu Le Daode jing “Classique de la voie et de son efficience” Nouvelle traduction d’après les trois versions complètes: Wang Bi, Mangwangdui, Guodian	《老子 道德经：道与德的经典》	Rémi Mathieu	雷米・马蒂厄		法语	2008
704	Tao: Das heilende Geheimnis	《道：治愈的秘密》	Gustav Arthur Gräser	古斯塔夫・亚瑟・格拉泽	雷克林豪森	德语	2008
705	Das Tao Te King des Laotse	《老子的道德经》	Dr. Yunhai Cui, Matthias Claus	马蒂亚斯・克劳斯	维恩海姆	德语	2008
706	Das Tao Te King der Weisen	《智者之道德经》	Werner Beck	沃纳・贝克	比勒菲尔德	德语	2008
707	Die Bambustäfelchen Lao Zi	《竹简老子》	Hou Cai	侯才	明斯特	德语	2008
708	Ändere deine Gedanken-und dein Leben ändert sich: Die Lebendige Weisheit des Tao	《改变思想–生活随之改变：道家的生存智慧》	Franchita Cattani	弗朗西塔・卡塔尼	慕尼黑	德语	2008
709	Uroffenbarung und Daoismus: Jesuitische Missionshermeneutik des Daoismus	《原始启示与道教：道教的耶稣会宣教诠释学》	Claudia von Collani, Harold Holz, Konrad Wegmann	克劳迪娅・冯・科拉尼，哈罗德・霍尔兹，康拉德・韦格曼	柏林	德语	2008
710	Das Buch Laozi	《老子》	Ansgar Gerstner	安斯加・格斯特纳	萨尔布吕肯	德语	2008
711	Der Schlüssel zum Tao Te King	《道德经的关键》	Roger Herzig	罗杰・赫兹格	美因河畔法兰克福	德语	2008
712	Das Tao der Weisheit: Laozi-Daodejing	《智慧之道：老子—道德经》	Hilmar Klaus	希尔玛・克劳斯	亚琛	德语	2008
713	Tao Te King. Lao Tse	《道德经 老子》	Kathrin Laich	凯瑟琳・莱奇	莱克菲尔德	德语	2008
714	The Book of Tao: Tao Te Ching–The Tao and Its Characteristics (Laminated Hardcover)	《道书：道德经—道及其特征》	James Legge	詹姆斯・理雅格		英语	2008
715	Lao Tsé. Tao Te Ching	《道德经》	Vladimir Antonov	弗拉基米尔・安东诺夫		西班牙语	2008

续表四十五

序号	书名	书名（中文）	译者姓名	译者姓名（中文）	出版社所在地	语种	出版时间
716	Lao Tse. Tao Te Ching	《道德经》	Mikhail Nikolenko	米哈伊尔·尼科连科		英语	2008
717	Tao Te Ching	《道德经》	David Brown	大卫·布朗		英语	2008
718	Tao Te Ching by Lao Tzu	《老子道德经》	Robert W. Dunne	罗伯特·邓恩	布卢明顿	英语	2008
719	The haiku Tao Te Ching: Wisdom of the Tao for People in a Hurry	《道德经：匆忙中之道的智慧》	Tom F. Lang	汤姆·郎	布卢明顿	英语	2008
720	Puddy's Chin: The Perfect Way of the Craic and Its Power		S.C. Papenfus	帕彭斯	爱尔兰	英语	2008
721	Daodejing	《道德经》	Edmund Ryden	埃德蒙·雷登	牛津	英语	2008
722	Mountian Biking in the Tao: A special Interpretation of the Tao Te Ching	《对〈道德经〉的特殊解读》	Mark Tracy	马克·特雷西	林肯	英语	2008
723	Tao Te Ching: My Words Are Easy to Understand	《道德经：我的话很容易理解》	Gordon J.Van de Water	戈登·范德沃特	钻石吧	英语	2008
724	Tao Te Ching Lao-Tzu: A Plain English Version; Life's Little Instruction Book	《道德经老子：简明英语版；生活小指导书》			钻石吧	英语	2008
725	The Illustrated Book of the Laozi	《老子画报》	Paul White	保罗·怀特	北京	英语	2008
726	The Path and Its Power: Lao Zi's Thoughts for the 21st Century	《道路及其力量：老子的21世纪思想》	Jay G. Williams	杰伊·威廉姆斯	纽约	英语	2008
727	Thay Đổi Tư Duy, Thay Đổi Cuộc Sống: Sống Với Tuệ Của Đạo	《改变思想，改变生活：与道家共处》	Bản Quyên	本鹏	胡志明	越南语	2008
728	Lao-Tseu TAO TE KING	《老子 道德经》	Stephen Mitchelle	史蒂芬·米歇尔	安东尼（法兰西大岛上塞纳省）	法语	2008
729	Tao Te King: Un voyage illustré	《道德经：图解之旅》	BenoÂt Labayle	贝努瓦·拉巴耶	巴黎	法语	2008
730	وستوال	《大中华文库·老子》		费拉斯·萨瓦赫，薛庆国	中国	阿拉伯语	2009

续表四十六

序号	书名	书名（中文）	译者姓名	译者姓名（中文）	出版社所在地	语种	出版时间
731	مختارات من أشعار لاوتسي	《老子诗选》	أمل بوترت	阿玛尔·波特	阿曼	阿拉伯语	2009
732	Mahan Chini Darshnik Laotsu: Jeevan Darshan evam Rachnaen	《中国伟大哲学家老子——生命哲学与创作》	IlaKumar	艾拉·库马尔	新德里	印地语	2009
733	Tao te Ching	《道德经》	C. Lamparelli	C. 兰帕雷利	米兰	意大利语	2009
734	Tao Te King al alcance de todos: El libro del equilibrio	《所有人都可以使用的道德经：平衡之书》	Alfonso Colodrón	阿方索·科洛德隆	马德里	西班牙语	2009
735	Cambie sus pensamientos, cambie su vida: Vivir la sabiduría del Tao	《改变思想，改变生活：道的智慧》	Adriana Miniño	阿德里亚娜·米尼诺	卡尔斯巴德	西班牙语	2009
736	Lao Zi	《老子》	Tang Mingxin, Li Jianzhong, Mao Pin	汤铭新，李建忠，毛频	北京	西班牙语	2009
737	Tao Te King	《道德经》	Marie Wohlfeil, Manuel P. Esteban	玛丽·沃尔菲，马努埃尔·P. 埃斯特万	马拉加	西班牙语	2009
738	Tao Te Ching. El libro sagrado del taoismo	《道德经 道教圣书》			布宜诺斯艾利斯	西班牙语	2009
739	ЛАО-ЦЗЫ	《大中华文库·老子》	В.В. Малявин, 李英男（中）	弗·维·马良文，李英男	北京	俄语	2009
740	Лаоцзы. Даодэцзин	《老子·道德经》	И.И. Семененко	伊·伊·谢苗年科	莫斯科	俄语	2009
741	Дао Дэцин	《道德经》	В. Странник	维·斯特拉尼科		俄语	2009
742	LAO ZI老子	《老子》	吕华	吕华	北京	法语	2009
743	LAO TSEU Le vieil enfant Tao Tö King De l’efficience de la Voie	《道德经》	Gibert Georges, Philippe Denis	吉尔伯特·乔治，菲利普·丹尼斯		法语	2009
744	Le Lao-tseu suivi des Quatre Canons de l’empereur Jaune	《老子：以〈黄帝四经〉为基础》	Jean Levi	乐唯	巴黎	法语	2009
745	DAO DE JING de LAO ZI ÉNERGIE ORIGINELLE	《老子〈道德经〉》	Jing Hong Zhou, Annie Jalat	安妮·贾拉特	巴黎	法语	2009
746	Die Sinnsprüche des Li Boyang, genannt Laotse	《李伯阳即老子之格言》	Mondrian W. Graf von Lüttichau	蒙德里安·W. 格拉夫·冯·吕蒂绍	维恩海姆	德语	2009

续表四十七

序号	书名	书名（中文）	译者姓名	译者姓名（中文）	出版社所在地	语种	出版时间
747	Lao Tse: Tao Te King	《老子：道德经》	Wolf Peter Schnetz	沃尔夫·彼得·史耐兹	菲希塔赫	德语	2009
748	Das Tao der Weisheit: Laozi-Daodejing	《智慧之道：老子〈道德经〉》	Hilmar Klaus	希尔玛·克劳斯	亚琛	德语	2009
749	Laozi, Dao De Jing-Das Buch von Dao und De	《老子，道德经：道与德之书》	Ivo Lund	伊沃·隆德	开姆尼茨	德语	2009
750	Vom sinnvollen Leben und von der gütigen Liebe: Worte aus dem Tao-Te-King	《关于有意义的生活与仁慈的爱：道德经之言》	Franz Baumann	弗朗兹·鲍曼	滨湖瓦京	德语	2009
751	Der Weg der Weisheit: Das Tao Te King für den Alltag-Ein Leitfaden für ein erwachtes Leben nach Laotse	《智慧之道：日常生活中的道德经》	Anama Frühling	阿纳玛·弗吕林	汉堡	德语	2009
752	Dao De Jing (Tao Te King): Weise Leben, Gedichte und Erläuterungen in einfachen Worten	《道德经：明智的生活，诗歌与简单的文字解释》	Roderich Höfers	罗德里希·霍弗斯	达姆施塔特	德语	2009
753	Hände weg, doch pack an: Das Daodejing in neuer Bearbeitung	《放手即拥有：道德经新编》	Werner Krotz	沃纳·克罗兹	维斯马	德语	2009
754	Laozi. Daodejing: Das Buch vom Weg und seine Wirkung	《老子〈道德经〉：道及其影响》	Rainald Simon	雷纳德·西蒙	斯图加特	德语	2009
755	Tao te Ching: The Poetry of Nature	《道德经：自然之诗》	Kari Hohne	卡里·霍恩		英语	2009
756	Three Texts: Tao Te Ching, Dhammapada, Bhagavad Gita: New Editions of Three Foundation Texts for Twenty-First Century Practitioners		John Callahan	约翰·卡拉汉	北卡罗来纳州	英语	2009
757	Tao Te Ching: On the Art of Harmony	《道德经：论和谐艺术》	Chad Hansen	乍得·亨森	纽约	英语	2009
758	Tao Te Ching: The Poetry of Nature	《道德经：自然之诗》	Kari Hohne	卡里·霍恩	玛瑙湾	英语	2009

续表四十八

序号	书名	书名（中文）	译者姓名	译者姓名（中文）	出版社所在地	语种	出版时间
759	The Perennial Way: New English Versions of Yoga Sutras, Dhammapada, Heart Sutra, Ashtavakra Gita, Faith Mind Sutra, Tao Te Ching, and More		Bart Marshall	巴特·马歇尔	惠灵	英语	2009
760	Laozi: An Interpretation and Commentary	《老子：解读与解说》	Ren Yuan	任远	北京	英语	2009
761	Centered Living/Center Leading: The Way of Light and Love-The Tao Te Ching Adapted for Christ-Followers	《光明与爱的方式：〈道德经〉为基督跟随者改编》	Christopher Scruggs	克里斯托弗·斯克鲁格斯	科尔多瓦	英语	2009
762	The Eternally Practical Way: An Interpretation of the Ideas of the Dao De Jing	《永恒的实践之道：〈道德经〉思想解读》	Alan Steinle	艾伦·斯坦勒		英语	2009
763	Tao Te Ching, the Book of the Way: Based on the Translation by Dwight Goddard, Significantly Rewritten and Arranged	《〈道德经〉：基于德怀特·戈达德的翻译，经过重大改写和编排》	Sam Torode	山姆·托罗德	纳什维尔	英语	2009
764	The Eternal Soure: A New Interpretation of the Tao Te Ching for the 21st Century	《永恒的酸痛：21世纪的〈道德经〉的新解读》	Richard Gordon Zyne	理查德·戈登·泽恩	纽约，布卢明顿	英语	2009
765	Lao Tseu: Le canon de la voie et de la vertue	《老子：道与德之典》	Jean-Claude Lebensztejn	让-克洛德·莱本施泰因		法语	2009
766	Lao Tzu: Tao Te Ching-Una guida all interpretazione del libro fondamentale del taoismo	《老子〈道德经〉：解读道教根本经的指南》	Augusto Shantena Sabbadini	奥古斯托·尚特纳·萨巴迪尼	米兰	意大利语	2009
767	คัมภีร์เต๋าเต็กเก็ง	《道德经》	โชติช่วง นาดอน	卓创·纳东	曼谷	泰语	2010
768	คัมภีร์เต๋าของเหลาจื๊อ	《老子经典》	ปกรณ์ ลิมปนุสรณ์	巴贡·林巴努颂	曼谷	泰语	2010
769	El Tao Te King en la empresa: Lecciones de Taoísmo para el liderazgo y la empresa	《公司中的道德经：领导和公司的道教课程》	Alejandro Pareja Rodríguez	亚历杭德罗·帕雷亚·罗德里格斯	马德里	西班牙语	2010

续表四十九

序号	书名	书名（中文）	译者姓名	译者姓名（中文）	出版社所在地	语种	出版时间
770	Tao Te King	《道德经》	Benjamin Briggent	本杰明·布里金特	巴塞罗那	西班牙语	2010
771	El Tao Te Ching sobre el arte de la armonía	《关于和谐艺术的〈道德经〉》	Miguel Portillo Díez	米盖尔·波蒂略·迪兹	巴塞罗那	西班牙语	2010
772	Nuevos pensamientos para una vida mejor: La sabiduría del Tao	《美好生活的新思路：道的智慧》	José Gortázar	何塞·戈塔扎	巴塞罗那	西班牙语	2010
773	Tao Te Ching	《道德经》			巴塞罗那	西班牙语	2010
774	Дао Дэцзин	《道德经》	А.И. Волынский	安·伊·瓦伦斯基		俄语	2010
775	Lao Tse Tao-Te-King: Das heilige Buch vom Tao und der wahren Tugend	《老子〈道德经〉：道与真正美德的圣书》	Wolfgang Kopp	沃尔夫冈·科普	达姆施塔特	德语	2010
776	Das weiche Wasser bricht den Stein: Der Text des Tao Te King	《水滴石穿：道德经文本》	Günter Grimm	昆特·格林	维恩海姆	德语	2010
777	Tao Te Karl	《道德》	Karl Renz	卡尔·伦茨	比勒菲尔德	德语	2010
778	Laozi Daodejing, oder, Der Klassiker vom Dao und vom De	《老子道德经》	Muhammad Wolfgang G. A. Schmidt	穆罕默德·沃尔夫冈·A. 施密特	柏林	德语	2010
779	A New Way of Thinking, A New Way of Being: Experiencing the Tao Te ching	《一种新的思维方式，一种新的生存方式：体验道德经》	Dr. Wayne W. Dyer	韦恩·戴尔		英语	2010
780	Tao Te Ching: A new interpretive translation	《道德经：一种新的解释性翻译》	Robert Brookes	罗伯特·布鲁克斯		英语	2010
781	Lao-Tzu: Tao Te Ching. A Meditation in Black and White, Selected Chapters		Dwight Caswell	德怀特·卡斯韦尔	阿斯托利亚	英语	2010
782	Lao Tzu and the Bible: A Meeting Transcending Time and Space	《老子与圣经：一次超越时空的会议》	Shangyu Chen	陈上宇	布卢明顿	英语	2010
783	Tao Te Ching: Zen Teachings on the Taoist Classic	《〈道德经〉：道教经典禅宗》	Thomas Cleary	托马斯·克莱里	波士顿	英语	2010
784	Tao Te Ching: Teachings from Silence	《道德经》	Herbert B. Fox	赫伯特·福克斯	杰克逊维尔	英语	2010

续表五十

序号	书名	书名（中文）	译者姓名	译者姓名（中文）	出版社所在地	语种	出版时间
785	Dao De Jing	《道德经》	Jordan Harder	乔丹·哈德	诺斯菲尔德	英语	2010
786	Tao Te Ching: A Fresh Look at the Way and Its Virtues	《〈道德经〉：重新审视道路及其美德》	David Petersen	大卫·彼得森	北卡罗来纳州	英语	2010
787	My Tao Te Ching: A Workbook for Interpreting the Teachings and Poems in Tao Te Ching	《我的〈道德经〉：一部解释〈道德经〉中教与诗的书》	Henry Piironen	亨利·皮罗宁	布卢明顿	英语	2010
788	A Guest Giving Way Like Ice Melting: Thirteen Ways of Looking at Laozi	《像冰一样融化的客人：十三种看老子的方式》	Steven Schroeder, Debby Sou Vei Keng	史蒂文·施罗德，黛比·索维敬	得克萨斯州	英语	2010
789	Lao Tzu and Anthroposophy	《老子与人类学》	Kwan-Yuk Claire Sit	罗君钰	大巴灵顿	英语	2010
790	Dao De Jing: With Interpretations of Classic Scholars	《〈道德经〉：经典学者解读》	Wenliang Tao	陶文良	巴尔的摩	英语	2010
791	Dao De Jing Awaking	《道德经觉醒》	Henry Tso	曹亨利	香港	英语	2010
792	Laozi	《老子》	Wang Rongpei, Cao Ying, Wang Shanjiang	汪榕培，曹盈，王善江	南京	英语	2010
793	Tao Te Ching: An All-New Translation	《道德经：全新译本》	William Scott Wilson	威廉·斯科特·威尔逊	波士顿	英语	2010
794	Dao De Jing: A Philosophy about Everything; Uncover the Essence of Laozi's Wisdom	《道德经：万物哲学》	Goomoo Xu	徐国茂	米尔顿凯恩斯	英语	2010
795	『明解道徳経』	《明解道德经》	孫俊清	孙俊清	东京	日语	2010
796	Lao-tseu	《老子》	Catherine Despeux	凯瑟琳·德佩	巴黎	法语	2010
797	La voie du Tao	《道之道》	Alexis Lavis	亚历克西斯·拉维斯	巴黎	法语	2010
798	Tao Te Ching: Ek Chini Upanishad		Anuradha Banerjee			印地语	2010
799	Lão Tử Đạo Đức Kinh	《老子〈道德经〉》	Vũ Thế Ngọc	武世玉	胡志明市	越南语	2011
800	Vive la sabiduría del Tao: Cambia tus pensamientos y cambia tu vida	《活出道的智慧：改变思想，改变生活》	Juan Manuel Ibeas Delgado	胡安·曼努埃尔·伊比阿斯·德尔加多	巴塞罗那	西班牙语	2011
801	El Tao habla: los susurros de sabiduría de Lao-Tzu	《道说：老子的智慧私语》	Josep Bujons	约瑟夫·布洪斯	巴塞罗那	西班牙语	2011

续表五十一

序号	书名	书名（中文）	译者姓名	译者姓名（中文）	出版社所在地	语种	出版时间
802	Lao Tse: Das Buch von Tao und Te	《老子：道与德》	Eberhard Cold	埃伯哈德·科尔德	维恩海姆	德语	2011
803	Tao Te King	《道德经》	Bodo Kirchner	博多·基希纳	汉堡	德语	2011
804	Lao Zi (Laotse): Der Urtext	《老子》	Wolfgang Kubin	沃尔夫冈·顾彬	弗莱堡	德语	2011
805	The tao te ching (dao de jing)	《道德经》	Gordon J. Van de Water	戈登·范德沃特	加利福利亚	英语	2011
806	The Book of Tao: Tao Te Ching	《道书：道德经》	Nissim Amon	尼西姆·阿蒙	以色列特拉维夫	英语	2011
807	Tao Te Ching: A Study in the Field of Waves	《道德经：波浪领域的研究》	Stan Atamanchuk	斯坦·阿塔曼楚克		英语	2011
808	Tao Te Ching	《道德经》	Donivan Bessinger	多尼万·贝辛格		英语	2011
809	The Rhyming Tao Te Ching, and Other Oriental Wisdom in Rhyme: Over 70 Ways to Easily Access Peace of Mind, Wisdom, and Awareness		Cedargrove Mastermind Group	雪松林策划小组		英语	2011
810	The Power of Peace: New Perspectives in Lao Tzu's Tao Te Ching	《和平的力量：老子〈道德经〉的新视角》	Thomas Early	托马斯·厄利	阿克塔	英语	2011
811	Tao Te Ching: The Scrutable Translation with Introduction	《道德经：引言的精译》	R.Z. Foster	福斯特		英语	2011
812	Complete Tao Te Ching with the Four Canons of the Yellow Emperor	《与黄帝四大名著一起完成〈道德经〉》	Jody Gladding	乔迪·格拉丁	罗切斯特	英语	2011
813	Human Spirituality and Happiness	《人类的精神与幸福》	Lok-Sang Ho	何泺生		英语	2011
814	The Secret Tao: Uncovering the Hidden History and Meaning of Lao Tzu (with an Updated Translation of the Tao Te Ching	《道之秘密：揭露老子的历史和涵义》	D.W. Kreger	克雷格		英语	2011
815	The Daodejing of Laozi: Also Known as the Tao De Ching and Dao Te Jing by lao Tzu	《老子的道德经》	Bruce McCormick	布鲁斯·麦考密克		英语	2011

续表五十二

序号	书名	书名（中文）	译者姓名	译者姓名（中文）	出版社所在地	语种	出版时间
816	Lao zi-Dao de jing: A Classic on the Way of the Eternal Principle and Its Virtues	《老子道的境：永恒原理之路的经典及其美德》	Joseph McHugh	约瑟夫·麦克休		英语	2011
817	Tao Te Ching: The Classic of Naturalness and Its Innate Perfection, by Lao Tsu: An Interpretation of the Classic Text of Taoist Non-Duality	《老子的〈道德经〉：自然经典及其与生俱来的完善》	David Nassim	大卫·纳西姆	威尔特郡	英语	2011
818	Tao Te Ching-Dao De Jing	《道德经》	Frank Ra	弗兰克·拉		英语	2011
819	The Twittered Tao: Ancient Wisdom in a Modern Form	《道：现代形式的古代智慧》	Christine Robinson	克里斯汀·罗宾逊		英语	2011
820	Neutrosophic Interpretation of Tao Te Ching	《道德经》的中智解释	Florintin Smarandache, Yuhua Fu	弗洛伦丁·斯马兰达奇，付雨华	格兰岱尔	英语	2011
821	Tao Te Ching: The Taoism of Lao Tzu Explained	《道德经：老子的道教释义》	Stefan Stenudd	斯蒂芬·斯特努德		英语	2011
822	Sacred Galactic Scripture: Tao Te Ching	《神圣的银河经文：道德经》	Elizabeth Trutwin	伊丽莎白·特鲁特温		英语	2011
823	The Feminine Light: The Tao Te Ching for Inspiring Women	《女性之光：激励女性的道德经》	Stephany Lane Yarbrough	斯蒂芬妮·莱恩·亚布罗	加州比佛利山	英语	2011
824	『定本「道徳経」の読み方』	《定本〈道德经〉的读法》	早岛天來	早岛天来		日语	2011
825	Tao Te King: Le livre de la Voie et de la Conduite	《道德经：道行之书》	Daniel Giraud	丹尼尔·吉罗	巴黎	法语	2011
826	Tao tê ching: La via in cammino	《道德经：路上的路》	PeterOtiv Norton	彼得·奥蒂夫·诺顿	米兰	意大利语	2011
827	Badalem vicāra badalegā jivana: Change Your Thoughts, Change Your Life kā Hindi rūpāntarana		Sumana Raia	苏玛纳·赖亚		印地语	2011
828	Laws Divine and Human	《道德经》	Xu Yuanchong	许渊冲	北京	英语	2012
829	El libro del Tao: Great Ideas	《道之书：伟大的思想》	Seán Golden	塞恩·戈尔德（中文名：高遁）	马德里	西班牙语	2012

续表五十三

序号	书名	书名（中文）	译者姓名	译者姓名（中文）	出版社所在地	语种	出版时间
830	Una vida Sin Límites: Reflexiones Basadas en el Tao Te Ching y el Coaching Ontologico	《无止境的生活：基于道德经和本体指导的思考》	Alejandra Llamas	亚历杭德拉·雅马斯	巴塞罗那	西班牙语	2012
831	Tao Te Ching	《道德经》	Alejandro Pareja	亚历杭德罗·帕雷亚	马德里	西班牙语	2012
832	Tao te king	《道德经》			马德里	西班牙语	2012
833	Tao Te King le livre du Tao et de Sa Vertu	《〈道德经〉：道与德之书》	Marc Haven	马克·埃文（笔名）	巴黎	法语	2012
834	le TAO et son pouvoir d'Amour une nouvelle interprétation du Tao Te King	《道与爱的力量》	Alain Castets	阿兰·卡斯泰		法语	2012
835	Mit dem Ewigen vernetzt	《连接永恒》	Eckart Dedekind	埃卡特·德金	柏林	德语	2012
836	Laotse: Tao Te King	《老子：道德经》	Heinz Klein	亨兹·克莱因	德累斯顿	德语	2012
837	Erst am Ende unseres Weges stehen die Antworten: Sinnsprüche von Laotse und Dschuang Dsi	《答案在路的尽头：老子庄子格言》	Fehlinger Walter	费林格·沃尔特	席德尔贝格	德语	2012
838	Tao Te Ching: Word for Word (Translation only)	《道德经：逐字逐句》	Carl Abbott	卡尔·雅培		英语	2012
839	Understanding the Tao Te Ching	《了解〈道德经〉》	Spencer K. Wright	斯宾塞·K. 赖特		英语	2012
840	Tao Te Ching: The Ancient Classic	《道德经：古代经典》	Tom Butler-Bowdon	汤姆·巴特勒·波登		英语	2012
841	Dao De Jing	《道德经》	Luke H. Boyd	卢克·博伊德		英语	2012
842	A Little Bit of Nothingness: Eighty-One Observations on the Unnameable	《关于未命名的八十一个观察》	Michèle Brehl	米歇尔·布雷尔	孟买	英语	2012
843	The Tao Te Ching by Lao Tse: Traditional Taoist wisdom to Enlighten Everyone	《老子的〈道德经〉：道教的传统智慧》	Wes Burgess	韦斯·伯吉斯		英语	2012
844	Tao Te Ching: The Ancient Classic	《道德经：古代经典》	Tom Butler-Bowdon	汤姆·巴特勒–波登	萨默塞特郡	英语	2012
845	Daodejing: Han-Ying shuangyu Ban	《道德经：汉英双版》	Chen Lulin	陈路林	合肥	英语	2012

续表五十四

序号	书名	书名（中文）	译者姓名	译者姓名（中文）	出版社所在地	语种	出版时间
846	Tao Te Ching: Not Going out My Door	《道德经》	James Clum	詹姆斯·克伦	北卡罗来纳州	英语	2012
847	Tao Teh Ching: The Book of Tao	《道德经：道教书》	Talmy Givón	塔尔米·吉文	杜兰戈	英语	2012
848	Path to Greatness: The Christian Edition of the Tao Te Ching	《通往伟大的道路：〈道德经〉的基督教版》	Keith Hoang	基思·黄		英语	2012
849	Laozi: Quest for the Ultimate Reality	《老子：追求终极现实》	Jing Wei	经纬	新加坡	英语	2012
850	The Triathlete's Tao Te Ching: An Endurance Athlete's Interpretation of Lao-Tzu's Ancient Text	《铁人三项的〈道德经〉：一位耐力运动员对老子古文字的解读》	Lance Johnson	兰斯·约翰逊	博尔德	英语	2012
851	The Tao Te Ching: A New Version	《道德经：新版本》	Peter Kang, Henry Kang	彼得·康，亨利·康		英语	2012
852	The Old Master: A Syncretic Reading of the Laozi from the Mawangdui Text A Onward	《马王堆文本〈老子〉的合读》	Hongkyung Kim	金宏京	奥尔巴尼	英语	2012
853	The Tao of Yoda: Based upon the Tao Te Ching by Lao Tzu	《尤达之道：基于老子的〈道德经〉》	D.W. Keger	凯格	加利福尼亚州	英语	2012
854	The Original Wisdom of Dao De Jing: A New Translation and Commentary	《道德经的原始智慧：新的翻译与评论》	P.J. Laska	拉斯卡	亚利桑那	英语	2012
855	All That Is: 81 Meditations Inspired by the Tao te Ching	《〈道德经〉的启发》	Al Mcdermid	阿尔·麦克德米德		英语	2012
856	Lao Tzu: Part One	《老子：第一部分》	Ian Pollock	伊恩·波洛克	绍斯波特	英语	2012
857	Tao Te Ching	《道德经》	Robert Rosenbaum, Sojun Mel Weitsman		波士顿	英语	2012
858	Tao Te Ching: The Way of Virue in Leadership and Life	《道德经：领导力和生活中的美德之道》	John Ross	约翰·罗斯		英语	2012
859	Daodejing	《道德经》	M.Joseph Walden	约瑟夫·沃尔登		英语	2012
860	Tao Te Ching Lao Tzu: A Translation	《道德经》	Dennis Waller	丹尼斯·沃勒		英语	2012

续表五十五

序号	书名	书名（中文）	译者姓名	译者姓名（中文）	出版社所在地	语种	出版时间
861	Tao Te Ching	《道德经》	David Warkentin, Julian von Bargen, John Braun	戴维·沃肯丁，朱利安·冯·巴根，约翰·布劳恩		英语	2012
862	Understanding the Tao Te Ching	《理解〈道德经〉》	Spencer K. Wright	斯宾塞·K. 赖特		英语	2012
863	Tao Te Ching	《道德经》	Jeff Young	杰夫·杨	富尔顿	英语	2012
864	Daodejing by Laozhu, Prose in American English	《老子道德经》	Davide Ziliani	戴维·齐利亚尼		英语	2012
865	『実践道（タオ）の哲学：老子が教える：あるがままに生きる智恵』	《实践道的哲学：老子教学：随性生活的智慧》			东京	日语	2012
866	『老子―トルストイ版』	《〈老子〉：托尔斯泰版》	加藤智恵子，有宗昌子	加藤智惠子，有宗昌子		日语	2012
867	МолЧаливое Дао	《寂静之道》	Виталий Щелишев	维塔利·谢利舍夫	莫斯科	俄语	2012
868	Svastha vicära sukhi jivana		Khemacandra Caturvedi			印地语	2012
869	TAO TE CHING versión de Campo Hermoso: Filosofía milenaria para tiempos de confusión	《道德经：混乱时代的千年哲学》	Xabier Sánchez de Amoraga y de Garnica (Conde de Campo Hermoso)	沙比尔·桑切斯·得阿莫拉加·得加尔尼（西班牙Campo Hermoso伯爵）	马德里	西班牙语	2013
870	Tao te ching: urdimbre verdadera del camino y su virtud	《道德经：真正的曲折之路及其美德》	Fernán Alayza, María A. Benavides	费尔南·阿尔维斯 玛丽亚·安格里卡·贝纳维德斯	马德里	西班牙语	2013
871	『老子新訳：名のない領域からの声』	《老子新译：来自无名领域的声音》	加島祥造	加岛祥造	东京	日语	2013
872	『柔訳老子の言葉』	《简译老子的言语》	谷川太一	谷川太一	东京	日语	2013
873	Lao Tseu Tao Te King	《老子 道德经》	Antoine de Vial	安托万·德·维尔		法语	2013
874	LAO TSEU TAO TE KING	《老子 道德经》	Claire Sachsé Fontaine	克莱子·萨克塞·方丹		法语	2013

续表五十六

序号	书名	书名（中文）	译者姓名	译者姓名（中文）	出版社所在地	语种	出版时间
875	Theosophie in China: Betrachtungen über das Tao-Teh-King (Der Weg, die Wahrheit und das Licht hartmann)	《中国的神学：对道德经的思考（道路，真理与光明）》	Franz Hartmann	弗兰茨·哈特曼	格拉芬	德语	2013
876	Dao-De-Ging: Die Gnosis im alten China	《道德经：古老中国的灵知》	Pierre Martin	皮埃尔·马丁	巴塞尔	德语	2013
877	Laozi Daodejing: Die chinesische Strategie der Gewaltlosigkeit	《老子道德经：中国的非暴力战略》	Harold Beat Stromeyer	哈罗德·贝特·斯特罗梅耶	迈林根	德语	2013
878	Tao Te Ching: The Ageless Book of Wisdom for Readers of All Ages	《道德经：适合所有年龄段读者的永恒智慧之书》	David Villano	大卫·维拉诺		英语	2013
879	Tao Te Ching: a guide to the interpretation of the foundational book of Taoism	《〈道德经〉：道教基础书解释指南》	Shantena Augusto Sabbadini	香缇娜·奥古斯托·萨巴迪尼		英语	2013
880	Tao Te Ching	《道德经》	Peter Kang	彼得·康		英语	2013
881	The Book of Lao Tzu Tao Te Ching	《老子〈道德经〉》	Yi Wu	吴仪		英语	2013
882	Tao Te Ching: A New Translation	《〈道德经〉：新译本》	William Scott Wilson	威廉·斯科特·威尔逊		英语	2013
883	The Tao Te Ching: The Way of Goodness	《道德经：善行之道》	Aaron Brachfeld	亚伦·布拉希菲尔德		英语	2013
884	Tao Te Ching	《道德经》	Carol Briggs	卡罗尔·布里格斯		英语	2013
885	Lao Zi: Philosophy of Liberal Government, a Book for the People and Their Government	《老子：自由政府的哲学，一本为人民及其政府而写的书》	Boon Kuan Chung	庄文冠	新加坡	英语	2013
886	Tao Te Ching: The Inner Journey	《道德经：内在旅程》	Peter Frentzel	彼得·弗伦策尔		英语	2013
887	The Red Pill: A New Translation of the Tao Te Ching	《红色药丸:〈道德经〉的新译本》	Rick Julian	里克·朱利安		英语	2013
888	Tao Te Ching: Free-Verse Translation	《道德经：自由诗译》	Daniel Christopher June	丹尼尔·克里斯托弗·朱恩		英语	2013
889	Tao Te Ching	《道德经》	Pat O'Bryan	帕特·奥布莱恩	得克萨斯州	英语	2013

续表五十七

序号	书名	书名（中文）	译者姓名	译者姓名（中文）	出版社所在地	语种	出版时间
890	Tao Te Ching: A Guide to the Interpretation of the Foundational Book of Taoism	《道德经：道教基础书解读指南》	Shantena Augusto Sabbadini	香缇娜·奥古斯托·萨巴迪尼		英语	2013
891	The Power of Tao, Tao Te Ching-The Way of the Tao: A Unique Interpretation	《道的力量，〈道德经〉——道：独特的诠释》	Philos Sopher	菲洛斯·索弗		英语	2013
892	Tao Te Ching: The Ageless Book of Wisdom for Readers of All Ages	《道德经：老少皆宜的智慧之书》	David Villano	大卫·维拉诺	迈阿密	英语	2013
893	『老子訳註：帛書「老子道德経」』	《老子译注：帛书〈老子道德经〉》	小池一郎	小池一郎	东京	日语	2013
894	Tao te king: Voie de souveraineté	《道德经：主权之道》	Alain Menhard	阿兰·门哈德	巴黎	法语	2013
895	Lão Tử–Tinh Hoa Trí Tuệ Qua Danh Ngôn	《老子：名言智慧精髓》	Nguyễn Văn Lâm	阮文林	河内	越南语	2014
896	Tao Te Ching	《道德经》	Andrés Guijarro Araque	安德烈斯·吉哈罗·阿拉克	马德里	西班牙语	2014
897	Tao Te Ching: El Libro del Tao y la Virtud	《道德经：道与美德之书》	Alejandro Bárcens	亚历杭德罗·巴塞纳斯		西班牙语	2014
898	『超訳「老子」の言葉：「穏やかに」「したたかに」生きる極意』	《老子话语的意译：安稳、坚强生存的秘诀》			东京	日语	2014
899	Tao-Te-King: Das Buch vom Unergründbaren	《道德经：神秘莫测之书》	Rudolf Backofen	鲁道夫·巴克芬	哈默尔堡	德语	2014
900	Lao Zi (Laotse): Der Urtext	《老子》	Wolfgang Kubin	沃尔夫冈·顾彬	弗莱堡	德语	2014
901	Das Dao Leben	《道之生活》	Annette Oelkers	安妮特·欧克斯	萨尔布吕肯	德语	2014
902	Dao De Jing: Das Buch vom Weg und Wandel	《道德经：道与变化》	Yürgen Oster	尤尔根·奥斯特	诺德施泰特	德语	2014
903	Tao Te King	《道德经》	Taro Yamada, Guido Keller	山田太郎，吉多·凯勒	美因河畔法兰克福	德语	2014
904	Tao Te Ching: Bilingual Edition, English and Chinese	《道德经》	Lionel Giles	莱昂内尔·吉尔斯		英语	2014

续表五十八

序号	书名	书名（中文）	译者姓名	译者姓名（中文）	出版社所在地	语种	出版时间
905	The Tao te Ching in Four Translations: Side by Side Versions of the Taoist Classic	《〈道德经〉的四种译本：道家经典的并排版本》	Lenny Flank	伦尼·弗兰克		英语	2014
906	Jesus and Lao Tzu: Adventures with the Tao Te Ching	《耶稣和老子：与道德经一起冒险》	George Breed	乔治·布雷德		英语	2014
907	My Tao Te Ching: A Fool's Guide to Effing the Ineffable: Ancient Spiritual Wisdom Translation for Modern Life	《我的〈道德经〉：逃避无法理解的愚人指南：现代生活的古老精神智慧翻译》	Francis Briers	弗朗西斯·布里尔斯		英语	2014
908	Tao Te Ching: Classic of the Way and Virtue	《道德经：经典之道与美德》	Rodney Coper	罗德尼·科珀	西康舍霍肯	英语	2014
909	The Tao Te Ching: A Translation of Translations	《〈道德经〉：翻译译本》	Nathan Coppedge	内森·科普基		英语	2014
910	The Tao & The Virtue Classis	《道德经典》	John Emmett	约翰·埃米特	北卡罗来纳州	英语	2014
911	The Shu: The Gnostic Tao Te Ching	《善良的道德经》	Thomax Green	托马斯·格林		英语	2014
912	Tao Te Ching, Lao tzu: The Book of the Way and Its Virtue	《道德经，老子：路经及其美德》	Anthony S. Kline	安东尼·克莱恩		英语	2014
913	Govern the World with Dao: Decoding the Secrets of Dao De Jing	《用道治世界：解读道德经的秘密》	Lin Cunxia	林存霞	剑桥	英语	2014
914	A Spiritual Guide to Tai Chi… and Life: The Tao Te Ching through the Eyes of a Tai Chi Master	《太极与人生的精神指南：太极大师眼中的道德经》	Phil Robinson	菲尔·罗宾逊	布卢明顿	英语	2014
915	Tao Te Ching	《道德经》	M.P. Schaefer	舍弗		英语	2014
916	Tao Te Ching, Lao Tzu: Modern English Version by Paul Smith from the Translation for the Chinese by Pual Carus		Paul Smith	保罗·史密斯		英语	2014
917	Laozi Daodejing	《老子道德经》	Harold Beat Stromeyer	哈罗德·贝特·斯特罗梅耶		英语	2014

续表五十九

序号	书名	书名（中文）	译者姓名	译者姓名（中文）	出版社所在地	语种	出版时间
918	The Haiku Tao Te Ching	《道德经》	Thomas E. Uharriet	托马斯·U. 哈里特		英语	2014
919	『老子道德经』	《老子道德经》	中野ゆみ	中野由美		日语	2014
920	La saggezza del Tao: Come cambiare modo di pensare per vivere meglio	《道之智慧：如何改变思维方式，让生活更美好》	Raffaella Asni	拉斐拉阿斯尼	米兰	意大利语	2014
921	كتاب الطاو والفضيلة (لاوتسو)	《道路与美德》	علاء أديب	阿拉欧·迪布	开罗	阿拉伯语	2015
922	Tao Te Ching: El Camino y la Virtud	《道德经：道路与美德》	Claribel Alegría, Erik Flakoll	克莱里贝尔·阿莱格里亚，埃里克·弗拉科尔		西班牙语	2015
923	Tao Te Ching: El libro del camino y la virtud, el libro del Tao	《道德经：道路与美德之书，道之书》	J. Antonio Pujol Lavín	J. 安东尼奥·普约尔·拉文	马德里	西班牙语	2015
924	La gnosis china: Primera parte del Tao Te King de Lao Tse	《中国人的特质：老子的道德经第一部分》	Jan van Rijckenborgh, Catharose de Petri	扬·范·里肯博格，凯瑟琳·德·佩特里	萨拉戈萨	西班牙语	2015
925	Tao Te Ching: Tratado del Camino y su Virtud	《道德经：道路及美德专论》	José Adrián Vitier	何塞·阿德里安·维捷	马德里	西班牙语	2015
926	Tao te ching. El libro del camino y la virtud	《道德经：道路与美德之书》	María Elena Báez Sanabria	玛丽亚·埃琳娜·巴兹·萨纳布里亚	马德里	西班牙语	2015
927	TAO TE KING LAO-TSEU UN VOYAGE ILLUSTR2	《老子道德经》插图本	Stephen Mitchelle	史蒂芬·米歇尔	安东尼	法语	2015
928	Von der Kraft und vom Sinn: Buch der Sinnsprüche in 81 Abschnitten und 2 Teilen	《权力与意识：格言》	Wolfgang Kosack	沃尔夫冈·科萨克	巴塞尔	德语	2015
929	Laozi Daodejing (Chinesisch-Deutsch)	《老子道德经》	Harold Beat Stromeyer	哈罗德·贝特·斯特罗梅耶	迈林根	德语	2015
930	Dao De Ging: Laotse	《道德经：老子》	Peter Fritz Walter	彼得·弗里茨·沃尔特	南加利福尼亚	德语	2015
931	The Practical Tao Te Ching of Lao-zi: Rational Meditations on Non-duality, Impermanence, Wu-wei (non-striving), Nature and Naturalness, and Virtue	《老子的实用道德经：对非二元性，无常，无为，自然与自然以及美德的理性思考》	Zhi-qiang Chen	陈志强		英语	2015

续表六十

序号	书名	书名（中文）	译者姓名	译者姓名（中文）	出版社所在地	语种	出版时间
932	Tao Quotes: The Ancient Wisdom of the Tao Te Ching by Lao Tzu	《道语：老子的〈道德经〉的古代智慧》	Stefan Stenudd	斯蒂芬·斯特努德		英语	2015
933	Tao Te Ching	《道德经》	David Hinton	大卫·欣顿		英语	2015
934	The Tao Te Ching Next to The Holy Bible	《圣经旁边的道德经》				英语	2015
935	The Wisdom and Peace of the Teaching of the Tao Te Ching: A Modern, Practical Guide, Plain and Simple	《〈道德经〉教学的智慧与和平：现代，实用指南，简单明了》	Matthew S. Bames	马修· S. 纳姆斯	北查尔斯顿	英语	2015
936	Daodejing	《道德经》	David Breeden, Wally Swist, Steven Schroeder, Mary Ann O'Donnell	大卫·布雷登，沃利·斯威斯特，斯蒂文·施罗德，马立安	博蒙特	英语	2015
937	The Tao of Empty Space: A Simple, Little Version of the Tao Te Ching	《道：简明扼要的〈道德经〉版本》	Duane Bruner	杜安·布鲁纳	清迈	英语	2015
938	The Tao of Weed: A Cannabis Enthusiasts Guide to Taoism	《杂草之道：大麻爱好者的道教指南》	T.J. Dab	达卜		英语	2015
939	Tao Te Ching: A Modern Zen Interpretation	《道德经：现代禅意诠释》	Dae Ryong	大龙		英语	2015
940	The Laozi, Daodejing: A Visual Interpretation	《老子〈道德经〉的视觉解读》	Paul R.Gibson	保罗·吉布森	北卡罗来纳州	英语	2015
941	Lao Tzu: Tao Te Ching	《老子：道德经》	A.J. Girling	詹宁		英语	2015
942	Tao Te Ching: An Interpretation	《道德经：释义》	Stuart Hampton	斯图尔特·汉普顿		英语	2015
943	Tao Te Ching: The Way of the Sage and the Saint	《道德经：圣人与圣人的道路》	Gordon F.Holbein	戈登·霍尔本		英语	2015
944	Tao Te Ching for Everyday Life	《日常生活中的道德经》	Kaminura Mraiko	上村浦菜子	东京	英语	2015
945	Nothingness and Zero: A Post-Modern Approach to Lao Tzu's Tao Te Ching	《虚无与零：老子〈道德经〉的后现代研究》	Jeremy M.Miller, Huisu Didi Miller	杰里米·米勒，惠苏·迪迪·米勒		英语	2015

续表六十一

序号	书名	书名（中文）	译者姓名	译者姓名（中文）	出版社所在地	语种	出版时间
946	Nothingness and Zero: A Spiritual Translation of Lao Tzu's Tao Te Ching with Introduction by Chuang Tzu	《虚无与零：老子〈道德经〉的精神翻译与庄子的介绍》				英语	2015
947	Voyage to the Sun: A children's Version of the Tao Te Ching	《太阳之旅：儿童版的〈道德经〉》	Ruth Ann Oskolkoff	露丝·安·奥斯科科夫		英语	2015
948	The Process of Power: Lao Tzu's Guide to Success, Politics, Governance, and Leadership	《权力的过程：老子的成功，政治，治理和领导力指南》	R.Joseph Owles	约瑟夫·欧尔斯		英语	2015
949	Tao Te Ching: The Way to. Goodness and Power	《道德经：通向善良与力量之路》	James Trapp	詹姆斯·特拉普		英语	2015
950	Big Idea & The Nature Trail: A Good Old Boy's Tao Te Ching	《创意与自然教育路径：一个好男孩的道德经》	James Edward Tucker	詹姆斯·爱德华·塔克		英语	2015
951	Daodejing: La preziosa raccolta della via e della qualità	《道德经：方式与品质的珍贵收藏》	Paolo Giammarroni	保罗·贾马罗尼	都灵	意大利语	2015
952	《耶鲁藏〈道德经〉英译稿》	《耶鲁藏〈道德经〉英译稿》	姚达兑	姚达兑	北京	英语	2016
953	Lão Tử – Mưu lược tung hoành	《老子谋略纵横》	Thành Khang–Thuỷ Tiên	成康–水仙	河内	越南语	2016
954	Lão Tử Tuyển dịch	《老子选译》	Lưu Chí Cường, Nguyễn Thị Tuyết	刘志强，阮氏雪	广西	越南语	2016
955	Tao Te Ching	《道德经》			马德里	西班牙语	2016
956	Tao teh ching: el libro del camino y la justicia	《道德经：道路与正义之书》	Pedro Gómez Carrizo	佩德罗·戈麦斯·卡里佐	巴塞罗那	西班牙语	2016
957	『超訳「老子」：心が安らぐ150の言葉』	《意译老子：慰藉心灵的150句话》			东京	日语	2016
958	Tao: Das heilende Geheimnis	《道：治愈的秘密》	Gustav Arthur Gräser	古斯塔夫·亚瑟·格拉泽	雷克林豪森	德语	2016
959	Lao Tse Tao-Te-King: Das heilige Buch vom Tao und der wahren Tugend	《老子 道德经：道与真正美德的圣书》	Wolfgang Kopp	沃尔夫冈·科普	比勒菲尔德	德语	2016

续表六十二

序号	书名	书名（中文）	译者姓名	译者姓名（中文）	出版社所在地	语种	出版时间
960	Das Tao Te King für Eltern: Alte Weisheit für moderne Eltern	《父母的〈道德经〉：老智慧赠予现代父母》	Ulla Rahn-Huber	乌拉·拉恩·休伯	比勒菲尔德	德语	2016
961	Dao De Jing: Das Buch vom Dao und De	《道德经：道与德》	Hsing-Chuen Schmuziger-Chen, Marc Schmuziger	兴-舒恩·舒穆齐格·陈，马克·施穆济格	博尼斯维尔	德语	2016
962	Thus spoke Laozi: a new translation with commentaries of Daodejing	《老子：道德经评论新译本》	Charles Q. Wu	查尔斯·吴		英语	2016
963	Tao te Ching: A Meta-Analysis of Lao Tzu's Classic Work (The Teachings of Lewis Harrison) (Volume 2)	《道德经：老子经典著作的荟萃分析》	Lewis Harrison	刘易斯·哈里森		英语	2016
964	Tao Te Ching: New Version with 14 Floral Yin Yang Coloring Symbols	《道德经：新版本》	Esther Pincini	埃斯特·皮辛尼		英语	2016
965	Tao Te Ching (Eng / Chn Bilingual)	《道德经》	James Legge	詹姆斯·理雅格		英语	2016
966	Tao Te Ching	《道德经》	Charles Johnston	查尔斯·约翰斯顿		英语	2016
967	A Way to Life: Tao Te Ching / Dao De Jing	《一种生活方式：道德经》	Jon Atack	乔恩·阿塔克		英语	2016
968	The Tao De Jing: Annotated Edition	《道德经：注释版》	Oliver Benjamin	奥利弗·本杰明		英语	2016
969	Tao-te Ching: The Tao and Self-Esteem, a New Translation	《道德经：道与自尊，新译本》	Richard Bertschinger	理查德·贝茨辛格		英语	2016
970	Dao De Jing: The Way and Virtuous Power	《道德经：道路与良性力量》	Lars Bo Christensen	拉斯·克里斯滕森		英语	2016
971	Daodejing	《道德经》	Martyn Cruceflx	马丁·克鲁塞夫	伦敦	英语	2016
972	Tao Te Ching by Lao Tzu: A Twenty-First Century English Interpretation	《老子的〈道德经〉：二十一世纪的英语解释》	Jerome A. Dirnberger	杰罗姆·狄恩伯格		英语	2016
973	Tao Te Ching: Klein's Modern Reinterpretation	《道德经：克莱因的现代诠释》	Adam Klein	亚当·克莱因		英语	2016

续表六十三

序号	书名	书名（中文）	译者姓名	译者姓名（中文）	出版社所在地	语种	出版时间
974	Lao Tzu's Tao Te Ching, East and West Meet	《老子的〈道德经〉，东西方相遇》	Kwan Young Jo	关永乔		英语	2016
975	The Complete Tao Te Ching in Plain English	《通俗英语全集〈道德经〉》	Stephen Lao	老拙		英语	2016
976	The Activist's Tao Te Ching	《维权人士的道德经》	Wlliam Martin	威廉·马丁	诺瓦托	英语	2016
977	Tao Te Ching: New Version with 14 Floral Yin Yang Coloring Symbols	《道德经：新版》	Esther Pincini	埃斯特·皮辛尼		英语	2016
978	Dao De Jing: Laozi's Timeless Wisdom: A Fresh Translation by Award-Winning Poet Dian Duchin Reed	《道德经：老子的永恒智慧》	Dian Duchin Reed	狄杜钦·里德	索克尔	英语	2016
979	The Ho-Shang Kung Commentary on Lao Tzu's Tao Te Ching	《道德经》	Dan G. Reid	丹· G. 里德		英语	2016
980	Waterway: A New translation of the Tao Te Ching, and Introduction the Wu Wei Ching	《道德经》	Crispin Sartwell	克里斯平·萨特威尔		英语	2016
981	Lao Tzu's Tao Te Ching: The Way of Nature and the Way of People	《老子的〈道德经〉：自然之道与人之道》	Auke Jacominus Schade	奥科·贾科米努斯·沙德	达尼丁	英语	2016
982	Practicing the Tao Te Ching: 81 Steps on the Way	《练习〈道德经〉：81个步骤》	Solala Towler	索拉拉·托勒	博尔德	英语	2016
983	Lao Tzu's Tao Te Ching: Psychotherapeutic Commentaries	《道德经》	Raymond Bart Vespe	雷蒙德·巴特·维斯佩	伯克利	英语	2016
984	The Dàodéjīng, Daoism, and the Restoration of Humanity in the Asian Healing Arts: With Translation and Commentary on the Text	《道教，道教与亚洲康复艺术中的人性恢复》	Dennis Willmont	丹尼斯·威尔蒙特	马什菲尔德	英语	2016
985	Dao De Jing: The United Version	《道德经：联合版》	Peng Yang	彭阳		英语	2016
986	Tao Té King	《道德经》	Guy Massat, Arthur Rivas	吉·马萨，亚瑟·席瓦斯	巴黎	法语	2016

续表六十四

序号	书名	书名（中文）	译者姓名	译者姓名（中文）	出版社所在地	语种	出版时间
987	Hindi Translation of Lao-Tsu's Tao Te Ching		Alok Kumar			印地语	2016
988	باتك غنيشت–يت واتلا باتك وأ واتلا باتك سدقملا نيصلا لادبألا طارص	《道德经：中国道家智慧的圣经》	ينيمأ اقس ملسم	穆萨拉姆·萨卡·阿明	大马士革	阿拉伯语	2017
989	Il libro della via e della virtù	《道德经》	Julius Evola	尤利乌斯·埃佛拉	米兰	意大利语	2017
990	Đàm đạo với Lão Tử	《与老子对话》	Vũ Ngọc Quỳnh	武玉琼	河内	越南语	2017
991	Tao Te Ching	《道德经》	Gabriel García Noblejas Sánchez Cendal	加布里埃尔·加西亚·诺布尔哈斯·桑切斯·森达尔	马德里	西班牙语	2017
992	Lao-tse Tao Te King El libro del Tao y su Virtud	《老子道德经，道与美德之书》	Zensho W. Kopp	禅师 W. 柯普	德国	西班牙语	2017
993	Tao Te Ching	《道德经》			阿斯图里亚斯谢罗	西班牙语	2017
994	Tao: Fragmentos del viejo camino chino del maestro Laozi	《道：大师老子的中国古老之路的碎片》	Manel Ollé	曼内尔·奥莱（中文名：欧洋安）	巴塞罗那	西班牙语	2017
995	Дао Дэцин. Учение о Пути и Благой Силе	《道德经：关于道和幸福的学说》	С.Н. Батонов	斯·诺·巴东诺夫	莫斯科	俄语	2017
996	Китайская философская классика в поэтических переводах	《诗意翻译中的中国哲学经典》	В.П. Абраменко	维·普·阿布拉缅科	莫斯科	俄语	2017
997	『老子道德经』	《老子道德经》	古勝隆一	古胜隆一	东京	日语	2017
998	Mystisches Tao-Te-King (Daodejing): Das heilige Buch vom ewigen Geist	《神秘的道德经：永恒精神圣书》	Enno von Denffer	恩诺·冯·登弗	诺德施泰特	德语	2017
999	Lao Zi, Dao De Jing: Zhongwen-Français-Deutsch	《老子，道德经：中文–法语–德语》	Edith Gba, Guo Bingsen	伊迪丝·格巴，郭炳森	圣安德里斯伯格	德语	2017
1000	Daodejing: Der Weg der Weisheit und der Tugend	《道德经：智慧与美德之道》	Jan Philipp Reemtsma	扬·菲利普·雷姆茨玛	慕尼黑	德语	2017

续表六十五

序号	书名	书名（中文）	译者姓名	译者姓名（中文）	出版社所在地	语种	出版时间
1001	Die Weisheit des Laozi. Eine illustrierte Nachdichtung des Dao De Jing	《老子的智慧》	Elisabeth Philips-Slavkoff, Jing Wang	伊丽莎白·菲利普斯·斯拉夫科夫，王静	席德尔贝格	德语	2017
1002	Tao Te Ching (for Novices): French to English	《道德经》	Alexandre Ular	亚历山大·乌拉尔		英语	2017
1003	The Tao of Christ: A Christian Version of the Tao Te Ching	《基督的道：〈道德经〉的基督教版本》	Marshall Davis	马歇尔·戴维斯		英语	2017
1004	Tao Te Ching: Lao-tzu	《道德经：老子》	Peter Fritz Walter	彼得·弗里茨·沃尔特		英语	2017
1005	Tao Te Ching on The Art of Harmony	《道德经论的和谐》	Chad Hansen	查德·汉森		英语	2017
1006	Tao Te Ching: The Book of the Way and Its Power	《道德经：〈路经〉及其力量》	John R. Mabry	约翰·马布里		英语	2017
1007	《道德经》	《道德经》	吴子靖	吴子靖	深圳	英语	2017
1008	Sitting with Laozi	《和老子一起坐》	Andrew Beaulac	安德鲁·博拉克	伯克利	英语	2017
1009	The Guodian Bamboo Slips: Lao Zi		Irene M.Miller, Hans-Manin Sass	艾琳·米勒，汉斯·曼宁·萨斯		英语	2017
1010	Tao Te Ching: The Ancient Book of Wisdom	《道德经：智慧古书》	Rory B.Mackay	罗里·麦凯		英语	2017
1011	Lao Zi's Dao De Jing Demystified: The Physics of Psychology	《老子的〈道德经〉神秘化：心理学物理学》	Auke Jacominus Schade	奥科·贾科米努斯·沙德	达尼丁	英语	2017
1012	Zen within the Tao-Teh Ching	《道德正内的禅宗》	Gordon Robert Switzer	戈登·罗伯特·斯威策	维多利亚	英语	2017
1013	『老子その思想を読み尽くす』	《读尽老子思想》	池田知久	池田知久		日语	2017
1014	『ビジネスリーダーのための老子「道徳経」講義』	《面向商业领袖的老子〈道德经〉讲义》	田口佳史	田口佳史	东京	日语	2017
1015	Tao Te Ching	《道德经》	Antonia Leibovici	安东尼娅·莱博维奇	巴黎	法语	2017
1016	《道德经（印地文版）》	《道德经（印地文版）》	Shubhra Tripathi	舒明经	北京	印地语	2017
1017	Sabidurías orientales	《东方智慧》	Gabriel García-Noblejas	加布里埃尔·加西亚·诺布尔哈斯	马德里	西班牙语	2018

续表六十六

序号	书名	书名（中文）	译者姓名	译者姓名（中文）	出版社所在地	语种	出版时间
1018	『現代語訳　老子』	《现代语译老子》	保立道久	保立道久	东京	日语	2018
1019	Das heilige Buch vom ewigen Geist	《永恒精神圣书》	Enno von Denffer	恩诺・冯・登弗	诺德施泰特	德语	2018
1020	Tao Te Ching: Freeverse Translation	《道德经：自由翻译》	Daniel June	丹尼尔・朱恩		英语	2018
1021	Tao Te Ching: The Essential Translation of the Ancient Chinese Book of the Tao	《〈道德经〉：中国古代道书的基本译本》	John Minford	约翰・明福德		英语	2018
1022	Tao Te Ching: Slip-cased Edition	《道德经：精装版》	John H. Macdonald	约翰・麦克唐纳		英语	2018
1023	Tao Te Ching: The New English Version That Makes Good Sense	《道德经：有意义的新英文版》	Yuhui Liang	梁玉慧		英语	2018
1024	Tao Te Ching: An Intuitive Interpretation	《道德经：一种直觉的解释》	Robert M. Jankel	罗伯特・詹克尔		英语	2018
1025	Lao Tzu's Tao Te Ching	《老子的〈道德经〉》	Chao-Hsiu Chen	陈朝秀	阿特格伦	英语	2018
1026	Update Version of Dao De Jing: Nature Principles with Good Human Integrity and Morality	《〈道德经〉的更新版本：具有良好人格和道德的自然原则	Zhijiang Chen	陈治疆		英语	2018
1027	The Luciferic Verses: The Daodejing and the Chinese Roots of Esoteric History	《路西法诗:〈道德经〉与中国深奥历史根源》	Eric Cunnningham	埃里克・坎宁安	伦敦，华盛顿	英语	2018
1028	Mysteries of the Dao De Jing Revealed	《揭露〈道德经〉的奥秘》	Guo Yong Jin	郭永进		英语	2018
1029	The Philosophy of Lao Tzu: The Text and Commentary on the Tao Te Ching	《老子的哲学:〈道德经〉的文本和评论》	Bradley Kaye	布拉德利・凯		英语	2018
1030	Tao Te Ching: A Free Verse Translation	《道德经：免费诗歌翻译》	Richard Mayer	理查德・梅耶		英语	2018
1031	Dao De Jing in Clear English: Including a Step by Step Translaiton	《清晰英语中的〈道德经〉：包括逐步的翻译》	Jeff Pepper, Xiaohui Wang	杰夫・派珀，王小慧	匹兹堡	英语	2018
1032	The Dao De Jing: A Qigong Interpretation	《道德经：气功诠释》	Jwing-Ming Yang	杨明	沃尔夫伯勒	英语	2018

续表六十七

序号	书名	书名（中文）	译者姓名	译者姓名（中文）	出版社所在地	语种	出版时间
1033	Daodejing: Il canone della via e della virtù	《道德经：道与德之典》	Attilio Andreini	阿提利奥·安德烈尼	都灵	意大利语	2018
1034	Ghayyir afkārak, Ghayyir ḥayātak : ‘Aysh fann hikmat al-Tāw》	《改变你的思想，改变你的生活：体验“道”的智慧艺术》	Wayne Dyer	伟恩·戴尔	黎巴嫩	阿拉伯语	2018
1035	วิถีแห่งเต๋า	《道家之法》	พจนา จันทรสันติ	珀扎纳·占塔腊汕迪	曼谷	泰语	2019
1036	Lão Tử Đạo Đức Kinh	《老子〈道德经〉》	Nguyên Nguyên	元元	河内	越南语	2019
1037	Tao Te King	《道德经》			巴塞罗那	西班牙语	2019
1038	Tao Te King	《道德经》	Carola Tognetti	卡罗拉·托内蒂	意大利	西班牙语	2019
1039	『マスタからの手紙：超訳「老子道徳経」』	《来自专业精英的信：意译老子道德经》	雲黒斎	云黑斋	东京	日语	2019
1040	『全訳「老子」』	《〈老子〉全译》	田中佩刀	田中佩刀	东京	日语	2019
1041	Lao Tse: TAO. Tao, Te und das innere Reich der Mitte	《老子 道：道，德和中国》	Michael Hammes	迈克尔·哈姆斯	慕尼黑	德语	2019
1042	Tao Te Ching	《道德经》	Dwight Goddard	德怀特·戈达德		英语	2019
1043	Tao Te Ching: Taoist classic scripture, English and Chinese version	《道德经：道家经典经书，中英文对照》	Mingming Xu	徐明明		英语	2019
1044	متون الطاو ال إسم له (لاوتسه تشوانغ تسه)	《无名的（老子与庄子）》	إبراهيم بن سعيد	易卜拉欣·本·赛义德	大马士革	阿拉伯语	2020
1045	تاوتيتشينج الطريق القويم	《直道》	محمد صفا	穆罕默德·萨法	埃及	阿拉伯语	2020
1046	الطريق الحق وفضيلة الهدى	《真理道路与指导的美德》	محمد الأسعد	穆罕默德·阿萨德	科威特	阿拉伯语	2020
1047	Dao De Jing	《道德经》	Brian Bruya	布赖恩·布鲁亚		英语	2020
1048	Tarjamat kitāb al-tāw (tarik al-akel)	《道之书的翻译（心灵之道）》	Hussain Alwan Hussain	侯赛因·阿尔万·侯赛因		阿拉伯语	2020

主要征引和参考文献

中文理论文献：

[1] 郭应德. 中古时期中国和阿拉伯之间的文化联系［J］. 阿拉伯世界，1982（01）:17—23.

[2] 曹明德. 文化的共通性和差异性［J］. 厦门大学学报（哲学社会科学版），1996（04）:57—62.

[3] 谢扬举. 西方对中国道家作为环境哲学的发现过程［J］. 江西社会科学，2001（06）:7—11.

[4] 查明建、田雨. 论译者主体性——从译者文化地位的边缘化谈起［J］. 中国翻译，2003（01）:21—26.

[5] 张谷. 道家思想对日本近世文化的影响［D］. 武汉大学，2006.

[6] 吴雪萌. 英语世界老学研究［D］. 华中师范大学，2011.

[7] 谭渊.《老子》译介与老子形象在德国的变迁［J］. 德国研究，2011，26（02）:62—68+80

[8] 刘固盛、吴雪萌. 西方基督教背景下的《老子》诠释［J］. 江汉论坛，2011（04）:61—66.

[9] 邵志华. 20世纪初道家思想在西方的接受［J］. 江西社会科学，2011, 31（4）:50—54.

[10] 彭伟步、焦彦晨. 海外华文传媒的文化影响力与中国文化软实力的建设［J］. 新闻界，2011（05）:123—127.

[11] 傅惠生. 玄奘《道德经》梵译思想研究［J］. 中国翻译，2012，33（04）:31—35+127.

[12] 罗自文. 网络趣缘群体的基本特征与传播模式研究——基于6个典型网络趣缘群体的实证分析 [J]. 新闻与传播研究，2013，20（04）:101—111+128.

[13] 王广大、古萍. 文化共性视角下的中阿文明交往 [J]. 阿拉伯世界研究，2013（04）:58—68.

[14] 吴冰. 译随境变：社会历史语境下的《老子》英译研究 [D]. 湖南师范大学，2014.

[15] 罗自文. 青年网络趣缘群体的构成要素及其引导策略分析 [J]. 中国青年研究，2014（08）:64—67+72.

[16] 蔡骐. 网络虚拟社区中的趣缘文化传播 [J]. 新闻与传播研究，2014，21（09）:5—23+126.

[17] 潘曙雅、张煜祺. 虚拟在场：网络粉丝社群的互动仪式链 [J]. 国际新闻界，2014，36（09）:35—46.

[18] 陈利.《道德经》泰译本研究 [D]. 北京外国语大学，2015.

[19] 高海波.《老子》"道可道"的一种新的可能诠释 [J]. 中国哲学史，2015（03）:56—63+68.

[20] 胡思远. 嘎迪林耶：一个西域苏菲教团的在华传播与变异 [D]. 暨南大学，2016.

[21] 李均洋.《老子》哲学的海外认知 [J]. 中国道教. 2016（03）:27—30.

[22] [泰] 林锐美. 中国文化思想在泰国的传播与影响 [D]. 浙江大学，2017.

[23] 秦婧. 新加坡《联合早报》对中国形象的建构研究（2011—2015）[D]. 重庆大学，2017.

[24] 周夏宇. 网络社区中关于"中国文化"的知识生产与其跨文化问题 [D]. 武汉大学，2017.

[25] 张鸿彦.《道德经》在俄罗斯的译介及传播 [J]. 人文论丛，2017，28（02）:231—236.

[26] 曹进. 跨文化翻译中的文化语境意识塑造 [N]. 中国社会科学报，2017-07-21.

[27] 王丽君.《道德经》理雅各译本、林语堂译本对比研究 [D]. 山西大学，2018.

[28] 陈利.《道德经》泰译本对道家核心概念"道"的译介 [J]. 国际汉学，2018（02）:83—90+206.

[29] 姚达兑、陈晓君. 雷慕沙、鲍狄埃和儒莲《道德经》法语译本及其译文特色比较 [J]. 国际汉学，2018（02）:91—99+206.

[30] 郃谧侠.《老子》译本总目 [J]. 国际汉学（增刊），2019（01）:7—122.

[31] 王玉环.《老子》一书在日本的传播与研究 [J]. 中国道教，2019（01）:67—69.

[32] 曹忠. 埃德雷蒙·卡彭特媒介偏重概念研究——兼论文字与图像的媒介偏重［J］. 新闻界，2019（12）: 13.

[33] 王立梅. 基于引文内容分析的老子思想域外学术知识扩散趋势研究——以WOS论文为例［D］. 华东师范大学，2020.

[34] 赵琳.《道德经》在西班牙语世界的译介［J］. 中国道教，2020（01）: 73—79.

[35] 路斯琪，高方. 儒莲法译《道德经》的经典生成路径及呈现［J］. 中国翻译，2020，41（01）: 54—61+188.

[36] 李冰玉、孙英春. 跨文化传播的视觉化趋向与中国出版“走出去”的实践场域［J］. 现代传播（中国传媒大学学报），2020，42（01）: 62—66.

[37] 武志勇、刘子潇.《道德经》在西方世界传播的历史［J］. 湖南大学学报（社会科学版），2020，34（05）: 15—22.

中文历史文献：

[1] 荻生徂徕. 日本思想大系36·荻生徂徕［M］. 东京：岩波书店，1973.

[2] 黄钊. 道家思想史纲［M］. 长沙：湖南师范大学出版社，1991.

[3]［日］道端良秀. 日中佛教友好二千年史［M］. 北京：商务印书馆，1992.

[4] 杨怀中、余振贵. 伊斯兰与中国文化［M］. 银川：宁夏人民出版社，1995.

[5]［德］马克斯·韦伯著，洪天富译. 儒教与道教［M］. 北京：商务印书馆，1995.

[6] 严绍璗、源了圆主编. 中日文化交流史大系·思想卷［M］. 杭州：浙江人民出版社，1996.

[7] 葛荣晋. 道家文化与现代文明［M］. 北京：中国人民大学出版社，1997.

[8]［日］蜂屋邦夫. 日本道家文化研究的意义［M］. 沈阳：辽宁人民出版社，2000.

[9]［加拿大］马歇尔·麦克卢汉著，何道宽译. 理解媒介：论人的延伸［M］. 北京：商务印书馆，2000.

[10] 黄遵宪. 日本国志［M］. 上海：上海古籍出版社，2001.

[11]［美］理查德·谢克纳著，曹路生译. 环境戏剧［M］. 北京：中国戏剧出版社，2001.

[12]［美］曼纽尔·卡斯特著，夏铸九等译. 网络社会的崛起［M］. 北京：社会科学文献出版社，2003.

[13]［美］本杰明·史华兹著，程钢译. 古代中国的思想世界［M］. 南京：江苏人民出版社，2004.

[14] 段立生. 泰国文化艺术史［M］. 北京：商务印书馆，2005.

[15][埃及]穆赫辛·法尔贾尼.道之书，老子[M].埃及：埃及国家翻译中心，2005.
[16][美]詹姆斯·凯瑞著，丁未译.作为文化的传播[M].北京：华夏出版社，2005.
[17]蔡新乐.翻译与汉语[M].北京：中央编译出版社，2006.
[18]谭中、耿引曾.《印度与中国》[M].北京：商务印书馆，2006.
[19][法]米歇尔·福柯著，谢强、马月译.知识考古学[M].北京：生活·读书·新知三联书店，2007.
[20][美]菲利浦·希提著，马坚译.阿拉伯通史（下册）[M].北京：新世界出版社，2008.
[21][美]欧文·戈夫曼著，冯钢译.日常生活中的自我呈现[M].北京：北京大学出版社，2008.
[22]辛红娟.《道德经》在英语世界：文本行旅与世界想象[M].上海：上海译文出版社，2008.
[23][美]理查德·谢克纳、孙惠柱主编.人类表演学系列：人类表演与社会科学[M].上海：文化艺术出版社，2008.
[24][英]李约瑟.中华科学文明史[M].上海：上海人民出版社：2010.
[25][美]施坚雅著，许华等译.泰国华人社会：历史的分析[M].厦门：厦门大学出版社，2010.
[26][美]爱德华·S.赫尔曼、诺姆·乔姆斯基著，邵红松译.制造共识——大众传媒的政治经济学[M].北京：北京大学出版社：2011.
[27]周宁.跨文化研究：以中国形象为方法[M].北京：商务印书馆，2011.
[28][美]戴维·哈维著，阎嘉译.后现代的状况：对文化变迁之缘起的探究[M].北京：商务印书馆，2013.
[29]金宜久.苏非主义在中国[M].北京：社会科学文献出版社，2013.
[30][英]斯图亚特·霍尔著，徐亮等译.文化表征与意指实践[M].北京：商务出版社，2013.
[31][英]大卫·布鲁尔著，霍桂桓译.知识和社会意象[M].北京：中国人民大学出版社，2014.
[32]李红霞.老子与海德格尔哲学美学思想比较研究[M].北京：中国社会科学出版社，2019.

外文理论文献：

[1] Pheng L S. Lao Tzu's Tao Te Ching and Its Relevance to Project Leadership in Construction [J]. *International Journal of Project Management*, 1995, 13(5): 295–302.

[2] Goldin P R. Those Who Don't Know Speak: Translations of the Daode Jing by People Who Do Not Know Chinese [J]. *Asian Philosophy*, 2002, 12(3): 183–195.

[3] Lai K. Ziran and Wuwei in the Daodejing: An Ethical Assessment [J]. *Dao*, 2007, 6(4): 325–337.

[4] Wen L, Hwang K P. A study on the Application of Laozi's Thoughts on Educational Leadership and Management [J]. *Asia Pacific Education Review*, 2008, 9(3): 262–269.

[5] Cockerell C J. Pressure and Disenchantment in Physicians—Part II: Lessons for Physicians from the Tao Te Ching [J]. *Clinics in Dermatology*, 2017, 35(1): 100–104.

[6] Flavel S, Hall B. State Maternalism: Rethinking Anarchist Readings of the Daodejing [J]. *Dao*, 2020, 19(3): 353–369.

[7] Ching from the Perspective of Eco-Translatology: Lin Yutang's and James Legge's Versions [J]. *International Journal of English Language Studies*, 2021, 3(5): 01–04.

外文历史文献：

[1] Arthur David Waley. *The Way and Its Power, A Study of the Tao Te Ching and Its Place in Chinese Thought* [M]. New York: Grove Press.Inc., 1934.

[2] Immanuel Kant. *Das Ende der Dinge, Band6* [M]. Darmstadt: Luchterhand Verlag, 1966.

[3] Schhmied, Karl O. Tao teh(te) king: wegweisung zur wirklichkeit [M]. Hammelburg: Drei Eichen Verlag, 1996.

[4] Clarke, J. J. *The Tao of the West: Western Transformations of Taoist Thought* [M]. London: Routledge Press, 2000.

后 记

本书是中国工程院院士、华东师范大学校长钱旭红教授领衔的幸福之花先导基金重大研究专项“历史跨度和全球视野中的老子学说研究及其大数据分析”组成部分，我主持的“老子思想域外传播与接受研究”项目成果。

研究工作的启动和推进因新冠疫情的发生、肆虐、起起落落而大受影响。因为疫情，大项目的研究分工做了调整。老子思想域外传播的接受一块不再作为我们项目研究的内容，我们聚焦大众传播视域下的老子著作与思想传播历史、现状和发展对策。我主持研究、写作工作的设计、统筹并总其成，也具体负责书籍媒介空间中老子著作与思想的域外传播研究，赵路平副教授负责新闻报刊与新闻网络媒介空间中老子形象与思想的域外传播研究，罗薇副教授负责老子形象与思想在英语国家非虚构类影视作品中的传播研究，孟笛副教授负责社交网络脸书空间中的老子形象与思想传播研究，甘莅豪教授负责知识网络维基百科空间中老子形象与思想的传播研究，同时协助我审改书稿。刘子潇负责全部的沟通协调和大量的文字工作，还与向莲君、徐星星一道做了资料和文字校核工作。

本书是集体智慧的结晶。对于研究和写作做出贡献的人士姓名和撰写篇目胪列如下：武志勇、刘子潇，《道德经》在西方世界的传播；武志勇、森娜（Hadhri Sana）、刘子潇，老子著作与思想在阿拉伯世界的传播；武志勇、刘子潇，老子思想与著作在日本的传播；尼玛卓嘎，老子思想与著作在印度的传播；游辉彩，老子著作与思想在泰国的传播；武银江（Vu Thi Ngan Giang）、徐星星，《道德经》在越南的传播；赵路平、凌玉菁、李怡蕾、葛文欣、陈昱晖、孙紫裙、肖嘉璐，新闻报刊和新闻网络媒体空间中的老子思想域外传播研究；韦舒佳，老子思想在《纽约时报》的传播研究；徐妍洁，老子思想在《华盛顿邮报》的传播研究；张媛，老子思想在《卫报》的传播研究；蒋欣，老子思想在《悉尼先驱晨报》的传播研究；乔嘉祎，老子思想在《联合早报》的传播研究；罗薇，老子学说在英语国家非虚构类影视作品中的传播研究；孟笛、杜奕彤、柳静、姜虹芮、骆宇杰、李薇，老子思想对外传播研究——以脸书网络趣缘群体为例；甘莅豪、周心怡，“老子”条目在维基百科中的跨文化传播研究；武志勇，关于老子思想与著作域外传播的几点建议；赵静一，探索自我认同的中国文化根源——访英国医学史学家、伦敦大学学院教授罗维前，道家“无为”思想与现代科学的融合——对话加拿大不列颠哥伦比亚大学教授森舸澜；毕晶晶、李佳、刘同坤、谈欢、邵鹏洁、潘妮妮、游辉彩、武银江、尼玛卓嘎、毛佩筠、森娜资料搜集，刘子潇制表，《道德经》域外翻译和出版，译者、时间、地点、语种一览表。

衷心感谢中国工程院院士、华东师范大学校长钱旭红教授，华东师范大学校长助理吴瑞君教授，华东师范大学哲学学院贡华南教授的引领、扶助和关照。感谢英国剑桥大学克莱尔堂及剑桥李约瑟研究所优雅、聪慧的赵静一研究员，为研究视野的开阔、思考的深化所做的贡献。她所做的两个精彩访谈是本成果的亮点。鉴于疫情期间国内国际交通不便，我们举办过数次线上线下相结合的国际、国内研讨会，也通过面谈和视频及邮件方式请教相关领域的专家。同时，我们也建立起了一个世界性的研究平台。感谢美国密苏里大学新闻学院张咏教授、美国爱荷华州立大学世界语言文学系李同路教授、日本帝京大学外国语学部阎淑珍教授；感谢中国人民大学新闻学院王润泽教授、南开大学哲学学院郃谧侠教授、中国社会科学院大学哲学学院周勤勤教授、湖南大学新闻传播与影视艺术学院兰甲云教授、南京大学新闻传播学院潘祥辉教授、华中科技大学哲学学院赵建功教授、扬州大学哲学学院吴锋教授等国内外专家学者的支持、指导和帮助。

本书的一些内容，曾发表于《中国社会科学报》、《解放日报》(理论版)、《湖南大学学报》(社会科学版)、《东岳论丛》，谨致谢意。

新冠疫情全球暴发之际，我们邀请了英国剑桥大学、美国耶鲁大学、德国汉堡大学、法国新索邦大学、日本帝京大学以及国内的多位青年学者，搜集和整理老子《道德经》的世界主要语言译本，包括英语、法语、德语、俄语、西班牙语、日语等语种的所有重要翻译版本。因为时差关系，疫情严峻时期，深夜或凌晨收到不同语种统计资料时的欣喜场景，历历在目。我们所制作的《道德经》域外翻译和出版译者、出版时间、出版地、出版语种一览表，应该是当下搜集译本信息比较多也比较详细的一个表格。

上海150年来的最热暑期，课题组成员反复在线上沟通交流，辩难析疑，努力撰写研究成果的热情也让我感动。

作为中华优秀传统文化的典型代表，老子思想在域外大众传媒空间中的传播研究，是一个传播学、历史学和文化学等多学科交叉的崭新研究领域，也是一个能够为人类文明交流互鉴，为人类命运共同体建设提供历史参照、理论思考和现实启示的重大研究领域。本书只是尝试和开始，敬请方家批评指正。

期待更多的学者加入这方学术园地的耕耘，期待更多学术成果的问世。

难得的比较凉爽的33℃午后，窗外蝉声如潮。

武志勇

2022年7月16日于沪上

图书在版编目（CIP）数据

老子思想域外传播研究 / 武志勇，甘莅豪著 —北京：商务印书馆，2023
ISBN 978 - 7 - 100 - 22256 - 3

Ⅰ.①老… Ⅱ.①武… ②甘… Ⅲ.老子—哲学思想—文化传播—研究 Ⅳ.①B223.15

中国国家版本馆 CIP 数据核字（2023）第060171号

老子思想域外传播研究
武志勇　甘莅豪　著

商　务　印　书　馆　出　版
（北京王府井大街36号　邮政编码 100710）
商　务　印　书　馆　发　行
山东韵杰文化科技有限公司印刷
ISBN　978 - 7 - 100 - 22256 - 3

2023年8月第1版　　开本 710×1000　1/16
2023年8月第1次印刷　印张 29
定价：168.00元

图书在版编目（CIP）数据